# 中华译学馆

莫言题

中华译学倡言倡字与
以中华为根译与学并重
弘扬优秀文化促进中外交流
拓展精神疆域驱动思想创新

丁酉年冬月许钧撰 罗卫东书

中华译学馆·中华翻译家代表性译文库

许 钧 郭国良／总主编

# 伍光建 卷

张 旭 肖志兵／编

ZHEJIANG UNIVERSITY PRESS
浙江大学出版社

# 总　序

考察中华文化发展与演变的历史,我们会清楚地看到翻译所起到的特殊作用。梁启超在谈及佛经翻译时曾有过一段很深刻的论述:"凡一民族之文化,其容纳性愈富者,其增展力愈强,此定理也。我民族对于外来文化之容纳性,惟佛学输入时代最能发挥。故不惟思想界生莫大之变化,即文学界亦然。"[①]

今年是五四运动一百周年,以梁启超的这一观点去审视五四运动前后的翻译,我们会有更多的发现。五四运动前后,通过翻译这条开放之路,中国的有识之士得以了解域外的新思潮、新观念,使走出封闭的自我有了可能。在中国,无论是在五四运动这一思想运动中,还是自1978年改革开放以来,翻译活动都显示出了独特的活力。其最重要的意义之一,就在于通过敞开自身,以他者为明镜,进一步解放自己,认识自己,改造自己,丰富自己,恰如周桂笙所言,经由翻译,取人之长,补己之短,收"相互发明之效"[②]。如果打开视野,以历史发展的眼光,

---

① 梁启超.翻译文学与佛典//罗新璋.翻译论集.北京:商务印书馆,1984:63.
② 陈福康.中国译学理论史稿.上海:上海外语教育出版社,1992:162.

从精神深处去探寻五四运动前后的翻译，我们会看到，翻译不是盲目的，而是在自觉地、不断地拓展思想的疆界。根据目前所掌握的资料，我们发现，在 20 世纪初，中国对社会主义思潮有着持续不断的译介，而这种译介活动，对社会主义学说、马克思主义思想在中国的传播及其与中国实践的结合具有重要的意义。在我看来，从社会主义思想的翻译，到马克思主义的译介，再到结合中国的社会和革命实践之后中国共产党的诞生，这是一条思想疆域的拓展之路，更是一条马克思主义与中国革命相结合的创造之路。

开放的精神与创造的力量，构成了我们认识翻译、理解翻译的两个基点。在这个意义上，我们可以说，中国的翻译史，就是一部中外文化交流、互学互鉴的历史，也是一部中外思想不断拓展、不断创新、不断丰富的历史。而在这一历史进程中，一位位伟大的翻译家，不仅仅以他们精心阐释、用心传译的文本为国人打开异域的世界，引入新思想、新观念，更以他们的开放性与先锋性，在中外思想、文化、文学交流史上立下了一个个具有引领价值的精神坐标。

对于翻译之功，我们都知道季羡林先生有过精辟的论述。确实如他所言，中华文化之所以能永葆青春，"翻译之为用大矣哉"。中国历史上的每一次翻译高潮，都会生发社会、文化、思想之变。佛经翻译，深刻影响了国人的精神生活，丰富了中国的语言，也拓宽了中国的文学创作之路，在这方面，鸠摩罗什、玄奘功不可没。西学东渐，开辟了新的思想之路；五四运动前后的翻译，更是在思想、语言、文学、文化各个层面产生了革命性的影响。严复的翻译之于思想、林纾的翻译之于文学的作用无须赘言,而鲁迅作为新文化运动的旗手,其翻译动机、翻译立场、翻译选择和翻译方法,与其文学主张、文化革新思想别无二致,其翻译起着先锋性的作用,引导着广大民众掌握新语言、接受新思想、表达自己的精神诉求。这条道路,是通向民主的道路,也是人民大众借助掌握的新语言创造新文化、新思想的道路。

回望中国的翻译历史,陈望道的《共产党宣言》的翻译,傅雷的文学翻译,朱生豪的莎士比亚戏剧翻译……一位位伟大的翻译家创造了经典,更创造了永恒的精神价值。基于这样的认识,浙江大学中华译学馆为弘扬翻译精神,促进中外文明互学互鉴,郑重推出"中华译学馆·中华翻译家代表性译文库"。以我之见,向伟大的翻译家致敬的最好方式莫过于(重)读他们的经典译文,而弘扬翻译家精神的最好方式也莫过于对其进行研究,通过他们的代表性译文进入其精神世界。鉴于此,"中华译学馆·中华翻译家代表性译文库"有着明确的追求:展现中华翻译家的经典译文,塑造中华翻译家的精神形象,深化翻译之本质的认识。该文库为开放性文库,入选对象系为中外文化交流做出了杰出贡献的翻译家,每位翻译家独立成卷。每卷的内容主要分三大部分:一为学术性导言,梳理翻译家的翻译历程,聚焦其翻译思想、译事特点与翻译贡献,并扼要说明译文遴选的原则;二为代表性译文选编,篇幅较长的摘选其中的部分译文;三为翻译家的译事年表。

需要说明的是,为了更加真实地再现翻译家的翻译历程和语言的发展轨迹,我们选编代表性译文时会尽可能保持其历史风貌,原本译文中有些字词的书写、词语的搭配、语句的表达,也许与今日的要求不尽相同,但保留原貌更有助于读者了解彼时的文化,对于历史文献的存留也有特殊的意义。相信读者朋友能理解我们的用心,乐于读到兼具历史价值与新时代意义的翻译珍本。

许　钧

2019 年夏于浙江大学紫金港校区

# 目　录

## 第二编　长篇小说

## 第三编　戏　剧

## 第四编　政治学著作

# 导　言


　　"早年中国翻译界中,除严几道(复)林琴南(纾)等而外,当数伍光建(君朔)矣。"①康有为曾言"译才并世数严林",在严复和林纾之外,伍光建(1867—1943)是近代中国第三伟大的翻译家②。伍光建是"一代宗师""文坛巨子",一生著译 130 多部作品,被誉为"翻译界之圣手"③。嘉名美誉冠群的伍光建"实为中国翻译界之巨星,文化界之功臣"④。


## 一


　　伍光建一点也不像南方人。赵景深回忆初见伍光建的印象:"伍先生的容貌好象北方人,身材很魁梧,并且很结实,仿佛记得头发脱了不少,象梁启超似的,大约脑力用得多了。似乎是四十岁以上的人,但是精神却很

①　三乐. 伍光建译书. 大公报·上海版, 1947-10-06(8). 伍光建辞世前一年,商务
　　印书馆编辑发文记述伍光建的翻译成就,称"中国文坛老前辈中,堪称翻译圣手者
　　有两个人:一个是严又陵(复);一个是伍昭扆(光建)"。详见. 太玄. 记翻译圣于伍
　　昭扆先生. 作家, 1942(2):344-345.
②　知名文史掌故大家郑逸梅在《翻译权威伍光建》一文中认为,虽说我国翻译家众
　　多,"然以代表性来谈,还得推崇严复和林琴南、伍光建鼎足而三了"。详见:郑逸
　　梅. 郑逸梅选集(第四卷). 哈尔滨:黑龙江人民出版社,2001:313.
③　王哲甫. 中国新文学运动史. 上海:上海书店出版社,1986:337.
④　江炎阶. 伍光建之死. 大公报·上海版, 1947-10-12(10).

矍铄,说起话来是纯粹的北方音,喉咙响亮。"①上海文人史济行(天行)也讲:"虽说他是南方人,却有北方人的爽直脾气,似乎他有一个笔名叫君朔,也就是北方人的意思。"②

伍光建生于1867年2月4日,广东新会麦园村(今江门市江海区东南村)人,原名光鉴,字昭宸,谱名于晋,笔名君朔,英文名 Woo Kwang Kien;因平生最爱石榴花,室名爱榴居。幼年就读于麦园村乡塾,成绩冠县郡。

1881年,入北洋水师学堂,被录为第一届驾驶科学员,受总教习严复赏识。1886年毕业后,以清廷第三届派遣出洋学生身份赴英国格林尼治皇家海军学院深造。1887年,因近视,转入伦敦大学研究院研习物理和数学。1892年,学成回国,在北洋水师学堂任教习。甲午战争后,于1895年随驻日使馆参赞吕增祥襄理洋务,获吕赏识,后娶吕长女吕韫玉(字慎宜)为妻。1899年4月至1902年11月,入南洋公学任教并参与教材编写和翻译工作。1899年5月,以随办北洋洋务三年期满,以候选知府获清廷奖叙。1902年1月,以上海南洋公学提调候选知府获给咨送部引见。1905年3月,以南洋公学改办而来的南洋高等商务学堂归并商部,改称"商部高等实业学堂",由杨士琦任监督,伍光建为第一任教务长。12月7日,奉旨出京随载泽等五大臣赴欧美九国考察宪政,任一等参赞,兼事口、笔译。12月30日,在离开横滨前往檀香山的船上,获投票公举为干事,与温秉忠、施肇基专任一切庶务。③ 1905年1月5日,于檀香山领事馆晚宴上发表演讲,"方今急图,是有三战:一曰商战,二曰兵战,而笔战为尤急"④。1906年5月24日,因病提前回国。1909年,参与严复主持的"编订名词馆"计划。1910年1月17日,依照学部制订的《考核各省采访游学专门各

① 赵景深.文坛回忆.重庆:重庆出版社,1985:207.
② 天行.追念伍光建——文人小记之一.中流,1948(2):23.
③ 戴鸿慈.出使九国日记.长沙:湖南人民出版社,1982:61.
④ 戴鸿慈.出使九国日记.长沙:湖南人民出版社,1982:66.

员章程》，经举荐、考核，以"兼习文家，历充学部咨议官，考查宪政参赞"①，免试获得出身奖励，与老师严复，以及辜鸿铭、王劭廉同榜获赐"文科"进士出身。1911年，与张元济、张謇发起"中国教育会"，任副会长，受张元济之托编写理科和英语教材。辛亥后，任职财政部、盐务署等。1928年，任国民政府行政院顾问等职，并迁居上海。1929年，任驻美公使伍朝枢的秘书。1931年，退休，专事翻译。1932年2月27日，伍光建等31人被国民政府续聘为"国难会议会员"。②

1943年6月12日，因心脏病突发在上海杜美路杜美新村十一号寓所去世，享寿77岁（虚岁）。亲友挽曰："学术贯中西，健笔凌云称大老；沤思满江国，芳声济美有传贤。"商务印书馆董事长张元济挽曰："天既生才胡不用，士惟有品遁能贫。"辛亥革命元老刘成禺作《伍昭扆光建丈挽诗》："楼息匡山旧履棋，芦中曳杖口含饴。延秋松墅参云脯，留客花房放密脾。广记十洲彫此老，曾期百岁寿公颐，九原奢望乘槎泪，一恸吴淞篰水时。"③

1944年1月20日，重庆政界、文化界人士在中央图书馆特为伍光建举行了十分隆重的追悼典礼，蒋介石特颁"岭峤硕望"四字匾额。④

著名报人赵超构认为："这是很得当的。据我个人的观感，以为单就文化界人物说，近几年来，最值得我们追悼哀敬的，莫过于伍先生了。"⑤

1948年3月，国史馆纂修夏敬观撰《伍光建传》登载于《国史馆馆刊》第1卷第2号的"国史拟传"专栏，综述伍光建一生"功业"，并有论赞。

> 伍光建，字昭扆，一字君朔，广东新会县人。弱冠毕业于天津水师学堂，严复高弟子也。派赴英国海军学校，受学于蓝伯特皮尔逊，精研物理数学。归滁县吕增祥赏之，妻以女。因又获师于妇翁。深造国学，遂以兼擅中英文字学术名。盖所从游，皆中外名师也。复教

---

① 学部会奏遵章会考进士馆游学毕业学员事竣折. 直隶教育官报，1910(2).
② 行政院续聘国难会议会员. 西北文化日报，1932-03-04(2).
③ 刘成禺. 伍昭扆光建丈挽诗. 国史馆馆刊，1948(3)：137.
④ 陪都各界追悼伍光建 主席颁"岭峤硕望"匾额. 扫荡报·桂林. 1944-01-21(2).
⑤ 赵超构. 赵超构文集(第二卷). 上海：文汇出版社，1999：462.

海军二十余年，生徒甚盛，猎登高位者无虑十数辈，于群弟子中，独许光建学识，而光建仕不达，其一生表见，唯在译述，一如其师。光筑尝助复教授海军学堂，庚子拳乱，南归，主笔《中外日报》，旋提调南洋公学。时学校初兴，教材缺善本，光建手编力水气磁电热光等学，又编《帝国英文读本》，海内学校习物理英语，皆赖是。光建译述，亦发端于此。自是译述《西史纪要》，文笔效左氏。又创为语体，译法国《侠隐记》《法宫秘史》，读之者以为类施耐庵《水浒》。数书出，世重之。语体遂大行。复译书谓用近世利俗文字，求达雅，而光建此后所译书，百数十种凡亿万言，乃皆用所创语体，此异于复者也。综光建所译，或统述欧西文化，或分述语文、科学、哲学、历史、政治、经济、社会真谛，其体裁则论说、批评、史传、小说、剧本、童话、随笔俱备，选材皆寓深义，而于说部尤慎，非徒取悦读者，此又以异于林纾所为也。当清末，光建曾以一等参赞，随五大臣出国考察宪政，又历受江粤总督辟襄地方外交事务，宣统初，与复同赐文科进士出身，海军处立，任一等参谋，及改部，历任军法军枢军学司司长。辛亥后，任财政部参事、盐务署参事、稽核所英文股股长。国民政府成立，任外交部条约委员会委员。其所历皆非能用其学识，浮沉下僚而已。民国三十二年卒，年七十七。

论曰：西欧通译，始明万历，徐光启李之藻辈，译学通才也。近百数十年，欧美学术，皆成系统，专门移译，得才益难。清同治间，上海设制造局，译书亦其一端，顾口授笔述，不尽尔雅。其他教会所译，文尤夅陋，崇西黜华，士渐偏胜。而科学日新月异，译传恒后于人，使学者非能径读西籍不可，未始非学业不进之因也。光绪末，学部设名词馆，冀以领译事之纲，而因循废弛，未睹其效。当时译人，克称匠师者，不过数人。复立译例，允为正宗，光建本自文言，降为语体，汤生宗圣立言，镜照域外，庶足称识学洽通之士欤。①

---

① 夏敬观. 国史拟传:伍光建传. 国史馆馆刊. 1948(2)：95-96.

家乡人欧济霖认为伍光建"孜孜数十载,译品丰华,内容之广,数量之丰,速度之快,效率之高,坚持之力,成就之多,贡献之大,影响之广,即今中外无与伦比,堪称近代译坛一绝。"因而填《最高楼》词赞曰:

> 文化事,中外尚交流,遐迩便相投。子先明代通原理;又陵清末识筹谋。教材丰,多译述,伍君优!

> 《侠隐记》,读来知不朽;《续侠隐》,看完尤永久。橡彩笔,冠同俦。余能急就成章锦;自求速写满春秋。仰高才,传近世,盛名留!①

## 二

伍光建秉性孤高、怪僻急躁②,一生学非所用,仕途不畅,然从译50余年,堪称译界劳模。伍光建刚退休不久,时人即谓:"中年以后,专心译著,称翻译圣手。"③他也被称为"文豪"④,"我国翻译工作的拓荒者之一"⑤,"是这无数有人格之国民的最好的代表之一"⑥,是抗战后期"最值得我们追悼哀敬的"文化界人物。

伍光建从事翻译的时代,正好是"林译小说"盛行的时代。在五四时期,新文学界对"林译小说"进行了极其严厉和猛烈的批评,将林纾视为新文化运动的敌人和标靶,与此同时,赞美伍光建所译《侠隐记》等。在这些引领时代的翻译家中,伍光建时常被拿来和严复、林纾相较。

---

① 欧济霖. 近代翻译先驱伍光建//新会县政协文史资料工作委员会. 新会文史资料选辑(第44辑). 新会:新会县政协文史资料工作委员会,1992:22,13.
② 邹振环. 伍译严译出版比较论//叶再生. 出版史研究(第4辑). 北京:中国书籍出版社,1996:162.
③ 贾逸君. 中华民国名人传(下). 北平:文化学社,1933:21.
④ "先辈伍光建老先生,为我国著名之文豪,平生译著,不下数百余种,学贯中西,名震全国。"详见:废人. 哀伍光建先生. 力报,1943-06-12(2).
⑤ 莫洛. 陨落的星辰. 上海:人间书屋,1949:25.
⑥ 郑振铎. 悼伍光建先生. 中学生杂志,1943(67):19.

伍光建是严复的学生,与严复有戚谊。[①] 就人生历程而言,伍光建和严复有许多相似之处,师徒二人都曾留学格林尼治皇家海军学院,均是学非所用,用非所学。他们两人的人生轨迹多有交叉,都以翻译名世,都献身于教育启蒙和文化传播事业。严复的翻译实践具有开创性意义,他提出的译事三难——"信""达""雅"成了评价翻译的标准。伍光建则在翻译数量和持续时间上远远超过严复。邹振环曾有总结:"如果说,严复的翻译是'后顾式'的,那么,伍光建的翻译则属于'前瞻式'的。他的成功充分证实了这一点。"[②]

在处世、为人等方面,伍光建和严复性格迥异。

> 伍先生是学海军的,但是他的事业却在文化界,这是他和严几道先生相似的地方,可是比较起来,伍先生似乎更积极些。他不像严几道先生那样好议论,那样喜欢表露出怀才不遇的牢骚气,他始终只是不声不响地工作,在工作中不断地进步,假如就整个的生命来评价,伍先生无疑的是比严几道更完全更清洁一些。至于就译述方面的事情说,伍先生的译笔是早有定评的了,可不必说,最使我们后生感佩的,却还在其选书的精当与工作的勤奋。我看看伍先生的译品,其中就有不少大部头的书籍,如《十九世纪欧洲思想史》等,假如没有他来翻译,恐怕我们至今还无缘读到,更不必说那样美妙的译品了。凡这些,可以证明他思想的进步和眼光的广阔,也显示他的忠于事业与长期忍耐的个性。

> 伍先生毕生的精力,差不多全花在介绍西洋文化上,而他自己却始终沉默着,不标榜宗派,也不乱呼口号,可以说是一个真正的安贫乐道的儒者。所以比起他在译述方面的劳绩来,在他做人的一方面,

---

① 吕增祥是严复的挚友与亲家。伍光建娶了吕增祥长女吕韫玉,严复长子严璩娶了吕增祥次女吕蕴清。伍光建和严复两人之间又增添了一层姻亲关系。

② 邹振环. 伍译严译出版比较论//叶再生. 出版史研究(第4辑). 北京:中国书籍出版社,1996:160.

似乎更值得我们景仰。这一点，我觉得在了解伍先生的事业上是应当特别值得提出来说的。①

伍光建是林纾的后辈，是商务印书馆继林纾之后重点推荐的翻译家。甚至被商务印书馆吸纳为股东，与张元济也是挚友。伍光建与林纾同样有私交。林纾曾作《赠伍昭扆太守序》，为伍光建的不得志鸣不平。

> 嗟夫！嗟夫！太平之常轨，袭之以求祛时屯，此吾友昭扆伍君之恒不遇欤？

> 伍君强济博辩，于西学匪所不窥，而尤精于律宪交涉之学。……天下惟事非所习，必仰其人而修与待其人而反苛也。今伍君为学，率整而趣端。整则灼于知乱，端则勇于振违。闻侍郎某君将待君以立教于京师，此伍君得畅其所学之时也。矧吾又昵伍君。天下安有昵其人而犹苛其言者耶？故本其所见者豫进规于伍君。②

伍光建退休后专事翻译，可谓勤奋，"自林琴南先生绝笔后，他是最努力的一位译者了"③。林纾和伍光建引领了两个不同的时代，"在三十年前，正当林纾的译本风靡一时的时候，伍光建的出现，实在是中国翻译界的一道曙光"④。事实上，"辛亥革命前后，商务印书馆接受出版伍光建译作，封面格式一如林纾译述的《说部丛书》，这时，伍光建的声名，几乎与林纾并驾齐驱了"⑤。后辈对伍光建译作的认可远超对"林译小说"的评价，"伍老先生文学修养至深，各国文学名著，几皆经其移译而成中文，且伍译小说更较林畏庐所译为优。盖伍译多用语体，译笔畅达，不失原来面目，是为大众读者所易晓而欢迎"⑥。

① 赵超构. 赵超构文集(第2卷). 上海：文汇出版社，1999：462.
② 林纾. 赠伍昭扆太守序//林薇. 林纾选集·文诗词卷. 成都：四川人民出版社，1988：84-85.
③ 郑振铎. 悼伍光建先生. 中学生杂志，1943(67)：19.
④ 莫洛. 陨落的星辰. 上海：人间书屋，1949：25.
⑤ 张又君. 翻译前辈伍光建. 书林，1981(1)：30.
⑥ 废人. 哀伍光建先生. 力报，1943-06-12(2).

然而,在翻译上,伍光建超越林纾并非一蹴而就。一度,伍光建的翻译选材处于"林译小说"的阴影之下。伍光建只能挑选林纾未置译笔的著作,他本人对"林译小说"的评价还是比较中肯的。

> 当林畏庐先生的译体文字支配着中国出版界,成为文艺界的骄子的时候,伍先生已经在那里勤勤恳恳地,试验着他的翻译作业。他要很小心地选取材料,避免和"林译"的重复,因为不如此,出版商就要拒绝他。他用最简洁的语体,从事译作,胡适之叹赏他的笔调,在北大课堂上郑重地向学生们推荐,说,"你们不要忽略了伍先生的译品,那里面实在丰富地保存着原作者的灵魂"。

> 伍先生对于林译,依然很赞美,他说林先生不懂外国文字,然而充分了解原作者的烟士披里纯。许多地方的误译,一部分固然是林先生的不守翻译纪律,一部分也还是同译者之过。林译如果不苛刻地过分讲求其忠实的程度,在中国近代文学史上,自有其不朽的价值。①

总而言之,在我国翻译史上,伍光建可与严复、林纾比肩,作为一个承前启后的翻译家,他开创了属于自己的时代,终成一代翻译权威,一代译界名宿、一代儒者。在追思时刻,郑振铎盛赞其品格,"一个国家有国格,一个人有人格。国之所以永生者,以有无数有人格之国民前死后继也。光建先生便是这无数有人格之国民的最好的代表之一"②。

## 三

伍光建"所译各书,厥有二长:一曰自然,二曰率真"③。但与严复、林纾不同,伍光建是一个翻译实践者,长于译述,却鲜有译论。因此,对于研究伍光建的翻译思想而言,几乎很难找到他直接讨论翻译理论的文字,我

---

① 张慧剑. 微灯. 金华:浙江省动员委员会战时教育文化事业委员会,1942:7-8.
② 郑振铎. 悼伍光建先生. 中学生杂志,1943(67):19.
③ 贾逸君. 中华民国名人传(下). 北平:文化学社,1933:21.

们只能从其子伍蠡甫的转述、时人记载的只言片语，以及伍译序言中找到相关的表述。

伍光建认为翻译涉及"理解"和"表达"两端，对严复的"信""达""雅"说也有批评。伍蠡甫在《伍光建翻译遗稿》(1980)的《前记》中，凭记忆尽量保留伍光建谈话的语气，照录他的翻译观念。

> 翻译总共是理解和表达这末两件事。对原文懂多少，不一定就译出多少，也有人懂而译不出，因为中文很差。译者如有外文表达力，对原作者在遣词造意上的功力和妙处，自然领会较深，加上中文根底，在这些地方不会轻轻放过，译文也就高明多了。倘若外文理解和中文表达都很到家，那末外国诗也未尝不可译，尽管西方有人说译诗是徒劳无功（按：是指雪莱的看法），国内也有人反对把洋诗译成中国古诗，说是原作的精神、趣味全丢光了。但事实也不尽然。例如辜汤生译《痴汉骑马歌》，就用五言古诗体，却把诗人的风趣和诗中主角、布贩子的天真烂漫，特别是他的那股"痴""呆"味儿，都译出了，读来十分亲切，而原因就在辜的中国古代文学很有底子。这里想插一段：回忆我们姊妹兄弟五人在家塾读书时，有一部教材是辜氏编选的《蒙养弦歌》，父亲亲自讲授，反复强调：散文写得自然而无斧凿痕，方有韵致，时常是从声调、节奏中来，在这方面古体诗胜于近体诗，多读多背古诗，文章将会写得流畅，琅琅上口。后来，关于写好散文可以锻炼译笔这一点，先父谈得较多。
>
> ……
>
> 多读读这些古人、前人或外国人的书，对自己的文章、自己的译笔都有好处，至少不致拖沓、零乱、呆板了。
>
> 为了译文准确，先得正确理解原文。正确理解，就是通过原文字面看到原作精神。这样，可以避免在字句上锱铢必较，仅得其貌而失其神。反过来说，也不宜望文生义，故作铺张。例如《天演论》一开头那段从书斋遥望的描写，原著并没有，这样的译法是不宜提倡的。此外，为了译文准确，也不妨把"信、达、雅"搞搞清楚。这个标准，来自

西方，并非严复所创，但我们对于洋人的话，也未可尽信。这三字分量并不相等，倒是"信"或者说忠实于原文的内容和风格，似应奉为译事圭臬。至于译文是否达、雅，还须先看原文是否达、雅；译者想达、想雅，而有些原文本身偏偏就不达、不雅，却硬要把它俩译出，岂非缘木求鱼。例如英国著名的文学批评史家圣茨伯雷（George Saintsbury）文笔拖沓晦涩，念不了几段就遇到个疙瘩，很难说得上"达"，而且也未必"雅"，译这位先生的著作，恐怕有些地方首先须摸清原义，再加以改写，这样还可保持一个"信"字。又如小说中人物有时说话俚俗、粗野，如译到此处也要"雅"下，未免多事，而且也太不"信"了。

　　……

　　最后，翻译和创作犹如模仿和创新，并非绝然两码事，而是相因为用的。曾孟朴的《孽海花》，善写真人真事，文笔颇有情致，他的法文也好，大可多搞一些翻译。茅盾的翻译也读过不少，都很不错，虽未见过他本人，但总觉得小说成家而丢了翻译，未免可惜。①

由上文可见，伍光建借严复之语，含蓄地批评了严复的翻译标准，但在"达旨"的层面，伍光建事实上是严复的继承者。② 据赵景深回忆，伍光建说自己译书的方法："我译书是先把一句话的意思明白了以后，然后再融会贯通，颠倒排列，用中国语气写出来。"③这是伍光建所论"理解"和"表达"的简化版。史济行记录了伍光建对于直译和意译的看法："他说到翻译，对于直译和意译问题，发表了很多意见，他认为一句一句直译使人看不懂，等于死译，不如意译使人看得懂，方算活译。"④

此外，伍光建关于翻译的论述，大多只能从译序中略知一二了。伍光

① 伍蠡甫. 前记//伍光建. 伍光建翻译遗稿. 北京：人民文学出版社，1980：3-6.
② 邹振环. 伍译严译出版比较论//叶再生. 出版史研究（第4辑）. 北京：中国书籍出版社，1996：156.
③ 赵景深. 文坛回忆. 重庆：重庆出版社，1985：207.
④ 天行. 追念伍光建——文人小记之一. 中流，1948（2）：23.

建撰译序一般较短,常常论及翻译选材和翻译目的。

如"西史纪要序"中,伍光建表明译书是为了给统治者提供参照,"今不揣谫陋,采摭西籍,于诸国治乱之迹,强弱之由,举其宏纲,撮其大要,编译成书,聊备治国闻者观览焉"①。《霸术》"序"亦有革故鼎新的现实观照:"观此书之本章,其悲愤爱国,情见乎辞,不啻一字一泪,岂可以其惨酷而少之哉。今日立国于全球之上者众矣,何尝不重武力而弃道德。且自欧战而后,两国缔交,有强权无公理,更大暴于天下。虽至今日,此书不为无价值也,故译其大要以问世,当亦忧国忧民者所取乎。"②《列宁与甘地》"译者序"同样寄寓改朝换代之义:"我们中国既不是印度,不必样样复古,又不是俄国,不必要立刻变作美国的超支加哥。留心天下大势,世界新潮流的诸君子,或者于读过这两篇传之后,另找出一条出路来,也未可知。"③《十九世纪欧洲思想史》"译者序"中,伍光建竭力推荐其科学思想价值:"译者以数十年涉猎科学之阅历,一见此作而知其价值,故不遑计及其浅中弱殖之能否窥见原作之博大深微而译其科学思想部。"④

《大伟人威立特传》"译者序"则关乎世道人心:"寓嬉笑怒骂于庄言正论中,命意颇有合于吾国庄老微旨,不独能令读者论世观人,别具法眼,尤能令读者视恶人如毒蛇猛兽,洵为有益于世道人心之作也。斐尔丁所撰,尚有数种,行将选译其篇幅较长者,以为之继。"⑤《洛雪小姐游学记》"译者序"体现了伍光建革新文学的希望:"书中人物颇多,作者皆能传其神,无不活现于纸上。有批评玛铁努小姐,谓书中女人,无不犯恋爱病者,则未免言之太过,其实不过借此以剖解心理,为今日小说家开风气之先耳。"⑥《狭路冤家》"译序"则为读者推介了别种爱情:"读过有点难受。我也不欲

① 伍光建.西史纪要(第一编).上海:商务印书馆,1910:西史纪要序1.
② 伍光建.霸术.上海:商务印书馆,1925:序3.
③ 伍光建.列宁与甘地.上海:华通书局,1931:译者序3.
④ 伍光建.十九世纪欧洲思想史(第一编 上).上海:商务印书馆,1926:译者序3-4.
⑤ 伍光建.大伟人威立特传.上海:商务印书馆,1926:译者序1.
⑥ 伍光建.洛雪小姐游学记.上海:商务印书馆,1932:译者序1.

译此书;后来一想,文学家既称为不朽之作,她的用意布局都是很新鲜的,写爱情尤其写得深刻,若拿许多言情小说来同这本书相比,他们所说的爱情,都好像是犊爱(英国人称孩子们的恋爱为犊爱)。凡读过许多言情小说的人,不可不读此作,我故毅然译出。其易为言情小说所动的青年男女,尤宜读者。"①

此外尚有关于哲学词汇的翻译问题。1927 年冬至,其在《十九世纪欧洲思想史》第二编上册之一"译者序"中云:"哲学之诸多为难之一,即是名词之最易发生误会,其字面又有极其丑怪者,往往令人望而生畏,此则有不得不然者,此节已在本书再三论及矣。至以如是之名词之译文而论,则尤其为难,幸而有樊炳清君之《哲学词典》,以资译者取材。至于地名人名,则用《标准汉译外国人名地名表》。"②《伦理学》之"译者序"同样论述了哲学翻译的名词难题:"今从英文译华文,则各词颇有为难。伦理学原是我国所固有,然而时至今日,若大用新名词,则无以见中外学说之异。若不用旧名词,则无以见中外学说之同。惟是用新名词,有时则有诡异之嫌,用旧名词,有时则又难免于附会。亦惟有取其近是及能达者而已。"③

总体说来,伍光建并未著书立说发文提出自己的翻译观,有研究者从他译的西方小说"译者注"等副文本来发掘他的翻译思想,主要有三种情况:第一,解释原语文化词,阐述其语言风格和叙事方法;第二,介绍小说背景,分析情节或人物形象;第三,挖掘小说的思想,做出价值判断,抒发作者感想。④ 上文的简要摘录,亦仅为伍光建透露的翻译缘起、原文特色、翻译目的等,管窥难见全貌。

伍光建的译笔素以谨慎细腻、流利酣畅闻名。他用一种朴素风趣、简

① 伍光建. 狭路冤家. 上海:华通书局,1930:译序 2.
② 伍光建. 十九世纪欧洲思想史(第二编 上). 上海:商务印书馆,1927:译者序 2.
③ 伍光建. 伦理学. 上海:商务印书馆, 1933:译者序 1-2.
④ 肖娴. 翻译的文化资本运作——近代翻译家伍光建研究. 北京第二外国语学院学报,2016(3):57.

洁明快、让人着迷的书面白话从事翻译。① 他的另一特色是开创了独特的删节法。正因如此,伍光建才得以在两年之内译出 41 种英汉对照的名家小说。伍光建翻译外国文学作品,最鲜明的特点就是节译和转译,这与当年的时代风潮有关,属于普遍现象。伍光建的译文当然也有被人诟病的地方,如他删节原文时,常把难点或精彩部分给删了,"不免潦草塞责"②。也有人批评他译得太快,删得太多,他只是在"嚼渣与人""焚琴煮鹤"③。如原文本不流利,译文反而变得流利就失了原样。

伍光建的译著中影响最大、流传最广的当属法国大仲马的《侠隐记》(今译《三个火枪手》)与《续侠隐记》(今译《二十年后》)、《法宫秘史前编》与《法宫秘史后编》。寒光认为,伍光建的《侠隐记》和《法宫秘史》"都是百炼的精钢,胜过林译千万倍"④。伍光建实为白话翻译小说的拓荒者之一,他用略带文言腔的白话翻译小说,与林纾的文言译本完全不同,令读者耳目一新,在当时产生过很大的影响。至"五四"白话文运动时期,伍光建的译本更是销量大涨,被誉为"语体新范",这与新文化运动主将胡适的推介密不可分。胡适曾在北京大学的演讲中公开称许,"我以为近年译西洋小说当以君朔所译诸书为第一。君朔所用白话,全非钞袭旧小说的白话,乃是一种特创的白话,最能传达原书的神气。其价值高出林纾百倍。可惜世人不会赏识"⑤。1928 年,胡适重提自己的观点,"近几十年中译小说的人,我以为伍昭扆先生最不可及。他译大仲马的《侠隐记》十二册(从英文译本的),用的白话最流畅明白,于原文最精警之句,他皆用气力炼字炼句,谨严而不失为好文章,故我最佩服他"⑥。

伍光建的译作涉及文学、历史、哲学、政治、经济等领域,体裁有论说、

---

① 邹振环. 译林旧踪. 南昌:江西教育出版社,2000:133.
② 梁绣琴. 伍光建译洛雪小姐游学记. 图书评论,1933(11):83.
③ 叶维. 再评伍光建译洛雪小姐游学记. 图书评论,1933(3):39.
④ 寒光. 林琴南. 上海:中华书局,1935:28.
⑤ 胡适. 胡适古典文学研究论集. 上海:上海古籍出版社,2013:560.
⑥ 胡适. 胡适全集(第 3 卷). 合肥:安徽教育出版社,2003:840.

批评、史传、小说、戏剧、童话、随笔等,大都由商务印书馆出版。他选译过相当数量的世界名著,如梅尔茨的《十九世纪欧洲思想史》、马基雅维利的《霸术》(即《君主论》)、斯宾诺莎的《伦理学》、休谟的《人之悟性论》(即《人类理解力研究》)、马德楞的《法国大革命史》、斐尔丁的《大伟人威立特传》、狄更斯的《劳苦世界》(即《艰难时世》)、萨克雷的《浮华世界》(即《名利场》)、夏洛蒂·勃朗特的《孤女飘零记》(即《简·爱》)、艾米莉·勃朗特的《狭路冤家》(即《呼啸山庄》)、哥德史密斯的《诡姻缘》、谢里丹的《造谣学校》、阿戚巴瑟夫的《山宁》等。1934 年 5 月至 1936 年 3 月间,伍光建特地为商务印书馆选译一套"英汉对照名家小说选"。该丛书总计 41 种,其中英国 12 部、美国 9 部、法国 5 部、俄国 4 部、德国 3 部,其他欧洲国家 8 部。这些作品均为选译,非英语作品则从英译本转译。该丛书是一套学习英语的中级读物,汉英对照,前有作者传略,文下适当加注,颇受读者欢迎。伍光建同时也是教育家,他先后为南洋公学和商务印书馆编辑的教材和工具书有《格致读本》《物理学教科书》《西史纪要》《帝国英文读本》《英文范纲要》《英文范详解》等。

<h2 style="text-align:center">四</h2>

本书从伍光建译作中精心挑选了部分短篇小说、戏剧、长篇小说(节选)以及政治学著作。选材丰富多样,富于代表性和可读性。

短篇小说有 13 篇,选自 4 部译文集,其中 5 篇选自《伍光建翻译遗稿》(1980,计有默里的《当金刚钻》、莫泊桑的《瞎子》《有利可图的事》、霍桑的《蒙面牧师》《梦外缘》),4 篇选自《秘密结婚及其他:短篇实事小说七篇》(1937,原文来自 *Queer Stories from Truth*,原作者不详,计有《馋嘴妇人》《某宫秘史》《议员调情之结果》《秘密结婚》),2 篇选自《结了婚》(原作者斯特林堡,1935,计有《恋爱与面包》《不自然的选择》),2 篇选自《夺夫及其他》(第 2 版)(1929,《旧欢》《离婚》)。《伍光建翻译遗稿》中的中短篇小说,系精选中的精选,"他的译笔留着当年那种流畅、朴素的白话文风格,读来别有一番风味"①。伍光建生前发表的短篇小说并不多,与伍译长篇小说相比,有另一种轻快的风味。他钟爱哈代、霍桑、斯特林堡、爱伦·坡等作家的短篇小说。另外从 *Queer Stories from Truth* 这本集子里面选译了不少作品,尽管该短篇小说集中的作者不知名或匿名,但这些载于英国报纸 *Truth* 上的短篇小说"文笔结构都非常流利精巧,因为都是根据事实,所以情节奇而不离,怪而不诞,没有一点勉强牵凑的毛病"。伍光建觉得有趣才译了几篇。《结了婚》系"英汉对照名家小说选"的一种,是伍光建专为当时的英语学习者编译的。"伍先生翻译这一套书十分谨慎,译笔忠实而不生硬。流丽而不浮泛;在力求保存原作笔调的企图下,力避生涩费解的语句;即离开原文说,单把汉译的部分当作中文小说读,亦无不可。"②

长篇小说节选 3 部,即《侠隐记》第 1 至 10 回(1907,今译《三个火枪手》,原作者大仲马),《劳苦世界》第 1 卷(1926,今译《艰难时世》,原作者狄更斯),《狭路冤家》第 33 至 34 章(1930,今译《呼啸山庄》,原作者艾米莉·勃朗特)。《侠隐记》系伍光建的成名作,怎么推荐都不为过。《劳苦世界》"通过伍译的白描手法而留下的,才是迭更司的真容"③。《狭路冤家》据说是伍先生最得意的译作,耗费的时间比翻译全部《侠隐记》的时间更多。

戏剧有 2 部,即《诡姻缘》(1929,原作者哥德史密斯)和《造谣学校》(1929,原作者谢里丹);这两部戏剧由新月书店特邀伍光建翻译,分别由叶公超和梁实秋作长序并校对出版,收入"英文名著百种丛书"。该丛书原本应花上十年二十年出完,然而仅出五六本即告终止,伍光建的这两个译本即为丛书启动之初的大收获,梁实秋直言,"我校阅这部《造谣学校》,实在是自始至终很愉快的一件工作"④。《诡姻缘》优点很多:第一,词句流利,意思贯串,可以上演。第二,删略许多不能译、不重要、累赘之处,使上

---

① 张又君. 翻译前辈伍光建. 书林. 1981(1):30.
② 伍光建先生选译《英汉对照名家小说选》二十种合售预约. 申报,1934-07-02(1).
③ 张慧剑. 微灯. 金华:浙江省动员委员会战时教育文化事业委员会,1942:8.
④ 梁实秋. 序//伍光建. 造谣学校. 上海:新月书店,1929:1.

演便利。第三,变更原文文法组织,使适合国语,上演时,观众极易了解。第四,译出很多漂亮的句子来,足以表现喜剧精神。①

政治学著作有《霸术》(1925,今译《君主论》,原作者马基雅维利)。在西方评论界,《君主论》被列为和《圣经》《资本论》等相提并论的影响人类历史的十大著作之一。伍光建选译此书,是希望忧国忧民的有识之士能够见识书中的"悲愤爱国"之情,以求民族独立于全球。②

伍光建的译文中存在一些错字、别字、脱字、排版问题,以及一些与当代的语言规范不一致的地方,具体如下。第一,错别字,如"并末[未]"(《某宫秘史》)、"就[这]样"(《蒙面牧师》),"他[她]说道"(《旧欢》)。第二,脱字,如"最欢乐的[时]候"(《劳苦世界》)。第三,排版问题,有些字顺序排反了,如人名"巴拉"排成"拉巴"(《馋嘴妇人》),"宝丽送茶点"排成"宝送丽茶点"(《议员调情之结果》)。第四,与当代的语言规范不一致的地方。伍光建所处时代语言文字的许多使用习惯到如今已有了不少变化。较为明显的如近代以前汉语中的第三人称只有一个"他"字,新文化运动时期才开始使用"她""它",故其译文中有很多地方使用了"他"来表示"她"。再如当年的"的"和"地"没有明显的区别,修饰动词普遍用"的"。又如"装作""叫作"在当时一般写成"装做""叫做","账目"写作"帐目","养赡"写成"养瞻","撤销"写成"撤消","辩护"写成"辨护","一转弯"写成"一转湾","倔强"写成"倔彊","多么"写成"多们","冒充"写成"冒冲","皱眉头"写成"绉眉头","花斑"写成"花班","那么"写成"那吗","啤酒"写成"皮酒","简单"写成"单简","玩笑"写成"顽笑","好像"写成"好象","座位"写成"坐位","赔不是"写成"陪不是",等等。

伍光建的译文具有时代性,曾引领一代风潮,备受推崇;但如今的绝大多数读者只闻其名,而未读其书。本选集的出版有助于读者开阔眼界,感受语言的魅力,了解我国翻译界的演变。

---

① 周耘青.伍光建翻译的《诡姻缘》.图书评论,1933(6):87.
② 伍光建.霸术.上海:商务印书馆,1925:序3.

第一编

短篇小说

# 当金刚钻[①]

[英]默 里

　　贵族夫人洛利摩尔的金刚钻是英国的最好的金刚钻,人人都以为是很宝贵的,惟有贵族夫妇却不然。这是要解说一番,作者立刻给读者以解说。

　　大约在五年前贵族洛利摩尔赛马大输之后,以为豪赌纸牌就可以捞本;他是平克联欢社的一个每日必到的社员,这个社最喜欢赌纸牌。他接连输了二十晚上,有一天早上他处于很难堪的地方,因为他不晓得向哪里找五千镑还赌帐,当天在日落前就要还的。他可以拿他的田地去抵押借债,因为洛利摩尔的产业还不曾全抵押,但是抵押要费许多形式上的手续,这就太耽搁时候;他原可以向重利盘剥的债主们借钱,他们很喜欢取三分的重利借钱给他,但是他还不曾到这样绝望的地步,不愿出重利求暂时的周转,他可以透支银行的存款,他很晓得他的一张透支的支票不会被银行退回的;但是贵族洛利摩尔有他私人的理由不愿领银行的情。这些银行是很方正的,当贵族的父亲在日曾积聚许多息票,他却很卤莽的贱价卖了,银行还胆敢用客气话同他抗议;其实洛利摩尔这时候还是个少年贵族,有点怕银行。他正在处于艰难环境的时候就想到倘能够用他夫人的一部分的金刚钻借钱用几个星期,是不会闯祸的。再过两星期就是季租

---

① 《当金刚钻》("A Popping of Diamonds"),原著者是英国作家默里(Grenville Murray,1824—1881)。默里是新闻记者、作家。他的新闻体写作方法为反映社会上里巷杂谈开创了一条新路。他的作品有《流浪的英国人》《法国新闻出版史》《小布朗》等。——编者注

到期日,就有房租可用;既是这样,他可以当他夫人的金刚钻,一当一赎,他的夫人是不会晓得的。他的夫人才起程赴苏格兰归宁父母,她的金刚钻——这是说其中的最值钱的——存在银行的保管柜里,洛利摩尔贵族一想到这个主意就立刻实行,坐马车往银行,取了金刚钻,赶快去当铺。开当铺的名特利坡,开当铺的人们以他为最富,但是只以贵族洛利摩尔论,他不独是一个借钱的债主,他还是一个真诚的朋友。二十年前老贵族洛利摩尔曾为特利坡出过大力,这就是说他受过老贵族洛利摩尔的无价宝的大恩。他曾救过少年的特利坡,免得他受刑事的控告,不然的话,他可能会永远充军。因为当时的少年特利坡原是一个荒唐恶劣的少年,作过种种坏事,几乎伤了他父母的心;但是他是个独子,父母爱他,所以当他犯了重罪落在警察掌握中的时候,父母愿牺牲一切以拯救他。碰巧老洛利摩尔在要津,与原告们有关系,能够救他;所以老特利坡就去找贵族,跪在他面前求救。老贵族答应相助,立刻销案,不致闹出不名誉的事来,老贵族不独拯救少年特利坡,还以为父的慈爱警戒他一番,劝他以前车为鉴不可再蹈刚跳出来的危机。老贵族与他的儿子大不相同,是一个正直人,却是很和蔼的;他对小特利坡所说的一番能够留深刻印象的话,软化这个少年的心,从此变作社会中的一个良民。我们还要说老贵族一向不曾见过或听人说过特利坡,还是他来求救那一天才和他见面,但是后来却见过他好几次,因为他父子两人按期来访,要老贵族晓得他们还是感恩的,到死还要敬重他是他们的恩人。小贵族却不晓得这些事,他把金刚钻送给特利坡,殊不晓得他的探访会激动他的感情。

　　他从店门走进去,把名片交与一个书记。一分钟内就请他进去一间起坐室,他看见一个沉静的老头子,对他点头,请他坐在近火的椅子上。主客两人都觉得不安,因为贵族用东西包好几个珠宝盒子夹在腋下,当他解包裹的时候觉得难为情;特利坡看着他,更觉得难为情。贵族把珍宝打开,说明来意,当铺的东家红了脸,低着头,显然是被他所猜着的浪费与眼前就要被毁的故事所伤心。他是很敬重洛利摩尔父子们的——好象是在他的心里盖了神座供奉他们;不料这个大户人家的嗣子已经正在败坏这个人家啦！贵族看见特利坡的疑惑神色解作是不肯借贷的表示；但是不久他就明白过来啦。当铺的东家安详地说道："贵族，要当五千镑呀。好的，我签一张支票给你。"贵族提议道："你不如察看这些金刚钻，有许多人说值一万五千镑，但是人们有时会弄错的。"

特利坡坐在书桌旁，答道："洛利摩尔的金刚钻是很有名的；但是我不愿收留这些珍宝作押品。贵族若要用钱，我很喜欢借给你。你的一句话就够啦。"

当铺东家把支票交给他，他自然是很诧异的，说道："好呀，你实在是太过于令我感激啦。我不过要用这笔钱不多的几天，但是你必得让我给你一张借据。"

当铺东家很客气的说道："你几时有便几时还我。"停了一会他又说道："贵族洛利摩尔，你父亲曾有一次为我出过大力，这是我的全部财产所不能酬谢的，我很喜欢替他的儿子尽点力。"

贵族洛利摩尔拿着支票，勉强微笑，说道："呀，真是的，我们应该当作老朋友。我却从来不曾听说……"

"原来你父亲不曾告诉你他怎样以朋友待我么？"

"不曾，他对我不曾说过。"

特利坡很感动地说道："这象他的为人。贵族呀，你的父亲是一个好人，是一个高贵的人。"这是当他送贵族出门时说的。

贵族洛利摩尔腋下夹住珍宝进入他的马车，自言自语道："这是一个很古怪的借贷家。我还晓得世上还有几个象他这样的人。"但是他一面这样寻思他觉得心里很不安，发誓要赶早归还这笔钱。

好浪费的人们屡次发这样的誓言，却不能履行。过了不多的几天，贵族洛利摩尔又搁浅了，这次是因为赛马和打牌都输了；还有一件事使他更为难，正在这个当口，他被他们的总管所骗，这个骗子骗光他主人的一季房租及归还木料、粮食和牲畜的一大笔款子之后，逃走了。贵族洛利摩尔这次更可哀的为难。他吩咐他的状师替他用田地抵押筹一笔款子之后，还要钱还不能不还的债，与供他自己个人的花费。这时候他忽然想到变卖他夫人的金刚钻,用假的金刚钻镶嵌在她的首饰上。当他第一次想出这个好主意的时候,他快快地摆脱开,但是他为需要所逼,又屡次想到这个主意。贵族洛利摩尔屡屡对自己说他的夫人几乎不用这许多有名的金刚钻。她平常有许多别的金刚钻可以穿戴,遇有大事她才穿戴,不过一两年用一次。这些珍宝其实是搁置不用的无利息可得的资本。贵族洛利摩尔一起首这样推算,他不久就习惯相信他若被这样的细碎顾忌所阻,他就变成一个傻子啦。结果就是他回到特利坡的当铺。有一部分是被他的反省所激动,因为他反省到他把珍宝卖与当铺东家,他就是还五千镑的旧债,他从始至终欠了这笔债心里总是不安的。

特利坡并不预备贵族这次又来见他所提出的办法。他一向相信他第一次借钱给他的态度就是儆戒这个少年贵族,他一想到也许可以借此就能够挽救他的恩人的儿子回头重走正路,他就觉得异常的欢喜。当他这次看见贵族洛利摩尔退化到利用这样的方便法门,就使他更心痛。一个开当铺的东家可以是一个极其顾廉耻的慈祥人,特利坡就是这样的一个人。他一言不发,在那里考察金刚钻,放在光亮中看,后来便说他肯出九千镑买,加上他已经借出的五千二百五十镑,大约就够上这些金刚钻的市价。当他结束这次交易的时候,他很和平的说道:"贵族洛利摩尔,请你勿怪我问,你的夫人晓得你变卖她的金刚钻么?"

贵族脸红红的,吞吞吐吐说道:"她自然晓得;但是你须知她要一副假的,同真的一模一样,社会上就不会有人疑心。你会做很好的假金刚钻么?"

特利坡很郑重的说道:"贵族,我看你是会满意的。"他鞠躬送他的贵族顾客出门,他把一张英吉利银行的支票装在衣袋里就走了。

当这些事体在伦敦发生的时候,洛利摩尔夫人也正在竭蹶得很,为此在苏格兰发愁。她是一个好花钱的美妇人,欠了好几年的债,从来不曾还过一次,到了现在,有许多赊东西给她的生意人很许是因为听见她的丈夫的浪费,起首把历年的帐单送来。贵族洛利摩尔有一种特别脾气,他自己虽然是很容易欠债,他的夫人欠债他却要发狂怒的。他的夫人很晓得,她若承认欠了六、七千镑的债,他是要和她吵闹个不了的。她要过安静日子是绝不肯让他吵闹的。所以当贵族正在变卖家传的珍宝，买些假的来充数的时候，他夫人也作此想，因为她新近看见些假金刚钻同真的无异，即使很细心地察看，几乎也不能辨别出来。这位贵夫人用许多伪理证明她欺骗丈夫是有理的，一如她的丈夫证明他自己欺骗他的夫人也是有理的。她一到伦敦就立刻往银行去(不曾告诉她丈夫)，叫银行的人把金刚钻交给她。她从一个书记所说的偶尔不留心的话，才晓得她的丈夫当她不在伦敦的时候把全数珍宝都拿走了，不过新近才交回来。她忽然觉得不妥，喃喃道："呀，既是这样，我来得太迟了。"她脸无人色，深信她的丈夫已经先下手了。她心里说道："这是多么卑劣呀！我若找出他做了这样卑劣的事，我绝不饶他，我就同他宣布，使天下人全晓得，我要请求法庭离婚。"当她走出银行吩咐车夫赶往特利坡当铺的时候，她着急与发怒几乎糊涂了。她听见说特利坡是最聪明的金刚钻专家。

特利坡坐在他的当铺的客厅里，看着火在那里深念，正在想及洛利摩尔，就有人来说洛利摩尔夫人来见。她拖着两码长的裙脚走进来，把全数她的金刚钻放在桌上。

她神色很不宁的说道："特利坡，我听说你善辨金刚钻。我要你老老实实的告诉我，这些金刚钻是不是真的。"

当铺的东家说道："你坐。"他极其郑重的拿起最大的盒子："夫人，这几颗金刚钻是很真的，又是很好的。"

贵族夫人浑身发抖，问道："你很看准是真的么？我原怕有人调换了。我曾用过一个靠不住的仆人。"

当铺东家又说道："这几颗完全是真的，光气最好。"

夫人叹一口气表示放心，喊道："我谢天谢地。特利坡，既然是真的，你肯买么？"

"洛利摩尔夫人，你要我买么？"

他站在那里糊涂了一会子，但是夫人立刻说了许多话，说着哭着，使他听了又糊涂了。她把她的债务，她的愁苦，她的忧惧全告诉他。她的丈夫若晓得她欠了多少债，她几乎害怕他会打她。说句简单话，她现在只有一条路可走,特利坡若不肯买她的金刚钻,又不肯给她做假的金刚钻,她深信她自己会得重病,还许一病就死。她又痛哭又扭手。

特利坡坐着看这幕惨剧,一言不发。他不过有时点点头。等这位美貌贵客说完后,他安详的说:"洛利摩尔夫人,我猜你晓得若无你丈夫授权,我就无权买这些珍宝么?"

夫人说道:"这些珍宝并不是限定继承的;况且他是绝不会晓得的。"她好象是深知法律的。

"你能担保他永远不会晓得么?"

"我答应你,他永远不会晓得!"

特利坡说道:"既有这样的谅解,我肯出一万四千镑买这些金刚钻。洛利摩尔夫人,你要记得,我依靠你的话,永远严守秘密。"

夫人哭着说道:"永远严守秘密。我很晓得这是你的一番美意,我是永远不会忘记的。"当特利坡的笔在支票上签字的时候,她的心发狂的跳。

一星期后洛利摩尔夫人收到一套的金刚钻,她相信是假的,她却以为同真的一样好。

……自从上文所说的事体发生以后,洛利摩尔贵族夫妇改正他们的态度,又整理好他们的财产,现在他们过庄重的生活啦,但是有时他们的心里是很悔恨的,因为他们把家传的珍宝变卖了。他们又因为互相欺骗心里总觉得不安。贵族夫人每次卖弄她的金刚钻(她现在很少卖弄啦),她很怕偶然会发生什么事体揭露她的金刚钻是假的,她的丈夫也一样的觉得不安,无论什么欢乐的应酬他都不去。但是每逢很难得的洛利摩尔夫人穿戴她的金刚钻的时候,凡是看见的无不说很难得有这样大、这样光的金刚钻。看得很亲近的善辨金刚钻的人们都说是很难得的。洛利摩尔夫妇很许将来有一天会说特利坡利用他们的不幸夺了他们值钱的传家珍宝;但是无论怎样,他们的嗣子们将来总会晓得在他们传家的珍宝箱子里并无假金刚钻。

[据《伍光建翻译遗稿》,伍光建译,人民文学出版社,1980 年 3 月出版]

# 二

# 瞎　子①

[法]莫泊桑

　　阳光怎么样给我们这许多欢乐？当太阳射出来的光照在大地上，为什么使我们满肚子喜欢活在世上？全片的天都是蓝的，田畴全是绿的，房屋全是白的；我们的喜欢着迷的眼领进其使我们的灵魂快乐的光亮彩色。我们的心随即想跳舞，想跑，想渴，心里发生轻妙快乐的思想，一种扩大的慈爱；我们很想搂抱太阳。

　　当瞎子们坐在门口的时候，他们永远在黑暗里头，无不是消极的，在他们的前后左右无不是新鲜的、活泼的，他们却永远是冷静的，无论他们的四面有什么事体发生，他们的狗尝试嬉戏，接连被他们所拦阻。

　　等到天快黑的时候，他们或是扶着一个小弟弟或是一个小妹妹的手回家，倘若扶他的小孩子说道：“今天是很好的天呀！”瞎子就答道：“我能觉得是好天。鲁鲁不肯安静。”

　　我晓得一个瞎子，凡是我们所能概念的惨酷生活，以他所过的为最惨酷。

　　他是一个乡下人，是诺曼地农人的儿子。只要他的父母活一日，他一日得着多少照应；他所受的就是这样可怕的残废的痛苦，此外并不甚受

---

① 《瞎子》（“The Blind Man”）的原著者是法国作家莫泊桑（Guy de Maupassant，1850—1893）。该译文由英译本转译。莫泊桑以短篇小说著称，他的作品比较广泛而深刻地反映了19世纪后半期的法国社会现实。他的长篇小说有《一生》《漂亮朋友》等，短篇小说中的名篇有《羊脂球》《项链》等。——编者注

苦;后来老的一死,他就起首过惨酷的生活啦。他靠一个姐姐度日,田舍里无论什么人无不当他是一个乞儿,吃外人的面包。每顿吃饭,他们就借他所吞咽的东西做题目骂他;他们喊他作雄蜂①,喊他作傻瓜;他的姐夫虽然拿了原属于他的一部分遗产,他吃一口汤他的姐夫也是不愿意的,只许他吃够到不饿死,不许他多吃。

他的脸是死白色的,他的两只大白眼好象两片浆糊。无论什么人羞辱他,他都忍受着,动也不动。他总是不开口,人们不能说他是否觉得受了羞辱。

况且他生平绝不晓得亲爱为何物,因为他的母亲很不喜欢他,不以慈爱待他;因为乡间当无用的人是一个讨厌东西,乡下人乐于杀本族的老弱,如杀鸡鸭一般。

他一喝完汤,夏天他就坐在门外,冬天坐在炉边,坐到晚上才再动,他不动,他不作态;只有他的眼皮,因为神经不宁就抖动,垂下来盖住他的白色的不能见物的眼珠。他到底有无知性,有无思想能力,晓不晓得他自己的存在呀?无人肯研究这几个问题。

瞎子就是这样过了好几年。但是他既不能作工也不能动,不久就令他的亲戚很发怒。他变作一个笑柄,变作供他人玩笑的东西,变作天生凶暴人们的一个牺牲品,变作包围他的野蛮人们野蛮游戏的牺牲品。

我们不难想象他的瞎眼所令他们想出的种种残忍的开玩笑。他们既供养他,就要同他开玩笑以取偿,他们现在把吃饭的时候变作邻居们同他开玩笑作乐的时候,又是这个可怜的瞎子受罪的时候。

乡下人们从最近的几家人家走来作乐;挨家地说他们怎样在瞎子身上取乐,田舍的厨房里无一天不是聚满人听笑话的。有时当瞎子起首喝汤的时候,他们放一只猫或一只狗在汤盘前。猫狗好象自然晓得这个人是瞎的,就轻轻走向前,起首不作声响地吃汤,很仔细地用舌头把汤卷入口里;当猫狗用舌头卷汤卷得太响的时候,这就惊动瞎子注意,猫狗就会

---

① 雄蜂,指好吃懒做的蜂。——译者注

很小心地走开,免得被瞎子乱挥汤匙所打!

这时候沿墙排列的旁观人大笑,用肘相触,在地板上跺脚。他向来一言不发,接连用他的右手吃东西,一面伸出左手保护他的盘子。

有时他们使他嚼软木、木块、树叶,甚至于秽物,他无目不能辨别。

此后他们厌倦了这样地开玩笑;他的姐夫因常供养他就大怒,打他,不停地以掌打他,看他既不能挡住,又不能还敬,就大笑。后来他们用新法取乐——以捆他的脸取乐。犁田的、女仆们,凡是走过的流氓,无不时时刻刻地捆他的脸,使他的睫毛一阵阵地颤动。他不晓得往哪里躲避他们,只好常伸出两手,以阻止人们太走近他。

后来他受不了只好求乞。

当开市的日期有人放他在大街边,他只要听见脚步声或马车声,他就伸手,讷讷地说道:“我求你施舍!”

但是乡下人不是浪费的,他求乞了几个星期,得不着一个铜钱。后来他变作凶暴的、无怜悯心的、痛恨他的人的牺牲。下文就是他死的情形。

有一年冬天地上铺满雪,冻硬了。有一天早上,他的姐夫领他在大街上走了很远,以便他可以求乞。瞎子在街上一整天,到了晚上这个姐夫对他住宅里的人们说他找不着乞丐的踪迹。他随即又说道:

“呸! 最好不要理他。他觉得冷,求人带他走开。绝不要怕! 他不是迷了路。明天他会回来喝汤。”

明天他不曾回来。

原来瞎子等了许久,冷僵了,觉得他快要死啦,他就起首走。他在大路上不能找得着原路回来,因为街上结了很厚的冰,他只好随便走,跌入沟里,又爬起来,一声也不响,他的唯一目的是要找一所房子他就能够避风雪。

不料下来的雪逐渐偷偷地使他麻木了,他的两条无力的脚不能再往前走,他坐在一片田的中间,他不曾再起来。

接连下来的白色雪片埋没他,所以他的很僵很硬的身子埋在不停积聚的及很快变深的雪堆里头看不见了;并无什么东西表记他所埋没的地方。

他的亲戚们伪作打听他及找寻他,约有一个星期。他们还装模作样地啼哭。

冬天严寒,许久才开冻。有一天是星期日,农人们往教堂,在路上看见一大群乌鸦在田上不停地绕来绕去,随后如同落一阵黑雨一般落在一个地点,去去来来,同落在这个地点。

到了下星期,这些乌鸦还在那里。空中还有一群,好象是从天涯的四角来聚在这里的;这些乌鸦一阵大喊飞下来走入发亮的雪堆,如同许多黑块盖住一般,它们不停地啄。有一个少年跑去看乌鸦干些什么,才看见瞎子的尸身,已经被乌鸦吃了一半,破烂了。他的无光的两眼已经不见了,被乌鸦的贪残的长嘴挖出来了。

我每逢觉得有阳光天的快乐,绝不能不惨然记忆及寻思这个乞儿的惨运,他是一个无家可归、无人照应的人,凡是认得他的人,一听见他这样地惨死,心里反觉得为之一宽。

[据《伍光建翻译遗稿》,伍光建译,人民文学出版社,1980 年 3 月出版]

# 三

# 有利可图的事①

[法]莫泊桑

他并不以他自己为一个圣贤，他也不以伪君子自命夸他有美德，他却看他自己很高，如同看高他人一般，还许他看自己比看别人还要高些，他既这样看高他自己却并不多所自爱，并不多过所需要的，又用不着自责他自以为是。他不过以公正自待，因为他有很好的道德主义。我们若必要说实话，他不独能用这些主义于批评他人的行为，而且多少用以调整他自己的行为，设使他不能说他自己道："大概而论，我是人们所称的一个完全顾廉耻的人。"他会很生气的。

他以为自己是个好人，他始终不曾（嗨！永远不曾）被逼而疑及他自己的这样极好的见解，当他要发扬他的辞令的时候，他喜欢这样说他自己：

"我的生平给我以权利同我自己拉手。"

他以完人自满，如同披了一层完善的铁甲一般，一个巧妙的心理学家很许能够找出这身铁甲有几处弱点。例如我们确晓得我们这位朋友会毫无忌惮的从他的邻居们的不幸事中或罪过中求利，只要他自己以为邻居们的不幸不是他一个人负责的，或不是他应负最大部分责任的。但是大概而言，这不过是持论不同，其中原有许多材料供人以讨论是非及善恶。

---

① 《有利可图的事》（"Profitable Business"）的原著者是法国莫泊桑。该译文由英译本转译。——编者注

性情简单如我们这个有价值的朋友最不喜欢这种讨论,他会答心理学家说道:

"为什么做这样捉风捕影的事?以我而论,我是完全真诚的。"

他虽是这样说,你却必不可以相信这种完全真诚,会阻止他存高超的见解。他有个弱点,就是好想象与神秘,他以此自鸣得意,有人说他不真诚、不顾廉耻,他若不高兴,设使有人说他好尚平常,他却会觉得更不高兴的。

所以对于恋爱事体,他自以为有德,最反对奸淫,因为设使他犯了奸淫,他心里却是极其泰然的,不能证明自己犯过奸淫:

"呀!论我自己,我能够宣言我绝不曾害过什么人!"

在另一方面,他却不满意于按钟点酬值而得的快乐,这样的娱乐降低心肠所要的最高贵的需要,降作一种肉体所需要的粗俗满意。他常举目向天,说他所要的是:"比那样更适合于理想的!"

这样的追逐理想其实并不令他费大力,他的追逐只限于不进妓院,又不拦住在街上走的仙女们,只问道:"多少?"

他所最想的只是同这种样的女人献媚,他相信她们喜欢他,为的是喜欢他本人,他所喜欢的是女人们的态度和衣服留有余地,使他胡猜乱想,例如:

"我们可以当她是一个未曾丧德的做工的小女子。"

"不是的,我看她更许是遇着不幸的一个寡妇。"

"她许是一个改装的时髦贵妇!"

还有其他胡说,他一面想象一面也晓得是胡说,他却还是一样的以这样的胡猜乱想为乐。

他既有这样的嗜好,自然追逐女人进大店,无论什么地方有一大群人,他就要走去,他尤其好留心找不顾廉耻的妇女,因为最能动人的无过于半开半关的窗子,看不清站在窗后的人脸,只听见偷偷说道:"嘶!嘶!"

他就会对自己说道:"她是谁呀?她是个少年女子么?是个美貌女子么?她是一个老妇,很有可怕的手段,却不复敢再露面的么?不然,是不是一个初出山的,还不曾学会一个老手的胆子? 无论是与不是,当我走上楼的时候,就许是我所不知的我的意中人。"当他登楼的时候,他的心常是跳得厉害,如同初次与所爱的姘妇相见一般。

这一天他钻进去在米尼孟唐路不通行的胡同的一所老房子,他觉得一阵阵的快乐的发抖,这是他向来所不曾觉察过的。他说不出来是为什么,因为他追逐他之所谓爱人,曾钻过许多比这里更奇怪的地方;但是现在这一次,他毫无理由的得了一种预告,他快有奇遇啦,这就给他一阵阵的快活感觉。

招呼他的女人住在三楼,当他一路上楼的时候,他所受的刺激越是加增,等他到了梯口的时候,他的心跳得很凶。他一面登楼,一面却闻着一种特别气味,越登越厉害。他尝试解析是什么东西,却解析不出来,他只能晓得气味好象药房的气味。他一踏步在楼板,在过道的右手的门就开了,那个女人低声说道:"我的宝贝,你进来。"一阵很厉害的气味从门口冲入他的鼻孔,他忽然说道:

"我怎么这样糊涂呀! 我现在晓得是什么了;这是加布力克酸的气味,是不是?"这个女人答道:"是的,宝贝,你不喜欢加布力克酸么? 你是晓得的,这是很卫生的。"

这个女人虽不是个少年却还不丑;她的两只眼虽然是惨的,又是深凹的,却是很好看的;显然她新近很痛哭过,她所做出来的微笑另有一种神气,以便可以表示更和蔼。

他满肚子都是浪漫观念,他又是被刚才的预告的潜力所动,他就想到,——这样的意想使他觉得浑身快活:

"她是一个寡妇,被贫穷所逼,才来卖身。"

屋子是很小的,却是很干净很整齐的,这就证实他猜着了,他很要证明是否真实,他就走入这一套三间的屋子。第一间是卧室;第二间是一个客厅,随后就是一间饭厅,又当厨房用,因为有一架荷兰砖炉在中间,炉子上还煨着东西;但是这间屋子的加布力克酸的气味更重。他说气味更重,又大笑说道:

"难道你放加布力克酸在你的汤里么？"

他一面说，一面一手抓住进去内间屋里的门把，因为他全要看到，连这个角落也要看到。这个角落显然是一间堆东西的小屋子，这个女人捉住他的手，用力很猛的拖他回来。

她用几乎是附耳说话的低声，又是一种沙声与哀求的声音，说道：

"不要进去，不要去，宝贝，不要进去那里，不要进去那里，你必不可进去那里。"

他说道："为什么？"因为他更想进去。

"因为你若进去那里，你就不想同我住下，我却很想你住下；但愿你晓得！"

"但愿我晓得什么？"

他用猛力开了光滑如玻璃的门，一阵加布力克酸气味几乎打他的脸，但是他所看见的东西令他更向后退缩，因为有一个女人的死尸挺在一张小铁床上，有一支蜡烛很怪的照着，他恐怖，掉过身子就跑。

这个女人哭着说道："我的宝贝，你且不要跑。"

她拖住他痛哭流涕告诉他，她的朋友两天前死了，无钱埋葬。她又说道："因为你能明白，我要好好的殡葬她，因为我们是最相好的朋友！我的宝贝，你住下吧，你住下吧。我只差十个法郎。你不要走。"

他们回到卧室。

他说道："不，你让我走。我肯给你十个法郎，我却不愿住下，我不能住下。"

他从袋里取出他的钱包，拿出一个十法郎的金钱放在桌上，随即走向门口，但是他一走到门口，忽然想起一件事来，好象是有人同他论理，他却不晓得是谁。

"你为什么白丢了这十个法郎呀？你为什么不从这个女人的一片慈心里头取利呀？她办这件事诚然办得很有胆的，假使我不晓得这件事，我必定要盘桓几时才肯去的，我既然晓得了，又该怎么样的？"

但是又有其他较为暗晦的条陈低声对他说道：

　　"她是她的朋友呀！她们两人是很相好的呀！这是交情抑或是爱情呀？从外表看来是爱情。设使这个女人被逼而不贞于这样奇怪的爱情，这诚然是为道德报复。"这个人忽然掉过身子来，低声抖抖的说道："你听着！我若给你二十法郎，我猜你且能够替她买些鲜花，是不是？"

　　这个不欢乐的女人高兴起来，满脸全是快乐与感激。

　　"你当真肯给我二十法郎么？"

　　他答应道："我肯，还许多给。这件事全靠你自己。"

　　他于是带着一个顾廉耻人的安静良心，同时却又不是一个傻子，他很郑重的说道：

　　"你只要很听我的话。"

　　他心里又说道："尤其是因为我该得此享受，因为我给你二十法郎，我做了一件好事。"

　　[据《伍光建翻译遗稿》，伍光建译，人民文学出版社，1980 年 3 月出版]

# 四

# 蒙面牧师①

［美］霍　桑

　　教堂办杂务的小司事站在末尔福会堂的门廊,很用力拉打钟的绳子。本村的老人们驼着背沿街走来。孩子们满脸的光采在他们的父母身旁跳跃,有些因为穿了星期日的衣服就装作庄重。打扮得很光鲜的未婚男子们斜眼看秀美的姑娘们,以为星期日的阳光使她们比非星期日更好看。等到这大群人大多数走入门廊的时候,小司事起首打钟,一面留神看胡普尔先生的门。一看见这位牧师,就是停止打钟的记号。

　　小司事很诧异地喊道:"好牧师胡普尔脸上是些什么?"

　　凡是听见他这句话的无不立刻掉过头来,看见外表与胡普尔相似的人,一面寻思一面慢步向会堂走。他们同时一齐惊奇起来,发表许多惊讶,多过有一个外来的牧师来掸胡普尔讲经坐垫上的尘土。

　　格雷问小司事道:"你确实相信这是我们的牧师么?"

　　杂务答道:"确是好好的胡普尔先生。他原要同舒特牧师交换讲台;舒特牧师昨日派人来通知不能前来,因为要为殡葬讲经。"

---

① 该译文前有伍光建撰小序:"霍桑(Nathaniel Hawthorne, 1804—1864),美国十九世纪影响最大的浪漫主义小说家。生于破落世家,大学毕业后开始写作。除了为生活所迫在海关工作和短期出任过利物浦领事外,一生专事写作。一八五一年,长篇小说《红字》出版后,使霍桑成为公认的当时最重要的小说家。他还著有《七个尖角阁的房子》、《福谷传奇》等长篇小说及许多中短篇小说。这里所收的三个短篇,《蒙面牧师》原名为'The Minister's Black Veil';《新年旧年》原名为'The Sister Years';《梦外缘》原名为'David Swan'。"——编者注

这许多惊讶的原因却可以不过是很不相干的。胡普尔现年约三十岁,仍然是一个未娶妻的人,穿宗教衣服穿得整齐,好象有一位小心的夫人浆过他的领带,掸过他星期日穿的衣服的尘土。他的面上只有一件令人注意的事。他的头上扎了一件垂下的东西,是一条黑色的面纱,常被呼吸所吹动。走近细看,原来是双层的绉纱,把他整个的脸罩着了,只露口与下颔,很许并不阻碍他观看东西,不过令生物及静物变作黑暗。胡普尔脸上戴了这个黑暗面罩,向前行走得慢而安静,他的背略驼,两眼看地,一个深思的人习惯是这样,却很和蔼地同仍然向在门廊等候的人点头。但是这些人诧异到不曾对他点头回礼。

杂务说道:"我实在不能觉得胡普尔先生的脸是在那块绉纱之后。"

一个老婆子当蹒跚走入会堂时候,喃喃道:"我不喜欢他这样。他不过遮盖他的脸,就把他自己变成一个可怕的东西。"

格雷跟着牧师过门槛,说道:"我们的牧师疯了。"

有一片谣言,说有了不能解说的事体发生,先到了会堂,使全群来此听讲经的人们都受了惊动。只有不多的几个人能够自制,不掉过头来看门口;有好几个站得直直的,全个身子转过来;同时还有几个小孩子爬在椅子上,下来的声音很吵。人们全骚动了,妇女衣服的索索声,男人的脚步挪移声,这与牧师进会堂男人应该肃静很相反。胡普尔却表现其为不理会人们的骚动。他走进来时几乎无脚步声,对两边的座位很和气地点头,且对年纪最老的鞠躬,他是一个白头老者,是某人的曾祖,坐在通廊中间的一把交椅上。这个老人很慢才觉得牧师的面目有点奇怪。他好象不理会,一直等到他登梯在讲坛,与听众面面相对,才觉得奇异。牧师一次也不曾脱他的神秘蒙面纱,当他一面诵圣歌的时候,他的呼吸吹动面纱;当他读《圣经》的时候,那片纱在当中隔开他与那页《圣经》;当他祈祷的时候,面纱重重的盖住他的仰着的脸。难道他怕他所祈祷的神圣故此遮他的脸么?

这就是单单简简一片蒙面纱的效果,就有不止一个神经娇嫩的女人离开会堂。从牧师眼光看来,脸无血色的听经群众变作可怕,几乎如同群众看见那片黑面纱一样的可怕。

胡普尔原有讲经好手的名誉,却不以演讲有力闻名:他努力用和平婉劝的潜力赢得他的听众向天上走,不肯用《圣经》的雷电般的话领导他们。现时他所讲的道理,所用的特色及态度,与他的普通经论相同。惟是在经论本身的意思或在听众的想象中,使其变作牧师向来所演讲的以此次为最努力。牧师的性情本来有多少温和的郁抑,这次颇带有更幽闷的色采。此时所讲的题目是秘密的罪孽,及我们隐瞒着我们的至爱至亲的人们不肯说出来的许多愁惨的神秘,方且瞒着我们自己的良心,甚至于忘记了无所不知的上帝能窥破。他的说话里头有奥妙的力量喷入。听经的人们,从最良善无辜的女孩子以至于心肠最刚硬的男子,无不觉得这个牧师蒙着可怕的面纱偷偷的爬过来,揭破他们所隐藏的不良行为或思想。有好几个伸张手指扪他们的心。其实胡普尔所说的话并无什么可怕的,至少是并无激烈的;但是他的愁闷声音一震动,听众就震动。与敬畏同来的有不期然而然的悲痛。听众的神经是很灵敏的,觉得他们的牧师有某种异常的性情,他们渴想吹来一阵清风吹开他的蒙面纱,几乎相信一脱面纱就会看见是另外一个生人,其神气与声音却是胡普尔的。

祈祷礼节完了,大众匆匆忙忙走出会堂,乱到不成样子,一看不见那块黑面纱,觉得精神变作轻松,且急于要把他们的幽闭已久不能宣泄的惊讶告诉他人。有些人聚在一团,相靠得很紧,他们的嘴都在中间附耳低声说话;亦有独自回家的,一言不发在那里寻思,又有大声说话的,居然大笑侮渎星期日。有不多的几个人摇头,示意说他们能够深入这个迷楼;同时亦有一两人毅然决然声称:胡普尔的两眼被晚上的灯光改弱了,所以要遮东西。再过不久一会儿,胡普尔自己也出来,他殿后。他掉过他的蒙黑纱的脸看看这一群人又看看那一群人,对于白头老者施敬,对于中年人以和蔼的威仪相见,自处于他们的朋友和宗教的向导之列,对于少年们相见以权威和以亲爱,对于孩子们则以手抚摩其头以赐他们福。他向来遇着星期日都是这样的。他对他们表示这样敬礼,他们却以诧异及惊怪的面目相答。从前总有人要与牧师并肩行走的体面,今日却无。老乡绅桑特尔自从牧师到这里来，几乎每遇星期日必请他到家吃饭的，今天并不请他，当然是偶然忘记，是无疑的了。所以他回去他的住宅，当关门的时候，回头看这些人们，他们的眼全钉在他身上。牧师在面纱后微微的惨然一笑，嘴齿边微动，当他走进去时，略略看得见。

有一个女人说道："简单的一片黑纱，无论什么女人都可以戴在她的帽子上，一罩着胡普尔的脸，就会变作这样可怕的一件东西！"她的丈夫，是本村的医师，说道："胡普尔的知性必定有了乖错。但是最奇怪的却是这种奇想的效果，如我这样心思肃穆的人，亦受其潜力。这片黑面纱虽然不过盖着牧师的脸，其潜力且及于全身，使他从头至脚变作好象鬼一般。你不觉得么？"

他的夫人答道："我的确觉得，无论怎样我却不愿意单独一个人同他在一起。我却很想晓得他怕不怕他自己单独一个人！"

她的丈夫说道："男人们有时是怕的。"

午后的礼拜，亦随以相同的环境。礼拜完了，教堂鸣钟，为的是埋葬一个少年女人。死者的亲友们聚集在会堂，较为疏远的熟人们站在门口，谈及死者的诸多好处，胡普尔出现（仍然蒙着面纱），他们就不谈啦。现在面纱却是正当的标识。牧师走入停灵的屋里，低头看棺材，同他的已死的教区民作最后的送别。当他低头的时候，面纱从他的额一直向下垂，假使她的两眼不是永远闭了，这个已死的姑娘可以看见他的脸。难道胡普尔能够怕她两眼看他，所以他那样快就把黑面纱拉下来么？当这个生人与那个死人会面，有人看见的毫无忌惮地说，当牧师揭露他的面目时，死尸微微的惊动，寿衣和小纱帽索索有声，却仍是死人的面目，并无变动。只有一个迷信的老婆子亲眼看见这件异事。胡普尔离开棺材，走入送殡的亲友们的房内，随即登梯，为死者祈祷。这是一篇温柔而极其哀感动人的祈祷文，无一句不是惨伤的，却灌以登天的希望，好象死人手挥天琴奏乐，人们听见天乐的声同牧师最悲惨的声，混杂在一起。人们发抖。当牧师祈祷的时候，说他们及他自己，与全数人类，很可以预备时候一到就该把面纱揭去，人们不大明白他的意思。抬棺材的往前慢慢行，送殡的亲友们跟着走,使全街都变作凄惨,死者在前,胡普尔戴着黑面纱在后。

有一个送殡的人对他的同伴说道:"你为什么往后看?"

她答道:"我幻想牧师同死了的姑娘的精灵携手同行。"

她的同伴说道:"同时我也有这样的妄想。"

当天晚上本村有一对最美貌的男女结婚。胡普尔虽然算是一个忧闷的人,遇着这样的喜事却有一种沉静的高兴,往往令人发生同情的微笑,若是一种活泼热闹的快乐反不能动人。人们爱他就是因为他这样的性情。结婚者的亲友们等牧师来等得不耐烦啦,他们相信他虽然整天满脸都是奇怪的畏惧,这时候却应该消除了。结果却并不是这样。当胡普尔进来的时候,他们所眼见的第一件事,就是那片可怕的黑面纱,使白天的愁惨殡仪更加愁惨,对于现在的结婚只能预兆不吉。那时所发生于客人们的效果就是一层云雾,好象从黑纱底滚出来,且把烛光变作暗淡。结婚的一双男女站在牧师面前。新娘的冷手指在新郎打战的手中发抖,她脸无血色如同死人一般。就有人附耳低声说,前几点钟所埋葬的姑娘从她的坟墓出来行结婚礼。倘若还有人结婚是这样的愁惨,那就是敲结婚钟那次有名的结婚。行过礼之后,胡普尔举一杯酒到唇边,祝贺他们新婚的男女欢乐,说几句温和取笑的话,如同家中炉火发出令人高兴的光,应该令家人们快乐。正在这片刻间他看见镜子里他自己的模样,那片黑纱使他自己也怕起来,如同他人一般。他浑身发抖——他的两唇毫无血色,他把未尝的酒吐在地毯上——跑入黑暗地方。因为大地也蒙了黑纱啦。

翌日本村所谈的全是牧师胡普尔的黑面纱。这件事体和面纱所藏在其后的神秘成为一个话柄,供人们在街上相遇及妇女开了窗子相与讨论的材料。饭店告诉客人的第一件新闻就是这件事。孩子们上学在路上所谈的也是这件事。有一个好摹仿人的小鬼用一条旧的黑手帕盖脸,把同游戏的孩子们吓慌了,几乎吓倒自己,他因为好开玩笑几乎变糊涂了。

最奇怪的是本区内原有几个好管闲事与无礼的人,却无一个胆敢问胡普尔为什么用黑纱蒙面。一向无论什么时候,稍微有这样干预的必要,他绝不会无人劝告他的,亦并不反对受他们的判决所指导。他若做错事,他就变作很不相信自己,纵使是最和平的贬斥就会令他考虑无善无恶的行为是一件罪恶。人们虽然深知他这样和蔼的弱点,在他全教区民之中却无一人愿意用朋友之谊说及他的面纱。每人都觉得有一种畏惧,既不明白地承认,亦不小心隐藏,使他将责任卸在别人身上,后来大众觉得不如请教会派一代表团对付胡普尔这件神秘事,不然就会闹出笑话来。这一个大使团太不称职。牧师以朋友礼貌接待他们。他们一坐下他就一言不发,由得来宾们完全负介绍他们的重要事体的责任。所要介绍的话柄是很浅白的。胡普尔头上扎了黑纱,把他的安静的嘴以上的面貌全遮盖了,他们有时候却看见他惨然的微笑。从他们的想象看来,那片黑纱好象下垂到心部,这就表示在他们与他之间有了一种可怕的秘密。设使脱了面纱,他们就可以自由谈及此事,要到这时候才好开口。所以坐了许久,一言不发,人也变糊涂了,看见胡普尔的眼反退缩不安,他们觉得他用无形的眼光钉着他们。后来这个代表团垂头丧气地回去报告,说道事体太重大,要全教务会议才能办得到,还许要开全教大会。

本村却有一个人不曾被黑纱所吓倒,虽可以吓倒众人,却吓不倒她。当代表团回来并无解说的时候,或不敢要求解说,她这个人有她的特色,就是有她的一种安详的能力,打定主意要驱逐其笼罩胡普尔的奇怪云雾,愈久变作愈黑。她是他的未婚妻,应该有特别权利要晓得黑纱隐藏着什么东西。她于是等到牧师第一次来探望,就老实不客气直接问他,这就使他们两人的为难变作较为容易。他坐下之后,她两眼钉住那片黑纱,却看不见那样吓倒群众的可怕的愁惨:不过是两层黑纱,从额垂至他的口,呼吸时微微地动。

她大声且微笑说道:"这片纱并无什么可怕,不过是遮住我所常喜欢看见的一副面目。好好的先生,来,来,让阳光从云后出来。第一,先把黑纱放在一边;随后告诉我你为什么要戴。"

胡普尔微微地一笑。

他说道:"将来总有一天,我们无论是谁都要把我们的面纱放在一旁。我的爱友,我若戴面纱戴到那个时候,请你莫怪。"

这个少年女子答道："你这句话也是一种神秘,你至少也要脱了罩住这句话的面纱。"

他说道："伊里萨白,尽我的誓辞所能许我的限度,我肯把我这句话的意思明白告诉你。你须知这片面纱是一个模型及一个符号,我必定永远戴着,无论是在光明地方抑或是在黑暗地方,亦无论独自一人抑或被群众所注视,又无论当着面生的人们或当着熟人们。无论什么人都不会看见我脱面纱,这样愁闷的遮蔽必定使我同世界分离;纵使是你伊里萨白自己亦绝不能到面纱后面!"

她很诚恳地问道："有什么令人休戚的祸事落在你身上,使你永远遮住你的两眼?"

胡普尔答道："倘若蒙面黑纱是追悼死者的记号,我也许同大多数的世人一般,很有些悲哀,其黑暗足以黑面纱作个模型。"

伊里萨白力辩道："万一世人不相信这片黑纱是一种无辜的悲哀的模型,那便怎样?你虽是为人所爱,为人所敬,就许有人低声耳语说你因为明知秘密地犯了罪作了孽,所以才蒙面。为你的神圣职业起见,你不如除去这样激发反感的东西!"

当时本村有了种种谣言,她一面暗示谣言的性质,一面红了脸。胡普尔的温和却还是同平时一样。他方且又微笑——同是一样的惨然微笑,常象从面纱下的黑暗出来的微微的光。

他只答道："我若为悲痛而蒙我的面,尽有足够的原因;我若为秘密的罪孽而蒙我的面,世人无论哪一个不可以做同样的事呀?"

他就是用就[这]样温和而不能降伏的顽固以抗拒全数她的苦劝。后来伊里萨白坐在那里一言不发。在几分钟内她好象是深思到失神,很许是在那里考虑,用什么新方法可以尝试使她的爱人退出这样黑暗的胡思乱想之外,这样的胡思乱想若无其他意思,就许是神经病的一种现象。她的秉性强固有过于他,也不免堕泪。但是不过一会子工夫,由忧愁而得着一种新感觉:她的两眼不知不觉的瞪着那块黑的面纱,这个时候,犹如空中的忽然一阵罔两的光,种种的可怕四围笼罩住她。她站起来,抖抖的站在他面前。

他惨惨的说道："到底你觉得么？"

她不答，只是用双手盖她的脸，她掉过来走出屋子。他跑上前捉住她的膀子。

他很着急的喊道："伊里萨白！你对我耐烦些。在世上这块面纱虽然必定分隔你我，我求你不要抛弃我。我要你还是我的未婚妻，此后我的面上不蒙面纱，无黑暗阻隔我们两个人的灵魂！这片面纱并不是永远不坏的——不是永远不朽的！哎！你不晓得我是多么孤寂，独自一人在黑面纱之后有多么可怕。我今在愁惨的黑暗中，我求你不要弃我！"

她说道："我只要你举起面纱一次，正看我的脸。"

胡普尔答道："这是永不可能的！这是作不到的！"

伊里萨白说道："既是这样，我同你辞行啦。"

她把膀子缩回，慢慢地走出去，到了门口，停顿一会，抖抖的瞪着他，好象深深地钻入黑面纱的神秘里。他在这样愁苦之中，还是微笑，想着不过只有一件有物质的徽章使他与欢乐分离，但是这片面纱所发出的种种可怕必定黑暗地分离最恋爱的情人们。

从此以后无人尝试教胡普尔脱面纱，或直接请他脱去，以便揭露众人以为此纱所隐蔽的秘密。人们自称为高出大众成见的，以为这不过是一种乖僻的异想，有如往往与其他的举动合理的人们的矜持行为相混，使他们得了与疯狂相似的色彩。惟是从大众看来，好好的胡普尔先生确是一个怪物。他晓得人家怕他，温和的人及胆怯的人远远看见他就走开躲他，又有许多人特为阻他的去路以示大胆，这就使他不能在大街上安心走路。后一种人的无理逼他于日落时不去他所常去的公众坟地；因为当他靠着闸门深思的时候，常常会有人躲在碑后偷看他的黑面纱。于是就有谣言说死人瞪眼看他，逼他到坟地来。他看见孩子们正在玩耍得最高兴时候，一看见他愁惨脸还相离远时，就全跑了，令他的仁慈的心很难过。他们本能地怕他，使他尤其觉得难堪，有过于其他，不料有一种超越自然的惊惧与黑面纱的经纬组织为一片。其实他自己很怕这片面纱，所以他绝不愿在镜子前走过,亦绝不愿意在一个停而不流的喷池低头饮水,惟恐照见他自己。这就使人相信谣言不为无因,谣言说胡普尔的良心被某种太过可怕的重大罪恶所磨折,使他如受酷刑,所以不能整个隐藏起来,亦不能不这样的暗暗有所表示。所以从黑面纱底下有一片云滚入阳光中(在罪孽或忧戚两可之间)密密地裹住这个可怜的牧师,所以或爱或怜都永远到不了他。有人说妖魔鬼怪同他会合。他自己打战,外露惊怖,接连在其影子中走,在他自己的灵魂里摸索着在黑暗中走,不然就从那片令全世界愁惨的面纱向外看。人们相信,无定向的风是什么都不怕的,却还不敢犯他的可怕的秘密,从不把他的面纱吹在一边。好好的胡普尔先生,在世人旁边走过的时候,惨然对着他们的无血色的面貌微笑。

这片黑色纱有许多不良的潜力,却有一种好效果,就是能使戴面纱这个人成为一个殊能胜任的牧师。他有了这个神秘徽章的助力就变作一个很有可怕势力的人,能慑伏那些因犯了罪孽而心痛的人们。凡是听他劝导的人们特别地怕他,常比喻地说在未领他们从黑暗而入光明大路之前,他们曾同他在黑面纱之后。面纱的幽暗实能使他同全数暗晦感情表同情。犯了罪孽的人们濒死时大声叫喊要胡普尔来,要等他到了他们才断气;当他弯着身子在他们耳边低声说安慰话的时候,他们的脸同他的蒙纱的脸很相近,他们发抖。当"死神"揭露他面貌的时候,黑面纱令人惊怖就是这样!有些外路人从远方来进教堂听经,不过为的是很无聊的一件事,要看看他这个人,因为无法看他的脸。却有许多人尚未出教堂,看见他就发抖!当某某做抚院时,有一次胡普尔奉派为选举讲经。他蒙了面纱立在抚院面前,及参政们与代表们面前,曾发生颇深的印象,当年立法院所办的几件事就有最初时祖先们全数沉闷及虔诚特色。

胡普尔就是这样过活,享年长久,他的行为从外面看来是绝无包弹的,不过被幽闷的嫌疑所包裹;他为人和蔼而爱人,却不为人所爱,方且被人畏惧;他虽是个人却与众人分离,享健康与欢乐的人们躲他,受致死的痛苦的人们要他。年过一年,他黑纱上的头发白了,在新英伦的教堂间他得了名,称为胡普尔神父。当他久居此地的时候,成年的区民们几乎全数死了:在教堂里头有他们一群会同听经的人们,在坟地内的人数更多;他办他的教务到了暮年,办得很好,现在轮到他休息啦。

在这个老教士死所的有罩子的烛光之旁有几个人。他并无亲人。这时候在屋里的有正当严肃而并不感动的医师,只求减轻病人临死的痛苦,救命是不能的了。还有几个庶务,与他们的教堂其他的很虔笃的人员们。还有某区的教士克拉克是一个少年,是热心的,他骑马匆匆来临死的牧师病榻旁祈祷。还有看护,并不是雇来的,她的安静爱情在秘密中、在孤寂中、在老年的孤寒中久已忍受够了,到了死期还不肯死。她就是伊里萨白!好好的胡普尔神父的白头睡在死枕上,额上还扎着黑面纱,盖住他的脸,垂至胸前,他的更为难的喘气吹动面纱。这片面纱一生盖住他的脸,使他与世界隔绝:这片面纱阻隔他,不使他与高兴的同胞们及女子的爱情亲近,把他困在最惨的监牢里,即谓困他在自己的心里;这块面纱仍然盖住他的脸,好象使他的黑暗屋子变作更黑暗,遮住他永远不见阳光。

在此以前的不多几时,他的心已经糊涂了,在现时及既往之间摇摆不定,有时向前徘徊,走入将来世界的暗昧中。有时发热病使他从床上这边滚到那边,消耗他的所余无几的气力。但当他的最抽缩的奋斗时,当他的性灵最昏乱时,并无什么思想能够保留其肃穆的势力,他仍然惟恐面纱会落在旁边。纵使这个昏迷的人能够忘记,他的病榻之旁仍有一个忠诚的女人,两眼他顾,会盖住那副老脸,她曾见过他少年时的好看的脸。后来老牧师精神及气力消耗尽了,昏昏沉沉的很安静躺在床上,脉息很微,呼吸亦愈变愈微,却曾深深的、不规则的作很长的吸气,好象他的精灵远走高飞的前奏。

某区的牧师克拉克走到床边。

他说道:"胡普尔老神父,你得解放的时候到啦。你预备揭去其隔绝永恒的面纱么?"

胡普尔初时只是微微的动他的头作答;随后他好象恐怕人误会他的意思,他努力说话。

他声音很低地说道："是呀，我的灵魂有一种耐烦的劳倦，要等到脱了这片面纱。"

克拉克说道："如你这样勤于祈祷的人，如你这样无过的榜样，行为与思想都是清洁的（这是指以人所可以宣判的而言）；你又是教会的一个神父，是否应该在他的纪念上留下一个影子可以染污了他这样清洁的一生么？我求你不可这样！你今将往受赏，让我们为你的得胜方面而欢乐。在脱了永恒面纱以前，让我脱了你面上所盖的黑纱！"牧师一面说一面向前弯腰要揭开这许多年的神秘。谁料神父胡普尔忽然努力，使观者们骇然，他从被下伸出两手用力压住面纱，倘若克拉克要同这个快死的人相争，他是要同他奋斗的。

胡普尔喊道："绝不脱面纱，在世上绝不脱！"

那个惊骇的牧师喊道："你这个幽深的老人呀！你现在去受审，带着多么可怕的罪恶，重压在你的灵魂上呀！"

胡普尔呼吸很紧啦，在他的喉间作辘轳声，他却用大力，两手向前，捉住生命，要等他说完话方放手。他竟略抬起身子来；坐下，死神的两手抓住他，黑面纱垂下来，正是他一生全数可怕的事最后聚拢在一处。他生平的轻淡而凄惨的微笑现在从暗晦中闪出，留在他的两唇上不散。

他的蒙纱的脸四转对着那一圈的面无人色的观众喊道："你们为什么只对着我发抖？你们两两相对也该发抖！男人躲避我，女人们不怜我，孩子们见了我大喊大叫就跑了，全是只为的是我的黑面纱么？是不是面纱所暗晦表示的神秘使这片黑纱这样的可怕？当朋友对他的朋友揭出最幽深的衷曲，当爱人对他的最亲的爱人亦这样的揭出衷曲；当一个人并不躲闪（虽想躲闪有所不能）造物主宰的眼，很令人厌恶地收藏他的罪孽的秘密；这个时候因为我生时所蒙的面纱，及死时仍蒙面纱，可以当我是一个怪物！我四面一看，哈，你们哪一个面上不蒙着一块黑面纱呀！"

当听众人人惊怕，互相躲闪的时候，胡普尔倒在枕上，只是一个蒙面纱的死尸，轻淡的微笑仍留于两唇上。他们把这个蒙面纱的死尸放在棺内，抬他到坟地。许多年来坟上的草生而死，死而生，墓碑长满绿苔，胡普

尔的面变了尘土,但是一想起来他的脸是在黑面纱之下霉烂的,还是令人
可怕的。

[据《伍光建翻译遗稿》,伍光建译,人民文学出版社,1980 年 3 月出
版]

# 五

# 梦外缘①

［美］霍　桑

　　有许多事体实行潜移默化我们一生过活的方针和我们最后的命运，我们只能晓得一部分，并不能完全晓得。有无数其他事体走到我们身边，走得很近，却并无结果就走过去了，有时方且露出他们走近的踪迹，我们由其穿过我们心中的亮光或影子的反射所以知其走近。我们若能晓得全数我们命运的诸多变迁，我们的生活就会有太多希望或害怕，太多得意或失望，我们就无一刻的真正安宁。我可以用大卫·斯万的一页秘史阐明这个意思。

　　我们一向与大卫无干，一直要等到他二十岁的时候，有一天他从他生长的地方在大路上走，往波士顿，他的叔伯辈在那里开一间杂货店，用他站柜台。他是新汉普社人，出身良家子，受过平常学校教育，最后一年在某学院受古学。他从日出就起程走到日中，天气正热，他走乏了，又愈走愈热，只好遇着第一个便当阴凉地方就歇下来，等候驿车。眼见不远就有一小丛枫树，好象专为他种的，中间还有很适意的幽深处可以歇息，还有一个爽神的喷泉，好象向来不为别人，专为大卫这个旅客而设的。他用他的渴极的嘴唇吻喷泉，不问曾否有人吻过在先，随即倒在泉边，用柳条手绢裹好几件内衣及一条裤子作枕头。阳光不能到他身上，昨天下过大雨，风刮不起尘土；这床青草褥子比鸟绒褥更好。喷泉在他身边潺潺作响；树

① 《梦外缘》（"David Swan"）的原著者是霍桑。——编者注

枝如作梦一般在他头上在空际摇摆;大卫·斯万就酣睡,很许在酣睡中做好梦。但是我们所要说的是他所不曾梦见的事。

当他在树荫酣睡的时候,别人却是很清醒,过来过去,有步行的,有骑马的,有坐各式各样马车的,在满是阳光的路上,在他的卧室之侧走过。有些人既不往左看,又不往右看,就不晓得他在这里;有些人不过随便付诸一瞥,心中原是很忙的,不能容纳那个酣睡人;有些人看见他那样熟睡,就禁不住大笑;又有几个人心里含满了蔑视,多余的毒就向大卫身上喷。有一个中年寡妇,当无人在近的时候,伸头向树荫深处看,心里供认这个少年睡着了,美秀颇能迷人。有一个劝人戒酒的演讲师看见他,就把这个可怜的大卫作为晚上演讲的材料,说最可怕的莫如醉倒在路旁,这就是一个可怕的榜样。但是无论是贬,是褒,取笑,蔑视,及不足重轻,其发生于大卫的效果都是一样的,或毫无关系的。

他不过睡了一会子,就有两匹骏马驾了一部棕色马车从容走过,刚好在大卫休息地方面前歇下来。车辖跌出来,车子脱了轮,只微有损伤,不过使一个年纪稍大的商人及他的妻室暂时受惊,他们原是坐车回波士顿的。当车夫和仆人正在重新安放轮子的时候,这两夫妇就在枫树下躲太阳,看见喷泉及睡在其旁的大卫。哪怕是最贫贱的人,睡着的时候,居多令人肃静,商人脚步就放得很轻,他的痛风脚能够许他走的多么轻,就走多么轻;他的太太很小心不使她的裙作索索声响,惟恐忽然惊醒大卫。

老商人附耳低声说道:"他睡得多么酣呀!他呼吸从容都是从深处出入的,不用麻醉的鸦片剂就能够这样熟睡,值得我的收入大半;因为这样的酣睡表示健康及心安。"

他的太太说:"且表示少年。健康及安宁的年纪不是这样睡的。我们的睡不如他的睡,我们的醒亦不如他的醒。"

这两个有了年纪的夫妻愈看这个不知姓名的少年愈有趣,这个少年简直是拿路旁及枫树的荫做他的密室,头上有浓阴的缎帐遮盖他。这个老太太看见有一线倘来的光照他的脸,就设法把树枝拨开拦住光线。她做过这小小一件好事,就起首觉得如同他的母亲一样。

她附耳低声对她丈夫说道："造化好象安排好了,教他睡在这里,且当我们失望于我们老表的儿子之后,教我们来这里找他。我觉得我能够看见他很象我们的已死的显理。我们喊醒他,好不好?"

商人迟疑,说道："为什么喊醒他? 我们并不晓得这个少年的品性。"

他的太太还是低声,却很认真的说道："你看他面貌多么开展!""你看他睡得多么心安!"当这两夫妇附耳低声说话的时候,这个酣睡人的心并不乱跳,他的呼吸亦丝毫不扰乱,他的面貌亦丝毫不露注意的神色。幸运神却正在弯腰低头看他,正要给他许多黄金。老商人原有一独子,不幸死了,无承继家产的嗣子,只有一个远亲,他却很不满意他的为人。有些人处这种环境有时会做奇怪的事,比魔术家所做的还要怪得多,会惊醒一个贫穷熟睡的人享富贵。

他的太太婉劝他道："我们惊醒他吧?"

仆人在后说道："马车预备好了。"

老夫妇一惊,脸红了,赶快走开,彼此互相惊奇为什么会梦想做此极其无理取闹的事。商人背靠着背垫,忙于设计盖造一所富丽的养老院以栖不幸的商人们。当下大卫·斯万享受他的午睡。

马车走了不到一两里地,就有一个美秀的少年姑娘在路上轻步走来,这就表示她的小心脏在她的胸里确是怎样的跳。很许就是这样快乐的走动使她的袜带松了丢下来——可以不必忌讳说这句话。她觉得这条丝带(假使是条丝带)松了,她转身走入枫树荫下,看见一个少年男子在喷泉边睡! 她立刻脸红起来,艳如玫瑰,她为什么侵犯一个男人的卧室来结袜带,她正要用脚尖走路躲避开了。但是睡觉人的身旁有了危险。一只大蜂在他的头顶上游荡,轰轰作声——一时在树叶中飞,一时在一片一片的阳光飞过,一时飞入黑暗处看不见了,最后它好象要落在大卫的眼皮上。蜂螫的毒有时会杀人的。这个姑娘的心是自由的,又是善良无害的,就用手帕打蜂,用力扫荡它,把它逐出枫树荫。这是多么甜美的一幅画呀! 她做过这件好事之后,气喘喘的,脸色深红,偷偷看这个不识姓名的少年男子一眼,她为他曾在空中同那个毒东西作战。

她想道:"他是个美少年。"脸变作更红。

为什么不能有场好梦,其力量变得很大,竟把梦境打开,使他在梦景之中看见这个秀美的小姑娘?至少也应该有欢迎的微笑,使他满面发生光彩,为什么竟会无有?照着古老而美好的意思,有一个姑娘的灵魂从他的灵魂分离,他所热烈思想而莫名其妙的就是这个姑娘;他所渴想相会的就是她,她来啦。他用完全热情恋爱的惟有她,她所能够吸收到她的心里最深处,惟有他的爱情——现时她的影像在他身边的喷池里微微的发红;这个影像一过,其欢乐的光彩永远不会再照在他的生活上啦。

这个小姑娘喃喃道:"他睡得多么酣呀?"

她走开了,不过她的脚步不如她来的时候那样轻啦。

这个女孩子的父亲,是邻近地方的一个发达商人。碰巧这个时候他正要找一个如大卫·斯万这样的少年,假使大卫在路边同她相识,他就会做了她父亲的伙计,其余诸事就会自然而然的相继发生。好运,最好的运又在这里偷偷的走近他身边,她的裙脚碰了他,他却会不晓得。

这个女孩子才走到看不见,就有两个人转身走入枫林之下。两个都是黑脸,头戴布帽,拉下来盖住眼眉。他们的衣衫恶劣,却带多少麻利。这两个是匪徒,无一定的生活,正趁现在不做其他事体有点空闲时候,拿上次所做不法的事所得的公利作赌本,在树下赌纸牌。一看见大卫在喷泉旁边睡着了,这一个就对那一个附耳低声说道:"咄咄!你看见他枕着一捆东西么!"

那一个点头,眨眼斜视。第一个说道:"我敢同你赌一杯白兰地酒,那里有一个袖珍本子,或一堆小辅币藏在他的几件内衣里。若不在内衣里,必定在他的裤子袋里。"

那一个说道:"倘若他醒来,怎么样?"

他的同伴解开他的背心,指指一把小刀子的柄,点头。

第二个匪徒喃喃道:"就是这样吧!"

他们走近这个无知无觉的大卫,当一个用小刀指向他心脏的时候,那一个起首搜他头下的那捆东西。这两个凶恶的、多皱的、罪犯的、害怕的鬼脸向下看大卫的脸,假使他这时候忽然醒来,看见这两个面目太过凶恶,很会误作恶鬼的脸。不独这样,假使这两个匪徒掉过脸来看看喷水池,他们也几乎不会认得这两个影子就是他们自己的脸。好在大卫此时睡得最酣,从前在他娘的怀中酣睡也不过这样。

一个附耳低声说道:"我必要拿走那捆东西。"

那一个喃喃道:"他若一动,我就用刀刺死他。"

不料正在这个时候有一条狗,一面走一面嗅,走到枫林之下,轮流的看这两个坏人,随即看看那个安静酣睡的人。随即饮喷池的水。

一个匪徒说道:"呸,我们现时不能做什么啦,狗的主人必定紧随在后。"

那个说道:"我们不如吃点酒就走路。"

那个带着小刀的把小刀放回原处,掏出一把手枪来,并不是用单独一粒子弹杀人的。不过是一瓶酒,有一个锡杯子用螺丝拧在口上。每人吃了一杯,心里很舒服就走开了,一路上说了许多笑话及大笑好几次,所笑的就是他们未曾办的恶事,他们一路走一路乐。过了不多的几点钟,他们把这件事全忘了,他们并不曾想象到值日的记事功曹已经记下他们的杀人大罪,字迹是永远不能磨灭的。至于大卫·斯万仍然睡得很甜,死祸临头他既不知;死祸的影子消灭了,他重新又得生命他也不晓得。他睡,却不如初时那样安宁了。一点钟的安睡曾从他的有弹力的身体夺去几点钟辛苦所累他的疲倦。现在他动啦,现在他动口唇啦,却并无声响;现在他对他所梦的白日出现的鬼影含糊说梦话啦。一阵车轮声从路上来,愈走愈近,在大卫睡梦的将散的浓雾中冲过,原来是驿车到了。他跳起来,他全数的意思还在。

他大声喊道:"车夫,装客么?"

车夫答道:"车顶上有地方。"

大卫爬上去,很快乐的向波士顿车走,并不回头一顾变迁如梦一般的喷池。他不晓得曾有财神影子在喷池水上放过黄金色的光,亦不晓得爱神的形影曾对潺潺的泉声叹气,亦不晓得死神的影子曾经威吓他,要流他鲜红的血染池水,这几件事出现于他躺下酣睡的短短一点钟之内。不问是睡时或醒时我们听不见这几乎要演成的怪事的轻轻脚步。这岂不表明有一宗监察一切的造化安排,一面只管有若干无形的及意料所不及的事变在我们所走的路上接连冲出阻我们前进。在我们的生活中仍然有恒有序,足以使我们有部分的预料可能?

[据《伍光建翻译遗稿》,伍光建译,人民文学出版社,1980 年 3 月出版]

# 六

# 馋嘴妇人①

　　比得查林向美貌的巴拉·米弗小姐求亲的时候,小姐的父亲是个畏羞过于烦心的老头子,清一会嗓子,对求亲的说道:"比得,假使我卖一匹马给你,你自然盼望我把马的毛病告诉你,是不是?"查林很客气的答道:"你若是肯告诉我,我是很感谢你的。"

　　老头子叹一口气,很郑重的说道:"我自然是该告诉你的,好在我并不是卖女儿给你,然而我把他嫁了之后,我却很受点钱财上的利益;但是我不能不把我女儿的短处告诉你。"

　　这个被爱情迷倒了的少年比得说道:"也许你当父亲的未免过于求全责备,凡作父亲的原该如此,但是,我敢保米弗小姐是并无短处!"老头子答道:"我也晓得对于品格上,他却并无毛病,巴拉是个好女儿,我也敢说他是很要作好人的。比得,但是有一层,他的嘴是非常之馋!"

　　比得答道:"呀! 不过这样么?"

　　老头子说道:"你若是看见糖果糕点铺同鲜果铺的帐单,我恐怕你不

① 《馋嘴妇人》("The She-Epicure"),原著者不详。该文选自《秘密结婚及其他:短篇实事小说七篇》。书前有伍光建撰序:"[这七篇短篇小说]都是从英国出版的 *Queer Stories from Truth*《奇异小说集》里择译出来。这部书有很多本,是 *Truth*[《诚报》]上面登载的小说的单行本。《诚报》是英国有名的报纸[⋯⋯]报上所载的新闻都务求真确,批评尤其诚切。就便是这些小说,都不是妄诞无稽的作品,的确都是当时的实在事情,或者是当时有权势的人,或者是相识的人,有种种原因不能公然发表,都借小说来宣布[⋯⋯]这些小说的文笔结构都非常流利精巧,因为都是根据事实,所以情节奇而不离,怪而不诞,没有一点勉强牵凑的毛病。"——编者注

说'呀！不过这样么？'这句话。我告诉你吧！他在学校的时候，把月费都买了糖果吃之外，还该了些债，你难道没有留心在饭桌上，看他的刀叉不停的那样忙不过来么？"

比得查林听了大笑说道："我晓得米弗小姐胃气是好的，吃量很大，但是我却喜欢看见他能吃；我不喜欢那些酸腐小姐们，这样也不吃，那样也不吃，还不敢对人说，喜欢吃牛肉扒，喜欢饮皮[啤]酒。"

那老头很发愁呻吟说道："但愿不过只好吃牛肉扒，只好饮皮[啤]酒；然而我的意思，不过要叫你不要把我的女儿看得太过好，我是预先警告过你就是了。好在你是很有钱的，你很能够养活一位好花钱的夫人。"

比得查林吞吞吐吐的说道："我并非有钱，但是我一年有一千五百金镑进款，我家里的饮食可以使我的太太满意。"

老头子好像还是不甚放心的说道："我们都希望能使他满意。"于是就答应了比得娶巴拉小姐作夫人。

这个将来的新郎走出他将来岳父的书房，跑到花园里找他的意中人。原来这位小姐，正在草莓丛中，一只手拿着一块白菜叶子，叶子上面放了好些白糖，那一只手忙的了不得摘草莓子，一面摘，一面沾白糖往嘴里送。

比得查林看见了，以为很好看。一面附耳对他的所爱说了许多爱情的话，恳求小姐嫁他；那位小姐摘了一个极大的草莓子，在白糖上滚了几滚，厚厚的沾了许多白糖，送到他所欢的唇边，比得很温柔的说道："你先咬半个！"小姐也很温柔的听他的吩咐，咬了大半个，比得吃了小半个，欢喜到发狂般的，把莓子的蒂在胸前白色背心一揩，登时白背心就染一个很鲜红的点子，就说"这是他心里的一滴血"，还说"他肯愿意为小姐流血"！

过了一个月，两个人果然结了婚。吃喜酒的时候，新娘子吃得一个不亦乐乎，看见了真令人满意。

比得查林现年大约三十岁，无一定事业，一味消遣过日子。他有所很好的房子在乡里。未结婚之先，他想出种种方法消遣。他是赛枪队的副队长；又是邮票会的副会长；又是汤汁俱乐部的秘书，他真是个无事忙。凡是他所忙的事，都是可以不必作的。他很要尽他的职责，要料理许多无为文牍,令人看见害怕。他每年至少也花五十个金镑的邮费。

他所以要结婚,原也为的是要多添事体作。要常常请客,请枪队里的同袍;请汤汁会的董事部的同事;还请他部下许多专收藏旧邮票的男女会员。他还有一层深意:他这时候不过是邮票会的副会长,他想会员们公举他作正会长。要他们在他家里开会,同时还要大请客。

过了蜜月之后,他就对太太说道:"我的小宝贝! 我要你每逢星期四,预备好饮食请十二位客。我们邮票会的正会长事体太多了,忙不过来,倘若我们把会友们喂得饱饱的,我敢说,下次选举,他们一定举我当正会长。"

巴拉答道:"我一定办得好好的,叫你满意。"他于是把厨师操练得很好,凡是有人家享过他家里星期四晚上酒席的幸福,想起来,谈起来,无不肃然起敬的。

巴拉费了许多事,终天日夜的读烹调的书。他的面貌原是长得很秀美的,又会打扮,性情又好,看他外貌,不像是在厨房动手做菜的。那怕他在厨房忙着制点心皮子,若有客人来,他一会子走出来进入客厅,看不见他手上有什么白面,一样的打扮得很漂亮,满脸都是笑容。凡是晓得的,都称赞他是一位顶会管家的。他的丈夫自然也是这样想。

他们结婚后三个月,他的丈夫看看各店铺送去的帐单,觉得花钱很不少。但是他享受的是什么早饭,什么中饭,什么晚餐,说到五点钟的茶点,临上床时的轻巧点心,无一样不是尽善尽美的。比得查林原是个胃气不甚强的人,向来吃饭是不甚知味的,自从娶了太太之后,才晓得饭菜很有滋味,好像是巴拉有了什么符法,令他胃口强壮。不用说别的,只要说他所制的小碟,即使是严守戒律的和尚看见了,也要破戒的。若是说到他们早餐的搨黄油的小面包、中饭的热食、五点钟的茶点、大餐的野味、晚餐的汤同生菜,更是最精美的。但是比得渐渐的觉得吃得太多,有点不好过,犯过一次胃病又犯一次。从前他是个细腰身,这时候他的腰围粗壮起来。他的太太巴拉是越长越胖。有一样最不好的,他身上一面长肉,脑子里一面减少机灵。再过几时,他什么话都不会谈,只会谈饮谈吃的。若是同他谈别的家务,他就提不起精神,只是打呵欠,很觉得不耐烦,只会用单字对答。若是他的丈夫舐唇咽涎的对他说道:"我的至宝,厨房里送来一阵一阵的麻[蘑]菇香!"他的精神立刻就兴奋起来,如同战马听见战场的喇叭响,他就滔滔不绝的说个不了:什么菜怎样制法,怎样的好吃。

家里有这样一位太太,原是很好的。不过家庭里除了烹调,还有许多别的事;倒如比得查林每星期四晚上的宴会,诚然是把邮票会里的会友们敷衍得很好。比得很着急的要被选作会长,每天费好几点钟工夫,制一篇长论说,预备下一季大会的时候宣读的;他的题目是:好望角地方所出的三角式邮票,日见其少。他以为这篇论说一宣读之后,立刻就要名满天下的。自然很盼望他的太太同他表同情,同他谈谈邮票的事。他的太太不独不理会,还开出一个祸来!

有一天这位太太制排骨,要纸作缘边。糊里糊涂的走入书房,把他丈夫的草稿拿来剪碎了。他丈夫看见他剪,怪责他,他毫不在意的答道:"我找不着干净纸,因为我们是自己吃饭,不是请客,我以为写过字的纸是一样的可以用,不要紧的。"

比得怒不可遏,喊道:"不要紧么?你把我三个月的辛苦用功都蹧跶[糟蹋]了!"

巴拉很温柔的答道:"好在你很聪明,你再写就是了!"

比得心里难过了许久,这是他们夫妻第一次反目。但是积了几个月的不满意,趁这次大为发作。他狠怒的答道:"巴拉,我很有几件事要对你说;今天中午,我又看见你在点心店里!"

他以为不算什么的答道:"但是我是天天去的!"比得说道:"你晓得的一点钟就吃中饭,十二点钟你还要吃冰吉林,还要吃鸡蛋糕,原来你是老吃不饱的么?"

巴拉答道:"比得,我不晓得你用这个很长的字(指老吃不饱)是什么意思?但是据我看来,冰吉林若是同我的脾胃很对的,为什么我就不该吃呢?"

比得又说道:"据你看来,你晓得五点钟吃茶点,你三点钟还是一样的吃夹面包,吃小馒头。"

他的太太答道:"那是自然,为什么不能吃呢?"

比得又说道:"你还从店里买好几袋的糖果带回家来,预备半夜醒了的时候吃,昨天晚上被我看见了!"

太太答道:"我若是半夜醒起来,原是你的不好,你打呼打得太利害。"

比得很生气说道:"你越说越好听了,你还要闹脾气么?我请问你,你这样大吃,老也吃不饱,那里来的钱供给你买吃的?"

太太这个时候火也上来了,答道:"我猜自然是从你的口袋来的钱!"

比得真是怒极了,喊道:"我不能让你乱吃了!只能让你吃平常人家过日子的菜饭,烤一块肉,煮些糕点就算了,不是星期日,见不着什么特别的炒菜,至于麻[蘑]菇……"

比得说不下去了,因为太太受不了这番的痛责,大哭起来。作者不能不说;比得大怒的结果,不止是使太太大哭,还有别的事体发生在后呢!

这个太太的脾胃,同心很有密切关系的。脾胃受了打击,是要惊动到他的心的。当天晚上吃大餐的时候,太太的两只眼哭肿了,什么东西也吃不下。他看见上汤,上鱼,上炒菜,是满脸的愁容,上到烧烤,他受不住了,立刻晕倒中风。医生赶到来一看说是死了。他的丈夫这时候的心境,可想而知,不必作者细说的了。

他见太太死了,十分伤悲,立刻把邮票会的副会长,汤汁会的秘书,都辞了。他从此以后还有什么心肠谈邮票,谈制汤呢?只好替太太预备出殡。他因为要替太太作一个大大的纪念,预备了极好的冷食请送殡的朋友们。

比得在停棺的厅房里同厨子商量办菜。

比得说道:"我们一定要预备面包夹鹅肝冻,太太是最喜欢吃,我也喜欢吃。"

厨子问道:"先生,是不是要多放芥末?"

比得说道:"我猜是要放的,向来是放不放芥末的?"

厨子答道:"太太在世的时候,是向来不许我放芥末的。太太说是不该放的,但是未尝不可以放的。"

比得说道:"好在这时候是我作主,我们就放芥末吧!"

忽然听见有声音说道:"绝不能放的!"这声音好像是从阴间来的。拉巴[巴拉]裹了缠尸的白布,直直的坐在棺材里。原来他犯的是羊痫风,因为听见他们制面包夹鹅肝冻子,要放芥末,一着急,惊醒了。

他坐在棺材里两眼放光的说道:"绝不能放芥末的! 绝不能放芥末的! 你们还要晓得,是不能用平常面包的,一定要用新鲜法国面包的!"

比得后悔了多时,忽然跪下喊道:"我的至宝呀!"同时对厨子说道:"赶快去拿点最好吃的东西来! 太太一定是很饿的了!"

从此以后,比得只好让太太摆布一切,现在我们这岛国里,数得他们夫妇俩为最胖!

[据《秘密结婚及其他:短篇实事小说七篇》,上海金马书堂,1930 年 10 月初版。华南出版社,1937 年 6 月出版]

# 七

# 某宫秘史①

这是欧洲某小邦宫闱秘事，当日外交家及好事者多知之。大报馆亦有知其事者，只以当时报律甚严，未能登载。今已事隔多年，不妨登布，仍隐其地名人名，读者从字里行间寻之可也。

欧洲大陆小邦，当数某邦的公主，命运最好。他十七岁登位，作一个小邦的女主，无论他脾气怎样古怪，几乎想作什么，都可以作得到。这位年青女主，性情真是十分特别。他的至亲密的都供认的，他的大臣们都很太息，他的宰相更是太息流涕。

他常说道："女主总不听谏，一句都不肯听，一定还要我们听他的话，我宰相办的事，他样样都要干预。"大臣们是常说这么不满意的话。

女主年纪虽青，说到配择夫婿，尤其执拗。

这位女主名阿提米，长得很丰富，面貌还可以算得是美。私产是很富的。欧洲各国的王子王孙，自然是许多愿意同他结婚的。这不止说他登位的时候，是这样情形，他才长到十岁的时候，已经就有几国求亲的，但是尚未及岁，不便过于催问。

到了十六岁的时候，就要开正式讨论。那时候是他的母后摄政，同阿提米公主说道："甲国太子求婚，他是欧洲头等大国的太子，人地是最相宜

① 《某宫秘史》（"The Princess's Consort"），原著者不详。——编者注

的,阿提米! 这是一门好亲事,倘若办成也很有益于我们这个小国。"

公主听了,胖脸发红,两只蓝眼睛露出光,满脸反抗的神色,只管摇头。

说道:"我不嫁甲国太子,我很讨厌他!"

母后说:"阿提米,你不过同他见过两次面。"

公主答道:"我从来未见过他也罢,我见过他五十次也罢,我是一样的不嫁给他。他是个头等强国的太子,我嫁了他,将来不过是个帝王之妻,不算是个什么人物。我们的国虽小,我还是当小国之主。妈妈! 我谢谢你,替我费心!"

他的母亲听了他这番话,很惊惧的说道:"凡是大国的太子,向你求婚,你都是一概拒绝,错过极好的机会么?"公主很决绝的答道:"若是我嫁了人,就丢了名位世身,算不了是个什么东西。我是一定不嫁的。我是要作个自己发光的主体,我的丈夫只能沾我的光。我是一定不肯作什么国王太子的妻。"

他的母亲问道:"凡是名位比你高贵的人,你都不肯嫁?"

公生答道:"妈妈,岂止这样,凡是位分同我相等的人,我都不嫁。将来择夫的时候到了,我要挑选一位王子王族,愿意坐在我左右,当女主的丈夫的,我就嫁他。这种样的王子王族很多,随便我挑。"

母后惊怕到了不得,说:"这种穷极无聊的王子王族,原是很多,都是市面上行销不了的货!"

公主反驳道:"也好,等我替市面行销一件!"

母后当时只好不往下说,再等将来的机会,再讨论这件事,但是总不放心,只好请那亲信的老臣比列兹伯爵来密商。

这位老宰相听了,很庄重的微微一笑,这一笑很现出他有智谋,又慎重;到底他是不是足智多谋,作者却不便妄下断语。有人说:他的功名富贵,全靠这一笑得来的,作者且不追问这句话是真是假,现时他这一笑是非同小可的,他这一笑是很有大力的,他每逢疑难问题,他都是用这种样的一笑对付的。这一笑虽然并不说出什么来,但是他装作内里不晓得藏了多少深谋秘计。

他此时的一笑，好像是说道："这是本在我意计之中的，但是老王后不必惊慌的，老臣早已看出来，早已有对付的良策了！"

他到了[到底]是不是存了这种意思，我们不晓得，但是那位老王后却是这样看的。

说道："比列兹伯爵，你听我告诉你这句话，怎么你毫不诧异常，又毫不惊动？"

他答道："少年执拗，不过是少年执拗，王后放心罢，不久就要消灭的。"

王后问道："你当真以为是这样么？"

伯爵点点头。这位名相是难得费辞的，或是点头，或是使手势，就达意，他是不多说一句话的，用不着说话，是绝对不说的。

王后问道："你劝我作些什么呢？"

宰相答道："什么都不必作！"

王后问："你劝我随他去么？劝我放任么？"

他答道："任听自然，是绝妙的补救方法。"这位老宰相满肚子都是这样的现成格言。他办事的宗旨是：若是想不出法来，只好随他去。

王后果然听他的话，暂时对公主不提婚姻的事，决计再等两年再说，打算快到时候，再同女儿提亲。不料他女儿还未到十八岁，这位母后忽然得了肺炎病，呜呼哀哉死了。

大臣王公们会议，公主一到十八岁，就可以亲政，现在不过差几个月，不必举摄政了。于是从权请公主登位，执行国政，宣诏国内。故此公主即位的时候不过是十八岁。

即位未久，宰相不能不对女主说起婚姻的事，提议了好几国的王子王孙，一说就可成的。

女主听得很不耐烦的说道："我不能听这些胡话，两年前我对我母亲就是这样说的，现在我对你也是这样说。"

宰相说道："陛下，但是为本国利益起见……"女主答道："本国的利益,就是我的利益,我是一国之主,作人家的妻室,不过是个附属品,未免太对不起本国了。"一面跺脚跺得很响的,说道:"我不能作附属品。"

宰相卑躬屈节的说道:"陛下嫁了人,毋论嫁给那一国,都不能当作个附属品的。"

女主说道:"你不要胡说,甘言诱我是不能的,我不能让丈夫吸收了我,当我作附属品,只应我吸收我的丈夫,当我的附属品。假使我不能喜欢谁就嫁谁,作一国的国主,有什么用处?"

宰相说道:"陛下,贵人有贵人的束缚,因为陛下是个国主……"

女主说道:"虽是个国主,我还是喜欢嫁谁就嫁谁!"

宰相见说不通,毫无办法,心里只管难受,还是一笑去了。

宰相走过了,女主就走到他所最亲信的女侍克士华女伯爵屋里。这位女伯爵比女主大两岁,还未嫁人。

从前这位女主同克士华原是有点芥蒂的。有一位林各吉伯爵,在外交部当司长,曾经向克士华求过亲,但是两家都是很穷的。女主对于别人的婚姻大事,是很明白,很讲理的,不许他们结婚。曾经对克士华说道:"你们若是结婚,我把你们两个人都免了职。"

克士华呜咽说道:"你太虐待我了,为什么不许我嫁我所爱的人?"

女主答道:"我的理由是很充足的,第一层你们两家都是太穷,无力办这件事;第二层,你们假使是结了婚,你就要料理家务,照应孩子,那里还有闲工夫,好好的侍奉我。我身边虽有许多女侍,我都是心里很不喜欢的,没有法,不能不忍受他们,惟有你我是最喜欢的。我坦地白[坦白地]告诉你:我不许你嫁林各吉伯爵。你若是不管,一定要嫁他,就害了他的前程,又毁了你自己。"

结果是克士华只好不嫁林各吉,女主仍然是同从前一样的喜欢克士华。过了几个月,克士华对女主说道:"我从前以为陛下虐待我,现在我才明白,陛下是为我好。我是不能当穷人的夫人的,况且林各吉伯爵是个薄幸郎,他已经看上别人了。我现在是不要他了。我从前是大错特错,以后绝不再想他了。"

女主听了很高兴,同他接吻,待他很亲密。女主是个痛快人,只要人家降服,他就立刻饶恕的。

话说女主走到克士华屋里,倒在大炉边一张大椅子上,说道:"琐菲(克士华小名),我找你谈些在理的话,平平我的心。"

克士华很表同情的答道:"谁敢有这个胆子,激恼陛下呢?"

女主很坦率的说:"就是那个老糊涂比列兹,同我吵,他胆敢走来干预我的婚姻大事,他胆敢替我定计,要我嫁某国太子。我赶快的堵住他的嘴,我就告诉他同我告诉你一样的话,我说:我不嫁丈夫,叫丈夫当我作他的附属品,我的丈夫一定是要名位不如我的,要欢欢喜喜,感恩不尽的住在我的宫闱里,坐第二把交椅,当我的附属品。况且用不着这样匆忙,我可以再等。你火炉台上摆的是谁的像片,我从前没见过。是你的什么亲戚?"

克士华脸上发红,说道:"不是的,不过是个朋友,是丙国的威廉王爵。他到某处打羚羊,住在姊姊姊夫家里,我在那里会见他的。"

女主说道:"这是个美少年,但是像片往往比本人美。"

克士华说道:"往往如此,不过这个像片却不然,像片远不及本人美。"说完脸更红。

女主却未留意,把像片拿在手里细看,看了一会,仍放原处,瞪眼看火炉,看了好一会子不说话。

随后说些别的事。

过了一天女主又到克士华屋里,再过一天又来。

这一天,女主走来,很坦白对克士华说道:"琐菲,我有句话告诉你,你听了不要诧异;我对于威廉王爵的像片,发生爱情了!"

克士华听见很惊异,有点不甚高兴。女主又说道:"我非看见本人,心里是放不下的。他既然是你的亲戚的朋友,你得替我设法。"

克士华说道:"陛下要留意,同他会面,是不会有什么好结果的,威廉王爵不过是个第三子,他的父亲不过是欧洲很小的小邦之主,又是极穷的。"

女主很淡定的说道："既是这样很好，我就不怕他把我吸收了。"

克士华说道："陛下未见过这个人，就想同他结婚么？"

女主说道："那是一定的，琐菲，你不必难过，若是喜欢他本人，如同喜欢他的像片一样，我一定嫁他。他既然是王室本支的血统，长得又美，又穷，名位又低，种种资格，都合我的意思。"

克士华这时候，脸色很发白，说道："也许威廉王爵不……"

女主问道："不什么？"

克士华答道："他自然是很感激陛下一番的好意，但是不见得他……他一定……愿意报……"

女主很着急的，跺脚说道："你不要这样傻，他未见过我的面，你我现在都不能说什么。且不必管他爱我不爱我，我一定给他机会。就是这个办法。我向来是想到那里就要作到那里的，不然的话，为什么要作女主呢？你去设法布置，赶快叫你的亲戚，来把威廉王爵请到他们家里，他到了之后，介绍他进宫来见我，你晓得吗？你叫你的姊夫明白，这是我的旨意，你们若不好好的办，我却要对不起你们了！"女主说完就走了。

以后的事，大约有许多人都晓得的了。那位王爵虽然是很穷，却是很骄傲的。女主却非嫁他不可。宰相大臣苦劝他，他不听；舆论也很不以为然，女主都不管。果然嫁了这位王爵，这都是当时公布的事，不必细叙。

且说其后宫闱的秘事。女主和王爵结婚后六个月，从外看过去，好像是彼此都相爱才结婚的。谁知不久，夫妻就反目。到底是谁的不是，作者也不好妄下断语。女主说丈夫不理他，还说他靠不住；王爵说女主太苛刻，太妒忌。其中还夹着第三个人，就是女侍克士华女伯爵。他们平日的小吵闹，姑且不说，只说他们闹得最凶的那一次情形，是当日有人在场亲目所睹，转述给作者听的。

有一天，女主同王爵对案吃中饭，并无外客，近侍们都退出了，只有二位男侍在门外等，房门却并末[未]关严，房里说话是听得很清楚的。

女主先说道："威廉，你是个靠不住的畜生！你的行为很侮辱我，你的行为很不规矩，不顾脸；你当我面前，同我的女侍眉来眼去！"

王爵驳道:"胡说! 原是你的呆气,你的醋意,凭空造出来的,教你说这种糊涂话!"女主答道:"我凭空造出来的么? 你抵赖说谎也无益,我亲眼看见的,我亲眼看见你同克士华眉眼传情!"

王爵说道:"我看看他,也许有之的,你不能让我称赞美貌女子么? 眼睛原是我的!"

女主答道:"是你的么? 你这个怪物! 你的眼睛不是你的,是我的! 我是你的国主,我是你的妻室,你的眼睛是我的! 你的眼睛只能看我,不许看别人!"

王爵很生气的答道:"我不能限制我的眼睛,我只要喜欢看什么美貌女人,我就用我的眼睛看!"

女主驳道:"你若不是个不知检束的浮荡子,你只能承认,世界上只有一位美貌女人!"

王爵答道:"不然,我认得世界上有好些美貌女人!"

女子[主]喊道:"你这个无耻的畜生! 你这样对待我么?"

王爵问道:"为什么不能这样对待你呢?"

女主喊道:"你快要说,你所看见的美貌女人比我还美!"

王爵说道:"何必比较!"

女主这时候是怒极了,说话也不管文法了,喊道:"你的意思是要说那一个烧饼脸的克士华比我长得美么?"

王爵答道:"我不说谁比谁美,克士华女伯爵并不是烧饼脸,也如同你之不是饼烧[烧饼]脸。"

此时女主忘其所以了,喊道:"你是个猪!"

王爵答道:"你是个傻子!"

女主说道:"你是个野兽!"

王爵说道:"你是个母驴!"

这种的徽号,是自爱的女人绝不能受的。

女主果然不受。

躲在房门外的近侍,此时从门缝向里张,看见女主拿起碟子向王爵的头上摔。摔得很准的。假使王爵不是举手遮挡,他的鼻子是恐怕难保的了。这个碟子虽然打不着鼻子,却打中他的臂膀。

王爵跳起来,跺脚诅骂,摸摸手肘,也忘其所以,也忘了他的夫人是个女主,是个女流,拿起一个酒钟向女主头上打去。却打不中,碰在墙上碰得粉碎。

女主喊道:"杀人呀!放火呀!"房门外的两个近臣跑进来,看见女主晕倒在地。

翌日,满城都是谣言。有一家报馆,居然把这件事登报,不过是说得隐隐约约的。

官吏说报馆造谣言,毁谤宫闱,犯大不敬,罚了一万马克,关十二个月监。

当下把所谓谣言更正,把所谓实在情形,由政府登报说道:

"当日实在情形如下:女主阿提米,向来同丈夫是很相爱的。

上星期二,两位吃中饭的时候,女主忽然得病。据说是,女主近日身体欠安,是日早晨,骑马太久,过于辛苦,忽然晕倒,碰翻了一个酒钟,一个碟子,跌在地下打碎了。最亲爱他的丈夫,立刻就到了女主的身边。有两位近臣在前厅的,立刻跑进来相助。立刻请御医来看。如天之福,女主快要痊愈了。

有些好造言生事的人,乱造谣言,实属可恶,政府正在严查造言生事的人,按律惩治。"

以上就是当时宣布的官话。

女主歇息过来之后,立刻把克士华女侍传来问话,说道:"你这个女人,你为什么鼓励王爵同你眉来眼去,你是什么意思?"

克士华很忙乱的,挺得直直的,说道:"我不受这句话,我向来没有鼓励王爵同我眉来眼去!"

女主说道:"王爵的确是对你使眼色!"

克士华说道:"他也许对我微笑,但是并非我教他的。"

女主发怒说道:"他以后不许再对你微笑!"

克士华说道:"我盼望他不要对我微笑,但是我不能阻止他,我无能力节制他,使他不笑。"

女主说道:"只有一个法子,你立刻就要出嫁!"

克士华很诧异惊愕的,对住女主说不出话来。

女主跺脚说道:"你不要只管站着对我瞪眼,同个化成石的猫头鹰一样,你不懂本国的话么?我再说给你听,你立刻嫁人!"

克士华很惊异的,吞吞吐吐的说道:"嫁谁呢?"

女主说道:"嫁谁呀!就嫁林各吉,伦敦使馆的一等秘书刚好出缺,我就派他补充。你立刻嫁他,他带你一齐去赴任。这还不是极容易的事吗?"

克士华说道:"这是办不到的事,这件事已经丢开许久,我们的爱情算是已经死了,下葬了,我们并不相爱了。"

女主说道:"你们赶快重新把你们的爱情重新煽动起来!如若不然,你们两个人都要吃亏!"

克士华说道:"我们两个都是很穷,我不能过穷汉的妻室日子!"

女主答道:"你不能么?这是好办的!他当了使馆的一等秘书,薪水是很丰的,你没得钱么?我却有钱,我赏你一份妆奁,我给你五十万马克,你还有什么说的?"

克士华说道:"但是林各吉伯爵……或者……也许他不……"

女主答道:"这算不了什么,伯爵那一方面我去管,我自然有法子摆布他。"

当天晚上,女主就把伯爵传来,毫不客气一针见血的说道:"我有意派你当伦敦公使馆的一等秘书,但是你没有妻室,是不能当这个差的,你一定立刻得娶亲。我替你找好了一位很合式的小姐,就是你从前最恋爱的克士华小姐。我替你们都安排好了。我赏给小姐五十万马克作妆奁,请你立刻去向他求亲。"

林各吉伯爵说道:"陛下,但是……"

女主截住他说道:"我不愿意听糊涂反对的话,若是在一个月之内,你们两个还不结婚的话,恐怕你们这两个前程很有希望的人,都要后悔难追的了,你走罢!"

于是这一男一女果然结了婚,果然同到伦敦来。

林各吉伯爵起程赴任的前一天,去向王爵辞行,说道:"我很感谢你,想出这样的妙计,使我能得与克士华小姐结婚。"

王爵答道:"不必提了。这原是我同克士华小姐有互换的条件,他帮我设法,使我能够娶女主;我帮他设法,使他能嫁你。我是向来不失信的。"

伯爵说道:"虽是这样说,因为你不肯失信,一定要履行条件,故此令你同女主大闹。你真能克己,真对得住朋友,想起来很令我不安。"

威廉王爵耸耸肩说道:"这不算什么,我不得不同女主大闹一场。与其借别的题目,不如趁势借你们的事作个题目。"

林各吉伯爵很诧异的问道:"为什么一定要大闹一场呢?"

王爵答道:"为的是争雄称霸,争坐第一把交椅,就决于我那一酒钟。我原是特为打不中他的。但是只要一摔,打得中打不中是不相干的。他总算是受了教训,从那一摔之后,就是我坐第一把交椅。"

威廉王爵这句话,并不是句夸口的话。这位女主无论对待什么人,都是向来一样的任情使性,惟有对待他的丈夫——威廉王爵——是很恭敬,很亲爱的,因为王爵拿酒钟摔过他一次,又骂过他一次母驴。

[据《秘密结婚及其他:短篇实事小说七篇》,上海金马书堂,1930 年10 月初版]

# 八

# 议员调情之结果[①]

有一位议员,姓查符生名拉和。我们英国共总分作六百七十选举区,作者不必说明他是代表那一区。他这个人是最自私自利的,为己的工夫作得很到家,再找第二个像他这样为己的是很难找。世界上为己的人很不少,大约是要顾住自己,再顾别人的。这位议员先生却不然,他第一是要顾自己,第二第三,一直算到无可算,他还是为己不顾别人的。他一切的举动,都是自私自利自便。某选举区的选员以为他代表他们,这是大错;他所入的党派以为他扶助这一党,也是大错;这个查符生先生代表的是一个人,就是他自己;他所扶助的政党也是他自己。他是一个人作一党,报馆不晓得的,称他是某党或某派,是全错了。应该说他是查符生党或是查符生派。

我听见人说查先生在家里,为己的程度更高。他原是有几个钱,还可以过得去的,一年有八千金镑进项,他待他的夫人,待他的家,是非常之刻薄,自奉却是很丰厚,养尊处优得利害。议院开会的时候,他一个人住在伦敦,把家里的人都留在乡下,不许来。

他除了为自己之外,是一毛不拔的。他不要家眷来伦敦,还有别的用意;就是一个人可以自由。

他的夫人哀求他,让家眷们来伦敦顽顽。他一定不肯。好为难才拨一千多镑,给夫人同五个儿女,在乡下过日子,自己一个人就每年花到六

---

① 《议员调情之结果》("A. M. P. 's Flirtation"),原著者不详。——编者注

千多镑。

凡是一个有了妻子的人,一个人跑来伦敦,花许多钱,叫妻子在乡下过苦日子,我们不敢说他一定要作什么对不起妻子的事;也许他不过是好同几位未娶妻的人来往,打球斗牌,或其他无害的事,就是他的夫人晓得了,也是没得话说;也许他是同另外一种不相干的人在一起,他的夫人晓得,是不能不说话的。作者不好乱污蔑他,说他同不相干的人聚会,也许他既不是应酬朋友,又不是专找不相干的人,他另外有一种特别的寻乐。

话说离议院不远,有一个小茶馆,去年二月间,列位免不了常看见这位议员查先生,常在茶馆里吃茶。你看见了不免有点诧异,议院里头原有吃茶的地方,若是一定要在院外吃茶,大茶馆有的是,为什么一定要钻进去这间小茶馆呢?列位疑心得很,不错,若是只为吃口茶,吃些点心,是不必要到这间小茶馆的。内中有一个缘故,同茶馆里的一个戴白帽子,披了白围巾,穿了短裙子的女子有相干,单简言之,这小茶馆里有一个很美貌的少年女茶房。

查议员却不是头一个找着这个美茶房的,原来另是一位议员,姓古狄福,头一个找着的。这位古议员虽是个老头子,他的两只眼睛很尖利,专好看美貌妇女。他先看见了,就告诉查议员,带他去看。第二次是查议员自己去看,从此以后,常常到这小茶馆。女茶房的名字叫作宝丽,面貌长得确好,在堂倌之中,态度还算文雅的,说话也很好听。自然很有许多人赏识他,不止查议员一个。他所照应的那一张茶桌,客人是常满的,少年人也有,老头子也有。这班客人,自然不是专为喝茶吃点心,为的是同他眉来眼去,调戏挑逗,是不必说的了。但是宝丽却很晓得自爱,丝毫也不鼓励他们,对待客人一味的客气多礼,不甚答理他们。

查议员是个专为己的人,自然是很有诡计,很能使手段的。他一看,就晓得这个女子不是轻狂佻侻,能够勾引的,是要用特别手段的。他自己的相貌,原是很好看的,对待宝丽全是用上等人的态度,不瞪眼看宝丽,也不同他说开玩笑,不同他轻薄话。起初的时候,简直的是不甚理会宝丽,随后慢慢的偶然看他,却是又恭又敬的,表示赏识他美貌的神气,宝丽的眼睛若是碰见他，他立刻就不看了。他又慢慢的同宝丽说话。起初不过说的天气，当天的新闻，或是别的话柄。说话的时候，抬头看看宝丽的脸，自己却是满脸的笑容，毫不露狎侮的神气。不久宝丽也就有了胆子，同他交谈。以后见面，都有话好谈。

这是初入门的第一步，第二步自然是要表示点爱情了。这步是很不容易，很要点手段；既不要得罪宝丽，又不要吓得他不敢近前。查议员的手段很不错，第一级先谈宝丽自己，说话的时候，微露出一点意思，说宝丽的态度举动，很是好人家女子的行为，不该在小茶馆当堂倌。他以为这种手法很有效果，就照着办下去。

有一天下午，宝送丽茶点［宝丽送茶点］来，他很关切的对宝丽说道："这里全不是你栖身的地方，你从前受过好教育，见过好日子的，为什么在这种地方受屈？"宝丽脸上发热，两眼只看地板。

宝丽低声问道："先生，你怎样看出来的？"

查议员答道："你的神色态度说话，流露出来你是个上等女人！"

宝丽一半难受，一半得意，抬头说道："我的父亲原是个上等人，没丢下许多钱，我不能不出来谋生活。"

他心里想道："好了！这是入门第一步，我们此后可以密谈了。"

他却不说什么，只说道："可怜的女孩子！"

但是他说得极关切，极表同情的，教宝丽听了滴眼泪。

很感谢他，说道："先生，我谢谢你！"

查议员说道："我但愿你不要称呼我先生！你是个上等人，与我同等，你这样称呼我，我难受，我的确听了难受！"

宝丽脸上又发热，答道："我不过是个女茶房！"

他说道："这并不要紧，上等人还是上等人，不必问他处的什么环境……"

隔壁座上有人喊道："我要煮鸡蛋！"宝丽赶快走过去招呼。

当下查议员赶快吃茶点。他是两点钟吃的中饭，并不要吃什么茶点，不过他先把这一份吃完，好喊第二份，宝丽就可以再走过来。

宝丽果然又送一份茶点来。

他低声对宝丽说道:"你以后不要称我先生了!"

宝丽说道:"我不晓得,我想我应该称先生的。"一面说,一面拿手顽围巾的下角,又说道:"况且我还不晓得你尊姓大名。"

他微笑答道:"我双姓拉和·查符生,名爱都华。"

宝丽说道:"我自然不能称呼你的名,只好称呼你拉和·查符生。"

他答道:"你这样称呼我,我觉得舒服些。"

这是第二级。

查符生慢慢走回议院,很高兴,捋捋胡子,自鸣得意。可以谈密话,可以慢慢的亲热;根基是打好了,只要在上面建筑起来。

他果然动工,每天总砌几块砖。宝丽果然慢慢的把自己的家世同从前的历史告诉他。他也把自己的历史告诉宝丽。有几句是真的,其余都是假的。有许多是隐藏过,不肯告诉他,例如他是有妻子的人,他却隐瞒宝丽,不说出来。

有一两次,查议员还想对宝丽说是有了妻子但是性情不合的话,他细想一想,又不肯说。这种话对别的女子或可以说,对宝丽是说不得的。宝丽若是晓得他不是表示正经恋爱,不过是意图要调戏,宝丽立刻就不理他的。他一定是要示意,却不必说出来他的意思是要同宝丽正式结婚的。

他一定要怎样作下来,却要小心谨慎,要十分麻利,这就是阴谋家查符生的手段。

如是者有了六星期,他曾经三次劝过宝丽同他出去散步。第三次在某花园里坐下的时候,他居然搂住宝丽的腰。

分手之后,查议员得意极了,捋捋胡子,对自己说道:"下次我就同他接吻!"

这一层却不容易,他办不到。

翌日下午,他又走进小茶馆吃茶,看见宝丽的神气全变了,宝丽不看他,也不同他说话。

他装出难受样子,问道:"这是为什么?"

宝丽怒眼看他,把他吓退,说道:"为什么? 你快要明白了!"

查议员说道:"我不明白!"

宝丽很生气的问道:"你已经有了夫人,有了五个儿女,为什么你还要我嫁你?"

查议员脸变了色,说道:"我并未要你嫁我呀!"

他这句话是不能算是说错,他嘴里却未说过要宝丽嫁他,不过是常常示意,至少也有一百次了。

宝丽咬定说道:"我们试看裁判官同陪审员说什么!"

他说道:"裁判官么?陪审员么?"

宝丽说道:"假使我有兄弟,有父亲,他们一定要打你一顿,但是我无父兄,我只好叫你在法庭受罪!"

他说道:"我是个议员,法庭不奈我何。我却要问你,我不过同一个女茶房调情,还算犯什么法吗?"

宝丽说道:"你这个光棍!你晓得赖婚是要受罚的么?你快就明白了!"

翌日,他果然明白了。他奉到法庭票传,玛丽菲列告他,要求一千金镑陪偿[赔偿]。

查议员这时候才觉得为难起来。

只好把传票拿去,找律师商量。

律师说道:"查先生,这件事体有些讨厌,我劝你同那少年女子和解了罢!我看你不见得愿意同他打官司。"

他答道:"能够不打官司,自然是不打的好,但是我却不愿意给他一千金镑,因为我从来未示过意,要他嫁我,你看我肯娶他么?"

律师说道:"这是自然,不过你却同他调情。"

他说道:"我不过同他调情,消遣解闷,这算得什么!"

律师问道:"你们有书信来往么?"

他说道:"我写过一两次便条,同他约会,但是信里并没说什么话。"

律师说道:"有订期约会的信么?这却是不好,陪审员对于这种信,是很犯疑心的,未免往往偏向女子那方面。他们只要得了一半凭据,就当作十足。查先生,我看还是调停的好!"

议员说道:"你可以答应给他一百金镑,免得闹笑话,其实我连这一百金镑的竹杠,也不肯受敲的!"

律师说道:"也好,我写信给女子的律师,答应给一百金镑,调停这件事,我得了对方的回信,就通知你。"

过了不久,对方的回信来了,说宝丽不答应。对方的律师又加上两句,说道:"若是要调停的话,不过五百金镑不必开口!"

查议员大怒,发誓说,宁打官司,不让人敲他这样的大竹杠。快到六月时候,不久就要到堂,他却着急起来。律师告诉他,恐怕要输官司。他一想:假使是赢了官司,名声也不好听,况且夫人晓得了,更不知闹到什么地步。好好的送了五百金镑,还要给讼费。他不过同一个女茶房吊膀子,却花了这些钱,太不值得了。

过了几天,忽然一天早上,他的夫人来了。

他见了夫人,说道:"我的宝贝! 这是很想不到的,你来作什么?"

他的夫人很随便的答道:"我带了孩子来,住在克尔顿饭店,我们久住在乡下,觉得有点讨厌,故此跑来伦敦住六星期解解闷!"

他很大惊的说道:"我的宝贝,你为什么住在这样阔的饭店? 你立刻搬到便宜的地方罢!"

他夫人答道:"我的至宝,用不着,我走了好运,我的干爹可怜我,送我一张支票,叫我到伦敦来花,我索性花个痛快!"

他说道:"他很慷慨,你们居然能够来伦敦顽顽!"

查议员嘴里只管这样说,脸上却是非常之难看。

他还不明白内里的情形咧! 原来那女茶房果然是个良家妇女,为穷所逼,走出来当女堂倌的,原是查议员夫人的女朋友,又同古狄福议员有点亲戚。那张支票上有查议员自己签字的。

他是不晓得内里的详情,若是晓得了,脸上恐怕还要难看得多。

[据《秘密结婚及其他:短篇实事小说七篇》,上海金马书堂,1930 年10 月初版]

# 九

## 秘密结婚①

麻查利大佐有个儿子,不幸死了。死没有一个月,突然男仆进来说:"有一个很像样的工匠求见。"

大佐说道:"他见我作什么？他报过姓名么？你去问他,见我有什么事!"

男仆说道:"他说你不必晓得他的名姓,也不肯说是为什么事。我猜大约是哈洛少爷的事。"

大佐问道:"为什么?"

男仆答道:"因为他问你是不是哈洛的父亲。看他的样子,好像是个过得去的人,我看并不是来求乞的。"

这男仆是个老家人,说话可以随便的。

大佐说道:"既是这样,我只好见他。"

大佐此时是患脚风病,很难受,又是新近死了儿子,很不高兴,把报纸摔在一边,满脸上怒容。来客走进来,他一看,果然是很规矩的人,有了些年纪,头发斑白,是个很有决断的老实人;见了大佐,脸上有点不安,却并不畏惧。

大佐带点怒意,问道:"你找我有什么事? 第一件,你姓甚名谁,你是个什么人?"

那人说道:"先生,我姓麻沙尔名安玛,是个木匠,这是我的片子。"随

---

① 《秘密结婚》("A Clandestine Marriage"),原著者不详。——编者注

即把片子交给大佐。大佐看一看，放在桌上。那人说道："我不便先投名刺，因为我想你也许愿意我同你作密谈。"

大佐再看看名片，说道："你有什么事？你是从琐毕屯地方来的？"

他答道："是的，我住在琐毕屯，我来见你，却并不因为我自己的事，我猜我们说话，没得旁人听见！"

大佐看这个人，虽是个木匠，却是很知礼的，说道："没得旁人听见，倘若你有重要的话对我说，请你走过来坐下！"

那人坐在椅子边，身子靠住桌子，说道："我来告说的，是你的儿子麻查利哈洛的事；他已经娶了亲，你晓得么？"

大佐很快的答道："我并不晓得！"

那人说道："是的，一年多之前，他娶了我的女儿，名阿达，是在某府圣巴纳巴教堂行的结婚礼。"随即把眼镜戴好，掏出一张婚证来。

大佐以为这个人是来讹诈他的，说道："他娶你的女儿么？你为什么说这种谎话，羞辱我？假使我的儿子果然娶了亲，他一定要告诉我的！"

那人说道："也许往后他要告诉你的。这张就是婚证，这婚证上写道：'哈洛麻查利，父亲姓某名某，母亲姓某名某，娶阿达麻沙尔小姐，父亲姓某名某，母亲姓某名某。'"

那人又说道："结婚日是一千八百八十八年八月二十八日，我自己亲身去某府，在教堂里填婚证的，故此我晓得这是一纸正式婚证。"

大佐喊道："这件事体太可惊怪了，你让我看看！"

他伸手接过来一看，说道："其中一定有错误，这是必无之事！"

一看证书是真的，不会有什么假，婚证上写的，确是他的儿子，是无疑的了。他看过了之后，惊愕到说不出话来，只瞪眼看着来人。

那人说道："我乍听的时候，也同你一样的惊怪，不过听了才能放心。先生，你要晓得，我的女儿原在某府地方，在人家里，替人带孩子。大约一年前，他忽然失踪，不久，写了几句，告诉他母亲，却不肯说明住址。我们这个孩子，一向是很守规矩，很是个好孩子，他失踪之后，我们很害怕，不晓得他遇了什么祸害，我们夫妇很悲伤。有一个星期前，他回家来，说是已经嫁了，我们却不能不欢喜。"

大佐问道："这个当口，你的女儿在那里？"

那人答道："你的儿子，恐怕你听见了不高兴，一定要我的女儿发誓守秘密。他们住在某府地方一个僻静村子，名喀洛晤，改了姓名，大约有三个月前，他抛弃我的女儿，永不回来。我的女儿，慢慢晓得他丈夫抛弃他，细看情形，是无疑的了。我的女儿，把钱都用完了，就跑回家来。他把情节告诉我的时候，我才记起来，报上登过你儿子死了的消息，我的女儿却不晓得。"

大佐听了大怒，说道："你胆敢当我的面，对我说，我的儿子娶了太太，又抛离他么？"

那人说道："他留下不多的钱，给我的女儿，以后就永不回来。但是我不追究往事，也不愿意出恶言，我只要我的女儿母子二人，能够得着一切正当该享的待遇！"

大佐喊道："他有了孩子么？"

那人说道："是的，有个孩子，生下一个男孩子。你的儿子走了不久，就生下来的，更显得你儿子的行为，太过残忍了！"

大佐虽是患脚风病，觉得脚痛，此时也顾不得了，很发怒在房里乱跳说道："生了孩子么？生的是个男孩子么？这是怎么讲？假使是件事实，这个男孩岂不是他的……"

因为那个人很留心看他，他说到这里，停住不好往下再说的了。这时候他才明白过来，这件事体关系太大了，他的家产，是法律规定传子的。倘若新产下来的男孩子，当真是他儿子的儿子，所有的家产，将来就是这个男孩子承受。他起初听见他儿子私下里同人正式结婚，自然是生气，很怪责他的儿子不孝，但是不算十分要紧，他可以承认这个女人作儿媳妇，至多不过破费几个钱作养瞻[赡]金；他却并未想到，会产生一个男孩子下来的。既是这样，他的外孙子，是一文都分不着的，所有一切，都归这个下等女人的儿子承受，他是非常之难过。

那个人很看出大佐的心事，说道："先生，我原可以不必这样走来惊动你的,不过我觉得理应先告诉你一声,我的女儿母子二人,按照法律,是该得正当待遇,用不着前来见你求情的!"

大佐说道:"是的,你先来见我是很不错的;但是你不能以为我不详细查考明白,就相信你的话,我要同我的律师商量。"

那人站起来说道:"先生,我们不怕查考! 我很愿意现在把这件事体交给你办,听候你怎样办;但是公道是公道,你是个上等人,你打听查考这件事体是实的时候,我相信你,不至于夺了我的女儿母子两人享的利益。据我看来,事体是很确实的,很浅白的,用不着什么凭证。我猜我可以听你的信,先生,我告辞了!"

那个人恭恭敬敬,点头走了。大佐嘴里只管说,心里却已经有一半相信。回想自己儿子的情景,是很会秘密结婚的;再看那个木匠,是个老实人,不见得是讹诈的,看他的样子,不是个傻子,也不是个光棍,不是个乱说话的。

他此时很受扰动,很勉强的扶住两根拐杖,上了马匹,走去找布尔状师。

他见了状师,说道:"布尔,现在有一件麻烦事,有一个人,刚才走来对我说:我的儿子同他的女儿秘密结婚,生下一个孩子,还是个男的,是承继我的家产的!"

这位状师年纪老了,是个老行家,无论什么,都是不相信的,要先找确实证据,答道:"不能这样快就能承受家产,那个人怎么说?"

大佐把木匠的话,粗述一遍,掏出婚证给他看。

状师把婚证细看一遍,说道:"你自己以为怎么样?"

大佐很生气的说道:"我以为是个骗局!"

状师指着婚证给他看,说道:"有了这件东西,你还以为是个骗局么?"

大佐说道:"我看婚证是假的!"

布尔说道:"这是很容易证明的;但是,你能相信你的儿子会秘密结婚么? 他为什么要守秘密呢? 他很晓得家产是他承受的!"

大佐此时有点不安,说道:"我说不出哈洛心里打的是什么算盘,他的性情有些特别。我对你说句秘密话：你还记得他跌过一交么？是在某学校读书的时候跌的一交？从此以后，他有时很有点特别举动。"

状师问道："他结婚的时候，在什么地方？我说的是去年八月间的话。"

大佐此时有点畏缩，不敢看状师的眼，说道："他那时候出门不在家，你晓得的，他有时候，一走就是几个月，一封家书也不写的。他驾驶他的小船，不晓得漂到什么地方。他是死在海上的。后来他的行踪尤其秘密。"

布尔问道："去年秋间，你见过他么？"

大佐答道："见过的，见过一两次，他好几月回家来一次，不久又走了。我记不得日子了，大约是十月间，回来过一次，再过不久，又回来一次。他虽回来，也不住在家里，因为他有古怪脾气，我们父子之间很冷淡的。"

状师问道："他曾稍微示意，他已经结婚么？"

大佐答道："向来未露这种意思。有时候他母亲设法劝他娶亲，他还揶揄他母亲。"

状师想了几分钟，说道："我们不可不敷衍这个木匠，不然的话，他要告状的，就太不好看了。假使我们相信是骗局，你儿子的举动，是容易受骗的；但此也许并非骗局，是件事实，我们不能不立刻查访明白这件事。"

大佐很着急的喊道："布尔，你不能相信果有其事呀！"

状师说道："我不见确实凭据，是不相信的，你可以相信我，替你严密的查访明白；你曾否把这件事告诉你的夫人？"

大佐说道："我并未告诉他，因为那人来的时候，他不在家。"

布尔同大佐拉手的时候，说道："暂时不必告诉他，我们未证实之前，不必惊动他。"

大佐听了状师临别这两句话，心里稍安些，以为状师并不相信是件事实，要设法证明是假的。但是他回家盘问他的夫人同小姐，晓得有几件事实，心里反又不安起来。他的儿子，是向来寡言寡交，又是好一个人独往独来的，假使他同人结婚有十来次，也没有人晓得的。大佐细想过来，有些不能不相信结婚是实。过了几天，状师来看他，也说是恐怕结婚是实。大佐听了，也并不诧异。

状师说道："婚证是真的，掌他们行结婚礼的教士是死了，但是教堂里的录书还记得；据他所说的新郎面貌，很合你的儿子的面貌，我恐怕也许是件真事。"

大佐赶快的问道："但是你仍有疑团？"

状师耸着肩说道："我还是要查访说到今天为止的话，我不能不说我所查访出来的情节，都是真的。我也见过那个女人，同女人的父母。"

大佐却有点好奇，问道："那女人是个什么样？"

状师答道："那女子自然不是个大家闺秀，却是个知礼知义的，还像个样。我也很详细的打听过，女子的父母，都是老实人。据女子所说的话听来，是很可信的，我说不出不相信他的理由。"

大佐咬指甲，说道："总而言之，他们是当真的结了婚！"

状师答道："我看你还是暂时不必告诉你的太太，现在还有一个人的供证是要紧的；那个女子告诉我；他初相识你儿子的时候，他有个仆人，名叫约瑟倭特士，结婚的时候，他赏给仆人几个钱，打发他走了。那女子说，不晓得这个仆人那里去了；我要登告白找他。"

翌日早上，大佐看见《泰晤士报》上果然登了告白，说道："约瑟倭特士鉴：约瑟·倭特士是一位某先生的仆人；这位某先生，是一八八一年八月间，在某府地方结婚的；见了告白之后，请他到某街某号，同布尔状师见面，来往费用，归状师借给；若有消息相告，另有重赏。"

大佐见了告白，很害怕太太小姐们晓得，好在他们并不晓得。这告白却很有好效果。过了两天，大佐得了状师一封信，说道："麻查利大佐台鉴：我见着倭特士，我恐怕你的儿子，是当真同麻沙尔小姐结婚的。你的儿子原先雇用这个倭特士，在游船上陪侍他的。一八八一年七月，你的儿子把游船驶入某港修理。在那里初次同麻沙尔小姐相见，相识了一个月之内，就娶了这位小姐，当日行结婚礼，倭特士也在场。其后给他些钱，就打发他走了。他所说的话，同那女子所说的话，是相符的。我以为你也想要见见这个倭特士，我吩咐他去见你。"

信后附笔说道："你还是不必告诉你的太太，也不必匆忙有什么举动，再过一两星期再说，缓办是不会出什么毛病的。"

大佐看了信后附笔这两句话，很生气，把信撕碎摔在火炉里。

喃喃的说道："说的是什么话！他的状师派头十足，什么缓办，还要守什么秘密，生米也煮成熟饭，还有什么好说呢！我立刻告诉我的太太，我亲自去见那女子！"

大佐却未把消息告诉他的太太，一连耽搁到三个月，他才敢去见他的儿媳妇。他心里虽是很不以一个木匠的女儿作他的媳妇，却又不能不承认。他去的时候，也不告诉人往那里去，办的什么事。他一见他的媳妇，虽然不是个大家的闺秀，在小家里头，有这种态度，总算是难得的了。貌是很美秀；但是一听他说话，全是下等人家腔调，又觉得实难承认，那女子很畏缩的，把孩子抱出来给他看。他看见这个孙子，却毫不动情。

大佐忽然问那女子道："你怎么称呼你自己？"

女子答道："我的丈夫冒姓摩理司，我自称摩理司太太；但是我的父亲要我称呼真姓。"

木匠当时在场，说道："先生，我以为他应该称真姓；他的丈夫此时已经死了四个月，你已经查探了许久，你若是打听出什么不对的情形，此时应该早有所闻了。"

大佐有些推宕的意思，说道："我已经把这件事体，交给状师办，我立刻去找他；倘若他满意，我就不耽搁，拟出一个办法，还你的女儿。"

木匠答道："先生，我谢谢你，我们不是要钱，要的是应享的权利！"

大佐说道："我很明白，我答应你一星期内，我一定有实在话答复你。"

大佐走出来的时候，心里很难受；他觉得木匠父女两人都是老实人，说话是靠得住的，他不能再事推宕，不能不尽他的职责。大佐为人是很骄傲的，看得自己的家世身分很重。他已经有个外孙，在某校读书，他满心要这个外孙承继他的家产。他虽是个君子，但是总不愿意承继家产的孙子，外祖是个木匠。他晓得他的太太知道了，更加难受。

　　从另一方面看来,却又万不能不承认;假使不承认,那女子的父亲一定是要打官司的。他又不愿意闹出来,不得不有个公道办法对待他的媳妇同他的孙子。有时他很想到,不如行贿赂,买通木匠父女,叫他们不说话。他以君子自居,又不肯作行贿的事。况且他听木匠说话的腔调,不是钱能够买得动的。

　　于是他到了伦敦,立刻就去见状师,商量解决办法。心里却又盼望状师有点把握,特为延宕到如今。

　　布尔状师一见大佐,就说道:"我近来未写信给你,因为我没什么消息告诉你,即使有消息,也是不好的消息。我打听得很清楚,你的儿子,到了某海口,就失踪了,只留下一条游船,过了几个月,就是上一个春天,他从另一个海口写信来,要把游船送到这第二个海口,在这两个当口之间,他在什么地方,我却不晓得,除非这件事是件事实。"

　　大佐哼了一声,道答[答道]:"布尔,我恐怕是件事实,我已经见过那女子,我答应过他,不再耽搁。我不晓得我的太太晓得了,说些什么。"

　　状师说道:"我恐怕倭特士的供证是实在的,我打听过他的来历。他好像是个靠得住的。你的儿子是在某处雇他的。他以前的雇主都说他很好。"

　　大佐说道:"我想起来了,我还未见过倭特士,你不是写信告诉我,你告诉他来见我的么?"

　　状师答道:"是的,我以为他见过你了!"

　　大佐说道:"我忘记了这件事,此刻我才追忆起来!"

　　状师说道:"我再写信给他,我这里原有他的住址,一时却找不着。我劝你先不要举动,等到见过倭特士再说,我要你听他说些什么。"

　　他们两人再谈些话,大佐就告辞回家。一到了家,可巧就有倭特士打发人送来的一封信,信内说道:

　　"先生,布尔状师约好我来见你,我却未能如约,请你勿怪。因为我病得很重,不能出门;倘若你能今晚或是明日来见我,我可以把你儿子的消息告诉你,是你很想听的。约瑟倭特士启。"

大佐读过信,立刻又戴上帽子,出门往伦敦的东边。

他到了之后,很费事才找着那住处,原来是一条很窄的街,住的地方是一种下流的酒店。大佐看见这个地方,有点迟疑不敢进去,但是又不能作罢,只好推门进去,问倭特士在什么地方。女店主很怀疑的,看他一眼,又向门后看,看门后还有别人没有;女店主看见门后没有别人,指一指小过道末后一间房。他走进去,看见一个少年对炉烤火,那少年站起来。

大佐说道:"我就是麻查利大佐。"

那少年答道:"不能出门,累你屈驾,请你勿怪!"

大佐说道:"你就是约瑟倭特士?"

他答道:"是的,请坐!"

大佐不坐,站在炉前,看见倭特士的外观,觉得很不以为然。这个少年,相貌还好看,听他说话,好像是受过好教育的,但是满面狡诈,又全不像是有病的。大佐晓得他说有病,不过是句假话,很不相信他。看他的装扮,是贫窭到了不得的。

大佐说道:"你晓得我为什么事来的,你有什么消息告诉我?"

倭特士满脸不安的说:"我要把与你儿子结婚有相干的话告诉你。"

大佐问道:"是你未告诉过布尔的么?"

倭特士说道:"是的,我重新又把这件事体盘算过一番!"

大佐问道:"你这句话是什么意思?"

倭特士想了一会,说道:"先生,我老实告诉你,我的光景很窭,我要先晓得:我若是放胆把话都告诉了你,我不至于受拖累,我才敢开口!"

大佐问道:"这是什么理由?"

那少年两眼看看大佐,说道:"因为我说出来,恐怕要吃官司!"

大佐问道:"你要我说什么?"

那少年说道:"我要你对我说明:绝不翻悔,你若是不受我的提议,你却不能拘束我,或是叫人捕我。"

大佐答道:"很好,我答应你。"

那少年低声说道:"倘若我能够证明你儿子结婚,是不能算数的,你肯给我多少钱？"

大佐问道："这件事全是假的么？那木匠父女是设骗局的么？"

那少年说道："女子的父亲，我不晓得，但是那女子是不知情的，先生，来吧！你给我一张即期的一千镑支票，我就能证明结婚是不能算数的！"

大佐问道："内里有什么毛病？那女子事前已经嫁过人么？"

那少年答道："不是的。女子是很妥当的！"

大佐说道："我不明白！"

那少年说道："先生，你自然不能明白，你若是给我一千镑支票，我包你，二点钟之内，那女子自己走来，同你说，不要求你承认！"

大佐有点疑心，问道："你同那女子通了消息么？"

那少年答道："先生，不是的，我已经告诉过你，女子是很妥当的；虽是这样说，我刚才所说的话，我是一定作得到的！"

大佐心里很不安的，想了一回，说道："我不能不事先斟酌，才能够答应你，我不能轻易就给你一千镑！"

那少年答道："诚然，但是，你要记得，你不能强迫我说话；你若是不相信我，那女子的男孩子，就是承继你家产的人！"

他看看大佐要预备走了，说道："你若再话有[有话]同我说，你可以在某报上登告白，我就把住址告诉你，我是不再住在这里的了！"

大佐出大了[了大]门，心里是很疑惑的。向西走。他心里很相信这少年是个说得到做得到的人，很愿意花一千镑；但是那个少年是个光棍，他已经供认是个犯事的人，怎样好和他交手办事呢；又恐怕他说出来的事，恐怕不利，又恐怕这件事体，同他儿子的体面有关；这个又说明同女子无干，难道是他儿子串通作的骗局么？越想越难受，越想越糊涂，只好去找状师商量，不料布尔不在家。等了一回，只好先回家，写一封要紧信，再过一点钟再来，一个少年女人，在书房候他相见。

仆人又说道："男人是从前来过，见过你的，我认得他，他说有要事，我叫他等。"

大佐心里猜着是谁，说道："你办得很对。"

随即问仆人:"女主人同小姐们都在那里?"

仆人说道:"都出门跑马车去了。"

大佐说道:"他们回家的时候,你说我有要事,请他们不要进书房里来。"

他走去一看,果然不出所料,是木匠父女两人,那女子脸色发白,很有不安的神色,木匠是满脸的疑惑,大佐走进来,他们都站起来。

木匠先说道:"先生,你看见我们来了,未免有点诧异;但是自从你到过我们家里之后,发生一件很奇怪的事,你要预备着饱受一惊,我相信我的女儿是不会错的!"

那女子很奇特很恳切的说道:"我很知道清楚!"

大佐看看他们,问道:"什么事?"

木匠很郑重的说道:"我的女儿说他今天看见你的儿子,你的儿子在我们的门前走过,好像是找我们!"

大佐听了一惊,向后退却一两步,喊道:"什么呀?"

那女子很狂乱的说道:"先生,是的,我看见他! 他在对过的路边走,抬头看我们的房子,我刚好在楼上,我用手敲玻璃窗,他掉转头来,我看见他,很害怕,我晕倒了。我醒过来之后,我同疯子一样的赶下楼,等我走到街上,他已走得无影无踪了!"

大佐脸色发了白说道:"你所看见的不过是个幻影,你是白日见鬼了!"

那女子说道:"不是的! 不是的! 我看见的的确是他! 我敢发誓! 我所看见的的确是你的儿子,我的丈夫,我喊:父亲! 父亲! 在街上走来走去好几次。"

木匠说道:"先生,是的,他说的的确确的亲眼看见,故此我只好带他来见你!"

大佐听见这番话,大动感情,很有一半相信。他的儿子,原是在海上遇事溺死的,他的小游船是船底向天,死尸是过了好几天才找着的。当时验尸,原有人说过,要认明面貌;但是那时候已事隔数日,面貌是完全认不出来,只有衣服等件是认得明白,不会错的。据女子所说的话,很像是认错了尸身。大佐是迷惑慌乱,毫无主意,只好同他们商量去找状师,他们也愿意。于是坐了马车,同去找状师。

大佐介绍他们相见,说道:"这就是麻沙尔,这就是他的小姐。小姐说:我的儿子活着,并未死,今天下午亲眼看见他!"

布尔看看女子,请他再说一遍。

状师留心听他说了一遍,说道:"少奶奶,你神经受了激动,你试歇歇,淡定下来,好好答我几句话。你说你认得是你的丈夫,你是看他的面貌,或是看他的身量,或是看他的衣裳,你认得是你的丈夫?"

那女子答道:"我认得他的面貌同身量,我看见他的面貌,看得很清楚;我只看他身上穿的衣服,不能认得他,因为他穿得很破烂。"

状师说道:"他是这[怎]样的装扮,你耐烦些! 这是很要紧的,我要试你的记性!"

那女子答这:"我并未十分留心看他的衣服,他穿的黑色衣服,穿一件领港员的褂子,是件旧的,颈子围了一条红黑方格子的围巾,戴一顶苏格兰帽子。"

此时麻查利大佐走向门口,对状师说道:"你来,我有两句话同你商量!"

他们两人走出去,大佐说道:"布尔,我要告诉你,刚才女子所说的打扮,同今日午后我看见的那个倭特士,是一样的打扮!"

状师忽然掏出鼻烟盒来,对大佐看了两眼,道说:"你闻鼻烟么? 请你试试我的鼻烟! 先生,你打破这个闷葫芦,打破这起疑虑了! 我敢同你赌:邦个倭特士小子,冒了你儿子名姓,娶的那个女子!"

大佐喊道:"可不是! 布尔,你猜着了! 我才明白他为什么说有权可以证明我儿子同那个女子结婚是不能算数的,布尔,是了! 他冒他人的名姓,骗这个女子,后来就抛弃了这个女子。后来他晓得女子要同我打麻烦,他就从中设法,要骗我一笔钱,他每天特为的去找女子的家。我要用尽我的力量,把这个骗子送到法庭,叫他作苦工。"

后来是为木匠父女两人起见，倭特士也把情节逐一供认出来，大佐并未叫他吃官司。原来大佐的儿子到了某口岸，就把倭特士辞退了，倭特士原已很爱这女子，果然冒了主人的名求亲。解说明白之后，大佐并不怪责木匠父女二人，还送了些钱给那女子。女子却不愿意离婚，两人重新用真名姓行结婚礼，礼成之后，两夫妇到属地当侨民谋生活去了。

［据《秘密结婚及其他：短篇实事小说七篇》，上海金马书堂，1930 年 10 月初版］

# 恋爱与面包①

[瑞典]斯特林堡

那个帮手的走去拜见少佐,求娶他的女儿为妻,却不曾先研究麦子的价钱,少佐却是研究过的。

帮手说道:"我爱她。"

老头子问道:"你有多少工钱?"

"现在我有一千二百个克隆②,但是我们相爱……"

"你们相爱不相爱与我无干,一千二百克隆却是不够的。"

"除了工钱外,我还可以多得一点,路易沙(Louisa)晓得我的心……"

"你不要说胡话! 除了工钱之外你还可以多得多少?"

他把纸笔夺过来。

"我的感情……"

"除了工钱之外还可以多得多少?"

他在吸墨纸上画符号。

"呀! 我们将来很可以够过日子,只要……"

---

① 《恋爱与面包》("Love and Bread"),原著者是瑞典奥古斯特·斯特林堡(August Strindberg,1849—1912)。斯特林堡是瑞典现代文学的奠基人,世界现代戏剧之父。该文系英译本转译。1936 年 3 月,伍光建译斯特林堡的《结了婚》(Married,今译《结婚集》)由商务印书馆出版,校对者陈忠杰,内收《恋爱与面包》《不自然的选择》《多子》《决斗》,收入丛书"英汉对照名家小说选第二集"。——编者注

② 瑞士币名。——译者注

"你还是答我所问，抑或是不答我所问呀！除了工钱之外还可多得多少呀？我的孩子，你得给我数目，你得告诉我数目！我要的是事实！"

"我译一页东西可以得十个克隆；我还教法文，还有人答应我请我校对……"

"答应不是事实呀！我的孩子，你得告诉我数目呀！我要的是数目呀！你看着，我要写下来。你译什么东西呀？"

"我译什么呀？我不能立刻告诉你。"

"你不能立刻告诉我么？你说你正在译书，你不能告诉我译什么吗？你不要胡说啦！"

"我正在译吉素特(Guizot)的《进化史》，二十五页。"

"每页十个克隆，二十五页就可以得二百五十个克隆。还有什么呀？"

"还有什么呀？我怎样能够预说在先呀？"

"你当真不能预说在先么？但是你该预先晓得。你好像妄想结了婚不过是同居，同消遣！我的宝贝孩子，不是的呀！将来会生子女的，子女是要吃东西和穿衣服的。"

"如我们那样相爱，不一定就会有孩子的。"

"你们到底是怎样相爱呀？"

"如我们两人这样相爱。"他把手放在他的背心上。

"倘若人们相爱如你们那样相爱就不会生孩子吗？你必定是疯了！但因你是社会上的一个有规矩、体面的人，所以我答应你；我的孩子，你却要善用时机，增加你的收入，因为为难的时候快到啦。小麦长价啦。"

这个帮手的听见末后这句话，脸红起来，但是老头子一答应他，他就极其欢乐，抓住老头子的手，吻他手，天晓得他是多么欢乐！当他的未婚妻扶着他的膀子第一次在街上走的时候，他们两人欢乐到发光；他们好像看见路过的人们站列路旁不动，庆贺他们的得胜游行；他们两人在街上走，他们的眼露出得意神色，肩膀是方正的，脚步是有弹力的。①

---

① 极力写他们这时候的得意，以反跌下文。——译者注

到了傍晚他到她的家里；他们坐在屋子中间校稿；她帮他的忙。老头子笑说道："他是一个好孩子。"等到他们校完稿的时候,他两手抱她,说道："我们赚了三个克隆啦!"他随即吻她。第二天晚上他们两人同去看戏,雇了一部小马车送她回家,这就化[花]了十二个克隆。

有时他晚上应该教书,他却不教,反同她出去散步。(一个人为恋爱起见,什么事不肯做呀?)

结婚的日期快到啦。他们很忙。他们要选买家具。他们起首买最要紧的东西。路易沙当他买卧室家具的时候原不想在场的,但是到了去买的时候她同他一齐去。他们买了两张床,将来自然是并排安放着。家具是要核桃木的,每件必要是真核桃木的。他们又必定要弹簧的卧褥,盖上红白柳条纹的褥单,枕头是要塞满鸭绒的,还要置两个海鸭绒的被,一模一样的两个。路易沙拣的是蓝色的,因为她的皮肤很白。

他们走去最好的商店。他们不能不买一个红色挂灯,又不能不买一座石膏制的爱神。他们随后买了一套餐具;还买了六打形式各有不同的刻边玻璃杯;又买了若干刀叉,刻上花纹及他们的名姓的第一个字母。随后置厨房的器皿。妈妈要陪他们去买。

此外他还要办多少事呀! 他要承认到期还许多债,往银行好几次,同商人及工人们面商许多次;还要租一层房子,还要挂窗帘。他每事都照应到。他既是这样忙碌,自然要忽略许多事体不办;但是他一结婚之后就会补办他所忽略未办的事。

他们一起首不过租两间屋子,他们要很省俭的过日子。又因他们不过要两间屋子,他们就能够花钱把这两间屋子铺陈好。他在政府街租了两间屋子一间厨房,同在第一层,租金六百克隆。路易沙说与其这样,不如花五百克隆租第四层的三间屋子一间厨房,他听了有点不安;他答道,只要他们两人相亲相爱,何必计较呀! 路易沙说是呀,在租金贱的四间屋子里头相亲相爱,不是同在三间租金贵的屋子里相亲相爱一样的么? 他承认他糊涂了,只要他们相亲相爱,租这里或租那里有什么相干呀!

屋子是铺陈好了。卧室好像一间小庙。两张床并排放着,像两部马车。日光照在蓝色的海鸭绒被上,照在很白很白的被单及小枕套上,有一个年老未出嫁的姑母或姨母把他们姓名的第一个字母凑成一个单字,绣在枕套上。……新娘有她自己的一个小地方,用日本帘子遮住。他们的客厅就是饭厅又是书房及早上的起坐间,摆着她的钢琴(花过一千二百克隆置的),他的写字桌,这张桌上有十二个小格(每件都是真核桃木制的),一面照身镜,几把交椅;一座摆餐具酒食的橱,一张饭桌。他们说道:"这间屋子好像是好讲究的人们住过的。"他们不能明白人们为什么要另外有一间饭厅,摆上许多藤椅,常是很寂寞的。

他们结婚在星期六日。星期日破晓,这是他们过结婚生活的第一天。呀!这是什么生活呀!结婚是多么可爱呀!结婚岂不是一个极好的制度吗!无论做什么都可以自由,还有父母亲戚来贺喜。

早上九点钟他们的卧室还是黑暗的。他不肯开百叶窗让阳光进来,他再点红灯,这枝灯放迷人的光射在蓝色的海鸭绒被上,照在白色被单上,被单现在有点褶皱了,又照在石膏制的爱神上,这个女神站在那里浑身作玫瑰红的颜色,丝毫不觉得羞耻①。红光还照着他的新娘子,她缩在枕上,脸上带着犯了罪要悔过的神色,却是很有光彩的,好像一生没有过这次睡得那样好。今天是星期日,街上无人来往的吵闹声,教堂钟响,用欢乐及热烈声音喊人去行早上的祈祷礼,这些钟声好像要全个世界的人进教堂谢创造男女的上帝。

他低声对他的小新娘说,叫她闭着两眼,以便他起来,吩咐备早餐。她把头藏在枕头里,他一面披上他的梳洗衣,走到帘后穿衣服。

一片太阳光照在起坐间的地板上;他不晓得现时是春天抑或是夏天,秋天抑或是冬天;他只晓得今天是星期日!他的独身生活如同有一种丑恶及黑暗东西,退到背景里啦;他的小家庭的光景扰动他的心,使他微微记忆他当孩子时代的家庭,同时觉得前程是很有光荣希望的。

他觉得他自己有多么壮健呀!他的前程好像一座山走来迎他。他

---

① 女爱神原是裸体的。——译者注

会对山一吹,这座山就会跌在他脚下,如同沙一般;他会抱住他的夫人飞跑了,飞得很高,高过房子的三角顶及火炉的烟通。

他把乱摔在地板上的衣服收拢来;他找着他的白领带挂在书架上;领带好像一只白色大蝴蝶。

他走进厨房。那几件新铜锅等及新的锡壶等怎样闪光呀!所有这些东西都是他与她的。他喊女仆,她只穿了裙子从屋里出来,他不曾理会,他又不曾理会她是赤着肩膀的。在全个世界里头,他眼中只有一个女人。他对那个女孩子说话如同父亲对他的女儿说话一般。他吩咐她立刻去馆子叫早餐,叫头等早餐。还要叫坡打酒及贝尔艮第酒!馆子的经理晓得他的嗜好。她还要对经理说他问候他。

他走出厨房,敲卧室门。

"我可以进来吗?"

屋里有人惊吓了,小小的喊了一声。

"小宝贝,你且在门外稍等一等,不要进来!"

他自己亲手把早餐桌摆好。当馆子送来早餐的时候,他放在她的新置的早餐器皿上。他按照折叠方法把吃大餐的饭巾折好。他搭酒钟,最后拿她的结婚花球过来,放在瓶子里,摆在她的坐位前。

当她从卧室走出来的时候,她穿了绣花的早服,走入华丽的阳光里,她觉得有一点点要晕倒;他扶她坐在交椅上,叫她喝一小杯蜜酒,吃一块面包夹鱼子。

这是多么好玩呀!一个人结了婚就能够自由啦。假使她的母亲看见她的女儿大清早起就喝蜜酒,她母亲会说些什么呀!

他服事她,好像当她还是他的未婚妻。他们结婚后第一个早上吃的是什么早餐呀!无人有权利批评他们一句。无论什么事都是全对的,正当的,他们能够摩着良心享受,这是最可乐的一部分。这不是第一次他吃这样的早餐,但是从前与现在是多么不同呀!从前他心里不得安宁,又不能满意;现在他追想从前,简直的是受不了。当他吃过蛎房和一钟真正瑞典坡打酒的时候,他觉得很看不起全数不会娶妻的男子们。

"人们不娶亲是多么糊涂呀！不娶妻的人们太过自顾自啦！国家应该抽不娶妻的人的税,如同抽狗税一般。"

他的很安静的小个子夫人很亲爱的答道:"我很可怜无钱娶妻的贫人们,因为我深信他们只要有钱,他们个个都要娶妻的。"

这个帮手觉得一阵心痛;有一会子他觉得害怕,惟恐他有点太过冒险。全数他的欢乐依靠解决一个钱财问题,倘若……呸!且喝一钟贝尔艮地酒!现在他肯做工!他们只管看呀!

少年夫人有点惊讶,说道:"野味么?还有红莓苔子酱及黄瓜配着吃!"滋味其实是很好。

她把一只发抖的小手放在他的臂上,说道:"留埃斯小宝贝,我们能够吃花钱这样贵重东西么?"

好在她说的是"我们"。

"嗨!吃一次算不了什么!往后我们能够吃马铃薯及鲱鱼过日子。"

"你能吃马铃薯和鲱鱼么?"

"我当然能吃!"

"当你吃酒过量,你吃过鲱鱼之后,还想吃一块牛肉扒,是不是?"

"不要胡说啦!全部是的!爱人,我祝你的寿!野味是好极了!这些朝鲜蓟也是好极了!"

"小宝贝,你疯了,不是的吧!这个时候那里会有朝鲜蓟呀!你要还多少帐呀!"

"帐吧!你说这些朝鲜蓟好不好?你想看,活在世上,是不是顶快乐的?呀!好极了,好极了!"

午后六点钟有一部马车到了大门门口。假使当他们慢慢赶到鹿围的时候,他的少年夫人不是很舒服倒在柔软的车垫上觉得很快乐,她当然会生气的。

留埃斯附耳低声说道:"这就如同躺在榻上一般。"

她闹着玩的,用阳伞敲他的手指,他们所同认识的熟人们,在小路上对他们鞠躬。朋友们对他摇手,好像说道:

"哈哈！你这个光棍，你发了大财啦！"

他们觉得过路的人们是多么小呀，街道是多么平呀，他们坐在有弹簧及有软垫子的马车上，是多么适意呀！

人生在世应该常像这样。

他们过这样的生活过了整一个月。跳舞，拜客，吃大餐，看戏。有时他们自然是在家里。在家里比在无论其他什么地方更适意。譬如说，吃过晚饭后，用不着说一句"你可以许我么"就把他的夫人从她父母家里拉走，放她在紧闭窗门的马车上，把车门很用力的关了，点头对她的父母说道："现在我们走啦，到我们的家里去啦，到我们自己的房子啦！我们在我们自己的家里喜欢做什么就做什么！"

随后在我们自己的家里吃个小夜餐，坐在那里谈，闲谈到夜深。

留埃斯在家常是很明白的，他姑勿论，在理想上至少也是这样。有一天他的女人要试他，给他咸鲑鱼、牛奶煮马铃薯及油麦面汤当大餐。呀！他多么享受这顿大餐呀！他吃腻很费事的烹调了。

到了下星期五，那天她又提议咸鲑鱼充大餐，留埃斯带了一对松鸡回家！他从门槛喊她道：

"路①！你试想看。有一件极其非常的事体发生啦！真是最非常的事！"

"好呀，什么事呀？"

"我告诉你，你几乎不肯相信的，我买了一对松鸡，我自己在市场上买的——你猜呀！"

他的小个子夫人好像更生气，不甚要晓得是多少钱买的。

"你试想呀！一个克隆买一对！"

"我曾买过一对松鸡，不过花了八个便士，还是在很冷的冬天买的，但是——"她说末后一句话是带着更和气的腔调，意在不要他难过。

"是呀，但是你必得承认我买得很便宜。"

---

① 即路易沙的简称。——译者注

她要看见他欢乐,她有什么不肯承认呀?

她已经吩咐过煮雀麦当大餐,试试看。但是留埃斯吃了一只松鸡后,很追悔他不能吃许多雀麦以便给她看他其实是很欢喜吃雀麦的。他其实很喜欢雀麦——他害过疟疾后不能吃牛奶。他不能吃牛奶,他却喜欢每天晚上有雀麦放在桌上,只要她不同他生气,每天晚上都要有雀麦的。

此后饭桌上永远不见有雀麦啦。

他们结婚有六个星期啦,少年夫人病啦。她患头痛及恶心。这不过是受了点凉,不能是什么重病,但是为什么恶心呀?她吃了不对的东西么?全数的铜锅等等不都是里面过了一层锡的么?他请医生。医生微笑说,是不要紧的。

"什么不要紧呀?胡说!不可能的。怎么会可能的?不是的,必定是卧室所糊的纸不对。纸里有砒霜。我们不如立刻撕一块送给化学师试验。"

化学师的报告说道:"完全没有砒霜。"

"这是多么奇怪呀!糊墙纸竟无砒霜么?"

少年夫人还是病。他查一本医书,低声问她一句话。"呀哈!用热水洗浴吧!"

四星期后接生的宣言:"诸事进行得很好。"

"进行得好么?自然是的!不过来得太早!"

这是无可奈何的事,他们很高兴。试想看,原来是怀了孩子啦!他们要做爸爸与妈妈啦!他们该称他什么?当然是个男孩子。是个男孩子,这是无可疑的了。她同她的丈夫很认真的谈过一回!自从他们结婚以来,既不曾译书,又不曾校对。只靠他的薪水是不够的。

"是呀,他们只想今日绝不曾想到明日。但是一个人不过有一度是少年的!现在的情形却要改变啦。"

这个帮手的第二天早上走去访一个旧同学,是一个司册籍的,求他作借款的担保人。

"我的好朋友,你是晓得的,但凡一个人快要做父亲就得考虑怎样对付增加的费用。"

司册籍的答道:"老朋友,可不是,所以我不能娶妻。你走好运,有钱娶妻。"

这个帮手的迟疑,不敢问他。他怎样能够大胆求这个穷的不娶妻的人帮他,为将来的事筹款呀!这个不曾娶妻的人,既无力量组织家庭,怎样能够帮他呀!他不能求他帮助。

等到他回家吃饭的时候,他的夫人对他说,有两个男客来找他。

"是两个什么样的人?是少年人么?他们戴眼镜么?无疑是两个中尉,是他在华士贺林(Vaxholm)会过的两个老朋友。"

"不是的,他们年纪太大了,不能是中尉。"

"他晓得啦;他们是从乌普沙拉(Upsala)来的大学的老朋友,一个大约是某甲,他是一个讲师,一个大约是某乙,他是一个牧师。他们来看他们的老同伴当丈夫当得怎么样。"

"不是的,他们不是从乌普沙拉来的,他们是从京都来的。"

随即把女仆喊来盘问一番。她说来访的两个人穿得很不整齐的,手上还拿着手杖。

"手杖么?我不能想得出来他们能够是什么路数人。也罢,他们既说还要来,我们不久就会晓得了。但是我要谈别的啦,我碰巧看见一篮热屋子烘出来的葡萄,价钱实在是无理的便宜;实在是无理的便宜!你想看呀,热屋子烘出来的葡萄不过要六便士一篮!还是这个时候烘出来的。"

"我的小宝贝,这样的浪费领我们到那里去呀?"

"不要紧的。今天有人找我译书。"

"留埃斯呀,你欠了许多债,是不是?"

"欠得不多!不算事的!不久我将大借款,诸事就会妥当的。"

"一笔借款呀!这是一笔新债呀!"

"诚然是的!但是利息不会重的!我们现在不要谈钱银的事!这些草莓不是滋味极好的么?什么呀?吃一钟舍理酒配草莓是好极了。你看是不是?利那,你走去杂货店取一瓶舍理酒来,要顶好的。"

他睡过午觉后,他的女人一定要同他很认真的谈谈。

"宝贝,你不会生气么?"

"生气么? 我呀! 我不会生气的! 你是不是要谈家用呀?"

"是的呀! 我们欠杂货店许多钱! 卖肉的逼着我们还债;马车房的人曾来要钱;这是极难过的事。"

"不过是讨债么? 我明天把他们的帐还清,一文也不少。他们怎敢这样大胆因为不多的帐目就来麻烦你呀? 明天我就还他们钱,但是他们却失了一个主顾。现在我们不如不再谈这件事。你出来,我同你散步。不坐大马车吗! 也好,我们坐一部两轮小车到鹿囿,这就能使我们高兴。"

他们果然去逛鹿囿。他们在饭馆要了一间屋子,人们瞪眼看他们,低声私语。

他大笑道:"他们以为我们纵容自己乱闹一番,还有多么好顽呀! 我们是多么疯狂呀!"

但是他的女人不喜欢这样顽。

他们要付一笔很大的帐。

"假使我们在家里不出来,这笔钱就可以买许多东西。"

过了几个月。那件大事越来越近啦。他们要买婴孩睡的摇床及婴孩衣服,他们还要许多东西。少年丈夫终天出外办事。小麦价钱长啦。为难的日子快到啦。他不能得着什么书翻译,又无稿可校。人们全变作物质派啦。他们不花钱买书,他们只肯花钱买食物,我们所在的是什么庸俗时代呀! 理想一个挨一个的全化去啦,松鸡非两个克隆不能买一对啦。马车房不肯白供人车子用啦,因为车主们同余人一样也要养妻室及家族;杂货店要现钱交易啦。嗨! 人们全变了事实派啦!

后来那件大事发生啦。是傍晚发生的。他必得跑去请接生的人来。当他的女人正在受生产的痛苦时候,他还得跑入堂屋用好言安慰讨债的人们。

后来他两手抱住一个女儿。他的眼泪滴在婴孩脸上,现在他体会他的责任啦,他不能担负这样的责任。他定了新计划。他的神经松懈了。

他正在译书,但好像不能脱稿,因为他常出外办事。

他跑去见他的岳父,报告喜信,岳父正住在市镇里。

"我们有了一个小女儿啦!"

他的岳父答道:"很好,你能供养一个孩子么?"

"现在不能;父亲,你得帮助我们!"

"我肯暂时助你,免得你受眼前的为难。我只能这样做。我的力量只够养我自己的家。"

病人要吃鸡,他自己到菜市上买。他还要买六个克隆一瓶的葡萄酒。他要买顶好的。

接生的人要一百克隆。

"我们为什么比别人少给她呀? 她不是才从船主手里收受一张一百个克隆的支票么?"

他的少年妻室不久又起床啦。她像一个女孩子,同杨柳那么柔弱,脸色诚然稍为发白,她却宜于发白。

老头子来访,同他的女婿密谈。

他说道:"暂时不要再养孩子啦,不然,你就毁了。"

"岳父说的是什么话! 我们不是结了婚的吗? 我们不是相爱吗? 我们不是要有子女吗?"

"不错的,不过你要等到你能够有力量养他们,才好养许多子女。夫妇相爱原是很好的事,你却切勿忘记你有许多责任。"

他的岳父也变了一个物质派了。哎! 这是一个多么愁苦的世界呀! 是一个全无理想的世界! 家庭虽然是被陷,爱情却还活着,因为爱情是很有力量的,少年夫妇的心肠是软的。衙役却是相反的,是毫不柔和的。眼前就要变卖财产还债,又受破产的恐吓。既是这样,随他们来变卖。

岳父带了一部远行的大车来接他的女儿及外孙回去。他警告他的女婿,要等到他能够还债,能够养他的妻子,才好到他这里露面。他对他的女儿并不说什么,他好像接一个走差路的女子回家一般。他好像把他这个善良孩子借与一个偶然爱她的人,现在接她回来,她却是已经被人"糟躏"了。她很想同她的丈夫同居,可惜她的丈夫不能给她一个家。

有一年资格的丈夫就是这样留在后头,眼见他的家被人抢掠,他既不曾花钱置买东西造成一个家,他能否称为他的家。那两个戴眼镜的人用车把床及被褥装走;把铜锅与锡器;把餐具,与分枝的灯及烛台,及无论什么东西全装走了。

只剩他一个人在两间空的、愁惨的屋子里!设使她还在这里陪他,也还罢了!但是她在这两间空屋里头怎样过呀?不必啦,她还是走开的好!她有了照应啦。

现在起首很痛心疾首的认真奋斗,以谋生活啦。他在一个日报馆里当一个校对人。他要半夜到公事房;早上三点钟公事才办完。他不曾丢失位置,因为破产是避免了,但是他失了高升的全数机会啦。

后来许他每一星期探望他的妻子一次,却绝不许他单见他的女人。星期六晚上他住在与他的岳父卧室很近的一间小屋子里。星期日早上他就得回去市镇,因为日报是星期一日早出现的……岳父许他的女人及女儿陪他走到花园大门,他同他们话别,他在最远的小山上摇手再同他们告别,不得不忍受难堪、愁苦,及屈辱。她的不欢乐并不亚于他。

他曾计算过,要二十年才能够把他的债还清。还清之后又怎么样?到了那个时候他还是不能养一个女人及一个孩子。他有什么前程?他没得前程!他的岳父若死,他的女人和他的孩子就无家可归啦;他不敢放胆看见将来他们的惟一依靠死了。

哎!天是多么残忍呀!供给食料与全数天所造的物,惟撇下人类的儿女们不顾,让他们挨饿!哎!多么残忍呀,多么残忍呀!人生在世,不是人人都可以得着松鸡及草莓吃。多么残忍呀!多么残忍呀!

[据《结了婚》,瑞典斯特林堡著,伍光建译,上海商务印书馆1936年3月出版]

# 十一

# 不自然的选择[①][②]

[瑞典]斯特林堡

　　男爵读过《人世的奴隶》，见得贵族的儿女们必得吃下等人的子孙的奶，不然就必定死，他就厌恶与生气。他读过达尔文(Darwin)的著作，他相信他的学说的精华就是贵族的子孙经过选择就变作"人"类的更高等发展的代表。但是遗传学说使他极不愿意雇乳娘；因为较下级的人们的血，及某某几样概念、意想，和欲望不可以输入于她所乳哺的贵族婴孩身体内，及在里头繁殖么？所以他决计要他的夫人自己乳哺她的婴儿。倘若她不能乳哺，只好用乳瓶养大这个婴儿。他有权利用牛乳，因为母牛吃他的干草；牛没得干草就会饿死，或不会生出来。

　　他的夫人产下孩子啦。是一个男孩子！这个父亲一向颇着急，等到他确实晓得他夫人的情形他才放心，因为他本人原是一个贫人；他的夫人却是很有钱的，他们若生有法定的嗣子他才可以用她的资财，不然是不能的(见遗产律某章某条)。所以他很快乐，当真的快乐。婴儿是一条小良驹，一见就看得出的，从他的如蜡那么光的皮肤就可以看见他的蓝色血管。可惜他的血衰弱。他的母亲有安琪儿的身材，吃精美食物长大的，有值钱的皮衣保护她的身体不使被气候的不正更变所侵，脸色青白，这就表

---

① 　非天然的淘汰。——译者注
② 　《不自然的选择》("Unnatural Selection or The Origin of Race")，原著者是瑞典奥古斯特·斯特林堡。该文系英译本转译。——编者注

示她是贵族之后。

她自己乳哺婴儿。所以用不着依赖乡下女人以求得活在地球的特别权利。凡是他所读过乳哺孩子的书全不过是谣言！婴孩吃了两星期的奶，哭了两星期。但是婴孩无不哭的。婴儿哭算不了什么。但是婴孩日见其瘦。后来变作可怕的瘦。于是请医生来看。医生同这个父亲密谈一会，医生说，男爵夫人若接连乳哺孩子，孩子会死的，第一层因为她的神经太受过激刺，第二层因为她无以哺孩子。他曾费点事验她的乳汁，证实（用方程式）孩子必定会饿死的，除非变换他乳哺孩子的方法。

怎么办呢？无论怎样是绝不能让婴儿饿死。用牛乳瓶好，抑或是雇乳娘好？他不肯雇乳娘。我们不如试用牛奶喂孩子！医生却主张雇乳娘。

他于是买一条顶好的荷兰母牛，是曾在本区得过金奖牌的，他隔离这条牛，用干草喂她；用的是顶好的干草。医生验过牛奶，验得样样都好。这个办法是多么单简呀！他们从前不曾想到这个办法，这是多么奇怪呀！到底用不着雇乳娘，乳娘是一个最霸道的女人，还要谄媚她，乳娘又是一个懒惰人，还得供养她到肥肥胖胖的；姑且勿论她还许有传染病。

但是婴儿接连的变瘦，还是哭。日夜的哭。孩子得了肚痛病，这是无可疑的了。于是买一条新的母牛，重新验牛奶。在牛奶里头搀点真正斯普度（Sprudel）的卡尔斯巴（Karlsbad）水，但是婴儿还是哭。

医生说道："无法可治，只好雇一个乳娘。"

"哎！无论什么都可以，只是不用乳娘！我不要夺了其他孩子们的母奶，这是反对自然的，况且还有遗传性的问题么？"

男爵起首谈自然，及不自然，医生就解说给他听，假使任从自然横行，全数贵族都会死绝了，他们的财产就落在君主手上。这原是自然的明智，人类进化不过是同自然反对的一种糊涂奋斗，人类必定失败。男爵的一族就会死绝的；他的夫人不能乳哺她所生的孩子，这件事情就证明他会绝嗣；他们若要这个孩子不死，就不得不买其他女人们的奶，或偷她们的奶。

所以这一族是靠盗劫为生，上至乳哺孩子下至最小的琐事，全靠盗劫。①

"花钱买奶，能够说是盗劫么？我是花钱买来的呀！"

"是呀，因为你买奶的钱是劳力所产生的，是谁们的劳力呀？是人民的劳力呀！因为贵族是不做工的。"

"医生原来是一个社会党！"

"不是的，是达尔文的徒党。虽是这样说，人家若称他为一个社会党，他是丝毫不介意的。据他看来，是没得什么差别的。"

"但是既花钱买，就不是盗劫！盗劫字眼太重些。"

"好吗，但是他所花的钱却不是他自己所博来的呀！"

"这就是说，用劳力博来的么？"

"是呀！"

"既是这样，医生也是一个强盗呀！"

"确是这样呀！他却不能为这件事实收回所说的真正道理。男爵不记得说过这样真实话的后悔的窃贼么？"

他们的谈话被截断了；男爵请一个有名的教授来。

教授一开口就说男爵是一个杀人的凶犯，因为他不曾在许久以前雇一个乳娘。

男爵得劝他的夫人。他得否认全数他从前的理论，还要着重一件简单事实，就是爱他的儿子（有遗产律调整这样的爱情。）

但是从那里找一个乳娘呀？在市镇里找是无用的，因为住在市镇的人全是腐败的。只好找一个乡下姑娘。但是男爵夫人反对用姑娘，因为她的理论说，有了婴孩的姑娘就是一个失德的人；她的儿子或许可以染了一种遗传的趋势。

医生驳她，说全数乳娘都是不曾出嫁的女人，倘若小男爵从她染了遗传性，偏好女人，他会长成一个好人的；这样的趋势是应该鼓励的。农夫们的女人大约不肯当乳娘的，因为一个有田地的农人当然更情愿要他的

---

① 　此与阴符经所说略同。——译者注

妻子在身边。

"譬如他们把一个姑娘嫁与一个田工,怎么样呢?"

"这不过耽延九个月。"

"譬如他们替一个有了孩子的姑娘找一个丈夫,又怎么样呢?"

"这却是一个好主意!"

男爵晓得一个姑娘三个月前才生过一个孩子。他很同她相熟,因为他同她定婚已经有了三年啦,他听"医生的命令"不忠于他的未婚妻。他自己去见她,提议这件事。她若肯嫁一个田工名安达斯(Andus),来伯爵的府第当小伯爵的乳娘,她自己就会有了田地啦。她宁愿承受这样的特别安排,不愿独自一人含羞忍诟,有什么奇怪呀!于是安排好在下一个星期日读第一二三次的结婚公告,安达斯回去他的村庄两个月。

男爵带着一种奇异的妒忌神色,看她的①婴孩。他是很个强壮的大孩子。他的相貌并不好看,却好像能够担保会留下好几代的子孙。孩子生下地本来是要活在世上的,不料他的命运不好,不能活在世上。

当把孩子送往孤儿院的时候安娜(Anna)啼哭,但是男爵府第的好饮食(从饭厅送饭食给她,她要喝多少坡打酒及葡萄酒就喝多少)就安慰了她。他们还许她坐在大马车上出外,带着一个跟人坐在车夫旁边。她还看《天方夜谈》。她一生从未享过这样舒服日子。

安达斯走开两个月又回来啦!他并不曾做什么事,只是吃喝与休息。他把田舍拿过来,但是他还要他的安娜。难道她有时不能来看看他么?不能的,男爵夫人反对。不许这样胡来!

安娜日见其瘦,小男爵哭。于是请教医生。

医生说道:"让她去看她的丈夫。"

"譬如她去见丈夫,不利于婴儿,怎样是好呀?"

"不会的!"

但是先得检验安达斯的身体。安达斯反对。于是送安达斯几条绵

---

① 乳娘的。——译者注

羊,安达斯肯受检验啦!

小男爵不哭啦。

不料这个时候得了孤儿院的报告,说安娜的儿子犯白喉死了。

安娜暴燥不安,小男爵比一向哭得更凶。于是不要安娜,打发她回去安达斯那里,另雇一个新乳娘。

安达斯得了女人回来很高兴,不料她沾染了富贵人的习气。姑且说一件事,现在她不能喝巴西咖啡了,她必得喝爪洼咖啡。她的体气不容她每星期食六次鱼,她又不能在田上做工。田地所产的粮食变少啦。

安达斯过了十二个月之后就觉得不能不抛弃这个田舍,好在男爵待他还好,让他住在那里,当个住户。

安娜天天在男爵府第做事,往往看见小男爵;他却不认识她,幸而他不认得她。但是他却曾在她怀中吃过奶的呀!她牺牲她自己儿子的性命,救他的性命。幸而她善于生养,生了几个儿子,长大成人,有当劳工的,有当铁路工人的;有一个做了罪犯。

老男爵却是很着急的盼望将来有一天他的儿子结婚,轮到他生儿子。小男爵却不像强健的!假使死在孤儿院的那一个小男爵是继承财产的嗣子,他当然会觉得更放心。等到他第二次读《人世的奴隶》时,他只得承认上等阶级的人们依靠下等阶级的人们过活,等到他再读达尔文的著作时,他不能不承认在我们这个时代,自然选择并不自然。但是事实是事实,无论医生及社会党们说什么话反对,事实仍然是不能改变的。


[据《结了婚》,瑞典斯特林堡著,伍光建译,上海商务印书馆 1936 年 3月出版]

# 十二

# 旧  欢[①]

未有自由结婚，先有自由恋爱；恋爱既能自由，自然就有选择；有了自由选择，故此当少年时代男子不止爱一个女子，一个女子也不止爱一个男子。我们专从男子说起：譬如说一个男子先看见一位某甲小姐，就恋爱到了不得；以为除了某甲小姐天下无可爱的女子了。不久又看见某乙小姐又爱上了，把某甲小姐撇开。这时候他爱某乙小姐如同初爱某甲小姐一样。不久又看见某丙小姐，又撇开了某乙小姐。以后出来的日子多，见的小姐们多；看见这一个，又撇开那一个；接连恋爱的十位小姐，撇开不理的也有十多位小姐。到了后来爱上一个不肯撇开的才同他结婚，还要常常的告诉这位小姐一向不晓得什么叫作爱情，一直到了这个时候得遇你这位小姐，才晓得什么叫作爱情。小姐虽是很晓得他以前爱过多少人才轮到她，她却并不见怪，还是很喜欢的。

作者对自己的太太起初求婚的时候已曾把刚才这番话告诉过她，她很相信我只恋爱过她一个；其后才晓得我起初也曾恋爱过许多人，轮到他算是第十四个了。但是他晓得了反喜欢我，以为到了这时候爱情才算是靠得住。

凡有男子先前恋爱过随后撇开的我们起个名辞叫作"旧欢"，又叫作"旧相好"。我们起初遇见她们的时候，好像如在天堂遇了仙女那样欢乐。

①  《旧欢》（"An Old Flame"），原著者不详，选自《夺夫及其他》（第 2 版）。——编者注

撒开之后相会，就未免索然无味了。我们追忆从前初爱某甲某乙小姐的时候是何等温柔，何等苗条，后来见着是已经嫁了人，生了五六个孩子，长得很发胖：一个肥圆脸，三层的下巴。你此时见着她自然还是喜欢的，不过比初遇时的温柔神往差得多了。她看见你自然也是一样的思想。还许你见着她还替她的丈夫抱屈，他见着你替你的太太叫苦。

大概而论，这是旧相好后来见面时候的情形，但是也不尽然。很有例外的，例如特利纳先生的阅历就是与平常很不同。

话说这位特利纳先生名查理，他同一位姓玛士丁名梅坡的小姐自小就认得，从小儿就常在一起很要好的。长大成人，自然是很相恋爱。亲友们以为他们就要定婚的。过了几年，依然不曾定婚；亲友们都以为奇怪，不晓得查理为什么毫无进步。

实在情形是查理很爱梅坡，梅坡也很爱查理。不过查理这个人是天生的一个因循的人，老拿不定主意。毋论是走入小铺子买几个钱东西的小事，或是对于宗教的大问题，他都是一样的老拿不定主意。今天他入这个宗教的教派，明天又改入那派。我看他这个人因为过于审慎，四面八方的利害计算得太清楚，临了决不定方针。他之所以不敢同梅坡定婚，也是因为这个缘故。他是很爱梅坡；但是一谈到结婚，他就有许多疑虑。梅坡，不错，是很好的；但是够好不够呢？有许多要点都要计算清楚，今天觉得是梅坡的好处很多，是可以定婚的；到了明天又觉得美中不足，又似乎可以不必定婚。有好几次他心中打定了主意，要开口同她定婚，临时一想又觉得可以不必，又不开口了。如是者过了许久，任凭你是什么好性子能忍耐很爱他的女子也觉得讨厌。梅坡小姐看见他老拿不定主意，只好答应了一位姓希格生名妥玛的。嫁给他在很远的地方住，同特利纳不相见者十五年。

特利纳看见梅坡小姐嫁了别人，心里是难过极了；才晓得不能同梅坡的常在一起简直的是过不了日子。他还以为梅坡很对不起他，殊不知原是他自己的错。如是者有六个月，简直的坐也不是，站也不是；常常的作几首歪诗寄怀，作了就拿去给朋友们看。朋友们见得多了很讨厌他。再过几时才慢慢的冷淡下来,好容易才把他有了裂纹的一颗心修补好了,还不至于破作几块。过了十五年,性情也就改变了;主意拿得定些,不是从前那样多疑多虑的了。十余年之后,他仍然还是个孤家寡人,并无妻室。

到了第十五年他却爱上一位小姐姓艾华士,名庇阿。这位小姐面貌秀美,颇能动人,性情又好。这时候特利纳是三十八岁,小姐比他小十二岁。特利纳仍然是个美男子,丰采还是很好的。庇阿小姐很爱他,他也爱小姐。只喜欢常同小姐在一起,照应小姐很周到的。他所有一切的语言举动都表示恋爱小姐,只差未开口求婚。他一想到这一层,老毛病又发作。自己问自己道:小姐是很好的了,但是够好不够呢?他仍然还是拿不定主意。

恰巧这时候发生一件事很使他注意:原来梅坡小姐嫁了丈夫之后十多年,此时搬回来到老地方住。特利纳自然是要去看了他的老相好希格生太太(即未嫁时的梅坡小姐)。特利纳这时候恋爱小姐的心早已烟销火灭了,不过去看看得一别十余[年]是什么样。这十五年之间,这个轻盈苗条的小姐变了一个硕大的半老女人了。他们别后初次见面是在人家里吃饭。看见这位太太此时食量很好,又能吃酒。快要散席的时候,这位太太很不客气的还要吃烧酒。查理(即特利纳)看见很诧异从前她当小姐的时候这样也不吃,那样也不吃,好容易才能劝他吃一点东西,所吃的也不过鸟食那么一点儿。酒是向不沾唇的,渴[喝]的不外柠檬水焦米汤。查理·特利纳讶她饮量食量虽然与前不同,却是爱情还是轰轰热热的。不久他就晓得了。

起初查理见着这位太太,并看不见有什么从前的爱情余烬;后来见的次数多些,渐渐见得这位太太看见他有点拘束不自然,说话的时候有点忙乱。后来又看见这位太太对他的眼色很特别;再过几时查理才明白过来这位太太对他很表示爱情,好像要重修十五年前的旧好。查理想到这一层不免大笑,难道这位太太以为她还是从前的小姑娘么?难道她还不觉得自己变了半老徐娘么?难道他不晓得从前身体轻盈苗条,不过七八十斤重,现在太过发福了,身子至少也有一百二三十斤重;况且嫁了丈夫十多年,生下五个孩子,还要同当小姐时候一样要重修旧时的爱情么?未免太好笑了。查理初时心里不过作这种想像;随后这位太太的眉目传情同温柔态度越久越显咄咄逼人的,查理觉得很难受,很冷落的对她,她却不理会。查理很着急自问道:我很表示不爱她,很冷落的待她,她为什么这样傻,全不明白?即使她自己不觉得是已经过时的人,难道不明白她自己是个有夫之妇么?还不明白已经有五个孩子么?她为什么这样糊涂?

查理看见她这种的举动,只好躲避她;但是已经被爱情所迷的女人是不容易躲避的。这位太太总要趁许多机会,或是制造许多机会,要同查理见面,不容他躲避。她若是坐在查理身边吃饭,她在座下捏查理的手,查理非常之害怕,惟恐客人或仆人看见,不成体统;人家若是晓得,是要议论要造谣言的;她的丈夫希格生晓得了是要闹乱子的;庇阿小姐听见了是万不答应的,他们两人相爱的事是要立刻打散的。只好拦阻她不必客气的了。

希格生太太是什么都不顾的,有一时露出满脸的温柔,满嘴里都是怨言,对查理说道:"查理你为什么同我这样冷淡同我这样疏远?"

查理答道:"希格生太太,这是什么话?"说话时很露出讨厌的腔调。

她说道:"你还是称呼我梅坡,你向来是称呼我梅坡的。"一面又同他送秋波。查理反替他难为情,心里想道:这个女人岂不变了个傻子么?

查理答道:"你是个有夫之妇,我那里能够放肆乱用称呼呢?"

她说道:"查理,你不要胡说了,我并不以你为放肆的。"

查理说道:"你不以为放肆,你的丈夫是以为放肆的。"

他[她]说道:"我的丈夫么?查理呀!我的查理呀!"

刚好此时请客的女主人带领一位男客走进来,介绍这位男客见希格生太太;查理乘机溜了。他看见希格生太太的态度比听见她说话的腔调,还要害怕。希格生太太恨不得跑过来滚在查理怀里。查理一想,只好从此以后躲避她,无论什么宴会场中只要有了希格生太太的踪迹,他都不去。

查理以为这样的躲避万不会闹出笑话来的了。他却不晓得一个女人家既然是什么都不顾了,她是虽然不想,总要同他见面的。

有一天晚上,查理回到自己的住处;一开门看见希格生太太早在屋里等他。查理很慌乱、很害怕的喊道:"希格生太太,你为什么跑到我这里来?"

希格生太太站起来,走到他面前。查理看见她那一种什么都不管的神色态度,非常之害怕。

她伸出两手,喊道:"查理呀!我的查理呀!"

查理害怕慌乱到极点,几乎说不出话来。说道:"希格生太太,这却使不得,我不是你的,我是……"

她喊道:"是的,是的,你是我的;你是我一个人所独有的。无论什么都不能使我离开你。我的至宝呀!你不要这样冷淡,这样残忍,我特为来告诉你……"

查理答道:"不能,不,我万不能再听你说这种话。你若是不顾你自己的名誉,也该替你的丈夫留点面子,替你的儿女们留身分[份]。"

她这时候如同发狂的喊道:"我的查理呀!我何尝不想到他们呢,你切勿以为我不先计算我的损失就立意做出这种举动,但是拿我对你的爱情同他们比较,他们不算什么。"

此时查理觉得难为情到万分,说道:"我告诉你,我不能再听你说这种话。上帝呀!你这个女人难道是糊涂到全无知识了么?"

读者试观当时的情形,一定要说希格生夫人是变了一个全无知识的人了;因为她此时扑过去偎在查理怀中,两手紧紧的抱住查理的颈脖子,把一个顶大顶重的头靠在他肩上。

查理同她挣扎,要摆脱开,喊道:"你放手!女人,你让他走吧!万一有人看见,像什么样?"

她说道:"我什么都不管,我只要有了你,无论通天下的人骂我我都不管。我们两人不如跑了罢!跑到非洲也罢,跑到印度也罢;我的查理呀!我们跑罢!你跑到什么地方,我跟你到什么地方。我们两个人从此永不分离了!"

查理还是一面同她挣扎,一面喊道:"你疯了么?你只管什么都可以不顾,我却不能不顾。你还不晓得么?我差不多要同人定婚要娶亲了。"

她一听这句话大惊,好像是心里受了一刀;面色神气登时全改了。此时她的面目全是忿恨妒忌的神色。

她喊道:"难道你是要娶庇阿小姐么? 你不响,原来是件真事。但是我要拦阻你,你这个没良心的东西,我一定要拦阻,要打散你们的婚姻;我要给她晓得我很有阻挠的力量。是的,你永不能娶庇阿小姐作太太。"

她于是立刻走开,汹汹的看了查理一眼跑了。

她走过之后,查理掏出手帕来擦擦头上的汗,对自己说道:"上帝! 我想不到她是这样不顾廉耻的一个女人。我受不住再同她见一面,这一次是很够受的了。我不晓得她用什么法子拦阻我娶庇阿小姐。"这时候查理简直的是拼命要拿定主意。说道:"我不让她拦阻我娶庇阿小姐,我一定不能让她拦阻;我今天晚上就去见庇阿把这件事体告诉她,她就可以知道希格生太太的话全不足信。"

他当着心最热还未冷的时候去告诉庇阿小姐;那位小姐听了他这番话,自然很不以希格生太太为然。随后听见查理居然问她开口求婚,欢乐到了不得,于是商定三个月后结婚。

果然到了三个月,两个人结了婚,出外度蜜月。蜜月还未度完,查理接着一封信。说道:"宝贝查理! 你还记得你从前同我相爱,却老不肯开口对我求婚,使我老等你,害得我如同受酷刑一样。我打定主意不叫你对待这样可爱的一位庇阿小姐,如同你从前对待我一样。我于是同我的丈夫说好;我的丈夫答应我任由我使一种手段,强逼你赶快同庇阿小姐结婚。我的计策居然告厥成功,我觉得很满意。梅坡希格生启。"查理读了信,很惊异,很有点疑心;把信交给他的新娘子。问道:"你晓得这件事么?"新娘子两手按住他的脖子,同他的头接吻。说道:"你这个老傻子,你为什么会想到这种不近情理的事?"

读者要留意,新娘子并未否认她不晓得。

[据《夺夫及其他》(第 2 版),伍光建译,上海黎明书局,1933 年 10 月出版]

# 十三

# 离　婚①

　　贵族,且申纳是个贵族,到了二十一岁袭爵,承继产业。所有各处的田地收入遇着最不好的年头一年至少也有五万镑金钱。到了四十岁的时候,把自己的人格也毁了,把最好的朋友也麻烦够了;因为那时候他把所有能花的钱都花光了,能借用的钱已借到无可再借的了;变成周身都是债,无法可以归还,完全破了产。他娶的夫人是个跳舞院的女子,比他年纪青得多。他的夫人的人格是很好的。他不能有什么机会可以再娶富家女子作夫人,兴复旧业。即使是他死了之后,他这一家人家也不能有什么进步。若是他一旦死了,承继产业的是他一个堂兄弟姓拉甫名威廉。这个人又是个好花钱的。因为他有承继产业的希望早已预借了许多债,指望承继产业的时候归还。

　　他们两兄弟因为彼此都是好乱花钱的,就变了很好的朋友。两个人常时谈到有什么机会或是有什么法子能够向人借几个钱用。谈过多少次也谈不出什么道理来。且申纳此时住在一间饭店内,已经欠了不少房饭钱。店主人说过,几次要赶他走,不让他再住。

　　有一天两个人又在饭店里闲谈。且申纳说道:"我刚才去找琐尔克同他通融这个钱。他这个东西从前是何等巴结我。见了我差不多就要在地下爬。现在他见了我简直的是无礼极了,很侮辱我;简直的是不让我进

---

① 《离婚》("Setted Out of Court"),原著者不详,选自《夺夫及其他》(第 2 版)。——
　　编者注

门,还吩咐他的手下以后不许我再来。我恨极了,我很追悔我从前为什么要借钱用。"

威廉说:"我也受他蹧跶。那个东西简直的是要把我们的财产慢慢剥削光了。若是你先死我来继承家产的话,恐怕这些家产都到了他手里。"

且申纳说道:"大约总是我先死的成数高,除非是你遇着什么意外,或是你赛马的时候跌死在赛马场;不然的话,大约总是我先死。我很有意要把那个东西的计策破坏了。我想出一计了,你何不去告诉他,你可以得一个好差使到非洲的西岸。"

威廉答道:"这个法子也不能打破他的计谋。假使我死了的话,我所有的保寿命险的凭据都在他手上,他还是一样的可以得许多钱。"威廉一面说,一面插手入衣袋数袋里的几个铜钱,几个银钱;大约这几个钱就是他罄其所有的钱财了。

且申纳说道:"假使克提①遇着什么意外,一旦死了……我并不愿她遇着什么不幸,因为我们是很相得的。贵族里外再没她这样好的一位夫人……假使有什么意外,琐尔克那个东西又有什么法子呢? 假使克提死了,我再娶生下儿女,琐尔克的计谋是不能行的了。②"

威廉说道:"你这一计也不相干,不能害琐尔克;因为他已经把克提夫人的寿命也保了险;这原是他强逼我作的。他的计划很周密。总而言之:毋论怎样,他总可以弄我们许多钱。"

且申纳贵族听了,骂琐尔克几句。说道:"看来是这个东西承继我的财产了。我希望我的住户喜欢他,除了他之外没得别人能够逼住户还租的。明知道是他承继我们的财产已经令人难过。我们又不能从他手中多少弄些回来,更令人难过。"

威廉这时候,伸手在桌上把且申纳的雪茄盒拿过来,要掏一支雪茄吸;谁知是个空的,很不高兴,只好取出自己的烟筒来吸几口烟;一言

---

① 且申纳夫人小名。——译者注
② 因为且申纳有了儿子,家产就不归堂兄弟承继。——译者注

不发。

一连吸了有十分钟,在那里想心事。那时候饭店的总管事跑来对旦申纳说,掌柜的请他到帐房说话。

威廉说道:"来吧!我们不如离开这个饭店;这些管事们侍者们很讨厌,我相信我看见一线曙光。"

旦申纳说道:"有曙光也罢,没得曙光也罢,住在这里不会有什么好处的。他们也不要我们住在这里,他们这样侮辱贵族,应该撤消[销]他们的执照,不许他们开饭店。现在的世情他们这种人是不以礼貌相待的了。"

两人于是走出饭店。

自从他们两个人此次闲谈之后,外间突然出了许多不利于贵族旦申纳的谣言:这种谣言却是很新奇的。这位贵族种种的坏名誉都可以加得上,惟有造他谣言说是他虐待夫人,却是向来未听见过的。现在忽然传说,因为他好乱花钱,习惯游荡,性情变坏了,对待他的夫人很残暴。这时候他们夫妇两人租住一所客店的第二层。同居的人常常说,他们夫妇两人常时反目。客店的女仆们传说,有一天他们夫妇吃早饭,旦申纳拿起一盘炒鸡蛋摔在夫人身上。同居的人传说,常常听见他的夫人大喊大哭。还有一个同居的作买卖的人住在他们隔壁房里,有一天晚上听见哭声、挥拳的声。这个作买卖的听不过,跑进去劝架;看见旦申纳手上拿了一个马鞭子,贵族夫人躲在一旁哭。有一天早上这位夫人忽然走入琐尔克办公的地方。

这位琐尔克先生是个有名的重利盘剥放债的,又是个状师。他虽是当状师,却没得多少人请教他;偶然有人请教他,都是很不名誉的事;总不外乎不名誉的债务,同他自己有关系的。他这个人是满面粗俗,好穿衣服,满头的红头发,一双斜眼是非常之狡猾。他的伙计进来说,贵族夫人要见他。他就大骂夫人,好像是他这一骂能够叫伙计们看重他。

他对自己说道:"我不见她;不然,我还是见她的好;她可以告诉我她丈夫近来的光景。她的丈夫这样蹧跶身体,死期是不远的了。他若是死,他的堂兄弟承继家产。他堂兄弟的收入都是我的了。"于是对伙计说道:

"也好,请她进来。她若是同我借钱,我不能多借给她。"

那伙计说道:"琐尔克先生,这位夫人哭得很利害,也许是且申纳贵族死了。"

琐尔克听见了,眉开眼笑的说道:"她若是来问我借钱,我还要叫她哭得多些。"

这时候一位蒙了很厚面纱的夫人走进来,琐尔克问道:"你要什么?"

夫人说道:"琐尔克先生,我来有事同你商量。我要你帮忙。"

他说道:"我猜是且申纳打发你来的;你是白跑一趟了。你对我哭是不中用的,你哭也是白哭。"

那夫人呜咽说道:"不是贵族且申纳打发我来的,他已经跑了;他逃跑了,只撇下我一人。"

琐尔克状师说道:"你来找我作什么?我以为你来报告你的丈夫死了。他若是当真死了,我们大众都不见得会吃什么亏。"

夫人说道:"无论怎样,我拿定主意不再忍受的了;你是个法律家,我请你替我办事。"

琐尔克喊道:"替你办事么?你要我替你办什么?"

夫人说道:"我要什么?我要离婚。他待我很残暴,我不管他是个贵族,我不能受他的这样残暴的对待我;我要他受罪。"

状师一听了这几句话,自然是首先要算一算;若果离了婚同他自己有什么利害。他料到一两层:第一层就是倘若离了婚,且申纳贵族是可以再娶的,他从前却未预料到这一层的。

于是对夫人说道:"夫人!但是你要想到离婚是不是叫他受罪,你要记得离婚之后他是可以再娶的。我想他大约是要再娶的。"

夫人答道:"他可以再娶,我就可以再嫁。我还可以嫁一个很好的丈夫比他待我好得多。"

琐尔克于是力劝夫人不必离婚,打到官司所得的利益很少;况且又不是一定可以打赢的。假使是打赢了,至多的好处不过是丢了贵族夫人的位分;这又不能令丈夫受什么罪。

夫人说道："若是你不肯承办这件事，我只好另请高明。我不过因为你替我们办过多少事，故此来请教你。"说到这里，夫人就要走。状师一看不好，与其夫人另请高明，不如他自己承办，多少沾光些讼费。

琐尔克这时候很客气的说道："夫人请你不要误会，我应该先把为难利害告诉你的。若是你不管什么为难，不顾利害，一定要打官司，我诚然是很喜欢承办；请你把情节告诉我把证据告诉我。"

夫人果然告诉他。他听了很留心，说道："这个案情力量不见十分充足，我不如先替你查探。"

翌日，状师果然在且申纳夫妇所住的邻近探问情形。邻居的人都是替夫人抱不平的，都很愿意作证见，证明贵族有残暴的行为。状师听了大不以贵族为然，大骂法律不好，为什么可以许这种残暴丈夫再娶？于是又同夫人面商，还说力量不甚充足，不见得一定可以打赢官司。夫人听了，付之一笑。

状师说道："我还是劝你不如离异分居，不必离婚；你只要有了养赡费就罢了。"

夫人问道："养赡从何而来呢？"

状师说道："这一层却很有为难，但是我想得过且过也罢了；譬如说，每星期一个金镑的养赡费还可以办得到。"

夫人听了又大笑。

状师一想不如先去见且申纳贵族。好费事才找着他在客店里。见着他，他好像是很后悔的。他说道："我那样虐待我的夫人是无可隐讳的，现在后悔也来不及了。也无事搁阻她不去打官司求离婚。我也不必上法庭辩护，辩护也无益。她若是一定要离婚，我只好随她去。打过官司判了离婚之后，她还可以再嫁，我也可以再娶。我是个有爵位的人，不难再娶一位有钱的少年女子。我再娶了夫人之后，我就可以好好的作人。我原是个喜欢躲在家里的人，不过恐怕有点对不起我的堂兄弟威廉。我再娶之后，可以生个男孩子承继家产，不轮到威廉承继了。"

状师一听这番话心里想:若是威廉不能承继你的家产,我就太吃亏了。于是又走去同那位夫人商量,可以办到每星期两磅的养赡费。夫人看不起这两磅,一定要告官,请他赶快递呈子。

过了一天,状师加到每年二百磅的养赡金;夫人说:"你为什么不替我递呈子,我只好另请别位状师了。"

状师于是加到每年三百磅,每年四百磅;夫人还是不依。又过了一天,状师又来见夫人。说道:"打离婚的官司是很要花费许多钱的,还是不打官司的好。养赡金可以办到每年六百磅。"夫人说:"三倍六百镑也不成。"后来又费了许多商量,商定每年一千磅的养赡费,夫人才答应下来不去打官司。过了两天夫人提议不如另请状师商定办法。果然就有一位很神气的人来找琐尔克状师。商量了好一回,立了条件,筹出一笔大款交公正[证]人代管;当贵族旦申纳在世的时候按期交给夫人作为养赡金。贵族未死的时候夫人却不能离婚。当两造①调停这件事的时候,状师还是难过极了,好像是割他的肉一样;只好自己安慰自己;除此之外别无更好的办法。

翌日早上,他把同威廉钱财交涉的契据等细心研究了一早上,心里觉得稍微高兴些。假使贵族旦申纳死了,威廉承继家产,他自己的利益,是非常之大,这是不在话下。他只管借钱给威廉乱花原是件冒险的事,但是不入虎穴焉得虎子?既想发大财但是不能不要多少冒点险的。他当日原是大着胆作孤注一掷的,那怕就是贵族活到岁数很大,他还是很有大利可图的。第一季他送养赡金给夫人的时候,未免大发牢骚;很有些舍不得。他却很盼望贵族早死,就用不着他屡次掏腰[包]给养赡金。状师以为他们夫妇同居的时候,夫人多少还可以把贵族管得紧些;现在既然离异了不同住,贵族自然是放纵得多,再蹧跶身体几时,是不久就要送命的;他就从此以后不必给养赡金了。

自从他送过第一次养赡金之后,过了几个星期,他却听很诧异的消

---

① 两造,又称两曹,指诉讼双方。——编者注

息。听说是贵族同他的夫人很相好,两人同到很远的地方一所旧宅同住。且申纳贵族终日打鸟钓鱼为乐,起得很早,一滴酒也不沾唇。

这番话原是威廉亲口告诉状师的。威廉还说道:"他们两个人同过很舒服的日子,我不晓得他们是那里来的钱。"状师听了,咬牙切齿,两手乱扯自己的红头发;于是才慢慢明白过来上了夫人的一个大当。他但想去告他们夫妇两人串通欺诈取财,但是办不到的。

威廉又说道:"且申纳现在是个荡子回头了,身体又是异常的强壮。"

琐尔克答道:"这是不能久的,不到几时又要发作,还是个依然如故。恐怕比未回头以前还要利害得多。"

威廉此来要同他借二十五磅金钱;状师不肯借,减到五磅,减到一磅,还是不肯借。后来减到五个银钱,还是不肯借。同时还吩咐威廉,以后若无要紧事请他不必再来。

过了一年,威廉又去找状师,坐在椅子上。他一向同状师借钱,都是坐在这把椅子上签押借据;签押拿田地收入作抵押等字据的。他是坐惯了的,他今天走来仍坐在这把椅子上,问状师道:"你听见了新闻么?你晓得我的前程改变了么?"威廉随即把桌上放的《泰晤士报》的封面那一张拿过来,伸手递给状师看。

状师一手抢过来,把告白看了一遍,说道:"告白不在这里,我向来是把报上的告白都要看一遍的;我晓得我不会漏看的。"

威廉两眼很留心的看状师的脸,欢喜到脸色发白,两只贪得无厌的眼冒光。

威廉说道:"我的好朋友,你以为是死人么?你为什么总是悲观的看世事?好孩子,你抬起头来!世事有许多是你料不着的,你要在报告生人的告白栏内看!"

状师不晓得威廉是什么意思,只管在他所说的告白栏内看:原来有几行告白,说的是"某府地方拉甫大宅且申纳爵夫人生一子"。

威廉说道:"这是你料想不到的新闻是不是?"

威廉一面身子靠住椅背吸纸烟,一面看状师脸上发现的种种神色;随即说道:"我承继家产的机会算是完了。我的运气太糟了,你看是不是?"

状师破口答道:"你的运气糟么? 我的运气不比你更糟么?"

[据《夺夫及其他》(第2版),伍光建译,上海黎明书局,1933年10月出版]

第二编

# 长篇小说

# 侠隐记(节选)①

[法]大仲马

## 作者自序

予读国库书,搜罗路易第十四一朝故实,偶见所谓《达特安传》者;是书因触当时忌讳,刊行于荷兰。予取而读之,见其所述,大抵皆军人之行为,与夫当代名人之事实:如路易第十三,奥国安公主,立殊利,马萨林,——两红衣主教,其最著者也。作者独具写生神手,描画情景,惟妙惟肖,跃跃欲动,如在目前;最奇者,书中叙达特安初见特拉维,遇三人焉:曰阿托士、颇图斯、阿拉密。予读而疑之,疑其为当代豪杰,或因遭逢不幸,或因怀才欲试,姑隐其名,以当军人,以假名行于世。予乃广搜当时记载,以采掇其事迹,久不可得,闷欲中止,忽友人得抄本见贻,题曰《德拉费伯爵传》,则彼三人者之假名在焉。予得之甚喜,请于吾友,刊行之,以饷读者;亦欲借他人之著作,以博一己之功名。今先出第一部,续出第二部;倘

---

① 《侠隐记》(*The Three Musketeers*,今译《三剑客》或《三个火枪手》),原著者是法国大仲马(Alexandre Dumas,1802—1870)。该译文由英译本转译,是伍光建的成名作。1907年7月5日,商务印书馆初版,1915年10月19日第3版。书前有作者自序,摘译英国安德朗序。1923年4月,沈德鸿(即茅盾)标点和校注的《侠隐记》出版,署"伍光建译述 沈德鸿校注",书前有作者自序和沈德鸿撰写的《大仲马评传》。——编者注

读者以为无足观,是则予之过也,于德拉费伯爵何尤。

## 第一回　客店失书

　　话说一千六百二十五年四月间,有一日,法国蒙城①地方,忽然非常鼓噪:妇女们往大街上跑,小孩子们在门口叫喊,男子披了甲,拿了枪赶到弥罗店②来,跑到店前,见有无数的人,在店门口,十分拥挤。当时系党派相争最烈的时候,无端鼓噪的事,时时都有。有时因为贵族相争;有时国王③与红衣主教④争;有时国王与西班牙人争;有时无业游民横行霸道,或强盗抢劫;有时因耶稣教民与天主教民相斗;有时饿狼成群入市。城中人常时预备戒严,有时同耶稣教民打架,有时同贵族相斗,甚至同国王相抗击的时候也有,却从来不敢同主教闹。这一天鼓噪,却并不因为盗贼同教民。众人跑到客店,查问缘故,才知道是一个人惹的祸。

　　此人:年纪约十八岁;外着羊绒衫,颜色残旧,似蓝非蓝;面长微黑,两颧甚高,颊骨粗壮,确系法国西南角喀士刚尼⑤人;头戴兵帽,上插鸟毛;两眼灼灼,聪明外露,鼻长而直:初见以为是耕种的人,后来看见他挂一剑拖到脚后跟,才知道他是当兵的。

---

① 蒙城(Meung),这是一个市集的名儿,并不是城。——译者注
② 弥罗店(Jolly Miller),客店名。——译者注
③ 国王,就是路易第十三。——译者注
④ 红衣大主教(Cardinal),这是罗马教会里的一种官爵,仅有教王是他的上司。选举教王的时候,红衣大主教有发言权;并且须在红衣大主教中间选出教王。红衣大主教由教王任命;当时欧洲各强国之以罗马教为国教者,大率每国可有一个红衣主教,为该国教会中的最高主权。那时因为政教不分,所以红衣大主教又可掌管政事,做事实上的国王。法国在路易第十三的时代,红衣大主教是立殊理,在法国历史上很有名的。红衣主教的官服是:红帽,红袍,——所以我们可以把Cardinal译做"红衣主教"。——译者注
　　现译为"枢机主教"。——编者注
⑤ 喀士刚尼(Gascony),古时法国西南部的一个县,现为 Landes,Gers,Hautes-Pyrénées 等地。——译者注

这个人骑的马最可笑，各人的眼都看这马。这马十三年老口，毛色淡黄，尾上的毛丢光了，脚上发肿，垂头丧气。入城的时候，众人看见那马模样难看，十分讨厌；因为讨厌马，就讨厌到骑马的人。这个骑马的少年人，名叫达特安①，也知自己模样古怪，马的样子更难看；众人拥来看他，心中十分难过。当日从他老父手里要了这匹马时，心中已是十分难受，不过不好当面说出来。按下不提，且追说从前的事。

有一日，达特安的父亲，喊达特安到面前，指着老马说道："这一匹马已经有十三岁了，在我们家里也有十三年了，总算是老奴仆了；你应该疼爱他才是，你千万不要卖他，等他好好的老死。倘若将来你入朝做官，总要做个君子；我们得姓以来，有五百余年，做官的人也不少。你要荣宗耀祖，你将来只要受国王或主教的分付，不可受他人分付。现在世上的人，要勇敢方能有进步；一时疑惑胆怯，就错过了机会，从此就难上进。你正在少年的时候，前程无限，只要你自己好好的做去。我今告诉你，我何以望你有胆，却有两层的缘故：第一层，因你系喀士刚尼人；第二层，因你系我的儿子。你遇见凶险的事，却不要怕；不但不要怕，并且常时要找极凶险的事来做。用剑的本事，我已经教过你了；你有的是铁筋钢腕，遇着机会，不妨同人相斗。因为现时禁止比剑，胆子却要更大些，不妨多同人比剑。今日你与老父分别，我无甚相送，只有三件好事：第一件，就是刚才教你的说话；第二件，就是这匹马；第三件，是十五个柯朗②。你母亲要传授你一条极好的医伤良方；此方神妙，身上的伤都能治，惟有心伤不能治。老父从前只打过仗，却未曾入朝做过官，可惜不能做你的榜样。我有一个

①　达特安（D'Artagnan）。——译者注
②　柯朗（Crown），钱名。柯朗是英国古时钱名，和法国的 écú（法国古钱名）价值相等，所以 Ecu 常常被译作柯朗；此书乃从英文转译，故依英译 Crown 又译为华音柯朗也。一个 Ecu 价值五法郎。——译者注

邻舍，同我是老朋友，名叫特拉维①，少年时同现在的国王路易第十三②做顽耍的朋友。他们从前常时因为顽耍，打架起来，都是我的朋友打赢的趟数多；但是国王却也可怪，打架越输的多，越喜欢同特拉维做朋友。以后特拉维同别人打架的时候更多：他从此处起程进京③，路上就同人打了五次；老国王死后，新国王登位，中间特拉维又同人打架七次，打仗攻城的事还不算；自现今国王登位后，特拉维同人相打，总有一百多次了。我今告诉你，虽然现在有许多上谕禁人比剑，特拉维居然无事；他做到火枪营统领。他所带的火枪营，算得国内最体面的人，国王还敬重他们。现在的主教，算是天不怕地不怕的了，见了火枪营的人，也怕他三分。特拉维不但得人敬重，并且每年有一万柯朗薪俸，总算是个极阔的人了。他虽算阔，从前出身的时候，并不比你强。我今写了一封信，你带去见他；就拿他做一个好榜样，学了他，你也可以做到他的地位。"老头儿说完，把剑挂在儿子腰间，亲了两边脸；儿子就去见母亲，收了医伤良方，母子洒泪而别。

　　达特安装束好了，出了门，一路上就挥拳舞剑，寻人争斗。他所骑的马，模样古怪，过往的人看见，禁不住笑，及看骑马的人，腰挂长剑，两眼怒气冲冲，便不敢开颜大笑，只好拿一边脸笑。一路无事。到了蒙城弥罗店门口，没人出来执马镫，达特安只好自己下马；他看见楼窗里一个人，象贵人模样，貌甚严肃，同两个人说话。达特安疑心那三个人总是评论自己。留心细听，听得那三个人虽然不是评论自己，可是评论自己所骑的老马：第一个人在那里说那马难看，那两个听完大笑。著书的人方才已经说过，达特安看见人家一边脸笑，他已经发怒，现在听见人家大笑，岂有不怒之理；他暂时儿不发作，且把那人细看。见得那人年约四十余岁，两睛甚黑，眼光射人，面白鼻大，两撇黑须，身上衣服虽新，却有许多皱纹，似从远路

① 　特拉维（M. de Tréville）。——译者注
② 　路易第十三（Louis XIII），他是法皇显理第四（Henry IV）的儿子，一六一〇年即帝位，因为年幼，母后 Marie de Medicis 执政。及路易十三成年亲政，红衣主教立殊理又执政权。一六四三年，路易十三崩，他的儿子路易十四继位。——译者注
③ 　进京，这所谓"京"，就是法国京城巴黎。——译者注

来的。

达特安正在这里看，那个人又评论他的马，对面两个人又大笑，那人自己也微笑。达特安手执着剑柄，怒气冲冲，向那人说道："你们躲在窗后说什么？请你告诉我，我也要同你们笑笑。"那人慢慢将两眼从老马身上转到达特安面上，半晌不语，在那里疑惑，方才无礼的话，恐不是向自己说的，徐徐的皱住眉头，半嘲半诮的向达特安说道："我并未曾同阁下说话啊。"达特安怒那人冷诮他，答道："我正是同你说话！"那人听见，两眼又射在达特安脸上，微微冷笑，徐徐行出店门，站在马前，离达特安两步。那两个人见他面色侮慢，不禁大笑。

达特安看见那人来至跟前，便拔剑出鞘一尺。

那人并不管达特安发怒，便向楼窗两人说道："这匹马少年时候，毛色似黄花。在花木中，黄色不算稀奇，这是世界上黄色的马，真算稀奇了。"达特安答道："世上的人很有胆子笑马，却没胆子笑马的主人。"那人答道："我并不十分喜欢笑，你看我面貌便知；但是我要笑时，别人却管不得。"达特安道："我若不喜欢时，却不许人来笑我。"那人便用冷语答道："果真如此，也无甚要紧。"转头便要行入店门。

达特安忍不住火起，拔剑跟住那人，喊道："你那无礼的人，回转头来；不来，我就要斫你的后背了！"

那人并不介意的冷笑道："你想伤我！你莫不是疯汉么！"又低声自言："这事真可惜，王上正想招募有胆子的人当火枪手，这个疯汉，倒可以合式。"

说犹未了，达特安已是一剑刺来；那人往后一跳，拔剑相向。那时楼窗内的两个人，同那店主人，手拿棍棒火钳等物，向达特安乱打。达特安不能上前。那人插剑入鞘，立在一旁观看，似甚无事的，——一面唧咕道："这些喀士刚尼人，真是讨厌！你们按他上那黄马，由他去罢！"

达特安虽被三个人围打，心更不服，大喊道："你这无耻的懦夫！我非杀你不可！"那人又唧咕道："这些喀士刚尼人，真无法可治！你们只管叫他自己跳，不久他也就跳够了。"

那人不知道达特安的脾气却是从来不肯认输的,那里肯罢手。几个人在那里打成一团,后来达特安手脚渐渐软下来,手中的剑也丢了,被棍子打作两段;额上受了一拳,晕倒在地,满面鲜血。

城中的人拥来看热闹,正是这个时候。店主人忙将达特安抬到厨房,替他医伤。那人又到了窗门,往外的看。店主人走到跟前,那人问道:"那疯汉怎样了。"店主人答道:"贵官并未受伤么?"那人道:"我并没伤。我问你,那少年怎样?"店主人道:"那少年一起首晕过去,现在好些了。"那人道:"是么!"店主人又道:"那疯子未晕倒的时候,他要用尽余力,同你作对呢。"那人道:"这人必是魔鬼了。"店主人道:"他不是的。他晕倒的时候,我们搜他的衣包,搜不出别的东西来,只有十二个柯朗,还有一件洁净的汗衫。他将晕倒的时候说道,若是这事出在巴黎,你这时候,必已经后悔了。现在事体闹在这里,不久也要报仇的。"那人道:"难道那汉子是个王子王孙改装的不成。"店主人道:"我刚才告诉你的话,就是要你留点神。"那人道:"他发怒的时候,可说出什么人的名字没有?"店主人道:"我才记得了。他曾拿手拍口袋说,等我告诉了特拉维,你就知道了。"那人道:"他曾说出特拉维名字么? 我且问你,你曾搜他的口袋么?"店主人道:"搜出一封信。是交御前火枪营统领特拉维的。"那人道:"是么?"店主人道:"是的。"

说到此处,那人听了这话,神色略变,店主人却并没留意。那人颇不高兴,咬牙自说道:"真是怪事。难道特拉维密派这喀士刚尼人来半路害我么? 不过这个人要干这种事,年纪还轻呢;但是年轻的人,人家倒不疑他。有时用小小的利器,倒可以破坏极大的事。"那人说完,想了几分钟,便向店主说:"你有法子替我弄丢这汉子么? 我杀了他,可是问心不过,但是他叫我讨厌得很。他现在在那里?"店主答道:"他在我楼上,在我女人的房内,他们张罗着养他的伤呢。"那人道:"他的衣包等物在那里? 他脱了外衣没有?"店主答道:"他的衣包等物都在楼下厨房里。如果他叫你讨厌……"说犹未毕,那人道:"讨厌之极。他在你店里吵闹,体面的人实在不能受。请你快快算帐;叫我的跟人来。"店主惊道:"请客官不要就走。"

那人道:"我早已想今日走的,故要先把马备好。你备好了么?"店主人道:"已备好了,现在大门口呢。"那人道:"既然如此,请你算帐。"店主人意甚不乐,自言自语的说道:"难道这个客人倒怕那小孩子么?"那客人怒目看他,他鞠躬走开了。

那一人唧咕道:"我须要小心,不叫那汉子看见密李狄①。她的车辆快该到了,其实已经过了时候了,不如我先上马去迎她。不知那给特拉维的信,说的什么,我到[倒]要想看看。"说毕,走到厨房来。

那时店主已跑到楼上自己女人的房里,看见达特安已醒过来了,他就告诉他:如果再同贵人大官争斗,巡捕一定要重办他,现在既经醒过来,请他快快离这客店。达特安听见这话,见自己又无外衣,头上裹了布,只好站起来下楼;刚走到厨房门口,看见刚才笑他的那客人,站在一双套马车旁边,同车里的人说话。

那在车里头的,却是一个女人,从车外可以看见她的面貌。那女人年纪约二十来岁,其貌甚美:脸色雪白;头发甚长;眼蓝,而多柔媚之态;唇如玫瑰;手如白玉。达特安听得那美女问道:"主教要我做什么呢?"那客人道:"要你马上回去英国,如果那公爵②要离开伦敦,你马上要给主教一个信。"那女人道:"更无别的话么?"客人道:"有那些话都写在信上,收在这箱子里;现在你不必看,等你过了海峡,再看罢。"那女人道:"很好,你作什么呢?"客人道:"我回巴黎去。"女人道:"你不收拾那汉子吗?"达特安听见这话,赶紧往外跑;不等那客人回答出来,达特安已经站在门口大喊道:"那汉子还要收拾你呢! 你这趟可跑不掉了。"那人皱眉道:"跑不掉?"达特安道:"在女人面前,你可没有脸面跑开了!"那女人见客人用手去拔剑,

---

① 密李狄(Milady),这一个字的前面应该有一个夫家的姓;但是我们见原稿上是这么用的,也就不去改动了。——译者注

　密李狄一字有"夫人"之意,所以上面应该有一个夫家的姓;大仲马在本书自序中,假托本书乃从一旧抄本名《德拉费伯爵传》改作成的,所以此处的译者注,说"原稿上是这么用的"。——编者注

② 公爵,此所谓"公爵",指英国的权臣巴金汗公爵,详见后。——译者注

便止住他道："我们的事体要紧。耽搁半刻，便要误事。"那客人道："你说的不错。请你先走你的，我走我的。"说毕，同那女人点点头，跳上马鞍。那马夫即上车;两人分道而去。

店主大喊道："客官，房火还没有算清呢!"那客人骂那跟人为什么不先算清，跟人把银钱数枚摔在地下，鞭马跟随主人而去。达特安亦大喊道："无耻懦夫! 匪徒! 恶棍!"骂不绝口。那时重伤初愈，骂的太费力，晕倒在地，还在那里骂。店主把达特安扶起，说道："你的骂实在不错。"达特安说："他虽是个无耻下流，但是她——她可是很美。"店主道："什么她?"达特妞妮道，"密李狄"，说着又晕倒了。店主自言道："懦夫也罢，美人也罢。我今日丢了两宗好买卖。但是这一个定要多住几天的了，算来还有十一个银钱入腰包。"那时候达特安身上只有十一个银钱，那店主盘算好了，住一天，算一个银钱，那达特安恰可尚有十一天好住。

谁知第二天早上五点钟的时候，达特安自己可以起来;走到厨房，讨了些油酒等物，照他母亲传授的方子，配起药来，敷在身上受伤的地方，自己裹好，不用医生帮忙。却也奇怪，一则因方子实在灵验，二则因无医生来摆布，那天晚上就能动走如常。到了明早，几乎全好了。那两日达特安不饮不食，倒不费钱，只是买些油酒药料，花钱也有限。马吃的本来也有限，却被店主人多开了帐。达特安把钱包摸出来，要结帐，忽然摸不着那封要紧的信;摸来摸去，那里有个信的影儿。他着急极了，几趟大闹起来。店主人拿了铁叉，他的女人拿了帚把，那些店里的伙计拿了前日打过他的棍棒，都赶来;听见他喊道："还我荐书，还我荐书! 你不还我，我把你们都叉起来，同叉雀的一般!"达特安一边喊着，一边就伸手拔剑，谁知那剑是前日折作两段的了。那一段店主收起来，将来要改作别的东西;带柄的那一段，仍旧插在鞘上，拔出来，不到一尺长的断剑，却是无用。

那店主人见达特安实在着急，便问道："你那封信究竟丢在那里了?"达特安道："这句话，我正要问你。那封信是给特拉维的，一定要找着;如果不赶快找还我，我须想出法儿来找的!"店主听见大惊，——因为那时的法国人，第一怕的是国王同主教，第二怕的就算是特拉维了，——赶紧把铁叉放下；叫他的女人同伙计们，把家伙都放下，一齐去找那封信。找了好几分钟，找不着。那店主问道："你那封信，有值钱的东西没有？"达特安道："怎么不值钱！我将来的功名富贵，全靠着这封信的。"那店主大惊，问道："信里头可是有西班牙的汇票？"达特安道："不是西班牙的，是法兰西国库的汇票。"店主更怕起来。达特安道："光是钱，也算不了什么；不过那信是有性命交关的。我宁可丢失一千镑金钱，不愿丢失这封信。"他本来要说二万镑的，因为忽然觉得不好意思，故只说了一千镑。

那店主无法可想，忽然想起一事，便说道："你的那封信，并未曾丢了。"达特安道："你怎么讲？"店主道："你的信被人偷了。"达特安道："偷了么？谁偷的？"店主道："就是昨天那客人。你的外衣脱在厨房，那客人在厨房好一会；我敢拿性命同你赌，你的信是他偷了去。"达特安半信半疑道："你当真疑是那人偷的么？"店主道："我看当真是那人偷的。因为我告诉他，你系特拉维提拔的人，带了一封荐信；他听见了，当时脸上变色。他知道你的衣裳在厨房，马上就跑到厨房去了。"达特安道："如此看来，定是他偷的无疑了。我定要把这事告诉特拉维；特拉维定必告诉国王。"说完，拿出两个柯朗，交把店主，拿了帽子，走出店门；上了黄马，平安无事的来到巴黎城外安敦门①，把那黄马卖了三个柯朗。达特安甚为得意，以为卖得好价钱。那买马的人，原来不肯出这大价钱，因为看见那马的毛色，实在稀奇，故此出三个银钱买了。

于是达特安步行入城，找了好几处，后来在福索街②租了人家顶高一层的一间房。交了押租，搬了进来，先把衣服的边子缝好，到街上配好了剑，就跑到卢弗宫③，碰见一个御前火枪营的兵，问明了特拉维的住址，原

---

① 安敦门(Gate of St. Antoine)。——译者注
② 福索街(Rue des Fossoyeurs)。——译者注
③ 卢弗宫(Louvre)，法京巴黎的一个古宫，据说始建于六二八年；后来历朝皇帝，都有增修，路易十四所增修的，尤多。这宫为世界大建筑之一，连排的房屋，计长一千八百九十一尺，现在改为美术馆。——译者注

来就在哥林布街①，离他的寓所不远。达特安欢喜之极，到寓酣睡；明早九点钟起来，便去见那国中第三个阔人。

## 第二回　初逢三侠

话说特拉维原是喀士刚尼人，出身却是寒微，同达特安也差不多；他出身的时节，腰间并无一个钱，只是胆子大，人又聪明，可是到了后来，却比那些富贵的子弟，好得多了。他的胆子既大，什么艰险的事体都不怕，兴致又好，最好同人争斗，恰好朝上有人帮忙，故此不到几时，富贵都到手了。

他的父亲，当日在朝，同老国王显理第四②极相好，替国家立了极大的汗马功劳，老王那时因国库空虚，不能拿财帛来赏功臣；老特拉维虽立了大功，可得不着什么钱财，老王赏他一个走狮的徽章，上加"忠刚"两字。那老特拉维高兴的了不得，临死的时候，并无金银财帛，只好把自己所用的剑，及老王所赐的两个字，遗交他的儿子。

特拉维自此之后，常在宫内陪伴太子。特拉维用剑的本事，练得极熟；路易第十三也算是当时有名会比剑的好手，故此常时对人说："如果我有朋友因为争斗，同人比剑，要请陪手，第一最好请我，第二莫如请特拉维。"路易第十三同特拉维真是相得。那时世界扰乱，国王的身边总要有特拉维这种人；那时要找刚强之人，却也不难，说到个"忠"字，倒是极难的了。特拉维那个人，真算够得上那"忠"字。他对待国王极恭顺，极大胆，又善看风色，故此国王派他做御前火枪营的统领。

---

① 哥林布街（Rue du Vieux-Colombier）。——译者注

② 显理第四（Henry IV），他就是路易十三的父亲，半生在军营中过去，即位后整理内政，颇著成效。后于一六一〇年五月十四日遇刺而死。——译者注

那时国里有个红衣主教，叫做立殊理①，算得国内第一第二有权力的人。他看见国王有个火枪营，他也弄个火枪营，同国王针锋相对，当作自己的亲兵。这两营的统领，到处搜求，要寻那天下第一等好剑法的人，来当火枪手。国王同主教见面的时候，常常谈到火枪营，各人自夸各人的火枪营好，夸他身体如何强壮，胆子有多么大；面子上虽不许那两营的人争斗，不许比剑拼命，暗地里却鼓励他们打架，那一营输，那一营赢，却是极留心的。

路易第十三却有一件短处，就是不甚念旧。好在特拉维是早晓得的，故此君臣相得。他常时把自己的火枪军，操演把主教看；见他们军人的模样，极其骄蹇，那主教气得须都翘起来了。特拉维又晓韬略。当日情形，与现在不同，打仗时抢敌人的东西，太平时抢本国人的东西；他火枪营的人，也是如此。终日无法无天的，除了他们自己的统领外，没有人能降伏他们的。那些酒店同热闹的地方，常常有御营的火枪手吃得半醉，在街上乱喊乱唱，总要借个机会，同主教的火枪手打架。若是被人打死，他知道自己死后，必有一番光荣，又有人同他报仇；若是打死了他人，特拉维总要想法，不叫他监禁得太久，又不叫他受别样的委屈。故此那御营的人，看见了他们的统领，就如天神一般；这班人虽算是亡命之徒，见了统领，可害

---

① 立殊理（Richelieu），他的名姓爵号，全写出来是 Armand Jean Duplessis, Cardinal Richelieu，法国历史上一个有名的人物。一六二二年，被派为红衣主教；一六二四年，为法王路易十三的大臣，秉国政。他在那时欧洲的政治舞台上，号称为大阴谋家。他一生最大的政绩，第一是把路易第十三的妹子嫁给英王查理第一，因而和英国联盟，以扼西班牙；第二是围攻罗谐尔剿除 Huguenots（这个名儿，不知始于何时，只知是十六十七世纪宗教战争时代罗马旧教徒称呼法国新教徒的特名）的最后的根据地；第三是远征意大利，阴谋联合意人利的诸侯、教士，及北欧的新教徒，以扼奥国。他不但是大阴谋家，又是极好的大将；一六三五年后，他和西班牙开了战，西奥联军的大将 Piccolomini 引兵进披略狄，直逼巴黎的时候，立殊理以三万步兵一万二千骑兵出奇制胜，大败敌兵于披略狄，就此结束了战事。他不但是大军事家，又是学问家。他首创法兰西学会，替法国造成了最高学府的基础；他自己又做了许多剧本，及《回忆录》（Mémoires）一本，剧本已经不大有人说起，《回忆录》却到现在还颇有名。——译者注

怕的了不得,服从得很,不问遇见大事小事,人人都肯拼命,保住那统领的名声。

特拉维有了手下这一班人,不独能替国王办许多事,并且可以增长自己的势力,或替朋友帮忙。但是特拉维的势力虽然大,却不肯假公济私,仍系完完全全的一位极靠得住的人。他虽然常常同人打架,受伤的时候也不少,兴致还是好的了不得;人人都敬他,怕他,爱他。那时的达官贵人很多,如王宫及主教府里,来的客人算是最多的,其余阔人的地方,还有二百多处,还算统领的宅子,宾客最多。夏天是午后六点钟,冬天是晚上八点钟,来的客人最多;常时总有五六十名的火枪手在那里,看来极是热闹。那楼梯上来往的人不绝,前厅坐的都是客人,特拉维在旁边那一间小客厅会客,得闲的时候就阅操。

再说达特安来的那一天,可巧来往的人比寻常多些。大门里头便是院子,满院子的人都是军人装扮,在那里吵闹顽耍;除非是高等的武官或系贵人妇人,若是别人在那院子走过,总要被那班军人开顽笑的。达特安走入院子来,陪着笑脸,剑长拖地,心里只管一上一下的跳。从第一群人里钻出来的时候,心里觉得安些,见那班人转眼看他,自己虽觉得无甚好笑之处,心里不免疑惑那班人在那里顽笑他。

走到楼梯口,有四个火枪手在那里顽;旁边有十余人等着。那四个人里头,有一个人站在楼梯最高一级,手执利剑,不让那三个人上来;那三个人拿了剑攻打那一个人。倘若有人受了伤,不独旁观的人笑,受伤的人还跟着笑。那第一个人本事甚好,居然拦住那三个人。原来这种顽耍,也有规矩的:那受伤的人,算输了,不许再顽,旁边的人来补他的缺。达特安看了不到五分钟,看见那第一个人把攻打的三个人,都伤遍了:一个伤手,一个伤颊,一个伤耳;他自己却并未受伤。那达特安原是个天不怕地不怕的,看见这种顽耍,心里不禁一惊;他自小在乡下的时候,顽过的淘气冒险的事真不少,却没顽过今天看见的事。

前厅外头,许多人闲谈,谈的都是妇女的事,达特安听见,又害怕,又脸红;谈的都是贵人家里的人幽期密约的事,情节毕露,不留余地。达特安是个好冒险的人,也有些思想的,从前也曾同那婢女仆妇闹过累坠,却未曾听过那班人说的事情。

等到走入前厅,那些人谈的却不是妇女,谈的却是秘密国事,都是与欧洲各国极有关系的。又有许多人谈的是主教的阴私事情;从前有过人评论主教的行为,已经被主教杀了,谁知在这里倒可以放肆的谈。达特安的父亲是最尊敬那主教的,谁知那御前火枪营的军人倒可以拿主教来作笑话。有些人在那里唱歌,姗笑主教的女相好,叫做代吉隆夫人①的;也有姗笑主教亲眷②的,也有在那里想法子,同那主教手下的人开顽笑的。这班人倒也奇怪,就是姗笑主教到顶闹热的时候,若有人提到国王二字,马上不吵了,各人都前后四围的看看,象是恐怕有人在那里窃听的。等到又有人谈到主教,各人又放言高论,不留余地。达特安听见这些话,不禁打了一战;自己想道:"这班人如此放肆,不是问绞,定要监禁的了。我站在这里听,恐怕还要拖累到我呢。我若是同这班野人来往,我的父亲知道了,怎么样呢?我父亲是平日最敬重那主教的。"达特安只管在那里听,可不便插嘴,但是听得有味,只管在那里留心的听,留心的看。那班人从来未曾看见怎样的一个人,便有人问他在那里"要什么"。达特安先自己通了名姓,然后把要见统领的话,告诉了那下人。那人请他略候。

达特安从新又把那班人细细的看,看见中间一群人里头,有一个身躯壮大的火枪手:模样十分骄蹇,身上亦不着号衣,只穿一件天蓝夹衫,肩上挂了绣金带子,外罩红绒大衣,胸前露出那绣金带子,挂了一把大剑。这人值班才下来,故作咳嗽之状,说是受了点风,故披上红绒大衣;一面大模大样的在那里说话,一面拿手来捋须。那时达特安同旁观的人羡慕那绣金的带子。达特安听他说道:"人总要时路。趋时的事,本来没甚意思,也是没法;人有了家当,总得花几文。"内中一人答道:"颇图斯,你难道说那绣金带子是你父亲给你的钱买的么?我肯同你赌:那带子是那蒙面帕的

① 代吉隆夫人(Madame d'Aiguillon)。——译者注
② 主教的亲戚,这指主教的侄女甘白勒夫人(Madame Cambalet)。——译者注

美人送你的。就是上礼拜那天，我看见在安那门①你同她说话的美人。"颇图斯答道："我老老实实告诉你，的确是我用自己的钱买的。"又一个火枪手说道："不错的。你买那带子，同我买这新钱袋一样。我的相好，把钱装在旧袋子里，我拿那钱买了这新袋子。"颇图斯答道："你虽是这样说，我却是花了十二个毕士度②买的。"众人听见了，还是羡慕他，却不甚相信他的话。颇图斯便转过头来，对一个同伴说道："阿拉密③，我那一番的话你可以作见证。"这一个同伴的面貌同颇图斯却相反：年纪约二十二三岁，一脸的柔和，眼睛黑而温润，脸带微红，两撇细润的须，平常不肯多说话，说话的时节，声音低而慢，常常的鞠躬为礼；笑时声音不大，牙齿白而整齐。那同伴对他说话，他略略的点头。众人看见了，才相信颇图斯那带子是自己钱买的。

众人犹是羡慕不绝，又谈到别的事体上。内中又一个火枪手问大众道："你们看查赖士④家臣告诉我们的那一件事，怎么样？"颇图斯问道："他说的什么事？"那火枪手道："他说，他在巴拉些尔⑤碰见卢时伏⑥，卢时伏是主教的好朋友，你是晓得的，——他改了装，扮作伽普清教士⑦，那蠢人竟被他瞒过看不出来。"颇图斯答道："他是个大蠢人，不必说了。但是你

---

① 安那门（Gate St-Honoré）。——译者注
② 毕士度（Pistoles），钱名。本为西班牙金钱名，约值五先令；十六世纪时代，法国用之。——译者注
③ 阿拉密（Aramis）。——译者注
④ 查赖士（Chalais）。——译者注
⑤ 巴拉些尔（Brussels），比利时的京城名，通译为不鲁塞尔。——译者注
⑥ 卢时伏（Rochefort）。——译者注
⑦ 伽普清教士（Capuchin），"伽普清"是 Capuchin 的音译；Capuchin 这字从 Capuche 而来，原是一种帽子的名儿，圣弗兰昔司（st. Francis）宗派中间有一派苦修的僧士都带这种帽子，所以人家就称呼这种僧士为"伽普清"。据教会的纪［记］载，伽普清一支，是意大利的高僧名叫 Matteo di Bassi 的，在一五二六年所创立。Capuche 帽的形状，有长尖的顶，和阔的边；据说圣弗兰昔司原本戴的这种帽子。伽普清教士的服装，除这可注意的帽子外，又有灰色或棕色的长袍；英国文学家司各德的诗，有云："赤着脚，胡子很长；来的是一个伽普清。"那末，伽普清教士大概又是常常赤足，并且不剃胡须——这都以表示他们的苦修而已。——译者注

打那里听见的?"那人答道:"阿拉密说的。"颇图斯问道:"是你说的么?"阿拉密答道:"你晓得的,我昨天已告诉你了,现在不必再提罢。"颇图斯答道:"这是你的意思说不必再提罢!为什么不必再提呢?你拦的太快了。主教买出一个奸细来,侦探一个人的事,又买出一个无赖一个贼人,偷他的书信,又要把查赖士杀了,反要同人说,是查赖士要弑国王,把王后嫁与王兄:这件事是你告诉我们,我们才晓得的;我们听见了,好不惊讶,不知是件什么事,你到要叫我们不必再提了!"阿拉密答道:"既是这样,我们就谈这事何如?"颇图斯道:"假使我是查赖士的家臣,那卢时伏总要受我一刻钟的窘。"阿拉密道:"后来你可要受那主教的一刻钟非常之窘。"颇图斯点头拍掌的大笑道:"你说的是。主教这意思好极了,我永远忘记不了;你说的也有趣。你为什么不跟住你当初的意思,去做教士;你到可以做成一个头等的教士。"阿拉密答道:"这不过暂时的事。往后有一天,我总要做教士的;我现在常时讲习教里的书呢。"颇图斯对众人道:"他是说得到,做得到的;迟早总要做教士的了。"阿拉密道:"我看还是早些做。"有一个火枪手接住说道:"他现在等一件事,等到了,他便要披上那教士的大袍了。我看那件教袍,是预备好的了,挂在钉子上,藏在军衣的后面。"又一个火枪手问道:"他等的是那一件事?"那头一个火枪手道:"他等的是王后产太子。"颇图斯拦住道:"诸位不要开玩笑了。王后年纪并不老,还能生太子呢。"阿拉密冷笑的说道:"有人说,巴金汗①现时在法国呢。"颇图斯答道:"你这次可错了。你说话说得太聪明,有时太说多了;倘若我们的统领听见你这番话,你可要后悔了。"

阿拉密听见,两眼发怒,对颇图斯说道:"你要训我么?"颇图斯道:"我的好朋友,你要想做教士,就做教士;想做火枪手,就做火枪手;拣一样做,

---

① 巴金汗,就是英国的权臣巴金汗公爵(Duke de Buckingham),名姓叫 George Villiers。他是一五九二年八月生,行二;少时已极得英王乾姆司第一之信任,后为查理第一大臣;查理第一与路易十三的妹子订婚的时候,他为议亲大臣,因此到法,恋爱了法后。一六二八年八月二十三日,第二次远征拉罗谐时,为海军士官费尔顿所刺杀。——译者注

不要做两样。你可知道那天阿托士①说你的话么？他说你什么事都要来一份。你记得我们三个人的约，你就不必生气了。你跑到代吉隆夫人那里去充好汉子，随后你又到波特里夫人②处去讨好；我知道你是她心爱的人。现在并没人查你的行为，也没人疑你办事没分寸，你也不必解说你何以运气独比别人好。你既然灵巧，这些事是一句不提，你为什么单要提起王后的事呢？人家讲国王，讲主教，那都不甚要紧；但是王后的声名，是神圣不可侵犯的。我们不谈王后就罢了，若要提起，总要尊尊敬敬的才是。"阿拉密负气的答道："颇图斯，你这个人自大得很；我不必隐讳的了，我最不喜欢你这样训我的话。阿托士训我，我到不甚要紧；你不配摆出教士架子来训我。你肩上挂的绣花带子，不是训人的应该挂的。我要想做教士，就做教士；不过现在我当火枪手，我既然当了军人，我就可以要讲就讲。我现在就要说：你极其讨厌。"说毕，两人互叫名字，正欲相打，众人正劝，忽然有人开喊道："统领传见达特安。"那时众人便屏息无声。达特安穿过前厅，入去见特拉维。

## 第三回　　统领激众

特拉维面带怒容，见了达特安，倒是极恭敬的。达特安深深的打躬，说了几句恭维的话。那统领听见他的乡谈，想起自己少年的情景，不禁的微笑；一面作手势叫达特安略等一会，一面走到门口喊了三声："阿托士！颇图斯！阿拉密！"都是发号令的声音，内中还带好几分的怒气。那两个人听见，随即入来，把门关了。达特安看见这两人走进来的模样，心里着实的羡慕；他看这两个人就如同神仙的一般，看那统领就如雷神一样。

那门关了之后，门外又有议论的声音；那门内只有统领走来走去，皱

---

①　阿托士（Athos）。——译者注

②　波特里夫人（Madame de Bois-Tracy），她是那时王后党的施华洛夫人的堂姊妹。——译者注

住眉头;走了几遍,忽然站在那两人的面前,问道:"你们可晓得,昨晚国王同我说的什么话?"颇图斯迟疑半晌的答道:"我们并不晓得。"阿拉密鞠躬尽礼的答道:"请你告诉我们。"统领道:"国王告诉我,以后要从主教的亲兵营内挑选火枪手了。"那两人齐声问道:"从主教亲兵营里挑选,这是何意?"统领道:"国王的意思总是嫌水酒无味,要加点火酒。"那两人满面通红;达特安恨不得沉在海底。

特拉维接着疾声说道:"这是实在情形,不能怪国王。我们火枪营的人,实在不成话了。昨天主教同国王打牌,向我说道:'你的火枪手在一个酒馆里头闹事,我的亲兵没法,只好捉他们。你们是知道的,我的火枪手,是给人捉的吗?你们两个都有份子,那主教把你们的名字都说出来了。这也是我的错;我没眼睛,不会挑选人。阿拉密,你试看看你自己的模样:你为什么要穿军人的衣服?你还是穿教士的袍子好!颇图斯,你到底要那绣花带子何用?你挂的不过是把草刀子!阿托士那里去了,为什么他不来?"

阿拉密垂头丧气的答道:"统领,他病了,病重的很。"统领道:"病了!什么病?"颇图斯接住道:"他出天花。恐怕将来连脸都要糟蹋了。"

特拉维怒道:"脸都糟蹋了!害的天花!颇图斯,你不要胡说了,我都知道了!他是受了重伤,或者已经送命了!我就要查明白的。你们真不是东西,你们不许在那些不体面的地方消闲了!不许在大街上市面上打架了!别的也还罢了,你们为什么让主教的亲兵,把你们当作笑柄;你们为什么同那流氓一样,被人捉去!那些亲兵,胆子比你们大,主意比你们多,他们是懂得规矩的;我晓得他们是不让人家捉去的,我也晓得他们宁可拼了命,是不肯逃,不肯被人捉的。你们实在太不顾我的脸了。"

那两个人听了,登时怒发冲冠,恨不得把那统领弄死了;但是他们心里明白,因为统领爱惜他们,才说出这一番的话;他们只好咬牙切齿,在那里顿脚,把手拿剑柄,牢握住。那门外听见的人知道是统领生气;有人窃听的,听见统领那番话,登时转述各人知道。不到一会子,厅里头人,及院子上的大门内的人,大吵起来。

　　那时特拉维大怒,好象发狂的喊道:"我告诉你们罢! 御前火枪营的人,被主教的亲兵捉了!"他部下的军人,听见这话,犹如刀刺一般。统领又喊道:"六个亲兵捉了六个火枪手;我此刻就去见国王,辞了这差使,不干了。不如投到主教那里,当一名帮统,他若是不答应,我只好出家,做和尚①了!"那时外边的人,鼓噪起来,实是可怕;有发誓的,有咒骂的,有喊杀的,有喊死的。达特安亦觉得惭愧难堪,恨不得躲在帐后,或藏在桌子底下。

　　颇图斯至此忍耐不住,同统领说道:"统领说得不错,我们是六个人对六个人,本来自有公道,乃我们尚未动手,已经被他们杀了两个;阿托士受了重伤,他受伤之后,爬起来两次,同他们打,跌了两次。到了这个地步,我们并不放松。他们见直恃众,把我们硬拖去,我们只好想法逃了;那时他们以为阿托士死了,随他倒在地上。这就是实在的情形。统领是明白的,大凡打架,不能次次都是赢。从前旁培②也有法沙利阿③之败。法兰琐④算是名将,也曾败于巴维阿⑤。"

　　阿拉密接道:"我是用敌人的剑把敌人杀死。因为我自己的剑,一动手时便坏了。"

　　统领怒气平些,说道:"这话我倒不听见。原来主教的话,太过了。"

　　阿拉密道:求统领千万不要告诉国王,说阿托士受伤;他若知道国王

---

① 和尚,这所谓"和尚",指天主教里的一种苦修的教士;译文里借译做和尚。——译者注

② 旁培(Pompey),世界著名的罗马大将;约生于纪元前一六年。一生征讨,所向皆捷;但在纪元前四十八年,法沙利阿一战,旁培军大败,亡至埃及,为人谋杀。——译者注

③ 法沙利阿(Pharsalia)之败,见前条。古时希腊 Thessaly 邦内的一个县名。——译者注

④ 法兰琐(Francis the First),就是法王法兰琐第一,查理的儿子;一五一九年,德皇 Maximilian 死,法兰琐是候补人,有继位的希望,但其后皇位竟为查理第五所得,于是法兰琐遂起兵攻查理;连战数年,卒于一五二五年二月二十四日,兵败于巴维阿,法兰琐被擒。——译者注

⑤ 巴维阿(Pavia),见前条。是意大利北部的一个城。——译者注

晓得他受伤,他可就要拼命的了。他受伤甚重,深入肩膀及前胸,恐怕……"说犹未了,门帘打开,忽见一极美貌的男子,脸无血色,站在门口。

那两人一见,齐声喊道:"阿托士!"统领也喊。那人微声答道:"我的同伴说是统领找我,我来听统领的分付。"说毕,脚步稳稳,向前直行。特拉维见他如此义气,心也动了,即刻跳起,往前迎接,说道:"我刚要告诉这两位,我要请我部下的军人,不要无端的冒险,自伤性命;因为国王最看得重的,是有胆子人的性命。国王是知道,那火枪手都是勇中之勇;你的手呢?"那统领不等阿托士回答,便伸手来拉他的右手,亲热的了不得;却不觉得阿托士虽是自己心里把持得住,身体却禁不住,微微的哼了一声,脸上颜色比前略加灰白。阿托士进来之后,并未关门,门外的情形,扰乱得很,因为众人都知道阿托士受了重伤;听见统领末后那几句话,众人皆以为然。有两个从门帘蓁子探头入内,那统领正要斥其无礼,忽然觉得阿托士的手硬了,向他面上一看,见有晕倒之势;——阿托士忍痛已久,至此不能支持,晕倒地下,如死人一样。

特拉维喊道:"叫我的医生来!叫御医来!叫最好的医生来!不然,我的阿托士要死了。"门外的人听见了,跑了好几个进来,围住阿托士;幸而医生就在府里,推开众人,走了进来,马上把那受伤的人,搬到别的房子,关了门。平常那统领的会客厅是闲人不得进来的,现在站了许多人,个个咬牙切齿的要同主教及他的亲兵为难;稍停一会,颇图斯、阿拉密出来,只丢下统领同医生看守向托士。随后特拉维也出来,告诉众人说:"阿托士已醒过来,医生说是失血太多,余无大碍。"说毕,摆手,叫众人出去,惟有达特安一人,留在后头。

那房门关了之后,特拉维看见达特安仍在那里,便问他的来意。达特安自己报了名字,那统领才想起来,对达特安道:"我的同乡,你不要怪,我见直的把你忘了。我实在没法。做了统领,也不过做人家父兄一样,手下的军人,就是子弟,不过国王的号令,主教的号令,是要遵守的。"达特安微笑不答。那统领看见,知道这人是伶俐的,便不去闲谈,见直的同他说正经话;说道:"你的父亲我是素来敬重的;他的儿子,我是极愿意帮忙的。

你简简捷捷的告诉我,我实在忙。"达特安答道:"我从家里来的时候,原要求你派我当一名火枪手;我到了这里,不过两点钟,看见这里的情形,我便知道这火枪手是很有体面的事,恐怕我还够不上。"统领道:"火枪手却是极有体面的差使,你也很可以够得上,并不是望不到手的,不过这件事我还要同国王商量。我老实告诉你,须要打过几次仗,立点军功;不然,也要在别的营里当兵,有了两年资格,才可以补一名火枪手。"达特安知道自己的资格未到,鞠躬不语。统领知道他的思想,说道:"念你的父亲同我同事的交情,我还可以同你设法。向来从般尔①到这里来谋事的人,大约都是不甚宽裕的,我离开喀士刚已多年了,大约情形尚未改变;据我看来,你腰间未必有钱。"达特安听见,站得直直的,脸上带点骄傲的意思,表明他并不是打抽丰来的。特拉维说道:"我知道你的意思,我领略得你的面孔。这可不相干。我当初到巴黎来的时候,我只有四个柯朗;那个时候,倘若有人微露意思,笑我无钱买不起王宫,我是要同他打架的。"达特安因为卖了那黄马,腰间尚有八个柯朗,比特拉维当时还多了四个柯朗,不知不觉的那得意之色,比前更甚了。统领又道:"无论如何,你那几个钱可不要乱花了;凡是上等人应该晓得的技艺,你先得学习。我今天就写信给武备院的总办,你明天就可以去,也不必你花钱。你可不要看不起这件事;有许多富贵人家,要想进去,还不能够。你在那里学骑马,学比剑,学跳舞,还可以多交朋友。你常常的来见我,我要知道你的情形;并且看看还有可以帮你忙的地方没有。"

达特安虽然不知宫廷情形,倒觉得那统领待他无甚亲热的意思;达特安叹气道:"我实在不幸,没有一封荐书来见你。"特拉维道:"我觉得实在奇怪。你大远路来,并无荐书;那却是少不得的。"达特安道:"我离家时,原有荐书的,是我父亲手写的;不过在路上被人偷了。"说毕,就把当日在客店的情形,细说一番。统领问道:"这是奇怪了。你可曾说出我的名姓

---

① 般尔(Béarn),法国古省名,喀士刚即属此省,喀士刚语成为此省方言。——译者注

来?"达特安道:"我说出来的。因为你的名字赛过护身符,碰见有了为难,我就依赖他。"那时世界,最讲究恭维,不独国王主教好恭维哩,特拉维亦是个人,听见这话,不觉微笑,意甚快乐。不过半晌之间,忽又露出严厉之色,问道:"你看见的那个人,颊上有个小疤么?"达特安答道:"有。好象是脸上受过枪子刮过的。"统领道:"那人身材甚好么?"达特安道:"是。"统领道:"那人生得高?"答道:"是。"又问道:"是否头发深黄,脸色略淡?"答道:"是的。我要找寻这人,他要跑入地狱,我也要找着他。"又问道:"你想来他在那里等候一个女人?"答道:"好象是的。那女人坐车来的,他同那女人说完了话,他就上马跑了。"问道:"你可听见他们说什么话?"答道:"他把箱子交给那女人,说道:'信条都在箱子里,你未到伦敦却不许开看的。'"问道:"那女人是英国人么?"答道:"我却不晓得。只听见他称呼那女人做密李狄。"特拉维自言自语的道:"必是那人,无疑了。我还以为他尚在巴拉些尔。"达特安道:"统领如果晓得那人在什么地方,请你告诉我;你应许我的事,我先不管,我先要找着那人,洗洗我受他的羞辱。"统领道:"你年轻鲁莽,我先关照你;你要留心,你若看见那人在街上东边走,你要改在西边走。那人好比是块极硬的大石,你好比是块玻璃,你若碰上了他,可是要粉碎的。"达特安道:"我可不管,只要碰上他。"那统领接住道:"当下你要听我的话,不要想法子去寻那人。"

忽然间特拉维疑惑起来,自己盘问道:"那个人偷了你的信,那也算不了什么大事,你何苦如此怀恨,难道里面藏了诡计,他所说那痛恨的话,不过是装来骗我的不成? 难道这少年,是主教的奸细么? 特为来叫我上他那圈套,叫他来作我的心腹,打听我的秘事,日后害我。"想到此处,把眼盯着那达特安好一会,看见他脸上坦白不过,疑心稍释;心里想道:"这人却是个喀士刚的人,就怕他系替主教办事的人;我且来试试他。"特拉维慢慢的问道:"你是我老友的儿子,我相信你的话,那荐书是被人偷了。现在朝廷秘密的事甚多,我要告诉你一二。外间谣传说,国王同主教不对,其实他两人好的了不得,假装不对,蠢人被他们瞒过了。你是我老友的儿子,我甚不愿意你上那阴谋诡计人的当;你上了当,就坏了。我是一片忠诚,替国王尽力,替主教尽力的。那主教是法国最有才干的大臣。我现在同你说的话,你要自己细细的斟酌;你若是因为家事,或因为你自己实在愿意,要同主教反对的人一气办事,我们的道路,是要分开的了:你我不能同在一处。我并不是无照应你的法子,但是现在我可不能安置你在我府内。我是以好友相待,故把实话相告;我同别的少年,还没有这样开诚布公的话。"那特拉维心里又想道:"倘使那主教叫这少年奸诈的人来探听我的,必定叫这人在我面前,极力说他不好,叫我心里喜欢;如果我猜的是实,这少年就要骂那主教了。"谁知他此次却没猜着。那达特安随口答道:"我的意思,同统领的一样。临走的时候,我的父亲告诉我:叫我只要听国王主教及统领的号令,不听别人的调度。他说这三个人,是法国最高无上的人。"——其实他父亲说的,只是两个人,达特安自己加上统领,也不过恭维的意思;接着又说道:"我是最尊敬那主教的。统领刚才说的话,我听见了,高兴的了不得,因为我借此可以表白我的意见,是同统领一样的,倘若统领不能尽以我的意见为然,请你仍旧的照应我。我看统领的交情,比什么还重呢。"

特拉维听了这话,见他又坦白,又伶俐,颇为诧异;心里想道:"如果这人是来当奸细的,越伶俐是越可怕。"心里仍怀着疑团,面上仍是不露,挽住达特安的手,说道:"你是个少年老成。不过现在我只能替你做到这个地步,但望你时常的来见我,便可以常同我商量,将来总可以同你再想法子。"达特安道:"统领的意思,大约是叫我找机会,显些本事,无疑了;我想不久就可以做给统领看。"说毕,鞠躬,便要出去,特拉维止住他道:"你且等等。我写信把你,交给那总办;如果你看不起这信,我也不写了。"达特安道:"我很想得那封信。我这次可小心了,不要失丢这信。那个要想法子偷我的信,我是不肯与他干休的。"特拉维听了这话,不禁微笑,走到书桌写信。那达特安看街上走过的火枪手。

特拉维把信封好,正站起,方要把信交与达特安,忽然看见他面红发怒,跑出房外,大喊道:"你这次可逃不出我的手了!"特拉维叫道:"谁,谁?"达特安跑下楼,一面跑,一面喊道:"那个贼,那个反叛!"特拉维自言道:"这个疯汉难道他见诡计不行,借此逃脱么?"

## 第四回　达特安惹祸

达特安两步跳出前厅,赶下楼去,一跳四级,不提防碰了一个火枪手;一面跑,一面说道:"对不起,我忙的很。"刚跑到楼下,那人一手拉住他的带子,说道:"你忙得很么? 你想说一句对不起,就完了么? 这可使不得。统领今天还可以叫我们下不去,你可不能摆这种模样给我们看。"——那人原来就是阿托士,医生看过之后,正要回去。

达特安认得是他,答道:"我实在不是有意碰你的。我不妨再告诉你,我实在是忙的了不得。请你让我走罢,我的事要紧。"阿托士放手说道:"你这个人,不见得懂礼法;我一看见就知你是乡下来的。"达特安回头答道:"你也不必问我是那里来的,你也不配教训我。"阿托士道:"为什么我就不配?"达特安道:"我是着急要捉一个人;不然,我要……"阿托士忙接住道:"你不必远跑,就可以找着我。"达特安道:"在那里找你?"答道:"就在喀米德所①。"问道:"你几时在那里?"答道:"正午的时候。"达特安道:"正午我来找你。"阿托士道:"你可不要叫我等;等到十二点一刻,我是要来找你,割你的耳朵。"达特安道:"我差十分。到十二点时便到。"说毕,又跑,同鬼迷的一样,要赶那个人。

那时颇图斯站在大门,同守门的兵说话;两个站得相近,只容一个人打中间走过,那达特安象一枝箭打当中跑来。谁知那时刮了一阵风,刮起颇图斯的外衣,刚把达特安全裹起来。颇图斯死命的拉住那外衣,达特安跑不出来,用力扯来扯去,把那人肩上挂的绣花带子的底,全露出来。原来那条带子,面上虽绣的好看,那阴面却是皮的;因那颇图斯买不起全条绣金的带子,只买了一条半金半皮的,故此常怕冷,常披上那件外衣。颇

---

① 喀米德所(Oarmes-Desohaux),巴黎城中的一个古庙,详见下回本文第一节。——译者注

图斯见了,大怒道:"你这人疯了！那里有这样碰人的？"达特安摆脱出来,答道:"对你不起,我忙得很,我要赶一个人。"颇图斯道:"你忙的时候,丢了眼睛的么？"达特安道:"不。我的眼甚好,别人看不见的时候,我的眼都看得见。"颇图斯怒极了,说道:"你这样碰火枪手,你是该打！"特达安道:"你说打么？你这话说得太重了。"颇图斯道:"有胆子肯当面同仇家见仗的人,却不嫌这句话太重。"达特安道:"我明白了。你是见了仇人,不肯跑开的。"说毕,便大笑而跑。颇图斯正要动手。达特安道:"等你不披外衣时,再打。"颇图斯道:"今日一点钟,在罗森堡①后头相会,如何？"达特安回头答道:"我一点钟必到。"

说毕,转出街头,四处找寻,看不见那人;路上逢人便问,跑到河边,又回转来,不见那人踪迹;越跑越热,那怒气慢慢平下来了,想起那一早碰见的事:——那时只有十一点钟——第一件,因为匆匆忙忙的跑出来,得罪了统领;第二件,得罪了两个火枪手,还要同他们比剑——那两个都不是等闲之辈,一个可以敌数个的。细想起来,事体不妙;想起打架来,总要被阿托士刺死的,那颇图斯的一仗,可以不打的了;不过少年气盛,还盼望自己运气好,比剑两次,或者只受点伤,还不至死,自己说道:"我自己亦实在太粗心了。阿托士肩上受伤,我为什么刚要碰他那里,他一定觉得痛的利害。最奇怪的,是为什么他当时不拔剑,把我刺了。颇图斯那件事,更不必讲了,实在是岂有此理。"说到这里,大笑起来,赶快四面的留心看,恐怕大笑又得罪了别人。又说道:"那颇图斯的事,实在好笑;我虽然没伤害什么东西,总不应这样的碰人。假使我那时不说那几句姗笑他的带子的话,也可无事的了。这些事,都是我自己招上身的。一件事未闹了,又闹第二件。"想到这里,自己向自己说道:"达特安,这次如果侥幸无事,我劝你学讲些礼法;你要晓得,讲礼数的人,并不是胆怯。你看那个阿拉密,他温柔讲礼的很,却没一个人敢说他是个懦夫。你要拿他作你自己的榜样呀。

---

① 罗森堡(Luxembourg),巴黎城中有名的大建筑,乃路易十三的母后 Mane de Mèdicis 在一六一六年所建筑。——译者注

哦！原来他在这里。"

那达特安刚走到代吉隆府前，碰见阿拉密同三个御兵在那里说话。阿拉密原先看见达特安，不过因为刚才达特安在统领那里，看见统领同他们发气，故此不去招呼；达特安心里要同他周旋，含笑的走上前来。阿拉密看见他，不甚想理他，四个人登时不说话了。达特安看见他们不甚理他，正想借话走开，忽然看见阿拉密丢了手巾，又看他把脚踏住；达特安以为他是不知道，无意踏住的，低了头，从阿拉密脚下，把手巾扯出来，恭恭敬敬的送把阿拉密道："你若要丢了这手巾，你心里是不会爽快的。"原来那手巾，四边有通心花，一角上还有贵族的徽章。阿拉密看见，红了脸，把手巾抢过来。有一个朋友道："阿拉密，你素来是小心谨慎的，波特里夫人既然肯把手巾借给你，你为什么还说你同她不对呢？"阿拉密瞪了达特安一眼，象是要刺死他的模样；忽而十分和气的对那朋友道："这手巾并不是我的。我不晓得为什么这位先生交把我。我自己的手巾，还在袋里。"说完，果将自己手巾掏出来，是细竹布的，并无花边，又无徽章，上面只有他名姓第一个字母作记号。达特安知道自己鲁莽了。但其中有一个人，不肯放松，便假作郑重的样子，对阿拉密道："如果你说的是实，我请你把那手巾交给我；因为波特里同我是很熟的，我不能让他夫人的手巾到处摆给人看，象战胜品似的。"阿拉密答道："你的道理是不错，你对待我的样子却不好，我不能交给你。"达特安迟疑的说道："实在我并不曾看见这手巾从阿拉密先生口袋里丢出来，我只看见他的脚踏住手巾，故我疑是他的。"阿拉密冷冷的答道："这可是你错了。"回头对那一个同波特里相熟的人说道："我忽然想起，我也同那波特里相熟，也同你一样；看起来，这条手巾也许是从你口袋里出来的。"那个人答道："我可以同你赌咒，说不是的。"阿拉密答道："且慢。如果我们两个人都赌咒，总显出一个说谎的来；我的满搭兰①，我有一个妙法：我们何不一人扯一半？"那人答道："每人扯半条手

---

① 满搭兰（Montaran），就是和阿拉密谈话的那个人。——译者注

巾?"阿拉密道:"是的。"那余人叫道:"这是索鲁门①判案的法子。阿拉密,你的办法真不错。"众人听见,都笑起来,那事便从此不提。

俄而众人皆散,阿拉密同那几个朋友是分路走的。当那几个人说话的时候,达特安并未插嘴,等到他们同阿拉密分了手,达特安要同他周旋。阿拉密走开,并不理他;他便说道:"我刚才是错了,请你不要见怪。"阿拉密答道:"我老实告诉你:你刚才所做的事,不是君子所为。"达特安道:"什么? 难道你……"阿拉密忙答道:"我看你不是个呆子。你就算是打喀士刚来,也要晓得人家无缘无故是不把手巾踏在脚下的,巴黎也不是拿手巾铺路的。"达特安生气道:"你不要侮慢我。我是喀士刚的人,不错的;你可要知道,我们喀士刚的人,是不大能容人的。作错了事,道了歉,就完了。"阿拉密答道:"我不愿意同你争闹。我不是强盗,又不是凶手,我不过暂时是个火枪手,我非到万不得已,不肯同人打架;我看打架的事体,无甚意思。但是刚才那件事,不是顽的。你这么一来,把一个女人的名字,牵涉在里头。"达特安道:"那可不是我的错。"阿拉密道:"我已经告诉过你,那手巾不是打我的口袋出来的。"达特安道:"你说了两次谎了。我却确见那手巾是打你的口袋出来的。"阿拉密道:"你还是这样说么? 等我们来教你些规矩。"达特安道:"你是个教士,我请你作你的教士去;我正要同你较量较量,请你马上就拔剑罢。"阿拉密道:"且慢。我们刚在代吉隆府前,主教手下的人甚多;主教大约很想我的脑袋,不过我还要把我的脑袋装在两肩上,若讲到杀你,我可没有什么不愿意的。不过我要寻一个好点的地方,等你死了,你不能夸嘴,说你是什么样死的。"达特安道:"你且不要太稳当。我请你把那手巾收好;不管那是谁的,将来你总得着他的用处。"阿拉密道:"你是喀士刚人么?"答道:"是的。你说等等再打,可为的是妥当起见?"阿拉密道:"是的。火枪手原是不讲妥当不妥当的,教士们却是要讲的;我不过暂时当火枪手,我不能不盘算。我今日两点钟,在统领府内等你;见面的时候,我们再定相会的时刻和地方。"说毕,两人鞠躬而别。

_____

① 索鲁门(King Solomon),古犹太王大卫的儿子,以公平善判狱著名。——译者注

阿拉密向罗森堡走;达特安记得十二点钟有事,便向喀米德所而去;路上自言道:"无论怎么样也要做到底。那怕死了,也不如死在御前火枪营军人手里。"

## 第五回　雪　耻

达特安在巴黎无朋友,比剑找不着陪证人,只好让阿托士替他找陪证;他心里算计定了,见面的时候,先同阿托士陪不是,却不要自己太失了体面。他的意思,甚不想同那人比剑,为的是那人本已受了重伤未愈,自己若是输了,脸上更不好看,自己若是赢了,人家又要说他太占便宜。看官要知道:那达特安并非等闲之辈,他自己知道同那几个人比剑,是凶多吉少的,不能不处处的盘算;他先把各人的性情想了一想,然后定一个对付他们的法子。他最称赞的是阿托士,要想同他分辨明白,就不相打;他见了颇图斯,便先要告诉他,如果自己打赢了,是要把那绣花带子的故事,到处传播的,叫天下的人都去笑话他;想到阿拉密,他是一点不怕的,他要好好的把他打倒了,至少也要在他脸上拉一刀,把他俊俏的脸弄坏了。他想起父亲临别的话,他主意打得更牢了;赶紧的向那喀米德所来。原来这是个大庙,在旷野中间;那时法国人动不动同人比剑,巴黎人比剑,都喜欢到这里来。

他走到庙外的空地来,看见阿托士已先到了——那时刚打十二点钟,——看见阿托士仍带重伤的病容,坐在那里等他;看见他来了,起身,恭恭敬敬的相迎。达特安一手拿帽子,一手伸出来,同他相会。阿托士先开口道:"我请了两位朋友来同我作陪证,现在还未到。他们来迟了,这也奇怪,他们平常不是如此的。"达特安答道:"可惜我没陪证的。我昨日才到巴黎,除了我父亲的老友特拉维统领外,我是一个朋友都没有。"阿托士想了一会,答道:"这是不幸的事。倘若我把你打死了,怎么样呢?你这样年轻的小孩子,我实在不愿意杀你。"达特安答道:"你忘记了,你的伤还未好,身上还是痛。"阿托士道:"痛得利害。你碰我的时候,痛得更凶。我用左手同你打，我两手都会用的，你占不了便宜。你若从来没有同用左手的人交过锋，恐怕你要吃点亏；可惜我没有预先把这话告诉你。"达特安鞠躬道："你如此关照，我甚感谢。"阿托士谦让的说道："你叫我很不安。我们换别的话谈谈罢。啊唷你碰得我好痛；我的肩膀，疼得同火烧的一样。"达特安拿出刀伤药道："让我同你……"说犹未毕，阿托士诧道："这是什么？"达特安道："我的母亲传授我极好的刀伤药。我自己也用过极有灵验的，包你三天就好；等你伤好的时候，再同你打。"达特安说得诚诚恳恳的，随便什么人看见，都晓得他是至诚，并非规避。阿托士答道："你的意思甚好，我是领略你的好意。不过我不能照办。从前，大查理①之世，那些义侠之士都是慷慨激昂的，都可以做我们的榜样，可惜我们不幸，不生在那个时候。现在是主教的时代，若等三天，人人都知道了，那便打不成。我想我那两个朋友，是永远不来的了。"达特安道："你不必着急。你若是急于把我打倒了，我马上就可以动手。"阿托士道："这话说得妙。我看得出你这个人，又明白，又仁慈，我是最喜欢你这样的人。我们倘若相打之后，彼此都不死，我要同你结交，做个得意的同伴。你若是不着急，我要等我那两个朋友来；我却并不着急，照规矩，是要陪证的。哈！有一个来了。"远远的果然有一个身躯壮大的人来了。达特安惊讶道："颇图斯是你的陪证么？"阿托士道："是的。你不嫌么？"达特安道："好的。我并不嫌。"阿托士又道："那一个也来了。"达特安回转头来，看阿托士指的那一方，认得来的是阿拉密；达特安喊道："阿拉密也是你的陪证么？"阿托士道："是的。你还不晓得么？我们三个人是不离开的。不论在城里或在宫里，那些禁军火枪手都知道阿托士、颇图斯、阿拉密三个人，是分不开的。但是你从大

---

① 大查理(Charlemagne)，亦称 Charles the Great，七七一年后为法王，八一四年崩。大查理武勇善战，威震全欧。——译者注

斯①来，……"说犹未毕，达特安拦道："我是从塔尔比②来的。"阿托士道："你是不晓得的。"达特安答道："人家说你们三个人的话，真是不错。"

说到这里，颇图斯已经到了，对阿托士抓手见礼之后，站在那里，把眼瞪那达特安，现出不胜诧异的样子。著书人要补明一笔，那颇图斯把带子换了，并未披外衣。颇图斯问道："这是怎么讲？"阿托士指着达特安，同他鞠躬的答道："我就是同这位比剑。"颇图斯喊道："我也是要同他比。"达特安道："那是一点钟的事。时候还早了。"那时阿拉密也跑上来，说道："我也是要同他比。"达特安道："那是两点钟的事。"阿拉密问道："阿托士，你是为什么事要同他打？"阿托士答道："我也不甚晓得。不过为他碰了我的肩膀。"又问道："颇图斯，你又为什么也到这里？"颇图斯脸红了，答道："谁知为什么？我不过想打就是了。"阿托士眼快，看见达特安微笑的答道："我们是因为论衣服，意见不合。"阿托士问道："阿拉密，你又是为什么呢？"阿拉密递眼色与达特安，叫他不要说出实在情形，答道："我们却因辩论宗教，意见不合。"阿托士又看见达特安微笑；阿托士转头向他问道："是为这个缘故么？"达特安答道："是的。因为阿格士丁经论③上有一段的话，我们的意见不合。"阿托士道："真是少年聪明。"

达特安道："你们三位都在这里让我陪不是。"他们听了这话，阿托士皱了眉头，颇图斯微微的姗笑，阿拉密摇头，露出看不起人的意思。达特安作出骄傲的样子，对三个人说道："你们不要误会我的意思。我刚才陪不是，为的我自己恐怕要失约，不能够同你们三个人都打遍了。第一次是阿托士先同我比，颇图斯露脸的机会，可就少了些；阿拉密更无望了。我是为这件事陪不是。阿托士，你要预备了。"说完，拔出剑来，着急的要动

① 大斯(Dax)，法国镇名，属 Landes。阿托士只知达特安是初到巴黎的乡下人，却不知道他是那里人，故遂误以为大斯了。——译者注
② 塔尔比(Tarbes)，今为 Hautes-Pyrénées 省之省会。Hautes-Pyrénées 即古喀士刚尼地方。——译者注
③ 阿格士丁(Saint Augustine)，最有名的拉丁学者，生于三五三年，死于四三○年。他研究基督教的经典，著作宏富；基督教徒辩论经典的时候，不论是天主教徒还是耶稣教徒，都喜援引阿格士丁的议论以自重。——译者注

手;那时不讲三个火枪手,就是全营来了,他也不怕的。那时刚在正午,太阳在天顶,那空地上热得很,阿托士拔了剑出来,说道:"天气甚热,我可不能脱外衣;因为我伤口又流血。你未刺着我出血,我不愿意你看见我的血讨厌。"达特安道:"你体贴人情的很。不论是我刺的,或是别人刺的,我看见你怎样勇敢的人流血,心里可惜;既然如此,我也不脱外衣了。"颇图斯着急道:"你们不要互相恭维了。我们还有两个人在这里等挨班呢。"阿拉密说道:"你说你的。我不着急。他们两个人说的不错。"阿托士预备好了,问达特安道:"你预备了么?"达特安道:"我只等你。"说毕,两人交战起来。

才一动手,就有一队主教的亲兵,伽塞克①统带着,从那边来了。两个陪证嚷道:"主教的亲兵来了,快把剑收起来。"那时已是迟了,那两个人的样子,一看就知是比剑的。那伽塞克一面上前,一面招他的手下人跟来,说道:"火枪手又打架么?上谕都不管了吗?难道那上谕下来之后,是叫你们违犯的吗?"阿托士恨极的答道:"这个太不公道。若是我们看见你们的人打架,我们是从来不干预的,你还是让我们打,你们在旁边看热闹。"伽塞克答道:"这是办不到的。上谕是要遵守的。收起剑来,跟我们走。"阿拉密学那伽塞克的样儿说道:"你请我们走,我们是很愿意的;不幸我们作不到。特统领吩咐过的,他的号令也是要遵守的。请你们诸位走罢,你们在此没有什么事了。"那说话无忌惮的样子,把伽塞克激恼了,说道:"你若不听我的号令,我就要叫他们动手了。"阿托士一半同自己说道:"他们有五个人,我们只有三个人,又要吃亏了。我只好死在这里;我再没面孔第二次败了去见统领。"

登时阿托士、颇图斯、阿拉密三个,肩靠肩的站齐了;那伽塞克也叫他们的人站好,预备攻打。当下达特安自己思量,究竟帮那一边,这是最要紧的当口,一个人终身的前程,就靠这俄顷之间;他要分别清楚,是帮国王,还是帮主教?择定之后,是不能追悔的;并且动起手来,就是犯法,就

---

① 伽塞克(de Jussac)。——译者注

是同国里第一个有势力的人作对,那个人的势力,也许比国王还大些;这几层的道理,他都想到了。总算亏他的,马上拿定主意,回头向火枪手道:"刚才阿托士说错了:他说三个人,其实连我算是四个人。"颇图斯道:"你怎么也算一个呢?"达特安道:"我虽是未穿你们的号衣,我心里却是一个火枪手。不管怎么样,我跟你们一路走。"伽塞克劝道:"小兄弟,你走开罢! 你若要保住你的身体,赶紧走罢!"达特安那里肯走。阿托士拉他的手道:"你真是个好汉子。"伽塞克喊道:"你到底怎样?"颇图斯对阿拉密说道:"这件事,赶紧的要定规了。"他们看见达特安年轻无见识,在那里半信半疑的,不敢就要他帮忙。阿托士道:"就是他帮我们的忙,我们也不过是三个大人,一个小孩子;那三个里头还有一个是重伤未痊的。"颇图斯道:"我们万不能让他们的。"阿托士道:"那是不能的!"达特安看见他们犹豫未决,喊道:"诸位让我试试,我敢保打赢了。若打不赢,我也是不离开这里的。"阿托士道:"请问这位好汉尊姓大名?"答道:"我叫达特安。"阿托士道:"好极,我们四个人在一路。"伽塞克又喊道:"你们打定了主意没有?"阿托士道:"打定了。"又问道:"你们打的什么主意?"阿拉密拔出剑来说道:"我们要同你打。"伽塞克道:"什么? 你们拒捕么? 伙计攻上去!"那两边的人,登时打起来。

两边都是好剑手,本事都是可观的。阿托士敌住克荷萨①——他是主教最得意的心腹;颇图斯敌住毕克拉②,阿拉密抵住两个;达特安直攻伽塞克。他是并不畏惧,不过跳到那身体壮大的人面前,心里未免一跳。那达特安跳来跳去,忽而在左,忽而在右,忽然跳到面前,忽然跳到背后,如活虎一般,一分钟里头,换了二十个招架的样子。伽塞克是个顽剑的好手,费了许多精神本事,才抵得住达特安这样不守常规的战法;他的一击一刺,达特安却挡得甚妙。后来伽塞克力竭了,看见打不过一个小孩子,心中大怒,乱打起来;那达特安看见机会来了,慢慢用起诡计来,加倍出力的

---

① 克荷萨(Cahusac)。——译者注
② 毕克拉(Bicarat)。——译者注

打;伽塞克以为可以收功,用尽狂力,一剑扑来,达特安早已留神,轻轻架住,趁他不及提防,一剑刺去,伽塞克登时倒地,如死人一般。

那时达特安略定一定,回头看他的朋友,打得怎么样。阿拉密打死了一个人,尚在同那一人斗;颇图斯臂上受伤,把敌人的腿伤了,但是两个人的伤都不重,还在那里恶斗;阿托士被克荷萨打伤,脸色死白,仍在那里招架,换了左手拿剑。按比剑的规则,达特安可以帮他的朋友,一时拿不定去帮那一个,一眼看见了阿托士的情景,他跳过来对克荷萨喊道:"你预备好了! 不然,我是一剑把你刺死了。"那时阿托士两腿酸软,站立不稳,对达特安喊道:"你不要杀他,等我歇一歇,同他算旧帐。顶好你把他的剑弄丢了。"果然那剑便飞开了二十步远。阿托士喝采道:"好极,好极!"克荷萨跳向前头拾剑,又被达特安一脚踢住了;克荷萨跳向那死在地下的亲兵,夺了他的剑,又跳转来,攻达特安。那时阿托士喘息过来,又同克荷萨战。达特安知道他歇过,不用帮手,走开了;不到几分钟,克荷萨咽喉受伤倒地。

那时阿拉密又把那一个亲兵打倒在地,在那里叫喊求饶。只剩了颇图斯还在那里同毕克拉打。颇图斯一面打,一面在那里笑话他的敌人,毕克拉却一点也不放松。他们两边打了好一会子,时时刻刻怕巡兵来拿。阿托士、达特安、阿拉密等叫毕克拉降。毕克拉腿上虽受了伤,还是不肯罢手;伽塞克一只手按住地,抬起头来,对毕克拉说道:"你降了罢。"毕克拉也是个喀士刚人,不肯降,把剑指地下答道:"现在只剩我一个,我要死在这里。"伽塞克道:"你一个人,如何敌四个人? 我是你的统领,我叫你降。"毕克拉道:"你是统领,我是要遵号令的,我就降了。"他却不愿把剑献与敌人,遂折断了,丢在墙脚,两手交胸,在那里唱歌。那火枪手们看见此人如此勇敢,不免肃然起敬。众人对他行了军礼,把剑都收起来;达特安也收了,同毕克拉两个,把克荷萨同那阿拉密所伤的亲兵,抬到庙里;第四个亲兵是死了。他们把庙里的钟打了几下,拿了抢来的四把剑,便向特拉维府里来;路上高兴的如同发狂,手拉手的在街上走,一条顶宽街,不够他们走的。碰见火枪手就告诉他,他也跟住热闹。达特安夹在阿托士、颇图斯当中,乐到如登了第七层天一样,走到院子时候,说道:"我虽然未曾入你们的军籍,我已经帮你们打了一仗了。"

## 第六回　路易第十三

他们打架的事体,惊动了许多人;特拉维当面的申饬他们,背地里禁不得高兴,但是不能不先告知国王,赶紧跑到卢弗宫,可惜已是迟了,那主教已先到了,国王并没传见特拉维。

到了晚上,国王斗牌赢了,十分高兴,特拉维入宫伺候,国王见他到了门口,说道:"统领,你快进来,我要申饬你。你可知道,主教又在这里说你的火枪手不好? 他难受得很,今晚总不高兴。你可知道,你的火枪手,见直的是天不怕地不怕的,他们见直的是些死囚。"特拉维是极会看风头的;看见这个情形,便答道:"他们是极可靠的,同小羊一样的驯良。他们不想别的,只想拔剑相向,替我王尽力。有些时候,他们也是没法,主教的亲兵总要同他们争斗,为的是本营的体面,他们怎么好让人糟蹋不去自己保护自己呢?"国王拦住说道:"你听听我们这个好汉统领说,好象他的人就是庵里的尼姑一样。特拉维,我老实的说罢,我很想降伏你,把你的差使交把薛摩罗小姐①,我曾经应许她一个庵主②。你可不要想我只听你的一面之词,我要听听两面的说话;你却不要忘记了,人家都叫我公道的路易③。

---

① 薛摩罗小姐(Mademoiselle de Chemerault),此位大概是一个贵族里的修道的小姐。路易十三说这句话——"我很想降伏你(特拉维),把你的差使交把薛摩罗小姐"——显然是调侃特拉维的。因为特拉维替自己的人(火枪手)辩护说他们"同小羊一样的驯良",所以路易十三便调侃他,说了"你听听我们这个好汉统领……一个庵主"那一段;意思是:火枪手既然都驯良得和尼姑一样,那么火枪营岂不成了尼庵,该得修道的薛罗摩小姐来当统领才合式——路易本就应许她一个庵主的职位还不曾派哩。——译者注

② 庵主就是尼庵的住持。那时很有许多尼庵,贵族的妇女不喜欢在巴黎凑热闹的,往往到这种尼庵去当住持,这也要政府派的。——译者注

③ 公道的路易,那时的法国人,这样称路易十三;实在也是路易十三自己这样称自己。——译者注

不必忙,我是要慢慢的查。"特拉维道:"我相信王上一定秉公办理的,我慢慢的等就是了。"国王道:"你只管等罢,我可不要你久等。"

过了一会子,国王的手运坏了,他赢的钱,慢慢输了;国王借端起来,把赢的钱,装入口袋,说道:"拉乌威①,你来替我,我要同特拉维有要紧的事商量,我桌子上还有八十个路易②,你也如数的拿出钱来,我不要输钱的人说闲话,公道要紧。"转过头来,把特拉维领到窗口问道:"统领,你说的是主教的亲兵先挑火枪手的?"答道:"他们常常是这样的。"问道:"是怎么样起手的? 两边的话,判案的都要听听。"答道:"起首是没什么的。我手下顶好的三个人——他们的名字,陛下是晓得的,他们的忠心,陛下是知道的,也不止一次的了,——那三个人,同一个喀士刚人,——那人是今日初到,来投效的,同他们才认得,——他们约好,要到圣遮猛③,在喀米德所会齐;到了那里,就有五个亲兵,伽塞克为首,也到那里,同他们闹起来。我看那亲兵们是因为自己的事,背地里要违犯陛下禁止比剑的谕旨。"国王道:"我看也是的,他们要在那里比剑。"特拉维道:"我也不能无故的控他们,陛下也明见,五个人拿了兵器,到那里作什么。"国王道:"你的话不错。"特拉维接住道:"他们看见我的人在那里,他们自己的事先去开了,要同我的人闹;陛下明见,火枪营是陛下的亲兵,是自然同主教的亲兵不对的。"那国王很下气的说道:"是的。国里不幸,他们要分出党来,常常的要争胜,也不是事。你说是他们先挑你的人?"特拉维道:"不过我看情形是很象,我可不能说一定是这样;陛下明见,要查出实在的情形,却不容易。那里人人都能够明见万里,叫人家都称呼公道天子,如陛下的呢?"国王道:"你的话不恰当,且闹事的时候,除了你的火枪手,我听见还有一个年轻的人在场,是么?"特拉维答道:"有的。内中一个是先前受伤的,可见是

---

① 拉乌威(La Vieuville)。——译者注

② 路易(Louis),法国金钱名。值二十法郎。——译者注

③ 圣遮猛(St. Germain),这大概是 St. Germain-en-Laye 的简称;St. Germain-en-Laye 是镇名,离巴黎三英里,有法王室的离宫及围场,法国王上如显理第二、查理第九、路易第十三、路易第十四等均生于圣遮猛离宫。——译者注

陛下的三个火枪手,一个先前已受重伤的,还有那个年轻的,共总四个人,不独抵当[挡]住主教的五个最有本事的亲兵,并且把四个都打倒了。"国王高兴的了不得,说道:"这是大胜了,见直是全胜了。"特拉维道:"全胜之至。也比得上从前在赛桥①那一胜。"国王道:"共总是四个人,一个先前受伤的,一个年纪还轻,那个年轻的人是谁?"特拉维道:"那个还算不了成丁的人,这回可出色的很;我要趁这机会保荐给陛下。"国王道:"他叫什么?"特拉维道:"他叫达特安,是我老朋友的儿子;他的父亲,很打过仗,同老王出过力的。"国王道:"你说这少年很出色,你把情形告诉我,我最喜欢听大胆人作的事。"说毕,一手叉住腿,一手搓须。特拉维道:"达特安不过是个大一点的小孩子,穿的是平民衣服;主教亲兵的首领看见他年轻,又看见他不是营里的人,故此没有动手的时候,叫他先走开。"国王拦住说道:"特拉维,你晓得是他们先打?"特拉维道:"陛下说得是,那是无疑的了;不管怎的,他们叫他走开,他答道:'我心里是个火枪手,要尽忠于王上,故此要帮火枪营的忙。'"国王道:"真好个胆大的少年!"特拉维道:"他果然帮我们的人,十分替陛下出力;出色的很,是他把伽塞克身子刺通的。因为这一层主教很生气。"国王道:"这小孩子刺通伽塞克身子么? 说来难叫人相信。"特拉维道:"我说的是实在情形。"国王道:"那伽塞克是国里有名的一个使剑的好手。"特拉维道:"他这次遇着敌手了。"国王道:"特拉维,我很想见见他;你叫他来,我们替他想想法子。"特拉维问道:"陛下几时见他?"国王道:"明日中午。"特拉维道:"只带他一人来见么?"国王道:"四个一同来。我要谢谢他们,如此忠心的人,却不多,应该酬报他们。"特拉维道:"明日十二点钟,我们来卢弗宫伺候。"国王道:"等等,不要忘了从后楼梯上来;我们不必叫主教知道。"特拉维答应着。国王又道:"特拉维,你要晓得,谕旨是谕旨,打架叫是犯法的。"特拉维道:"陛下明见,这次打架,同平常比剑不同,并未有先约好的;请看他们五个人,我们三个人,又凑上一个小孩子,便知是没有预约在先了。"国王道:"这是不错。且不管他。你不

① 赛桥(Bridge of Cé)。——译者注

要忘了从后楼梯来。"特拉维不禁微笑,看见居然把这懦弱的国王说动了,叫他同主教反对,心里觉得舒服。于是对着国王鞠躬尽礼,走出宫来。

当天晚上,那三个火枪手,都知道明天见国王;他们是常去的,不算什么稀奇,惟有那达特安,他是个喀士刚人,异想天开,以为这一次他的前程有了,一夜在那里作好梦。明早八点钟,他就走到阿托士那里;阿托士已经穿好衣服,正要出去。他原已约定颇图斯、阿拉密两人,在罗森堡旁边打网球,顺便就约达特安同去。达特安从来没见过,又闲得没事,就同走了;到了那里,那两个人已经在那里打球。阿托士是个好手,同达特安合了伙,同那两个对打;打了几下,知道他伤尚未好,打不了球,因此这边只得达特安一个人。达特安因为自己不会打,只好罢了,抛球作耍子。忽然颇图斯用力甚猛,那球在达特安脸旁飞过,幸未打着。达特安想了一想,如果脸上打了一球,是不能见国王的,岂不是抛丢了前程;想到这里,便对那两个人说,实在不会顽球,等学会再来,今日且先不顽。遂跑到旁边坐下。

谁知旁观的人中间有一个是主教的亲兵,因为同伴打输了,装了一肚子的气,昨晚销假回来,正想找机会来报仇。他这时看见了机会,特为大声的同他的同伴说道:"想来那个人不过是个火枪手的学徒;你看他见了球就这样害怕起来!"达特安听见了,同被毒蛇钉了一口一样,怒目看那说话的人;又见他一面搓须,一面叫道:"你只管看我。你要看多久,就多久。我刚才说的话,的确是从心里出来的。"达特安低声答道:"你的意思显明的很;请你跟我来。"那亲兵问道:"几时?"答道:"就是现刻。"又问道:"你可晓得我是谁?"答道:"我不晓得,我不要晓得。"那人说道:"你太莽撞了!你若是晓得我的名字,你就不这样快快的喊我出来。"达特安问道:"你是谁?"答道:"我叫波那朱①。"达特安道:"波那朱先生,我在外相候了。"那人答道:"我就来。"他的同伴道:"波那朱,你慢慢的去,不要叫人看见我们是一块出去的。我们不要叫人看见。"波那朱道:"你说的不错。"他心里却是

---

① 波那朱(Bernajoux)。——译者注

诧异,为什么说出名字之后,那少年一点都不理会。原来波那朱最是有名喜欢打架的,巴黎的人是都晓得的,惟有达特安他是初到,故此不知。颇图斯同阿拉密打球打的高兴,阿托士旁观看得入神,都不觉得那达特安出去了。

达特安在外等候,不一会子,波那朱也来了。达特安因为十二点钟还要见国王,心里着急,四围看了一看,见街上无人,便对他的敌人道:"你今日侥幸得很,只要同火枪营的学徒较量。我总要尽力的对付;来罢。"波那朱道:"且慢。我看这里地方不妥,我看还是到圣遮猛,或是柏力奥①,似妥当点。"达特安道:"你说的也有理。不过我是等不及,十二点钟还有要紧事。那赶紧预备罢!"波那朱立刻拔出剑来,跳过来就攻,要使出下马威来,吓唬小孩子。达特安自上次打赢之后,有了阅历,有了把握,不独比从前镇静,还要胆子大些。交手之后,达特安地步站得稳,波那朱倒退后了一步,把剑向旁边一闪,达特安把剑一送,刺着敌人肩膀;波那朱说"不要紧",直撞上来,碰着达特安剑尖,幸没跌倒。他还不肯认输,直向脱力木②的宅子跑来,他的亲戚住在那里。特达安还不知他重伤了仇人,苦苦的追来,几乎结果了波那朱。不料打球场吵起来,有两个人手拿着剑,跑出来,攻达特安;阿托士、颇图斯、阿拉密也赶来,把那两人打跑,救出同伴来。波那朱同时倒地。那两个人见势不敌,大喊道:"救命呀! 脱力木的人来救命呀!"就有一队人从脱力木住宅跑出来,攻火枪手及那少年;那火枪手见势不好,亦喊道:"救命呀! 火枪手来呀!"原来那时候的军人,都是同火枪手要好的多,当下有德西沙③所带的三个禁兵,在那里走过,两个就上前帮火枪手,一个跑回统领府报信,统领府院子里是常常有火枪手的,听见了,都跑去帮忙。那时打的真是热闹,火枪手的人多,主教亲兵同脱力木的人,退入宅里,关闭大门;波那朱是早已抬进去了,伤的甚重。达特安他

---

① 柏力奥(Pré-aux-Clencs)。——译者注
② 脱力木(M. de le Trémouille)。——译者注
③ 德西沙(M. d'Essart),禁兵营统领。——译者注

们在门外大闹,要放火烧宅。忽听见打十一下钟,只好罢手;还弄了些大块石头砸门,砸不开,只好回府。

特拉维已知道又闹事了,催他们道:"时候不早,该到罗弗宫了;我们要先发制人,不要让那主教先去。我们要说,今日的事,是昨日的余波,两件事并作一件办。"他便带了那四个人,一直到罗弗宫来,谁知国王已经去了圣遮猛的大树林打猎。特拉维以为不确,又问一番;后来见是确的,眉头皱了,问道:"是昨晚说定打猎的么?"侍者答道:"不是的。今早围场总管来说,有个好鹿;王上初时不去的,但王上最好打猎,后来也就答应了。饭后动身的。"特拉维问道:"今早王上见过主教么?"答道:"想是见过,我今早看见有人套主教的车。我问他们主教要到那里去,他们说是去圣遮猛。"特拉维对四个人道:"他先去的了。我今晚必定见国王,你们先躲在一边罢。"特拉维是知道路易第十三脾气的,他的主意总是不错,那四个人只好听统领的话。统领随分付他们回去听信。

特拉维到了府,就首先发作,写了封信,叫人送到脱力木宅子,叫他把主教的亲兵哄出去,责成他惩办他的用人,罚他们擅打王上的火枪手。谁知波那朱的亲戚早已把事由告诉了脱力木,脱力木回信说是:"火枪手先滋事的。你们的人还要放火烧我的宅子。"特拉维看见打笔墨官司无用,自己亲身去面说。

两人见面,十分客气;两个都是极有胆子、极有体面的人。脱力木奉的是耶稣教,从来不附党,入宫的时候也不多,却不把党政来害私交的;他今日虽十分恭敬,却比平时冷淡些。特拉维先开口道:"今日的事,两边都有点错,我特为来商量了事。"脱力木答道:"我也愿把这事结结实实的查究。我是已经查过的了,看起来是你们火枪手的不是。"特拉维道:"阁下是个公道人,最讲道理的;我有一个办法,想来阁下是听的。"脱力木道:"我很愿意听你的办法。"特拉维道:"我先要问你,你的家臣的亲戚波那朱,怎么样了?"脱力木道:"伤的很重。那肩膀的伤,是轻的,但是肺伤甚重。医生说是了不得的。"特拉维道:"受伤的人尚省人事么?"答道:"尚省人事。"问道:"能说话否?"答道:"尚能说话,但不甚容易。"特拉维道:"我们同去看他，劝他说实话；他说的话，我绝不驳。什么责成，我都担任。"脱力木略想一会，也答应了。两人到受伤人所住的房，他看见了，尚要起来，因伤重不能起，几乎晕倒。赶紧进药，吃了好些，特拉维就请脱力木问话。特拉维料的不差，那人虽是奄奄待毙，说的却是实在情形，一字不假。特拉维意思就是要他说实话。当下同波那朱说了望他早日痊愈的话，辞别脱力木，回到自己的府，便请那三个火枪手同达特安来吃饭。

　　特拉维是极好客的，只是座中从来没有主教的朋友；席上谈的，都是那两次打架的话。达特安两次都打赢了，座上的人，都恭维他；那三个火枪手听见了，也毫无妒忌之意。到了快六点钟，特拉维就说要入宫，因约定召见的时候过了，他同那四个人就不从后楼梯进去。国王打猎还未回来，只好先在前厅等候；等了半点钟，王上回来了，就传见。达特安心里乱起来，再等几分钟，他的前程就定规了，两只眼不停的看那扇门。路易第十三果然出来了，还穿打猎衣服，鞋子上都是尘土，手里拿了猎鞭。达特安一眼望过去，就知国王不甚高兴。王上进来，百官分两旁站班，他们明知王上发怒，也要王上怒目看看他，觉得比不看的好。那三个火枪手前进一步，达特安仍站在后面。王上原是认得那三个人，这时却并不理会。路易两眼落在特拉维脸上，特拉维两眼回看，神色不变。路易转眼看了别处，嘴里唧咕着走了进去。阿托士说道："这次情景不好，恐怕没机会得着勇号。"特拉维道："你们四人在这儿等十分钟，等我先进去，如果我十分钟还不出来，你们先回府，久等是无益的了。"那四个人等了十分钟，一刻钟，二十分钟，特拉维还未出来，只好先走了；心上觉得不安，不晓得闹出什么乱子。

　　再说特拉维进去，脸上是个强硬的样子，看见王上十分的不高兴，坐在椅子上，用鞭杆打那靴子；特拉维故作高兴的神气，恭恭敬敬的问王上圣安。王上答道："身体不好！身体不好！闷的要死！"——路易是惯说这种话的，常常的把百官拉开一个，到了一边，同他说道："让我们两个人今日去受闷罢。"特拉维听了，答道："怎么陛下觉得闷？今日打猎，不尽兴么？"国王道："有什么兴！事体是一天坏一天。近来的野兽，走过是不留气味的；不然，那些猎狗是没有鼻子的。我们放了一只大鹿，赶了他六点钟,正要合围的时候,圣赛们①正要吹号筒,那群猎狗却嗅错了,跑去别的地方追,原来是个小鹿。你看,我是要丢开打猎的了,同我从前丢开顽鹰的一样。特拉维,我真是个没运气的国王。我只有一只大北雕,前天死了。"特拉维道:"陛下着实失望,我听了也难受。但陛下现在还有许多鹰雕之类。"国王道:"有是有的,谁去教呀?教鹰雕的人,现在没有了,只剩我一个人,还懂得点;等我死了,就没人打猎,只好拿陷阱笼子网子顽顽罢。我又没时候教几个徒弟,那主教又常常的来罗唝,不叫我有一点空;不是讲西班牙,就是讲奥大利,英吉利;不必说主教罢,特拉维,我也不高兴你。"特拉维是早已知道的了,他晓得国王的脾气,他晓得慢慢是要说到他自己身上的,遂故作惊讶的神气,问道:"陛下因什么事不高兴我?"路易问非所答的说道:"你这样,就算尽职吗?就因为这样,我就叫你当火枪营统领吗?他们跑去行刺人,半城都闹起来,又要放火烧人家的房子;你坐在那里不管。我也许太着急了,说你不好;大约你现在来告诉我,你已经把那些人都监禁起来了,你是秉公的把这事办结了。"特拉维冷冷的说道:"没有。我是来请旨惩办犯事的人。"国王道:"你怎么说?"特拉维道:"我说的是人家冤枉我们的人。"国王喊道:"怎么样?这可是件新鲜事了。难道你说刚才我说的话,是靠不住吗?难道你那该死的三个火枪手,同那个小子,没有同野人的一样,打那波那朱,打的他快死吗?难道你说,他们没有把脱力木公爵府围起来,要放火烧吗?论起他那府里,都是耶稣教人塞满了,打仗的时候,是要烧的②;现在升平世界,岂不是反了吗?特拉维,难道这些事,是赖得掉的吗?"特拉维问道:"陛下是那里听来的这一段奇怪的新闻?"国王道:"还有谁?就是那个人;他当我睡的顶着的时候,他可睁着两眼,灵醒的很;当我顽耍的时候,他可要翻天搅地的办他自己的事;他那个人呀,什么事都管,内政也管,外交也管,法国的事也管,欧罗巴全洲

---

① 圣赛们(Saint-Simon)。——译者注
② "他那府里,都是耶苏[稣]教人塞满了,打仗的时候,是要烧的。"因为法王所奉的是天主教,而且法国的国教也是天主教,和耶稣教是对头。——译者注

的事也要管；就是这个人告诉我的。"特拉维道："除非陛下说的是上帝爷，不然，那个能够比陛下的势子还要高出怎么些来呢？"国王道："不是的。我说的是法国柱石之臣，很听我调度的一个臣子，我的独一的好朋友，就是那主教是也。"特拉维道："主教并不是教王呀。"国王道："你这话怎么讲？"特拉维道："我说的是惟有教王是立于不倒不败之地的。主教还够不上呢。"国王道："难道你说他骗我欺我么？你要控告的可就是他，如果是的，你赶快的说。"特拉维道："我并不是说他骗陛下，是说他自己听错了别人的话，自己骗自己；他向来同陛下的火枪手有意见，他诬赖了他们；他听来的话，是靠不住的。"国王道："这话是脱力木公爵说的，你可没得辩了。"特拉维道："这件事体，同公爵大有关系，他那里肯说公道话；然而我却相信公爵是个顾体面的人，我很愿意拿他的话当凭据；可是要先约好一件事。"国王道："那一件？"特拉维道："是请陛下叫他来，陛下自己盘问他，不许有旁听的人；问了之后，请陛下马上就传我来。"国王道："公爵判了案，你肯依么？"特拉维道："肯依。"国王道："他要怎么办就怎么办么？"特拉维道："自然。"国王当下就喊向来最相信的内侍，名叫赤斯尼①，说道："你马上打发人往脱力木府，说我今晚要同他说话。"特拉维道："请陛下见了他之后，马上就传见我，不要先见别人。"国王道："一定。"特拉维道："我明早来伺候。"国王道："很好。"又问道："几时来好？"国王道："随便。"特拉维道："如果来的太早，恐怕惊扰陛下。"国王道："我那里还有觉睡！我现在没有觉睡了，全是作梦。你只管早点来，七点钟罢。你可要记得，如果是你的火枪手不是……"特拉维忙接住道："如果我的火枪手不是，自然是把那些人交把陛下，听候陛下秉公的办。陛下尚有话分付么？"国王道："没有了，人家叫我公道路易，不是无故的；请了，明天见罢。"特拉维鞠躬，说了句祈祷的话，就出来了。

　　再说那天晚上，路易果然睡的不舒服；特拉维是更不必说了。第二天早上六点钟，那三个火枪手同那小子，就到府里来，统领早已分付，叫他们

---

① 　赤斯尼（La Chesnaye）。——译者注

入宫;他可没有许他们什么,不过叫他们知道,他自己的名誉同他们的名誉,只靠今天这一点,前程是一点把握没有。到了后楼梯下,他叫他们在那里等,特拉维走去问赤斯尼,才晓得公爵今早才到,因为昨晚不在府里,得信很迟。特拉维听了,很高兴,知道他自己未见国王之先,是没人造谣言,骗国王了。等不到十分钟,公爵出来,碰见特拉维,说道:"王上叫我来,问昨天打架的情形;我把实在情形告诉了,就说是我府里的人不是。我是预备同你陪不是,幸而就遇见你,我甚盼望,我们两个人从此以后,是两个好朋友。"特拉维道:"我素来佩服你公道,顾体面,故此我就请你在王上面前,替我说话;看起来我并没作错,我高兴的很,晓得法国还有一个人,当得起我刚才说的话。"谁知国王听见了,说道:"好口才,说得好;不过你要补一句,说我也要算脱力木的好朋友。我觉得实在孤零,无人理我;打那里说起,我有三年没见公爵了,我不请他,他是不来的。烦你把这话告诉他罢,我自己是不好意思说的。"公爵说道:"王上的话,我甚感激;不过陛下要晓得,那常见陛下的人,除了统领不算,不见得都是陛下最忠心的臣子。"国王从门里走出来道:"公爵,你听见我的话了;特拉维,你的火枪手在那里?我叫你带领他们来,你为什么不听我的话?"特拉维道:"他们在楼下等着。陛下要见他们,请分付赤斯尼,喊他们来。"国王道:"叫他们马上来,现在将八点了;九点钟还有别人来见。请了,公爵以后常来些。"公爵鞠躬而退。

才开了门,那三个火枪手同达特安,跟了赤斯尼,到了楼上。国王喊道:"你们进来。我要骂你们一顿。"三个火枪手鞠躬上前,达特安跟在后头。国王道:"你们干的什么事?不到两天,你们把七个亲兵打倒了;这是太过了。按你们这样办法,岂不是叫主教每三个礼拜就换一营新亲兵么?看起来,我是要把谕旨加严厉些的了。偶尔闹一次,那是没法的事;两天弄倒了七个,未免太多些。"特拉维道:"他们因为这件事,来见陛下求饶;我着实的作保,他们是十分懊悔。"国王道:"什么懊悔,没有的事。他们那诡谲的脸,我不相信的;那一个象个喀士刚人,我更不相信。你过来。"达特安走上前,作出那副可怜的脸来。国王道:"怎么说,特拉维,你说他是个少年,他不过是个小孩子;你难道说是这小孩子把伽塞克刺伤的吗?"特拉维道:"是的。他很出色的两剑,还把波那朱打倒了。"阿托士道:"还不止这样。当日若不是他把我从克荷萨手上救出来,我今天是不能够来见陛下的。"国王道:"这喀士刚人打起架来,倒象是个魔鬼;不过他们打架,衣裳总要弄破了,剑也折了,喀士刚人是不见得钱多的。"特拉维道:"他们那里虽然山多,却还没有找出金矿来;他们从前同老王很出过力,也该得点好处。"国王道:"我所以有今日子,也得喀士刚人的力。赤斯尼,你去看我的口袋,有四十个毕士度没有?拿来把我。小伙子,你来告诉我,是怎样打的?"达特安就把打架的情形,细说了一遍;如何听见王上召见,欢喜的一夜没睡;如何起早,同那三个朋友去打球;如何怕球打坏了面,不便见王上,故此躲开;如何波那朱讥诮他,几乎丧了命;如何公爵的府,几乎被他们放火烧了。国王道:"公爵也是这样说。那主教真是可怜,两天丢七个人,都是亲兵里头最出色的;你们众位听着,这可够又够了,你们报仇,算报过头了,也该罢手了。"特拉维道:"陛下如果算是够了,我们也算是够了。"国王从赤斯尼手里拿了些金钱,交把达特安,说道:"我是很满意了。这就是我满意的凭据。"看官须知:那个时候风气不同,国王把臣下的钱,臣下收了,不算丢脸的。达特安把钱收了,感激得很的谢王上。国王看钟,说道:"现在已经八点半钟了,你们可以去了,我还要见别人。我谢谢你们替我出力,盼望以后,你们还要替我出力。"阿托士道:"我们愿意粉身碎骨,报答陛下。"国王道:"很好。我要你们保全身躯的好,那是更有用。"

他们出去的时候,国王低声对特拉维说道:"火枪营现在无缺,生手也要练习练习才好进去;你把那小伙子送到你的亲戚德西沙所带的亲兵营去罢。想到主教因这些事体,在那里生气,也倒有趣;我只好不管他,我要怎样就怎样了。"国王说毕,摇手,特拉维走出来。

达特安把金钱分给那三个朋友。

那主教果然在那里大发雷霆,有一个礼拜总没来陪王上打牌,国王也不去理会;有时碰见了,就问主教道:"你那两个人,——伽塞克,波那朱,——这几天好点么?"

## 第七回　四大侠之跟人

达特安等离了罗弗宫,就同那三个人商量那四十个毕士度应该怎么花法。阿托士要吃馆子;颇图斯说是雇个底下人好;阿拉密劝他找个女相好。那天他们果然大吃馆子,跟人在那里伺候。菜是阿托士点的,跟人是颇图斯雇的。原来这人是披喀狄①人,阿托士从桥上走过看见他在那里闲逛,向着水面,吐唾沫顽,颇图斯一想这个人一定是有思想的,马上就雇了他。

那人名叫巴兰舒②,看见颇图斯的样子阔,心里很高兴;等到见了颇图斯已先有了跟人,名叫摩吉堂③,觉得懊悔,只好跟达特安了。后来伺候吃馆子看他拿出一手的金钱来还帐,心里又喜欢的了不得,以为是运气来了。到了晚上,去收拾床铺,看见达特安只有内外两间房,一铺床,他又觉得难受;只好拿了主人的一张毯,铺在外间睡了。

阿托士的跟人叫吉利模④,很得了他主人不多说话的本事。原来阿托士同颇图斯、阿拉密两个人相处了五六年,他们两人从来没听见过阿托士大笑;就是微笑的时候,也是少的。他若是见得说一个字就够的,他再不肯说两个字的。同他闲谈,是极没趣的;他说出来的,都是极简括的话,没甚枝叶的。阿托士今年快三十岁了,人是聪明,脸是俊俏。从前有没有过相好女人,谁也不知道,他从来是不肯谈女人的;他总觉得无趣,就是偶然谈到女人,他的话是说得极牢骚的,因此他倒有少年老成、未秋先槁的模样。他同吉利模是不说话的,要他作事,只是略动动手,或摆摆嘴,就是了。吉利模却倒是极恋主的,看见主人,十分害怕;有时不晓得主人意思,

---

① 披喀狄(Picard),古时法国北部及省名,今为 Somme 及 Aisne,Pas-de-Calais 之一部。——译者注
② 巴兰舒(Planchet)。——译者注
③ 摩吉堂(Mousqueton)。——译者注
④ 吉利模(Grimaud)。——译者注

常把事弄错了，阿托士责备他，那时话语略多些。

颇图斯却同阿托士的品格相反。他最好说话，说得又响，不管有人听没有人听，他总在那儿说；他听自己说话，高兴的很。他是样样都谈，就是不谈科学；他说从做小孩子起，就恨极讲科学的人。颇图斯的模样儿不及阿托士，故此颇图斯待阿托士，总欠公道。他们初相处的时候，颇图斯觉得模样儿差，专要穿华丽的衣服；阿托士虽穿平常号衣，颇图斯还是比他不上，只好常常在营房夸嘴，夸他同女人得意的事体。阿托士却从不说一字。颇图斯好吹，起初就吹某阔绅的夫人如何同他要好，如何密约；随后就说到世爵的夫人；后来吹得更利害了，就说是有一外国公主，同他要好的了不得，还要送他许多钱用。俗语说得好，有这样的主人，就有同样的跟人。且说他的跟人摩吉堂，是那曼①人，他原另有名字，颇图斯嫌不好听，把他改叫摩吉堂。他初跟颇图斯的时候，原两面约过的：穿的要好，住的要好，每日自己要两点钟的假，自己办点私事。颇图斯穿旧的衣服，就赏给他，他交给裁缝修改，——摩吉堂出来伺候主人的时候，穿的倒也整齐。

阿拉密的跟人叫巴星②，他因为主人不久要做教士，他就常穿黑色衣服。他是巴利③人，年纪三十六岁，脾气极好，脸上柔和，得空就看教书，天天弄些好菜给主人吃，给自己吃，从来是不肯多说话的。不晓得的人，以为他盲聋哑。他却是忠心为主的。这是说的那三个人的跟人，现在要说他们的住处。

阿托士住在孚留街④，与罗森堡相近；住的两间很好的房。房主人是个女人，年纪尚轻，也有姿色，常常的两眼不转睛的看那少年火枪手，总想

---

① 那曼（Norman），就是指脑门豆（Normandy）地方的人；脑门豆是法国古时的省名，今为 Seinve Inférieure Eure，Orne，Calvados，Manche 等地。——译者注
② 巴星（Bazin）。——译者注
③ 巴利（Berri），古时法国中部的一个省，现为 Indre 及 Cher 等地。——译者注
④ 孚留街（Rue Férou）。——译者注

不到手。房里挂的,都是战胜品;内中有一把剑,想大约是法兰琐阿第一<sup>①</sup>时代的东西,装饰华丽,剑柄镶了许多宝石,顶少也值二百毕士度。阿托士穷极的时候,也不肯卖的。颇图斯最喜欢的是这把剑,他常说:"宁可少活十年,要得这把剑。"有一天,颇图斯要去会一个公爵夫人,他问阿托士借那剑,阿托士一字不说,把他所有的宝石金链都取来,交给他,对他说道:"这剑挂在墙上,不好动的;除非我离开了这里,我才取下来。"墙上还挂得一幅真像,似是显理第三<sup>②</sup>时候的人,挂了宝星;人家看见,认做阿托士同那真像十分相似,一定是阿托士的祖上了。墙桌摆一金盒子,上面的徽章,同剑上的真像上的一样。桌上还有许多东西,都不如这个金盒子;盒子的钥匙,他常带在身上。有一天,他打开盒子来看,刚好颇图斯在那里,看见盒内全是信札,大约都是些情书家谱之类。

颇图斯住在克仑毕街<sup>③</sup>,住的极阔房子;他同朋友走过,总要指把他看,告诉他:"这就是我的房子。"有人要去那里找他,他总是不在家的;他也从来不请人到他那里去,故此无人晓得他房里有什么东西。

阿拉密住的房子小;一间饭厅,一间客房,一间卧室,都在地下。卧室外边,是个有树阴极幽密的一所园子。

达特安的住处同他的跟人,是说过的了,按下不提。

且说达特安是个足智多谋的,什么事都要打听,费了许多事,要打听他那三个朋友的来历。他晓得那三个人的名字,都是假的。阿托士世家的模样,他看的最有味。他就要从颇图斯那里打听阿托士的来历,从阿拉密那里打听颇图斯的来历;谁知颇图斯也不过略知一点,阿托士又是个不好说话的人,怎样也打听不出详细的来历。众人猜的是:他从前爱过一个女人,未得好结局,有人对不住他;到底是怎样一件事,也无人知道。说到颇图斯,他的来历,是人人知道的,只不知道他的真名姓。他原同特拉维

---

① 法兰琐阿第一(Francis I),看第三回第四条注。——译者注
② 显理第三(Henry III),法国皇帝显理第二的第三个儿子,一五七四年继其兄查理第九之位。——译者注
③ 克仑毕街(Rue du Vieux Colombier)。——译者注

约过,不许说出来的。他为人是最好浮华的,性子又鲁莽,就同一片玻璃一样,一看就透的。他最好吹,你若相信他自夸的话,可就上他的当了。

　　阿拉密外面是坦白的,骨子里却是城府甚深,人家要从他那里打听别人的事,他是不大答腔的;若是问他自己的事,他总是把话来搪塞。有一天,达特安问他,颇图斯同公主要好的话,问完了,就要问他自己的事,说道:"你讲别人同世爵夫人公主要好的事,讲的也不少了;你自己的事,怎样了?"阿拉密拦住,说道:"你别怪我。我讲颇图斯的事,都是他告诉众人的,若是他叫我不要告诉别人,你是一字听不着我讲的。"达特安道:"我晓得。但是你是很熟徽章典故的,我还记得初次同你认识的时候,是因为一块绣花手巾。"这次阿拉密倒没不高兴的意思,客客气气的答道:"你要晓得,我不久是要当教士的,碰见世上浮华的事,我是躲避的;那块手巾,不是人送的,是朋友来探我,丢在我房里的。我没法,只好收了,不要害了我朋友同他相好的交情。我自己却没有相好的女人,也不愿意有,我学阿托士的好榜样。他是没相好的女人。"达特安道:"算了罢。你是个火枪手,不是个教士呀。"他答道:"不错。我暂时是个火枪手,也不是我愿意干的,我心里总爱当教士;是颇图斯、阿托士两个人硬拉我来的。你晓得,我正要当教士的时候,我有一件为难……"说到这里,便不说了,赶紧又接住道:"这种事,你是不愿意听的,我也不必糟蹋你的时候。"达特安道:"不打紧,我很要听,我现在一点事也没有。"阿拉密道:"我可有事。我还要念经,还要替代吉隆夫人作诗,还要到某街替施华洛夫人①买胭脂。虽没事,我却忙的很。"说毕,拉拉手,走了。达特安想了多少法子,只打听得那三个人一点儿来历,他暂时且不追问;他到日后,自然看见许多的。现在他

---

① 施华洛夫人(Madame de Chevreuse),她是王后党,主教把她驱逐出巴黎的。——译者注

看那三个,阿托士就象是阿奇理①,颇图斯是爱则克士②,阿拉密就是个约瑟③。按下不提。

再说这四个好朋友,日子过的很快活。阿托士赌钱,输的时候多;只有他借钱把他人的时候,他从来不向人借钱的,就是当天还不了的债,明早六点钟,他一准送钱来还的。颇图斯的运气颇好,赢了钱,他就吹的令人难受;若是输了,他就跑了,好几天不见面,等到再见面的时候,总看见他脸色青些,人也瘦些,不过他总要弄些钱回来。阿拉密是向来不赌的,总不算是个顽友,同人也不大上得来,他时时刻刻都要办事。有时吃饭吃得最高兴的时候,别人在那吃酒闲谈,正想再吃再谈几点钟,那阿拉密独自一个人站起来要走,嘴里说是要同一个极有学问的道学先生,商量事体;有时说是要作一篇论,还要请众位不要搅乱他的心思。阿托士到了这些时候,总微笑;颇图斯浮一大白,说:"阿拉密只配作个三家村教士。"

再说达特安的跟人巴兰舒看见他主人得意的时候,却是很遵循的;他每天的工钱是三十个苏④。第一个月,高兴的同百灵鸟一样,待他主人十分恭敬;等到主人那几个钱快花完了,他嘴里不歇的叨叨,弄得阿托士三个人极讨厌他。阿托士劝达特安把他开发了;颇图斯的意思,是要打他一顿,再撵他出去;阿拉密的意思,是随他叨叨,不要理他。达特安说道:"你们都说得好听。阿托士是从来不同吉利模说一句话,也不让吉利模说一句话,他们两个人,是不会对说的。颇图斯的手段极阔,他的摩吉堂,看他同天神一样。阿拉密终天在那儿考究教里的经典,他的巴星,看他的主

---

① 阿奇理(Achilles),他是希腊古代大诗人荷马(Homer)所作史诗 *Iliad* 里的英雄,以神勇正直仁慈著称。他是 Myrmidon 王,从征 Troy 杀 Hector(最勇的 Troy 王子)后,因伤而死。——译者注

② 爱则克士(Ajax),据荷马的 *Iliad*,爱则克士有两个,大爱则克士和小爱则克士;这里指的是大爱则克士。他是 Salamis 王,躯干高大,胆气粗豪,而且自信。他又常被呼作 Telaman〔Telamon〕Ajax,因为他是 Telaman〔Telamon〕的儿子,他亦从征 Troy,因不得 Hector 甲胄,愤而自杀。——译者注

③ 约瑟(Joseph),这也许是指耶稣的父亲,玛丽的丈夫,做木匠的约瑟。——译者注

④ 苏(Sou),法国的铜子,每枚值中国铜子一枚多。——译者注

人,以为十分了不得的。我又不是火枪手,连亲兵还够不上,我又没钱,你们叫我怎样叫我的巴兰舒恭敬我,害怕我呢?"阿托士答道:"这虽算是件家里的事,可是件很要紧的事;待小人是待女人一样,你将来要怎样待他,起首就要怎样待他。你要细细的想透了。"达特安果然想了,立定主意,先惩戒那巴兰舒,随后不许他去跟别人,对他说道:"我不久运气就要来了。你只要稍为等等,你的好事也来。我是个有良心的好主人,我不肯等你快有好事的时候,哄你走。"那三个朋友看他如此办法,都以为然。巴兰舒很害怕,不敢再说走了。

这四个人,后来闲得没事;达特安尚没定性,看见巴黎样样是新鲜的,只好跟那三个人跑。冬天八点钟起来,夏天是六点钟,随即就到特拉维府里,听分付,打听新闻。达特安虽然不算是个火枪手,却天天同那三个人在一块,他们值班,他也跟往值班;火枪营的人,个个同他要好。特拉维极喜欢他,常时在国王面前,提他的名字。那三个人同达特安极亲热,他们四个人,不论在什么地方,或是打架,或办事,或顽耍,都是在一块的。四个人的交情深的很,是分他们不开的。

且说有一天,国王分付德西沙,把达特安补了一名禁兵;达特安穿起号衣,不禁叹一口气,为的是不知几年才能够换穿火枪营的号衣。特拉维答应他两年,如果出力,办得好事,立了功,还可以快些。达特安只好罢了。第二日,就当起军人来。每逢达特安值班的时候,那三个人也来陪他。德西沙添了一名禁兵,却得了四个人的用。

## 第八回　邦那素夫妻

且说王上赏的那四十个毕士度,不久就用完了;那四个人没法好想,起初是阿托士帮忙,其后颇图斯救急,——忽然他跑的无影无形好几天,其后弄了钱来。四个人又过了两个礼拜,最后,阿拉密卖了些书,弄了几个钱,支持了几日。等到没事的时候,跑去同统领借钱;那三个是欠了债的,达特安是没薪水的,弄不到几时,借来的钱都花光了。真是无法好想的时候,颇图斯搜括了几个毕士度,跑去赌钱,谁知道赌运不好,那些钱输光了,还欠二十五个毕士度,这可真弄到山穷水尽了。他们四个人带了四个跟人,就在那马码上,或火枪营左近闲逛,要找机会,等朋友们请他吃饭;只要遇着朋友请他一个,他们总想出法子来,叫朋友把那几个都请了。达特安是初到,没什么朋友,这些时只有人请过他两次,一次是一个教士请他吃早饭,一次是同营的小兵官请他吃晚饭。他自然把他的朋友都带了去,吃的人家一桌精光。巴兰舒就说道:"任你能吃多少,也不过一次只能吃一顿。"达特安吃了同伴的许多顿,自己不过请了他们一顿半,心里觉得难受,他却忘记这一个月内,大众所化的钱,都是他弄来的,反觉得叫他们受累,心里不舒服,要想想法子。他想到,四个年轻的人,有胆有力,不应该终日舞剑顽耍过日子;他们四个人既作了死友,只要把精神势力,好好的用,不管是日里,或是夜里,也不管是攻城,是挖地洞,或是智取,或是力取,那是无坚不破的。达特安想到这里,就后悔,为什么不早早的办起来。

自己在那里用心想,正是想的有味,听见有人来打门;他把巴兰舒叫醒了,去开门。看官不要把"叫醒"两字误会了,那时并不是晚上,也不是早起,正是午后四点钟;因为两点钟之前,巴兰舒要吃饭,达特安就告诉他一句俗话,说是"睡觉再得吃饭",故此巴兰舒只好睡觉了。再说那巴兰舒把门开了,领一个人进来,是个做生意人的模样。巴兰舒要听那人说什么话,谁知那人只要同达特安一个人说,不叫旁人听见,他说是极秘密要紧的事。达特安叫他的跟人出去,请客人坐下;停了一会,达特安点头,等那人说。那人开口道:"我听见达特安是个极有胆的人,我有一件极秘密的事奉商。"达特安请他说。那人停了半晌,说道:"我的内人,是替王后作针线的;人是极聪明,脸儿也好看,我是前三年娶她的。她可没甚妆奁,不过王后的一个心腹人,名拉波特①,是她的干爹,很关照她的。"达特安道:"怎么呢?"那人道:"她昨天从针线房出来,就不见了,我怕是被人拐了。"达特

---

① 拉波特(Laporte)。——译者注

安道:"你疑心是谁?"那人道:"有一个人,近来常在她身上用心。"达特安道:"岂有此理!"那人道:"他找我的女人,看来不是贪色,恐有别的奸谋。"达特安道:"你看其中是有诡计,你可知道是为什么事?"那人答道:"我不晓得这件事我该告诉你不该。"达特安道:"我就不问你,是你自己来说,有秘密事同我商量;说不说随你;你看不该说,就不说。"那人道:"不是的。我看你是个可靠的人,我很相信你;我老实告诉你,那个人掳了我的女人去,虽然不是因他同我的女人有什么爱情的事,却是因为一个很阔的女人爱情的事。"达特安要卖弄他也知道内廷秘密的本事,问道:"是波特里夫人么?"答道:"比这人还阔。"问道:"代吉隆夫人么?"答道:"还要阔。"问道:"施华洛夫人么?"答道:"还要阔的多。"达特安道:"难道是……"说至此,不敢大声说,只好低声了。那人低声答道:"是的。"达特安道:"同谁?"那人道:"还有谁? 就是同公爵①——。"达特安道:"就是公爵——。"那人道:"是的。"他们说话,说到名字,声音是甚低的。达特安问道:"你怎么晓得的?"答道:"我怎样晓得的?"达特安道:"你要通身告诉我。隐隐藏藏,是没用的。"那人道:"我的女人告诉我的。"达特安道:"你的女人,从那里听来的?"那人道:"她的干爹拉波特告诉她的。拉波特是王后的心腹人,故此把我的女人放在王后身边,叫王后时时刻刻有个心腹人。你是晓得的,王上是不大理那王后的,主教时时刻刻的找王后的错处,那些大臣们,也想害她。"达特安道:"我知道根源了。"那人道:"我的女人,前数日回家一次,从前原约定一个礼拜回家两次;我不妨告诉你,我的女人同我极相爱的。她那一次回来,曾告诉我,说是王后有极为难的事。"达特安道:"是么?"那人道:"是的。那主教天天想法害王后,因为萨拉班②那件故事,把王后恨的不可解。你晓得这故事么?"达特安道:"晓得,谁人不知道呢?"——其实他并不晓得,只是不肯认罢了。那人道:"主教不独恨王后,并且常常的借机会来窘他。"达特安道:"是么?"那人道:"王后还相

---

① 这里的公爵,就是指巴金汗公爵。——译者注
② 萨拉班(Saraband),一种跳舞的名儿。——译者注

信……"说到此，又不说了。达特安问道："王后相信什么？"那人道："王后相信有人冒她的名，写信叫巴金汗公爵来。"达特安道："冒王后的名？"那人道："是的。骗他来到巴黎，叫他入圈套。"达特安道："你的老婆同这件事有什么相干？"那人道："他们晓得我的女人是王后心腹人，要把她弄走了，或是吓唬她，叫她把王后的私事说出来；或是拿钱买她，叫她当奸细。"达特安道："这也许是有的。你可晓得谁把你女人掳去的？"那人道："我晓得。"达特安道："他叫什么名字？"那人道："我不晓得他的名字，我晓得他是主教的走狗。"达特安道："你看见过这人没有？"那人道："有一天，我的女人指把我看过。"达特安道："他有什么异相，可以叫人一见就认得？"那人道："有的。那个人，样子骄蹇的很；黑头发，黑脸，两只刺人的眼，太阳还有疤。"达特安听了，叫道："太阳有疤，黑头发，骄蹇的样子，眼光射人；这是我在蒙城会过的人。"那人道："你认得他么？"达特安道："是的。但是同你这件事不相干，你的人就是我的人，一拳可以报两仇。他现在那里？"那人道："不晓得。"达特安道："你不晓得他住处么？"那人道："全不晓得。有一天我送女人回宫，碰见他从宫里出来，我的女人指把我看。"达特安道："这件事，太没处抓拿了；影儿都没有。你究竟听谁说你的女人被人掳了？"答道："拉波特告诉我的。"问道："他可曾告诉你些情节？"答道："一点也没有。"问道："你从别处可打听些来？"答道："我接了……"说至此，又停住了。问道："你接了什么？"答道："我说了，恐怕不应该。"达特安道："你刚才说过了，你已经说到这里，不妨都告诉了我。"那人道："我就要说了。我邦那素①……"达特安道："你叫邦那素么？"答道："是的。"达特安道："这个名字好熟。"那人道："想是熟的，我就是你的房东。"达特安鞠躬道："原来你就是我的房东。"那人道："是的。你住在我这里已经三个月了，因为你的公事忙，你也忘了付房钱了；我不是催你交房钱，我并不因这事来罗嗦你。"达特安道："我的好房东，你这样体贴我，感领的很；只要是我办得到的事……"邦那素接住道："我极相信你，你的主意，我极佩服的。"达

---

① 邦那素（Bonacieux）。——译者注

特安道："既然如此,请你说罢。"邦那素从袋里掏出一封信来,交与达特安。达特安见了,喊道："有信么?"邦那素道："今早接到的。"达特安拆了信,那时天将黑了,跑到窗子前来看,那人随了来。那信上说道:

"你不用找你的女人,时候到了,自然回来;你若要找她,你自己先不得了。"

达特安道："说得倒也明白,没有别的,只是吓你的话。"邦那素道："够吓我的了。我不会打架,我也不想到巴士狄①那里去。"达特安道："我也不想到监里去,不过顽顽剑……"那人接住道："我把这件事全托了你。"达特安道："好的。"那人道："我看见你同特拉维统领的火枪手要好的很,他们是天下有一无二的人,我也晓得他们同主教是对头,故此我想想,你同你们的朋友,是喜欢替王后出力,保护王后的名誉,他们就是把主教的奸计破了,也是不怕的,也是要做的。"达特安道："那个自然。"那人道："那三个月的房钱,是到期的了,我还没有说起。"达特安道："不错的,你刚才说起了。"邦那素答道："我的房子,任你住到几时就几时,说到房钱,我们从此都不提了。"达特安道："你是客气的很。"邦那素道："我现在送你五十个毕士度。这件事体,是要用钱的。"达特安道："你实在见爱。我只好收了,谢谢你。邦那素,你很是个财主。"邦那素道："我一年可以混到二千来柯朗:有几个是我开栏杆杂货铺弄来的,余外是作别的生意发财的,你看……"说至此,忽然叫起来。达特安问道："什么事?"邦那素问:"那人是谁?"达特安问道："在那里?"邦那素指道:"在街上对过门口,披了罩袍的。"达特安道:"就是那奸贼。"邦那素道:"是他。"达特安喊道:"他这次可逃不了我。"说毕,拔出剑来,往楼下就跑;走到门口,刚碰见阿托士、颇图斯来找他,让他出来;他跑到街上,他们两个喊道:"你到那里?"达特安道:"就是蒙城的人。"答完,已经转了湾。

---

① 巴士狄(Bastille),巴黎城里的一个古堡,据说是一三七〇年顷法王查理第五所筑;后来这个堡就作为监禁政治犯的牢狱,有名的森严可怖;巴黎的平民极恨巴士狄,以为这是专制黑暗的象征。一七八九年,七月十四日,巴黎市民暴动,徒手攻破了巴士狄狱,夷为平地,于是法国大革命的壮剧就开始了。——译者注

他们两个是听见达特安说过在蒙城遇着一个人偷了他的荐书的事：阿托士不信上等人会偷信的,总以为达特安同那人打架把信丢了;颇图斯以为那个男子同那女人是有幽期密约的,被达特安碰的不凑巧;阿拉密说,这种事,内中藏了许多阴谋诡计,把这事发露了,是没甚好处的。现在阿托士同颇图斯两个知道他去找那仇人,不久就要回来的,只好等他;进门之后,看见没人,——那房东是胆子极怯的人,看见达特安跑了出来,恐怕惹祸,自己也跑了。

［据《侠隐记》,法国大仲马著,伍光建译述,沈德鸿校注,上海商务印书馆,1923 年 4 月出版］

# 二

# 劳苦世界(节选)[①]

[英]迭更斯

## 第一卷　播　　种

### 第一回　最要紧的一件事

话说有一天,在一个学校的课堂里。(这个课堂只有四面墙,罗锅背房顶,什么铺陈悬挂的东西也没有。)有一个人在那里说话,说得很郑重的。他的面貌声音,无一件不衬出他郑重的话。他的额像是一排四方墙,拿两道浓眉作墙脚,墙脚下两个洞,洞里就是两个眼睛,却被四方墙的额遮盖住。他的嘴又大又薄又紧凑,声音是又干又板,说话就同发号令一样。头上中间,是光了顶,四围却还有猪鬃那么硬的头发,很像几棵小松树,特为生在那里替他那光秃秃的头顶挡风。那头却是高一处低一处,很像一个烧坏了的硬皮饼。头顶凸出来的地方,很像是脑袋甲不够地方装

---

[①] 《劳苦世界》(*Hard Times*,今译《艰难时世》)原著者是英国作家迭更斯(Charles Dickens,1812—1870,今译狄更斯)。这是狄更斯于1854年发表的长篇小说,与其他长篇著作相比,篇幅最短而文字精练,从虚构的工业化污染严重的焦煤市展开故事情节,揭示了当时资本家和工人阶级的重重矛盾。该译作是 *Hard Times* 的第一个中译本,1926年12月由上海商务印书馆出版,校对者周颐甫。——编者注

他平生所最喜爱的事实。所有他的呆板举动,披的四方褂,挪动那两条四方腿,耸耸他的四方肩膀,扎一条死板板的领条,在胸前打了一个死板板的结,都很凑趣的帮助显露他说话的郑重。他在课堂里说道:"我要的是事实,不要教男女小学生别的东西,只要教他们事实,混世只要事实,别的什么东西都不要,都同我连根拔起来,也不种别的东西。凡是会思想的动物,只要拿事实去造成他的心,别的东西是毫无用处。我教我自己的儿女,就是实行这个主义,我也就用这个主义教这班小学生。先生是紧抱着事实要紧。"这个人每说一句话,总拿手指在教员袖子上画一条线,表示郑重。又说道:"在这个世界上,我们只要事实,别的都不要。先生,别的都不要。"他说完了,和一位教员,还有一位年纪大的人,往后稍退。他们的眼睛,左右的向小学生们一看。这班学生整整齐齐的坐在那里,好像是摆好了多少个小瓶子小罐子,张大口,预备满装事实。

## 第二回　滥杀无辜

且说那说话的,不是别人,就是姓加拉加兰(以下简称加拉),名妥玛,是一个讲实在的人,专讲事实,专打算盘。只晓得两个加两个就是四个,既不会多,也不会少的,别的都不管。他的衣袋里不装别的,只装的是尺、是秤和乘数表。无论见着什么,他只有拿尺秤乘数表计算计算,某人值多少,某人值多少钱;无论什么大小事,到了他的手上,都不过是一个加减乘除的题目,只拿十百千万去算答数。无论什么人,我们都可以拿令人相信的话灌入他脑袋里,惟有这一位妥玛加拉,是灌不进的。他无论见了什么人,心里都是这样对付。对于私交的朋友们是这样,对于公众也这样,对于这班小学生也是这样,不过改个称呼。对朋友们称先生,对小学生们称小孩子、小女孩子。他这番对小学生们说话,很像是一尊大炮,炮膛里装满了事实当弹子。只想放一炮,就要把小孩阶级时代打消个精光,立刻就变成大个人。加拉伸出一双四方手指说道:"第二十号女孩子,我不认得他,谁是这女孩子?"那第二十号女孩子,脸红了,站起来,哈腰,答道:"先生,我叫西西周普。"加拉说道:"西西不是名字,不要喊西西,应该喊西西利阿。"那女孩子再哈腰,抖抖的答道:"父亲叫我西西。"加拉说道:"他不该这样叫你。你回去告诉他,不许这样叫你,只许叫西西利阿周普。让我看看,你父亲是干什么的。"女孩答道:"先生,他是骑马的。"加拉绉[皱]了眉头,用手一摆说道:"我们在课堂里,不谈这个。你不该告诉我们的。你的父亲是驯马的,是不是?"女孩答道:"先生,他们若是买着生马,就在马戏场里头教练生马。"加拉说道:"你不该说马戏场,你就说的,你父亲是教练马、医马的?"女孩答道:"是的。"加拉说道:"很好,你父亲是个马医,是个钉马掌的,是个教练马的。"又说道:"马是什么,你告诉我马的界说。"(西西被这一问难倒了,害怕起来。)加拉对众学生说道:"第二十号女学生不知道马的界说。对于这样平常的东西,也不知道。第二十号女学生,脑袋里一点事实都没有。男学生们告诉我马的界说吧。毕左尔,你说吧。"加拉的四方手指,指来指去,忽然指住毕左尔。那时候太阳光从窗子射入来。先射西西,后射毕左尔。男女学生是分两边坐,中间隔一条路。西西是黑头发黑眼睛,毕左尔头发眼睛颜色淡得多。毕左尔一双冷眼,头发黄短,皮肤无血色。毕左尔见问,答道:"马有四个脚,吃草,共有四十个牙。二十四个是磨牙,四个尖牙,十二个门牙。春天换毛,生在泽地的还换蹄。蹄是硬的,要钉铁掌。看马口就晓得马的年岁。"加拉说道:"第二十号女孩,你听见了,你晓得马是什么了。"那女孩又哈腰,又红了脸。毕左尔两眼瞪一瞪加拉,拿手腕揩揩他那有花班[斑]的额,坐下来。这时候那第三个年纪略大的人走上前,这一位是个官,是政府的视学员,好像是个打拳的名手,好讲操练,好奋斗,好挑剔。他以为世界上的事,只要都归了他们视学员管,那时候世人真是享千载一遇的幸福了。这个人笑一笑,交叉两手,说道:"很好,这就是马。我来问问你们,你们若是裱糊房子,用不用印了马的花纸?"停了一会,有一半学生喊道:"先生,用的。"那一半看见这个人的神气,知是答错了,喊道:"先生,不能用。"那人道:"自然不用。为什么要用呢?"又停一会,有一个学生,是个胖子,很笨的答道:"我不用纸裱糊房子,我要用油。"那位视学,有点生气,说道:"一定要你裱糊。"加拉也说道:"不问你喜欢不喜欢,一定要裱糊。不要告诉我们,你不裱糊。你是什么意思?"等了一会那学生答不出来。那人说道:"我解说给你听,为什么不用印马的纸裱糊房子。你看见过马在墙上走上走下吗?有这样的事实吗?"有一半答道:"先生,有的。"那一半答道:"先生,没有的。"那视学很生气的,向那答错的学生说道:"自然没有。你看不见事实的?无论在什么地方也不该看见。既是无这事实,毋论什么地方也不该有这事实。什么叫做好尚?都不过是事实。"加拉听了这几句话,点头赞成。那视学又说道:"这是个新主义,新发明的,是个很重要的新发明。我现在又要考你们,譬如你要在房间铺地毯,好不好用织花的地毯?"这班小学生到了这时候,以为对答这个人,说个不字,必定对的。于是答不用的居大多数,说用的不过有限的几个,这几个里头却有西西。那人笑笑的说道:"第二十号女生。"西西脸红了,站起来。那人说道:"你要用花地毯铺你的房子,或是铺你丈夫的房子,这是假定你长大了,嫁了丈夫的话。你为什么用花地毯呢?"西西答道:"先生,因为我很爱花。"那人问道:"你是不是因为喜欢花,把桌子椅子放在地毯上,又让人穿了原重靴,趷这花毯呢?"西西答道:"这都伤害不了那花。先生,这花既不枯萎,人也趷不坏。地上铺这种毯子,就是一幅很好看很令人爱的画。我心里设想……"那人很高兴抓着了话柄,说道:"嗳,嗳,你不许设想。你从此以后永远不要有什么想象。"加拉也很郑重的说道:"西西利阿周普,你不要想,这种事都不要作。"那人说道:"只要事实!事实!事实!"加拉也说道:"事实!事实!事实!"那人说道:"毋论什么事,惟有让事实调度你,管束你,我们盼望不久就设立一个事实局,派的事实员,强逼人人作事实人。别的都不要,只要事实。你要把设想这两个字废了不用,你用不着意想。毋论对于有用的事物,或是饰观的事物,凡与事实相反的,都不必用在事实上。你不在花上走,那就不能让你在花毯上走。你向来没见过外国鸟、外国蝴蝶飞来你的杯盘碗盏上,那吗[么]就不能许你在杯盘碗盏上画外国鸟外国蝴蝶;你向来没见过马在墙上走上走下,你就不能在墙上画马。大凡对于这些事,只能用凑合修改各种算学书里的形式,因为这些形式都可以用算法证实,又可以实验。这是新发明的道理,这是事实。这就是好尚,这就是雅俗之分。"西西听完,哈腰,坐下。他年纪很小,听了这一串事实,未免有些害怕。那人说道:"加拉先生,由你请马初金先生教一课。我要领教领教他的方法。"加拉谢谢说道:"马初金先生,我们候你了。"这位教员马初金先生,从前同一百四十多位教书先生同时在一个师范学校制造出来的,很像是一个制造厂造出来的琴床腿,条条都是一个样,什么步骤都依样走过,什么为难打破头颅的问题,也答过。拼音、字源、造句、韵学、传记、天文、地理、宇宙学、比例、代数、测量水平、唱歌、摹画,无不烂熟。经历过多少辛苦,好容易才熬到钦定第乙级的资格;所有什么高等算学、物理学、法文、德文、拉丁文、希腊文都考取及格。天下的分水岭,所有人种的历史,天下的山名、水名、出产、制造、国俗、国界、罗经三十二问,无不知道。嗳,马初金先生脑子里的东西,塞得太多了。假使他塞得少些,他还许可以多把别的事理,教教学生。且说这位教员,果然就去弄那预备课,他与四十个强盗的故事里头那摩吉安不同,不是每个油坛都看过,看看里头装些什么(事见《天方夜谈》①)。作者要对马金初[初金]先生问句话,你把熬滚的油,往坛子里灌的时候,你是不是把藏在里头的想像力以为是强盗,立刻一个一个都要烧死? 还是有时不过烧伤他,或把他弄残废了?

## 第三回　漏　洞

　　且说加拉从小学校走回家,心里很满意。因为这是他立的小学校,要作个模范,要把小学生们,制造成模范,也同他自己家里孩子们,个个都教养成模范一样。他家里有五个儿女,个个都是模范,从小的时候起,受了许多教训,很同野兔被猎狗追逐一样。他的儿女们一会走,就入课堂。他们还记得,小的时候入课堂,有一块大黑板,还有一个干枯会吃人的怪物,在黑板上画白色的鬼怪。他们并不晓得会吃人的怪物,作者不过借用这

---

①　即《天方夜谭》,又名《一千零一夜》。——编者注

个名称,表示课堂里讲书的怪物。他的怪头不知是多少个头拼拢成一个的,硬把孩子们头发抓住了,拖入塞满统计表的山洞。这些小加拉们,从来不晓得有月亮歌,也不晓得小星星闪闪光的歌。他们五岁就晓得生宰大熊①同奥温大教授剖解动物一样。平常小孩子们都读过的一段故事,说老鼠怎么偷麦芽糖吃;猫看见了,怎样吃那老鼠;狗看见了,怎样去骚扰那猫;母牛看见了,怎样把两只角触那只狗。加拉家的孩子们,都不晓得。还有一段故事说的是一条母牛,把一个小孩子名叫大拇指的,一口吞了,他们也不晓得。这些很有名的故事,他们全不晓得,只晓得母牛是吃草的,会反嚼的,肚里有几个胃。再说加拉的家里头,装满都是事实。他就起个名字,叫他的住宅作石屋。他原开的是铁器行,现在总算是归隐了,正要找机会当一名国会议员。这个石屋,盖在一个旷泽上,离一个大市镇名焦炭市有几里路。这所住宅是个四方形,门口有一个大前廊,盖住了许多窗子,也就同加拉的四方额盖住他那两只眼一样。这所房子,简直是用了许多心计,计算过,实验过,比较过的。大门的左边六个窗子,大门的右边,也是六个窗子,左翼十二个窗子,右翼十二个窗子。一块草地,一个花园,一条小路,样样都是逼直的,好像植物家的册子。有煤气,有通风,有沟,有自来水,样样都是头等的。用的铁零件很多,从地脚至房顶,都是可以避火的。还有升降梯,为女仆们设的。真是从心所欲,样样都有。那小孩子们,有许多橱柜,满装各种科学的东西。一个橱装介类壳子,一个橱装炼冶学的东西,一个橱装矿质,一石一砂,都摆得很整齐。每样都有纸片,写了名字。老加拉往前走,一脸都是希望,一脸都是得意之色。他有他的一种慈爱,若是有人问他是个什么样的父亲要他一个界说,他就许说他是个超等的实事求是的父亲。他很得意的自称为超等实事求是的人,以为这个名称他最配用。无论焦炭市开的什么会,无论会里提议什么事,到会的人,总要称他是超等实事求是的人。他听了,非常之喜欢。他往前走,正走到市镇与旷野交界的地方,听见音乐声。原来那里搭了板棚演马

---

① 中国之紫薇垣也,英国名大熊。言五岁学天文也。——译者注

戏,鼓乐吵得很热闹。上面扯了一面旗,写了几个大字:士拉里马戏。士拉里是个大胖子,在一旁收钱。女戏子有士拉里小姐耍马,男戏子有周普耍狗,又耍三千六百斤重铁块,举过头顶,接连往背后摔。他又会说笑话,还耍演一段小戏,叫裁缝旅行,这都是戏单上说的话。加拉是个讲事实的人,自然不理会这种极不相干的事,但是一转湾[弯]就在马戏场的背后走过,看见一群小孩子偷偷的向马戏场里面张。加拉看见,就停了脚,说道:"这班游棍,把我模范小学的学生,都引诱坏了。"刚好那群小孩偷看的地方,同他所停脚的地方,是块草地,堆了好些垃圾,不好走过去,只好戴上眼镜远望,看看有认得的孩子们没有,好哄他回去。他不看还罢了,一看更令他惊异。那里晓得这群孩子里头,就有他自己的专学炼冶的女儿路伊沙,从板缝向里张,还有专门算学的儿子妥玛,爬在地下张,只要看见马蹄也是乐的。加拉见了,大怒,说不出话,也顾不得垃圾堆,走过去,一只手抓住一个孩子,喊道:"路伊沙! 妥玛!"两个孩子抬起头,吓晕了。路伊沙胆子大些,还敢看他父亲的脸。妥玛是不敢,变了一个死物任他父亲拖回家。加拉一手领着一个孩子,说道:"这事太怪了,你们为什么这样懒,这样没出息,到这里干什么?"路伊沙答道:"我要看看马戏到底什么样。"加拉道:"你要看看是什么样么?"路伊沙答道:"父亲,是的。"这两个孩子满面都是不高兴。那女孩子更甚,流露出孩子们好奇、好看新鲜事物,不能达到目的的痛苦,却还有磨灭不了的一线活泼生机。虽有光,却无物可照;虽有火,无物可烧;虽有造想能力,却无可运用的事物,很像盲人寻路一样。路伊沙现时已有十五六岁,他父亲也想到,一转眼就是个成人。这女孩子长得很美,他父亲以为若不是受那种家庭教育,一定变作一个自以为是的倔彊[强]女子。加拉对儿子说道:"你受过教育,消遣的事体多咧,我倒想不到,你会把你的姊姊①带来,看这种东西。不是我亲眼看见这事实,我真难相信。"

路伊沙答道:"父亲,我带他来的。是我要他来的。"加拉道:"我听了

———————————

① 后文中均译为"妹妹",此处可能是译者一时疏漏所致。——编者注

很难过。这样一来,不见得妥玛好,只显得你更不好。"女孩子看看他父亲
的脸,却并不流泪。加拉很生气,说道:"你呀,各种科学都任你同妥玛学,
你同妥玛脑子里装满的是事实,你同妥玛受了多少教练,练到确切精密,
同算学一样。你们两个人,怎样堕落到这样卑下地位,我实在是非常惊
异。"路伊沙答道:"父亲,我厌倦了,我早已厌倦了。"加拉很诧异的问道:
"厌倦了么? 你厌倦什么?"路伊沙答道:"我也不晓得厌倦什么。我看,我
无不厌倦的。"加拉道:"你再不要提一个字,你还是小孩子性格,我不再听
你说了。"他往前走了一里多路,一声也不响,忽然很慎重的说道:"路伊
沙,你的最好朋友,若知道了,说什么呢? 你能不管他们对待的好意思么?
班特比若听见了,说什么呢?"他女儿一听他提出这个名字,偷偷的看了他
父亲一眼,这一眼,却是很留心,很有深意的。加拉却不觉得,他看他女儿
的时候,他女儿先已低了头。加拉又说道:"班特比说什么呢?"他一路领
着两个儿女回到石屋。在路上走的时候,过了一会,又说班特比说什么
呢,说了好几次,好像把班特比当作格兰第奶奶①。

## 第四回　班特比

　　话说班特比既然不是格兰第奶奶,究竟是谁呢? 原来班特比,是加拉
的心腹朋友。不过班特比是个毫无感情的人,加拉也是一样。两个这样
的人,是否能够作心腹朋友,却是个疑问,配不配用心腹朋友四个字? 这
两个人,虽是非常之接近,却也距离得非常之远。班特比是个很有钱的,
同时又是个银行家、商家、制造家,还是无限若干的什么家、什么家。他是
一个大个子,说话声很大,两只好瞪人的眼,笑的声音,像铜铁的响声,是
个粗坯。大头大额,头上血管暴胀。脸皮绷得很紧,撑得他那两只眼很
大,扯得他两道眉很高。他的脸像个气球灌满气,就快要向天飞的样子。
嘴里总不停的夸口,说他自己是个白手兴家的人,总要夸张他从前怎样的

---

① 　格兰第奶奶亦是小说中一个人物,专好批短论长,说人闲话的。——译者注

贫贱,怎样的无学问,什么都不懂,专好以出身微贱自豪。他比加拉小一两岁,却比加拉显得老些,现时不过四十七八岁,倒像是五十五六岁的人,头发很少。人家也许以为他说话太多,把头发说丢了好些。头发虽少,却是乱蓬蓬的,大约是因为被他夸张的口风刮乱了。且说他走到加拉的石屋,站在火炉前取暖,对加拉夫人谈到他自己的生日。他所以要站在炉前,一来因为春天的午后虽有太阳,还带点寒气;二来因为客厅很阴,湿气逼人;三来因为这个地点,仿佛是个要塞,居高临下,可以压服加拉夫人。他说道:"我小的时候,那里有鞋子穿。说到袜子,我小的时候就不晓得袜子是什么东西。白天是在沟里过活,晚上是睡在猪栏。我十岁的生日,就是这样过的,在沟里过活。在我并算不了什么稀奇的事,我原是在沟里出世。"那位加拉夫人,是一个瘦小脸无血色带着两只红眼的一个人。不分日夜,都用围巾颈巾之类,裹成一堆。身体既弱,知识更不强,常常的吃药,吃来吃去,是毫无效果,算得是个活死人。有时偶然透露点生机,又被一件事实压倒了。他听见班特比说是在沟里出的世,加拉夫人生了关切的心,问道:"那沟是个干沟么?"班特比答道:"不是的。很湿的,足足有一尺深的水。"加拉夫人道:"生下来的小子,不受凉吗?"班特比答道:"只受凉就完了吗? 我一生下来,就得了肺炎病。不独肺炎病,大约什么炎的病都得着了。玛当,我小的时候,总是个多病最可怜的孩子,不知受了多少年的罪,终天日夜,只听见我哼。穿的衣裳是极破烂的,身上是极汗秽的,你若看见我自然不肯摩[摸]我。那怕你拿了一双火快[筷]子,也不肯摩我。"加拉夫人听了,说不出什么话,只好两眼看看火炉前的火快[筷]子。班特比又说道:"我不晓得我当日怎么样打出这世界的,我猜总是因为我有坚定性。我后来很有坚定性。推想从前,大约也是有坚定性。加拉夫人,你看看现在的我,不管怎样,我居然到了现在的地位。我无人可感谢,只感谢我自己。"加拉夫人声音很微的、很驯顺的问道:"我盼望你的母亲……"班特比立刻拦住,答道:"我的母亲么? 我的母亲,早逃走了。"加拉夫人一听,吓坍了,说不出话来。班特比说道:"我的母亲,把我交给外婆,就逃走了。我还记得,我的外婆是世界上有一无二的最恶最坏的女人;我还记得,我不知道怎么样弄了一双鞋子穿,才穿上,就被我的外婆脱下来,换酒吃;我又记得,我的外婆在未吃早饭前,睡在床上,一连喝了十四钟酒。"加拉夫人听了,只微微的一笑。班特比又说道:"我的外婆,开杂货店,我睡的是一个鸡蛋箱。一直等到我长大,能跑了,我就逃跑,就变了个小流氓。从前是受一个老婆子糟蹋我,饿我。自从变了小流氓之后,就受年纪大的、中年的、年纪小的、各种样的人,饿我,糟蹋我。我不怪他们,我是个讨厌东西,是个累坠[赘]东西,是个传染病,无怪他们这样待我。"班特比说到这里,非常之得意,把他是什么东西,什么东西,一连说了三遍,声音是非常之响。他又说道:"加拉夫人,我猜我那时候只好混过去。玛当,不知怎么,居然让我混出来了,并无一个人摔条救命揽救我,我居然混出来了。先前是当流氓,后来是当小跑街,又当流氓,其后当苦工、当看门、当书记、当经理、当小股东,当到焦炭市的约时阿班特比。一级一级的爬,从最低爬到最高顶。约时阿班特比,未曾在学校里读过书,他是在街上认的字。他从前不晓得看钟,还是一个当过贼、一世当流氓烂醉到走不动的一个人,教我看某教堂上的大钟,我才晓得什么叫作时候。人家常对我说什么村学校、模范学校,什么教练学校,什么这种学,那种学,令人难懂的学校。我老实对你说,这都很好,很正当。班特比却全未得过这些利益,但是只要有铁头颅、铁膀臂的人,这样人所得的制造成他的教育,却不是人人都合宜的。这样的人所受的教育不过如此。你虽然可以强逼他吞熬滚的油,却不能强制他埋没他一生所经历的事实。"班特比说到这里,说得极热闹,就停住不说了。刚好他的最有名实事求是的朋友加拉,走进来,还领着犯了事的两个儿女。这位最出名实事求是的朋友,见了班特比,也立住了。两眼看看路伊沙,颇露怪责他的意思,心里好像是要说:你看见班特比吗?班特比嘴里虽是说妥玛,眼睛却看看路伊沙,说道:"闹了什么事?妥玛为什么不高兴?"路伊沙两眼不向上看,很骄傲的说道:"我们偷张马戏,被父亲看见了。"加拉对他的女人说道:"我想不到他们会偷张马戏,如同我想不到他们会读诗一样。"加拉夫人微微的说道:"了不得!路伊沙,妥玛!你们怎么作这样的事,我觉得奇怪。你们真够使我后悔生你们作什么,我真想说不如无儿女的好。我却要晓得你们偷张马戏,打算要怎么样?"加拉听了这几句话,不甚以为然,很不耐烦的在那里绉眉头。加拉夫人又说道:"我现在头疼得扑同扑同的跳,还不够受的。你们为什么不去看看橱里的矿质标本,各种蛤蜊壳子?为什么一定要张马戏?你们很晓得的,少年人无教马戏的先生,也不把马戏装在橱柜里,也没得少年人去听大教授讲马戏的。你们为什么一定要晓得马戏呢?你们因为无事好作么?我却晓得你们很够忙的了。我的头现在疼到了不得,我记不得一半你们应该留意的事实。"路伊沙撇嘴答道:"就是因为这个道理。"加拉夫人道:"你不要说就是因为这个道理,我晓得不是的。你们还是去弄弄什么学什么学罢。"加拉夫人并不是个科学家,他吩咐他们去埋头科学,只好这样说。作者说句真实话,加拉夫人的头脑,装不了多少事实。但是从前加拉抬举他,娶他作夫人,却有两层道理:第一层为的是打算盘,娶了这位夫人,是很满意的;第二层,这位夫人是完全没得思想的。作者也知道,是一个人,十分有九分是个傻子,就到了完全无思想的程度了。话说这时候只剩了他的男人,同班特比,在他面前,他更傻了,只好又恢复到活死人的地位,也就无人去理他。加拉把椅子挪近火炉边,说道:"班特比,你向来很关切我的孩子们,你对于路伊沙,尤其关切,我不必同你说客气话。我看见他们偷张马戏,心里有点烦恼。我是很有规则的教儿女们道理。教育只好教他们道理。据今天的事体看来,偷张马戏,不过是件小事,好像是路伊沙、妥玛心里有什么外物侵进去了。从教育上说,原不要这种事体发达,同道理是毫不相干的。"班特比答道:"特为的跑去偷张一班流氓,原是毫无道理。我当初当流氓的时候,谁特为去留意看我呢?"他的最出名实事求是的朋友,两眼看火说道:"这种很俗的好奇念头,从什么发生的呢?"班特比答道:"我告诉你吧,是从无谓的造想力发生的。"加拉答道:"我盼望不是的,但是我在路上,也想到这一层。"班特比又说道:"是无谓的想像。凡一个人有了无谓的想像,都是不好的。女孩子们如同路伊沙,有了无谓的想像更不好。我用这种重字眼,望加拉夫人不要见怪。但是他晓得我不是个斯文人。凡以我为斯文人的,都要大失所望。我并未受过斯文教育。"加拉两只手伸入口袋,两只眼看火,寻思的说道:"不晓得底下人们,或是教员们,曾否同他们提过什么,也不晓得路伊沙、妥玛读过些什么书。我们虽然是很小心的,不许他们读那些无谓的小说,不晓得我家里有这种书进门没有。因为他们从小受的教育,都是叫他们跟住直线走的,怎么会这样呢? 我实在不懂。"班特比说道:"且慢,你的小学校里,不是有一个云游戏班的孩子在里头吗?"加拉受了一惊,说道:"他叫西西利阿周普。"班特比又说道:"等等,他怎么进学校的?"加拉道:"这个女孩子,我刚才是初次见着。他不是本市人,特为到我家求进校的。班特比,你说得不错。"班特比又说道:"等等,这女孩子来的时候,路伊沙看见他么?"加拉道:"原是路伊沙来告诉我,这女孩子要进校读书。但是路伊沙见他的时候,他的母亲是在场的。无疑的了。"班特比问加拉夫人道:"见面时是什么情形?"加拉夫人道:"嗳,我的病体。那女孩子要进校,加拉要女孩子们进校,路伊沙同妥玛都说这女孩子要进校。加拉要女孩子们进校。既然是这样,怎样能够反对他们呢?"班特比说道:"加拉,我告诉你罢,你把这女孩子哄出校,就完了。"加拉道:"我也是这个主意。"班特比道:"我从小到现在,都拿住这个宗旨:要作就立刻作。我从前打定主意,不肯睡鸡蛋箱,不肯同外婆在一起,我立刻就逃走。你也照这样办罢,立刻就办。"加拉问道:"你愿意步行吗? 我有这女孩子父亲的住址,他还可以同我一道走到市上去吗?"班特比道:"可以之至。只要你立刻就走。"班特比立刻把帽子抛上头。他向来是抛帽子的,好像是要表示他太过忙,没得闲工夫去学慢慢的戴帽子。又把两手插入口袋里,走出客厅。他常说道:"我向不戴手套。我爬到世界顶,并未戴过手套。假使我戴手套,就爬不到现在怎么高了。"他一个人在那里走来走去,当下加拉上楼拿住址。开了孩子们的书房门一看,房里铺了布毯,四围摆列各种标本橱、科学器具橱,很有一种肃穆气象,却很像一间理发店。看见路伊沙无精打采靠着窗户往外看,却并不看什么东西。妥玛对着火炉醒鼻子。他还有两个小儿子,一个叫亚当斯密①,一个叫摩鞑士②。已经有跟人押住去听大教授讲演了。还有一个小女儿,刚才把石笔在石板上,磨出许多泥,和着两行眼泪,涂得满脸泥,伏在满石板上的命分题目,睡着了。班特比对孩子们说道:"路伊沙,不要紧,没得事了。妥玛,都不要紧了。你们不要再偷张马戏就完了。我可以替你们同你们父亲说情,也就都没事了。路伊沙,这还值不得接吻吗?"路伊沙答道:"你可以接一次吻。"于是走过去,很不高兴的,抬起脸来,却不把脸向班特比。班特比说道:"你永远是我的宝贝,路伊沙,是不是? 路伊沙,暂别了。"班特比走出去了,路伊沙站在那里,掏出手帕子,用力去擦受过接吻那一方的脸。擦到发红,还不算数。过了五分钟,又用力擦。妥玛问道:"路伊沙,你干什么? 你要把脸擦出一个洞么?"路伊沙答道:"你只管拿刀子来,把这一方的脸挖去了。我一定不哭。"

## 第五回　领　音

话说焦炭市这个地方,是从事实得来的胜利,完全是看不见一点思想,也同加拉夫人一样,作者且先把领音弹给读者听听,再弹曲调。这个地方,全是一堆一堆的红砖。假使不是煤烟熏久了,至今还是红的。现在是还有些红却有许多黑,很像野人脸的颜色。到处都是机器,都是高烟囱,不停的冒烟,盘旋上升,好像多少条蛇。向来未见过冒别烟有别直往上的。地下有一条运河,水是黑的。又有一条河,水是紫的。河水里有许多颜料气味,十分难闻。墙上许多窗子,终天日夜透出轰轰的战动声音。市上有几条大街,都是一样的。还有几条小街,也是一样的。住在那里的人,也都是一样的。同时出门,同时归家。走路的声音,都是一样的。所作的事,也是一样的。明天同昨天一样,后天又同昨天一样。明年同今年

---

① 英国理财学家始祖。——译者注
② 著《人口繁殖论》。——译者注

也是一样。制造出来的东西，是走遍全球。在市上一看，看不见什么，全是工作，却有十八家宗教派，都在这里建了教堂，一律是红砖造的。只有一个新教堂，稍为不同。厂房墙上，写的一律是黑地白字。监狱可以当病院，病院也可以当监狱，因为是一样的建筑。市政厅也可以当监狱，也可以当病院，也可以当监狱病院拼在一起，反正没得什么分别。看这市上的景象，都是事实。事实，看这市上的物质，也是事实。事实，马初金先生的小学校，是个事实。画样学校也是事实。资本家同工人的关系是事实。这市上一头是坟地，一头是产妇院。从坟地到产妇院，中间都有事实，除了有数目可算的，除了可以买贱卖贵的，其余都不算什么，都不能成世界。这个只讲事实的制造市，自然是很有好效果，进行很好的了，但是却不尽然。为什么呢？读者须晓得，这焦炭市上，发生出来的，并不是都是炼过的金子。第一层要同这十八家宗教派的教堂，同什么人有关系呢？同别人许有关系，同工人们却丝毫无关系。最奇怪的是，每逢星期早上，教堂只管撞钟，钟声只管把病人同神经弱的人吵个不休，吵到他们几乎发狂，却唤不醒几个从家里走出来的人，在街上闲逛的人，在街头巷尾说闲话的人进教堂。这种情景，不独是外来的人看得清楚，本地人也很晓得。因为本地有个什么会，会友们常在议院说话，要议院定一条法律，强逼工人们虔奉宗教。后来又设一个戒酒会。会里的人常说，工人总好吃醉。报告上也说是工人总要吃醉。茶会上也说，无论用人事引诱他们，或用天事引诱他们，他们总好吃醉。药店的掌柜们，也列表报告，说是凡不吃酒的人，却吸鸦片烟。监狱的教士也有报告，报告得比别人加倍详细。说是这班人，专喜欢到下流地方，人所看不见的，听唱下流歌曲，看下流跳舞。有时还许和歌，还许同跳。有一个犯人某甲，来年就是二十四岁，犯了独禁十八个月的罪。供说，他是在那下流地方学坏的。假使不然，他还是第一等有道德的人。还有现时在街上走的班特比、加拉两位，是有名实事求是的，也曾列表报告，全是根据他们耳闻目见的情形，是非常的切实。常对人演说道："众位朋友，这班工人都是坏人，无论替他们怎样出力，他们都是不感激的。这班工人，是最好骚动生事的。他们自己也不晓得到底要什么。他们过的是极好的日子,吃的是新鲜黄油,喝的是摩伽咖啡。他们买肉,肥的也不要,半肥半瘦的也不要,专买头等上上瘦肉,却还是永不满意,总驾弄不了他们。"总而言之,有几句孩子唱的歌,说得最好,那歌说道:

"老婆子,作什么? 终日什么都不作。只会吃,只会喝。吃饱了,喝足了,老婆子,还是不老实。"

作者写到这里,就要设一个疑问。问的是:焦炭市的工人,同加拉家里自己的儿女,有相同的地方没有呢? 若是有人告诉我们(只要是有正当知识,晓得数目的),说这市上工人安生[身]立命要素中有一件最要紧的,这几十年来特为的不去过问,我们能相信吗? 工人们的造想能力难道不应该让他发现吗? 难道就无人晓得枯寂无味的工作,越长越无味,就越要求解脱,求放弛,养养性情,振振精神,给他们有孔出气,例如放假之类,或者和着音乐正经跳舞,如同偶然吃点轻松点心(马金初[初金]先生还摸不着吃咧)。这种放弛,是一定要的。众人就可以安然无事。缺了这个,是一定生事的。除非是把天地造化的公例废去了。且说加拉同班特比在大街上走。加拉说道:"那个人住在某街,我却不认得,你认得吗?"班特比只晓得是在那一头,却不晓得究竟在什么地方。他们于是立住脚,四围望。刚好有人从街角跑转过来,满脸害怕的样子。原来是个女孩子。加拉认得的,喊道:"站住,站住,你往那里跑?"原来这就是小学校里第二十号的女孩子。立刻站住,喘气,一面向加拉哈腰。加拉说道:"你为什么在街上乱跑,像个什么样?"女孩喘气答道:"有人追我,我只好跑开。"加拉说道:"有人追你? 谁要追你?"他这一问,刚好就有一个孩子跑来。这就是答他的一问。这男孩子就是毕左尔。这孩子如飞的跑来,不留神正撞着加拉腰间。那反动力把孩了反推到墙上。加拉问道:"这是什么意思? 你干什么? 你怎么胆敢撞人?"毕左尔拾起被碰打跌的帽子,一面往后退,一面拿手腕揩额,说是不小心,偶然撞上的。加拉问道:"周普,是这孩子追你么?"那女孩子有点不甚愿意的答道:"是他。"毕左尔答道:"不是的。等到他跑离我,我才追他的。马戏的人随嘴乱说。"又对西西说道:"你也晓得的,马戏的人是随嘴乱说,是著了名的。市上的人都晓得。""先生,马戏班的人却不晓得乘数表。"这句话是对加拉说的。毕左尔要试这句话有什么效果。女孩子说道:"他拿怪恶脸吓我。"毕左尔又说道:"哦,你也是马戏人么? 先生,我连看也没看他,我问他明早可能把马的界说说出来,我愿意再告诉他一遍,他就跑了,我追他,为的是如果再问他,我教他该怎样答。他若不是马戏班的人,他不会这样说谎的。"班特比说道:"这女孩子的行业,原来人人都晓得。不到一个礼拜,全学校的人都要一排一排的,偷张马戏。"加拉答道:"可不是,我也是这样想。""毕左尔你掉过头回去,周普站在这里等等。小孩子,你若再让我听见你这样的乱跑,我告诉你的先生,你就明白了,你听见了吗? 走你的。"那小孩子很快的张眼闭眼,拿手腕揩揩额,又看了西西一眼,掉过头走了。加拉对西西说道:"你领我同这位先生到你父亲家里,你拿的瓶子里是什么?"班特比代答道:"烧酒。"西西答道:"不是的,是一种九料油。"班特比问道:"什么?"西西答道:"是九料油,父亲用来擦身的。"班特比笑道:"你父亲用这个油作什么?"西西答道:"先生,我们的人在马戏场上,受了伤,都用这种油擦。"一面说,一面回头看那孩子走了没有。又说道他们有时受伤受得很重。班特比说道:"那班游手好闲的人,也该叫他们受伤。"西西听了,又害怕,又诧异,两眼看看班特比的脸。班特比说道:"这算什么,我比你小四岁的时候,受过重伤,什么油都擦不好,我却不是耍把势受伤,是被人碰来撞去的受伤,我不是跳索子,我是在平地上跳挨打的。"加拉这个人,已经够苛刻无情的了,却不是班特比那样无情而又粗暴。作者说句公道话,加拉这个人,并不是个暴虐人,假使不是向来太好打算盘,他还是个慈善人。且说他们往前走,走入一条小街,就问道:"这就是某街么?"西西答道:"是的,这就是我们的家。"那时天将晚,西西就停在一间极下等的小酒店门前,里面有些暗淡发红的灯光。西西说道:"走过这个酒柜上楼,请等一等,我去找蜡烛,若是听见狗吠,那就是我们的狗,名叫快腿,他只管吠,不咬人的。"班特比笑道:"又是什么九料油,又是什么快腿,一个白手兴家的人,怎么走到这里来了?"

## 第六回　马　戏

话说这个小酒店,名叫飞马店,招牌字底下,还写了几句诗,说道:

"好大麦,酿的好皮[啤]酒,走进来,就倒给你喝。好葡萄酒酿的好白兰地,试请进来尝尝好酒味。"

酒柜后面挂了一个架子,画的也是一匹飞马,满身金星,缰绳等等是红丝制的。他们两位先生,走上很陡的楼梯,站在黑暗里等蜡烛,提防狗吠。等到西西拿了蜡烛来,那狗却不吠。西西很惊讶的,走回头说道:"父亲不在房里,请两位进来稍坐,我去找他。"两位走进去,西西端两把椅子,请他们坐下。他赶快的走出来,去找他的父亲,这房子又底[低]又小,只有一张床,有点贱家具,墙上挂了一顶破戏帽,是周普登场演戏说笑话的。此外什么戏服,什么平常穿的衣服,都没有,狗也没有。只听见楼上开门关门声,是西西向各房间找他的父亲,过了一会,听见很响的惊讶声音,西西一会子跑进房来,打开一个破箱子,箱子里什么也没有,合着两手,满脸现出惊慌,说道:"父亲一定是往戏棚去了,我不晓得他为什么要去,但是他一定在那里。我一会子就把他找来。"帽子也不戴,披着黑而长的头发就走了。加拉说道:"这女孩子是什么意思? 一会子就来? 马戏场离这里足有三四里路。"班特比还没答话,就有一个少年,在门口,自己介绍说道:"请让我进来。"两手插入口袋,就走进房子来。这个人瘦而黄,脸上胡子剪得精光,满头黑发,两条短而壮的腿,前胸后背都很宽,窄衫窄裤,披了颈巾,满身是灯油味、甘草味、橘子皮味、马料草味、木屑味,又像是戏子,又像是马夫,这就是马戏单上说的齐立得,著名会翻筋斗。他演戏的时候,还有一个小孩子带着老人脸,说是他的儿子,跟他耍。有时拖他一条腿背在身后,有时把他托在手上,小孩的两脚朝天。这时候也跟着来,齐立得说道:"是你们两位找周普么?"加拉答道:"是的,他的女儿已经出去找他。我们不能久等了。我留个口信,托你代转罢。"班特比接着说道:"我们知道时候是值钱的,你们是不知道时候值钱的。"齐立得把他从头看到脚,驳他道:"我认不得你,若是你说,同在一个时期内,你弄得钱多,我弄得钱少。据我从你的表面看来,你说的话是不错。"那个跟他演戏的小孩子也说道:"你弄了钱,你就保留住。"齐立得对这孩子说道:"开达明(孩子名)不要多说话。"开达明很现点脾气,答道:"他为什么到这里来笑话我们呢?"齐立得大声说道:"开达明,不许多说。"随即对加拉说道:"先生,你也许知道,也许不知道(大约你不大光降)。近来周普,常常失足。"开达明又说了几句马戏场中的话。加拉听了不懂。齐立得解说道:"他应该耍的,都耍不了。跳的不远,打滚又打得不好。"加拉道:"原来这样。"班特比说道:"什么九料油,什么快腿,什么失足,什么这个,什么那个,好一个白手兴家的人,怎么同这班人凑在一起了?"开达明说道:"你何妨屈尊些。你既然爬到那样高,何妨俯就些呢?"加拉绉眉说道:"这孩子太好插嘴。"这孩子一点也不让他们吓到,又驳道:"我们若是早晓得,我们原该带一位少年来,同你们较量较量。你原来是绷紧的,是不是?"加拉无可奈何他,瞪他一眼,问道:"他说什么? 什么叫绷紧?"齐立得把那孩子推出门外,说道:"走你的罢,松的紧的,算不了什么。他说的是走索子,拉紧的索子,放松的索子。两位不是要我传口信么?"加拉说道:"是的。"齐立得很快的说道:"据我看来,这口信他是永远听不着的了。你多少晓得点他的事体么?"加拉答道:"我从未见过他。"齐立得说道:"我疑心你永远见不着他的了。我看他是完了。"加拉问道:"你的意思,是说他摔下女儿,自己一个人逃了?"齐立得答道:"他骨节硬了,气力也完了。虽然还能说笑话,不能再靠耍把势混饭吃了。恐怕女儿知道了,难受,不如逃了。"班特比说道:"好吗,这个人因为爱女儿爱得很利害,把女儿摔下来,自己跑了。这是太好了。少年,我告诉你罢,我并不是常常处我现在的地位。我晓得这种事,你听了许诧异。我的母亲是把我丢下就逃了。"齐立得答:"听了并不诧异。"班特比说道:"我是在沟里出世的,我母亲是逃走的。我能替母亲原谅吗? 我不能。我向来原谅过我母亲吗? 我没原谅过。我说他什么呢? 我说他是世界上第一个坏人。却除了我的外婆不算,我是不能夸张家世的。我也无什么情感。我都是照实说。对于这个人,我也是这样说。

拿英文说他是个流氓,是个光棍。"齐立得说道:"他是个什么,不是个什么,用英文说也罢,用法文说也罢。据我看,是没得什么分别。我是把实在情节告诉你的朋友。你若不愿意听,请你出去吸空气。你的话已经说得很多了。你要说,在你的家里说。你在这里,既然无人请你开口,你就不必开口。你有家吗?"班特比把口袋里的钱,弄得很响,笑说道:"大约有罢。"齐立得说道:"既然有家,请你在自己家里说罢。我们这间房子不结实,恐怕被你弄坍塌了。"说完了,从头至脚,把班特比看一遍。掉过头来,对加拉说道:"周普不到一点钟前,叫女儿出门买东西,随即偷偷溜出去,把帽子盖住眼,夹住一个手巾包,他是自己逃了,他女儿总是不相信的。"加拉问道:"他女儿为什么总不相信呢?"齐立得答道:"他们两个人,就是一个人,向来没分离过。"说到这里,齐立得走两步,望望箱子里,又说道:"可怜的西西,他父亲该让他当徒弟,练习练习。现在他走了,叫这女儿作什么呢?"加拉说道:"你是向未当过徒弟,习过艺,不该说这种话。"齐立得答道:"我没当过徒弟么? 我从七岁起,就当徒弟。"加拉说道:"原来这样。我不晓得你们的规矩是收少年人当徒弟的。"班特比大笑,说道:"我也不晓得。"齐立得不理他,还是对着加拉说道:"西西的父亲,存心要他女儿受点教育。他怎样得着这意思,我却说不出来。我只能说,他这番意思,却行不出来。这七年来,他教他的女儿读读书,有时候还教他写写字,有时候还教他些数学。"齐立得说完了,从口袋里伸出一只手来,摸摸脸,看看加拉,半带怀疑,半带希望。他一见了加拉之后,就要拉拢加拉,替这无家可归的女孩子设法。于是又说道:"西西进了这里的小学校读书,他父亲是欢喜极了。我们原是云游四方的人,并不老住在一个地方的。我不懂他为什么把女儿放在这里读书。我只能猜他,早已打定逃走的主意。以为放女儿在学堂里读书,就算他女儿有了归宿了。他这人原有点神经病。先生若是今日偶然来找他,为的是帮这女孩一点忙,这是非常之侥幸,非常之合时。"这两句话,他一连说了两遍。加拉答道:"不然,我特为来告诉他,他女儿同学校不相宜,一定要他女儿出校。但是他父亲果然逃了。这女孩子的确不知情……班特比,我要同你说句话。"齐立得听了,知道他们要说私话，走出门外，摸摸他的脸，低低的吹啸，立在门外。只听得班特比的声音说："不必，又说我不赞成，又说我劝你不必，又说很可以不必。"他又听见加拉很低的声音说："俗人好奇，喜欢马戏。马戏班子的人，结果是这样，给路伊沙一个榜样看看，也好，班特比，你试从这一方面想想。"当下马戏班的人，陆续从楼上下来。站一回，说一回话，慢慢同齐立得走进房来。这一班人，里头有两三个美貌女人，同他们的丈夫母亲，有八九个孩子。那些当父亲的，会蹬天平棍，会堆尖塔，会在满地打滚的桶上跳舞，能站在瓶子上抛球接球，抛刀接刀，抛碟子接碟子，什么都能骑，什么都能跳得过。那些女戏子会跐软索，跐硬索，在无鞍的马背上，耍各种把戏。露了腿，是算不了什么。有一个还会驾六马的希腊车，个个都露出轻佻样子，仿佛世上的坏事，他们都晓得。不出场的时候，穿的衣裳很不整齐。家里的布置是乱七八糟。全班合算起来，识字不甚多。但是他们都是天真烂漫的，异常柔和，最不会欺骗。同行同班中，遇有为难，却无不怜恤，无不竭力相助，不厌烦难。很能令人起敬，很能令人原谅。世人无论那一等那一类人的道德，也不过如此。且说这戏班的人，最后走来的，是班主士拉里。他犯了哮喘病，遇着用牙音的字，就说不清楚。走来对加拉说道："乡绅，这是一件很不幸的事。你听见了，我班里的小丑，带了他的狗，逃走了。"加拉道："我听见了。"士拉里脱了帽，拿手巾擦擦帽里子，说道："乡绅，你有意替这女孩子设法么？"加拉说道："等他回来，我有句话同他商量。"士拉里答道："乡绅，我听了极欢喜。我并非摔开他不管，也非拦阻他不让他另寻出路。我很可以收留他作学徒。不过年纪大些，太迟了些。我说话不清，不听惯的，恐怕不懂。你若是从小就在戏场上，一会受冷，一会又受热，一会受热，一会又受冷，受得多了，你也免不了说话同我一样，说不清楚。"加拉说道："恐怕不免。"士拉里问道："乡绅，你在这里久等，不如喝点什么。舍尔利酒好不好？请你说。"加拉说道："谢谢你。我不喝酒。"士拉里说道："不要说不喝。你的朋友喜欢什么？两位若是还未用饭，何妨喝点苦酒。"这个时候，士拉里的女儿告诉他父亲道："父亲，西西回来了。"士拉里的女儿名约瑟芬，是个淡黄头发十八岁的美貌女子。自两岁起,就捆在马上练习。十二岁就写好遗嘱。那遗嘱是向不离身的。遗嘱上说,死后要两匹花斑马拖棺材。他看见西西回来,告诉父亲。果然西西跑进房里,看见众人都到齐,看看他们的脸。看见他父亲仍不在房里,忽然大喊,喊得实在可怜,就滚在一个最会跳硬索的女人怀里。那女人这时候,已经有了喜,就双膝跪下来,抱住西西,只管哭。士拉里说道:"这件事作得太岂有此理了。"西西哭道:"我的宝贝父亲呀,我的慈爱父亲呀,你往那里去了? 我晓得你走了,是为我好。我晓得你为我而走的。你没得我,不知道你怎样的可怜,怎样的孤零无依。可怜的父亲呀,你无我,不知受多少苦。"他说的这些话,真令人不忍听。他脸是朝天,两手伸张,仿佛是要把他父亲逃走的影儿拦住抱住不放。在场的人听了,都不响。后来还是班特比不耐烦,先说道:"众位,这样不过是糟蹋时候,不如把事实告诉这女孩子。他何妨拿我作榜样。我是逃走过的。你的父亲是跑了,丢下你了。你永远不必盼望再见他的面。"话说这班戏子们,是不顾什么事实的。对于事实上,他们简直的是很退化,不独不领略这番良言,反极不以为然。男戏子们说班特比岂有此理,女戏子们说他是野兽。士拉里把班特比拉开,告诉他道:"我告诉你,我对你老实说,你不要多说话了。简直可以不提,我的伙计们,向来都是好脾气的,但是他们的手脚来得很快。你若是不听我劝,我敢发誓,他们不把你从窗口摔你出去怎么样?"班特比被他这番话拦住了,就给加拉一个好机会,使出他著名的实事求是手段。加拉说道:"这个人是走了。现在用不着盼望他回来,他几时回来或永远不回来,这都不要紧。这一层,在场的人,总该以为然的。"士拉里说道:"乡绅,众人都以为然,请你往下说。"加拉说道:"很好,我此番来,为的是要告诉女孩子的父亲——因为有几层缘故,我此时不必细说——那学校不能再收留这烦人的女孩子。但是现在情形改变了,我却有一个提议。周普,我很愿意照管你,教你,养赡你,我只要一个条件(你要学好,自然是一个条件)。你愿意跟我去,或愿意仍在戏班,你立刻要打定主意。还有一层,你若是现在就跟我回去,你得默许,从此以后,不再同现时在场的旧朋友们通往来。我所要求的条件,都包括在这句话里了。"士拉里说道:

"乡绅,同时我也要说两句话,叫这问题的两方面都可以看得清楚。西西利阿,你若是愿意习艺的话,我们作的什么事,你是晓得的。班里的同伴们,你是都认得的。你现在是伏在安玛戈登的怀里,他就可以当你的母亲。我呢,原不是神仙。你若有时失手,耍得不好,我是要骂你两句的。乡绅,我说的是脾气好也罢,脾气不好也罢,我却从来没伤过一匹马,耍的不好也不过骂骂。我现在年纪老了,恐怕是改不了我的脾气。乡绅,我向来不多说话。我的意思说完了。"这几句话是对加拉说的。加拉听了,垂头说道:"周普,我还有句话运动你,使你好打定主意。你若是受过一番实事求是的教育,是很好的。就是你的父亲,也原有此意。"这两句话把西西说动了,停住啼哭,稍为离开安玛戈登,脸对着加拉。那戏班的人,晓得他的意思。吸一口气,好像是要说,他要走了。加拉要他留意,说道:"周普,你自己打定主意。我也不必再说了。你自己要打定主意。"西西又哭道:"我离开戏班,若是我父亲回来了,他往那里找我呢?"加拉很镇静的说道:"这一层,你可放心。你父亲果然回来,一定是先找……"士拉里立刻答道:"士拉里,乡绅,这就是我的名字。我提出我的名字,却不惭愧,通英国都晓得。到处都可以混饭吃。"加拉接着说道:"他果然回来,一定先找士拉里。士拉里就可以告诉他你在什么地方。他若是不愿意,我无权扣留你。他也不难找着焦炭市的妥玛加拉。我是很有人知道的。"士拉里滚滚两只眼,说道:"人家都很晓得你对于钱上,是有入无出的,但是现在可不论这一层。"众人又有一会子不说话。西西两手捧脸,哭道:"把我的衣裳给我,把我的衣裳给我。让我走罢。我的心要破裂了。"那班女戏子赶忙的去收拾他的衣裳。并没得多少件,都同他放在篮子里。西西坐在上,还是两手盖着脸的哭。加拉同班特比站在门口,预备领他走。士拉里站在房子中间,男戏子们站在四面,很像是马戏开场的布置。衣裳装好了。女戏子把西西的帽子拿来,替他顺理头发,把帽子戴上。众女戏子都走过来抱他,同他接吻,还把小孩子们都带出来,同他送别,却是一班很心慈、很单简、带点傻气的,一班女人。加拉说道:"周普,你既拿定了主意,来呀。"但是西西还要同男戏子们辞别。众人原是交着手的,这时放开了,同他接吻。只有开达文有点特别。他向来同人处不来的,况且还怀了将来要娶西西的意思。他满肚子不高兴,走开了。末了是士拉里,他横伸两只手,抱住西西,要上下的抖他。西西却不向上跳,只站在他面前哭。士拉里说道:"我的宝贝,我们分手了。我盼望你将来发达。你从前的穷朋友,不会来麻烦你的。我很可惜你父亲,把狗也带走了,戏单上缺少这个狗,是很不便的。但是一想,那只狗没得主人,是不耍把戏的,也只好罢了。"说到这里,他很用心,定眼看看西西,又放了眼,看看他的戏班,同西西接吻。摇摇头,把西西交给加拉,说道:"乡绅,这就是西西,我交把你,他一定替你作脸的。分手了,西西利阿。"那时候满房子都是喊西西,喊西西利阿,同伴们,同他分手的声音。士拉里一眼见那一瓶擦跌伤的油,说道:"你把这瓶油留下罢。怪重的,不好拿。你也无用处,给了我罢。"西西听了,又哭道:"不能给你,让我留住,等父亲回来,他回来是要用这油的,他打发我出门的时候,并未存走开的意思,我一定要留着,等他回来。"士拉里说道:"也好罢(乡绅,你晓得怎么一回事)。西西利阿,我望你好,我临别赠言,只有几句话,你谨遵合同作事,要听乡绅的话,不要惦记我们。等到你长大成人,出嫁,过好日子的时候,遇着马戏班子,不要难为他们,不要同他们生气。若是能够作得到的话,对他们说句好话,你要想想,运气有很不好的时候,乡绅,一个人有时总要消遣解闷,不能老是作事,不能老是读书,把我们看得好些,不要把我们看坏了,我一生就靠马戏吃饭。我告诉你,请你看待我们,要从我们好的方面看,不要从我们不好的方面看。这两句话,就是马戏的哲学。"士拉里演讲哲学的时候,他们正在下楼。不一会子,那三个人同一个衣服篮子到了黑暗街上,就看不见了。

## 第七回　斯奶奶

话说班特比是个没娶过亲的寡男,雇了一位年纪老的女人,替他管理家务。每年订好,给若干工钱。这个女人,名叫斯巴西①。斯奶奶不独从前见过好日子,还同许多阔家是亲戚。他现在还有一个姑祖母,叫作士伽佐贵夫人。他已死的丈夫斯巴西的母亲,是名门世家,叫保洛。见闻不广的人,不晓得保洛是什么,不晓得是一种商业,或是政党,抑是教派。有点见闻的人,都晓得是个老世家。若是一代一代的追数到上古时候,也就数迷了,什么都没得了,很像同犹太人银钱往来,也像在法庭办理破产,越算越没得余剩。斯巴西的母亲,是一个保洛族的人,他的太太的父亲,是个士伽佐(这位士伽佐贵妇人,是个极肥胖的女人,最好吃肉,有一条腿,不知犯了什么怪病,有十四年不能下床)。斯巴西正在成年的时候,身子很瘦小,架在两条细腿上,身子上的头,更不必提了。他晓得将来承受很可观的遗产。未到手时,先花光了。既到手后,所花的过所受的加倍。这门亲是士伽佐贵夫人的主意,不料斯巴西到了二十四岁,因患酒病,死在法国的伽莱地方。他们新夫妇很不对势,过了蜜月,就离婚,死后自然没得什么留下给他的夫人。他的夫人比丈夫大十五岁,不知怎的,又同士伽佐贵夫人不对,就生了气,走出来受雇。一来可以羞他的贵亲戚,二来可以自存。现在年纪老了,鼻子越显得高尖,两道眉毛直显得浓黑,在班特比家里管家。班特比吃早饭,替他弄茶。假使班特比是个克敌的英雄,斯奶奶是个被俘的公主,也比不上他那样捧这个管家婆出来摆架子出风头。他一面夸张他自己出身怎么微贱,一面高捧斯奶奶,夸他出身怎样高贵。一面说自己少年的怎样的困苦,一面铺张斯奶奶少年的怎样繁华。他又说道:"起初虽是甘苦太不同,到后来怎么样呢,现在斯奶奶替我管家,一年拿我一百块钱,还说是特别优待。"这种的话,班特比还要人替他宣布,外路来的人,茶前酒后,也都要转述他这番话,恭维他。且说班特比同加拉去找西西父亲的第二天早上,斯奶奶问他道:"班特比先生,你今天早上为什么不甚高兴?"他答道:"玛当,我想起妥玛加拉的怪举动,要收养一个马戏班的女孩子。"斯奶奶道:"那女孩子现在还等着,要打听还是一直到

---

① 简称斯奶奶。——译者注

学校,还是先到石屋?"班特比说道:"玛当,只好叫他等,连我还不晓得咧。我猜妥玛加拉就快来了,他若是愿意叫这女孩子在我这里等一两天,就让他等。"斯奶奶道:"你若是愿意他自然可以等。"班特比说道:"我告诉加拉,我昨晚叫这女孩先在地板上睡一夜,让加拉想透了,再决意叫这女孩子陪伴路伊沙。"斯奶奶道:"是吗? 你真会替人想。"说完这话,斯奶奶的鼻子眼张大了好几次,两道黑眉皱了好几皱。班特比说道:"我是看得很明白的,那个小猫儿①有了这个同伴,得不着什么好处。"斯奶奶道:"你说的是加拉小姐么?"他答道:"玛当,我说的是路伊沙。"斯奶奶道:"你说的是小猫儿,但是你那句话,有两个女孩子,我不晓得你指谁。"班特比道:"路伊沙,路伊沙。"斯奶奶又皱眉说道:"你待路伊沙,简直是父亲待女儿一样。"班特比说道:"你若说我待小妥玛——老妥玛加拉的儿子——如父亲待儿子一样,这句话却说得有几分对。玛当,我要把妥玛弄到我办事房来,在我手下办事。"斯奶奶道:"先生,是的么? 他的年纪不太小吗?"班特比说:"并不是立刻叫他来,等他肚子塞满书之后再来。他将来就晓得塞得太多了,我若是晓得我少年的肚子里是很空的,他就明白了。他也许已经晓得,因为他听我说过多少次,最奇怪的是我常对人谈多少事,他们总不懂。今早我同你说酒杯②,你就不懂。我少年的时候,若有个跑街当当,终日在泥里打滚,就算是万幸,如同得了头彩。那时候你在意大利戏院听戏,你出戏院时,穿着白缎子衣裳,满头珠宝,光怪陆离的。我那时候,要想得一个钱买火把照你,还想不着呢!"斯奶奶很郑重的答道:"我少年时,意大利戏院很有我的脚迹。"班特比答道:"意大利戏院,何尝无我的踪迹呢? 不过我是在对过,晚上在戏院对过路边过夜。玛当,你们少年享惯福,舒服惯的人,睡鹅毛垫子床,不晓得石头床有多们[么]硬。对你说当跑街,你是不懂的。我只好对你说外国来的跳舞名家、伦敦的西头③、游乐

---

① 指路伊沙也。——译者注
② 俗语亦作跑街讲。——译者注
③ 贵族富豪所居。——译者注

园、某某爵爷、某某爵夫人、某某大人、某某大臣。"斯奶奶很谦退的说道：
"也可以不必，今昔的情形不同，我也随着境遇改变了。我若是喜欢听你
说你的阅历，听之不厌，这也不算什么，是人都喜欢听的。"班特比说道：
"玛当，也许很有人不喜欢听焦炭市班特比的阅历，但是你要供认，你是生
于富贵之家。玛当，是不是？"斯奶奶摇一摇头，答道："我不能不认。"班特
比这时候不得不起来，站在墙炉前，看斯奶奶。因为有这斯奶奶同他比
较，他觉得位分不知高了多少，说道："你当日是在高等社会。"斯奶奶更谦
恭的答道："是的。"这时候一个是骄傲到极点，一个是谦退到极点。好在
是两不冲突。班特比又说道："你那时候是超等的时髦。"斯奶奶道："是
的，的确是的。"班特比往下一墩［蹲］，抱住两脚，大笑，得意极了。下人来
报，加拉同小姐到了。加拉问道："可以把周普喊进来么？"班特比说："可
以之至。"就把周普喊来。他一进客厅，对班特比哈腰，对加拉哈腰，对路
伊沙哈腰。他一时心乱，却忘了对斯奶奶哈腰。班特比看见，不免大教训
一番，说道："女孩子，我告诉你，那位坐在茶壶旁边的太太，叫斯巴西，这
位太太在这里替我管理家务。他是一位同阔人家都很有瓜葛的，你以后
再进客厅来，你若不对于这位太太极恭极敬的尽礼，你就不要盼望在我这
里住得长久。我自己不算个什么，你对待我，无论怎样，都不要紧。我不
独同阔人家无瓜葛，我简直的是毫无瓜葛，我是从地底下的烂泥挖出来
的。但是对于这位太太，我很要你留意，你要恭敬尽礼，不然，你就不必
来。"加拉却从中说情，说道："班特比，我看他不过一时疏忽。"班特比说
道："斯太太，我的朋友加拉，以为是一时疏忽，也许的。你是晓得的，我
连疏忽都是不许的。"斯奶奶道："先生，你是真好，这种事提他作什么？"西
西这时候只有流泪求饶。班特比摆摆手，叫他到加拉身边。西西走过去，
两眼看加拉，路伊沙站在那里低着头。加拉对西西说道："周普，我决意把
你安置在我家里。你除了入学校的时候，就服事加拉夫人，他是常有病
的。这就是路伊沙小姐，我已经解说给路伊沙小姐听，你从前那种行业，
只有可怜的结果。你要晓得，已往是已往，你不许再提，你从今日起，重新
另外做人。我晓得你现在什么都不懂。"西西哈腰答道："我真是什么都不

懂。"加拉说道："我很愿意叫你很认真的受教育,将来也好叫同你来往的人,晓得教育的好处。我要把你挽救回来,重新创造你。"加拉叫他走近些,声音稍低的,说道："你常读书给你父亲和他的朋友们听么?"西西答道："我只读给父亲和快腿听。其实我只读给父亲听,不过快腿总在身边的。"加拉皱皱眉,说道："周普,且不要管快腿罢,我并未问到快腿,我晓得你常读书给你父亲听。"西西答道："先生,是的。我何止读过几千遍,这是我父女最欢乐的[时]候。"这时候,西西很露出愁苦来,路伊沙才起首看看他。加拉声音更低,问道："你读的是什么书?"西西啼泣答道："读的是《仙女》《矮子》《驼子》《大人的故事》……"他还要往下说,加拉拦住说道："够了,不往下说了。以后不许再提这些无知识,只有破坏,并无创造的故事。班特比,这个女孩子,很得要严严的教练,我却很愿意用心于这件事。"班特比答道："我的意思,已经告诉过你了,不是不肯这样做。你既愿意这样做,也罢,很好,很好。"于是加拉和路伊沙把西西带回去石屋,在路上路伊沙一言不发。班特比去办他的事,斯奶奶绉眉头想心事。

## 第八回　不许诧异

我们到了这个时候,又要先奏领音,再奏调子了。先追说六年前,路伊沙有一天,对他的兄弟说道："妥玛,我很诧异……"这句话让加拉在背地后听见了,走出来说道："路伊沙,你永远不许诧异。"这一句话,就是加拉的教育主义。只管人理不养天性,全是智育毫无德育。"永远不许诧异"这句话,就是说,毋论什么事,只是个人理,只要用加减乘除,什么事都解决了,有何诧异。那小学校的先生马金初[马初金]的意思,也就是说,你把一个初会走的孩子交给我,我就教他道理,就敢担保这孩以后永不会诧异。读者要晓得,这个焦炭市地方,除了起初会走的小孩,还有许多二十、三十、四十、五十岁的大孩子们,在社会里来来去去。那十八家宗教派,你同我吵,我同你闹,你扯我的头发,我抓你的脸,在那里闹个不休,就是要商定一个一致的法子,改良这个社会,却永远改良不来。他们虽然对于许多办法,不能一致,却有一件,他们都是同意的,就是除了道理之外,不叫他们这些大孩子诧异。第一个教派的办法,是教他们盲从。第二个教派的办法,只要信经济学,别的都不必过问。第三个教派,著了许多死书,说的是,好的大孩子们,有钱存在储蓄银行,不好的大孩子们,都驱逐出境。第四个教派简直偷偷的要领他们陷入似是而非的知识界里头的邪路。办法虽然各有不同,教派们的惟一宗旨,是永远不许他们诧异。焦炭市有个公众阅书楼,加拉因为这书楼里应该预备些什么书,很烦心。谁知来看书的人,还是要诧异,追求道理以外,道理说不通的事。例如:人性人情,人的希望,人的畏惧,人类在世上,相争相斗,为什么这个胜,那个败。人为什么会烦心,会忧虑。为什么悲,为什么喜,还有生死的大问题。这许多事情都在道理以外的。他们还是更诧异,要考究,有时他们作了十五点钟苦工之后,坐下来读些寓言,喜欢读《鲁滨孙漂流记》,不喜欢欧几里得《几何原本》,喜欢读歌士米,不喜欢读柯克①。加拉在那里算来算去,算不出来,为什么得这样的效果。作者把领音奏过了,现在往下奏调子了。

有一日,天将晚的时候,妥玛在那家理发店式的书房,对路伊沙说道:"路伊沙,我厌世厌到要病了,我什么人都讨厌,只不讨厌你。"路伊沙问道:"你应该不讨厌西西。"妥玛很不高兴的道:"我很讨厌一定强我喊西西作周普,况且他讨厌我。"路伊沙说道:"我敢保西西不讨厌你。"妥玛说道:"他一定讨厌我,他讨厌我们一家人,他们总麻烦他,把他麻烦到糊涂了。他的脸已经变了灰蜡色了,他已经发胖,有我一样重。"妥玛说话的时候,倒骑马的坐在一把椅子上,两手放在椅背,头是摆在两手上,路伊沙坐在炉边一个黑暗角上,一会看看他兄弟,一会看看炉上火星子。妥玛两手乱抓头发,说道:"我是个笨驴,我晓得的,我比驴还要倔强,比驴还要笨,我不欢乐,也同驴一样。我也要学驴,要踢人。"路伊沙说道:"你却不要踢我。"妥玛答道:"我不踢你,你是除外,我常想,我们这所犯黄疸病的监狱(他很想了一会,才想出这个好名词,称呼自己的家)。若没得你,更不晓

---

① 著过一本数学。——译者注

得是怎么样了。"路伊沙问道："你当真这样想么?"妥玛拿衣袖,使大劲擦脸,说道："我当真是这样想。"路伊沙两眼望着火炉,停了一会,说道："我现在慢慢长大了,时常坐下,觉得诧异,为什么我不能够使你安心在家。别的女孩子晓得些什么,我却不知道,我只晓得我既不能奏音乐,又不能唱,又不能同你谈,替你解闷,减轻你的烦闷。因为我向来没见过什么刮新眼界的光景,又向未读过什么有趣味解闷的书,不能当你烦闷疲倦的时候,同你说说,叫你开心。"妥玛答道："我也不会,同你一样的,你不是个笨骡,我却是个笨骡。若是父亲的意思,一定要我作个老古板,或是要我作笨骡。我既不是个老古板,我就是骡子。我诚然是个骡子。"路伊沙停了一会,答道："很可惜,很可惜,你我两人都是很不幸。"妥玛说道："路伊沙,你是个女孩子,这种的结果,还是女孩子比男孩子好些。我并不见得你有什么缺点,有你,还有些乐趣,有了你,这种家庭还有些兴趣。你可以要我作什么,我就作什么。"路伊沙道："你是个宝贝兄弟,你既说我能做这些事,我也就不妨多增加些知识。我虽然懂得多些,我却觉得难过。"说完,走过来同妥玛接吻,又回去坐在那老地方。妥玛咬牙说道："我很要把我们所听见的许多的事实,许多的数目,和那班算出这许多事实,许多数目的人,堆成一堆,再把一千桶的火药,放在那堆子底下。放一把火,一起都轰得干干净净。虽是这样说,等到我几时同班特比住在一起的时候,我却要报仇。"路伊沙问道："你要报仇么?"妥玛说道："我的意思是,我要享受享受,到处跑跑,各处看看,各处听听,赔补困在家里这些年的苦闷。"路伊沙答道："你不要预先存这种思想,你将来要大失所望的,班特比同父亲,是一个路数的人,思想都是一样的。况且班特比为人,比父亲粗俗得多,良心还不及父亲一半。"妥玛笑说道："这两层我都可以不必理会,我自然有法子驾弄敷衍班特比。"路伊沙道："你有什么驾弄敷衍的法子? 是不是个秘密?"妥玛答道："即使是个秘密,这秘密就近在眼前。我说的秘密,就指你。你是班特比的宝贝,他得喜欢你,你要他作什么,他就作什么。他若是对我说句我不欢喜听的话,我就要回报他,说道:'班特比,路伊沙知道,是不高兴的,要失望的。路伊沙常对我说过,他敢保你一定很宽待我的。'别的都不能叫他转湾,惟有这么一说,他一定可以转湾。"妥玛说完,正在等他的妹妹答他,等了一会,不见响,他四围的望,望了一会,忽然问道:"路伊沙,你睡着了吗?"路伊沙答道:"不是的,我看火呢。"妥玛说道:"你从火炉里找得出许多东西看,我却看不出什么来,可见女孩子是比我们男孩子便宜些。"路伊沙慢慢的打听他道:"你盼望到了班特比那里,就有许多满意的事么?"妥玛站起来,把椅子推开,说道:"我可以先说一层,总算是离开这个家,这是可以满意的。"路伊沙答道:"是的,可以离开家。"妥玛说道:"还有两层,我并不是不想到。一层我要离开你,二层只剩了你一个人在家。但是毋论我愿意不愿意,我不能不去。与其到别的地方,不如到班特比那里。因为到他那里,我还可以得着你的力,是不是?"路伊沙答道:"是的。"他答这一句话,内中还带点迟疑不决意思。妥玛也在那里看火炉,也要试试,看得出什么道理来,说道:"我看见火炉里只是火。除了火,什么也没有,同别的东西一样,怎样看也看不出什么道理来。你在火里看见什么呢? 看见马戏么?"路伊沙答道:"我也看不出什么来,自从我向火里看,却想到你同我都长大了,很诧异。"妥玛答道:"你又诧异,生出思想了。"他妹妹答道:"我有许多思想,没法子打散,总觉得诧异,不得不生出许多思想。"这时候,他们的母亲开门走进来,说道:"路伊沙,我叫你不要想,你作好事,不要再想什么,不然你父亲总对我说,说个不了。妥玛,你太不对了,我见你头痛个不了。我们这样把你教养大了,也不晓得花了多少教育费,你还在这里勉励你的妹妹惊奇诧异,发生思想。你晓得你父亲是不许的。"路伊沙力辨说:"同妥玛不相干。"他的母亲说道:"我身体这样不好,你不要再辨了。若不是他鼓励你,你无论怎么样,你是不会的。"路伊沙答道:"他并没什么鼓励我,我只是看火,火星丢下来,由红变白,就死了。我就想到我在世上,是活得不长久的,难望在世上能作多少事。"他的母亲一听,些微振振精神,说道:"胡说,你不要站在这里,当着我面,对我说这种不相干的事。你晓得的,只要你父亲听见这种话,他又要麻烦,叫我听个不了,你不知费了我们多少事,不知多少讲演,不知作了多少理化室的试验。当着我右边身子全麻木了的时候,我听见你同教员摆弄,什么火烧,什么煅炼化矿,什么量热,已经够令病人难受了。现在反听见你说什么火星,什么余烬。"说到这里,坐在椅子上,接着说道:"我宁愿未有家,那时候你就晓得没得我是怎么样。"

## 第九回　西　西

现在要说西西周普。他夹在小学校教员马金初[马初金]先生,同加拉夫人这两个人中间,日子都不甚好过。第一个月,心里很想要逃走,终天听的都是事实,眼见的都是数目,若不因为一件事束缚他,他真是要逃跑的了。这一件束缚的事,并不是什么数目,什么统计表。他始终相信他的父亲,并非弃他逃走,总盼望他回来。他老住在这里不走,他父亲晓得,总该欢喜些。周普糊里糊涂的自己安慰自己,不肯相信他父亲是个无情的流氓,加拉都觉得他可怜。马金初[马初金]先生的报告,总说西西头脑不成,不会算学。对于地球,不过晓得一点大意,什么地方长短大小,全不理会,日子全记不得。除非这年月日同一件可怜的事有相干,他还记得些。若是问他每件小纱帽子值十四个半便士,二百四十七件帽子,共值多少钱,他答不出,只是哭。他在一班里头,列得最低,低到再不能低了。读了八星期经济学,问他这科学的主义,他答了一句最无理的话,说是"己所欲,施于人"。昨天有一个三尺高的小孩,却答得很对。加拉知道,只有摇头说:"这是很不好。"可见得是要按着教育章程、蓝皮书、各种报告、列表,切实的磨炼才能成器。果然周普很受些磨炼,只见他变成了毫无兴致的孩子,却一点也不见聪明些。有一天晚上,路伊沙教了他,同他讲解讲解,西西说道:"路伊沙小姐,作人作到你这样,真是好。"路伊沙问道:"你当真这样想么?"西西答道:"作了你,就晓得许多事,所有我以为为难的,都作容易了。"路伊沙说道:"晓得多,不见得人就会变好些。"西西想了一会,说道:"是的,不过总不会变坏些。"路伊沙答道:"也不见得。"以前他们两个人很少的交谈,因为石屋里头过日子,同一座机器那么呆板,天天是那样。又因西西从前的历史,故此初时两个人,好像彼此不相识的。西西这时候,两个黑眼睛,看着路伊沙的脸,不晓得再说好,还是不说的好。路伊沙说道:"我的母亲有了你,觉得你很有用,也高兴些。我却作不到。你对于自己也很高兴,比我对于我自己好得多。"西西说:"路伊沙小姐,我为什么这样笨?"路伊沙兴致好些,笑道:"你将来自然会比现在聪明些。"西西半哭的说道:"你不晓得我有多们[么]笨,在课堂的时候,没一样不是弄错的。马金初[马初金]先生同师母喊我上去问,我总是答错的,我简直的是没得法,自自然然就错了。"路伊沙说道:"马金初[马初金]同他的夫人,向来是不错的么。"西西答道:"向来不错,他们无所不懂。"路伊沙说道:"你把你的错告诉些我听。"西西有点不甚肯的,说道:"就是说今天罢,马金初[马初金]先生解说什么自然的兴旺给我们听。"路伊沙说道:"我看是讲的是国,不是自然。"西西答道:"可不是!"又很胆怯的问道:"不是一样的吗?"路伊沙说道:"你还是说国的好。"西西道:"国的兴旺,先生说,这课堂就是一个国,在这个国里头,有五千万的钱,这个国不是很兴旺吗?先生问第二十号女孩子,你说这个国兴旺不兴旺,你是不是也很兴旺?"路伊沙问道:"你说什么呢?"西西答道:"我答,我不晓得。我想我不能晓得这国兴旺不兴旺,我也不晓得我自己兴旺不兴旺,除非我先晓得这些钱在谁的手里,又要晓得这些钱,有我的一分没有,谁知道这两层都不相干,数目上并没说到。"西西说完,揩揩眼泪。路伊沙说道:"你大错了。"西西说道:"是的,我现在才明白。马先生又说,要再试试我,马先生说,这个课堂是个极大的市镇,里头有一百万人口,每年只有二十五个饿死在路上的,问我对于这个比较数目,有什么说的。我想不出别的更好的答话,我就说,究竟大众很对不住饿死的人,居民的数目,或多或少,且不去管他。这一答,又错了。"路伊沙说道:"自然是错。"西西说道:"马先生还要试我,他就说'士打特令士①'。"路伊沙改正他说道:"士特狄士狄士②。"西西说道:

---

① 译音。——译者注

② 译音,作统计解。——译者注

"是的,我听了,总想起'士打特令士①'。马先生说海上失事的统计,在假定时期之内,十万人走远路海程的,只有五百个人是淹死的,或是烧死的,按百分术计,该得多少?"说到这里,西西几乎要大哭,说道:"小姐呀,我答道'没有什么'。"路伊沙说道:"西西你说没有么?"西西说道:"小姐,我说的是,对于死者们的亲戚朋友,是没得什么。我永远是学不会的了。最不好的是,我的父亲很要我读书,我因为他很着急的要我学,我也很着急的要学,我恐怕我很不喜欢学。"路伊沙站在那里,看西西的好看的头,西西原是垂头,过了一会,抬起头来看路伊沙的脸,路伊沙问他道:"你父亲是不是很晓得许多,故此要你好好的受些教育?"西西很游疑的不立刻便答。路伊沙心里很明白他们说到犯忌的事体上了,随即又说道:"无人听见我们说话,即使有人听见,我敢保这一句很浅近的话,找不出什么害处。"西西听了这句鼓励的话,摇头答道:"路伊沙小姐,我父亲晓得很有限,不过勉强的会写写,大概的人也都不懂他写的什么,我却能懂。"路伊沙问道:"你的母亲呢?"西西答道:"我父亲说,我的母亲很是个学者,我生下来,他就死了。"西西这时候很胆怯的,透出一点很怕人知道的消息,说道:"母亲是个跳舞的。"路伊沙这时候很有点很注意的意思,问道:"你父亲爱他么?"西西答道:"很爱的,也同他爱我一样,父亲所以爱我,为的是母亲。我从小时候,父亲就把我带着到处去,自从那时候,直到如今,我父女没分离过。"路伊沙说道:"现在他却同你分离了。"西西说道:"这是为我好,只有我一个人晓得他,知道他的意思。他离开我,绝不是为他自己的好,完全是为我的好,我晓得的。他离开我的时候,他的心都要破碎了,不是等到他回来,他一刻心里是不能欢乐的。"路伊沙说:"你把你父亲的事再告诉我些,我以后不再问你了。他从前住在那里?"西西说道:"我们都是走来走去,并不住在一定的地方。"又附耳对路伊沙说道:"父亲是个小丑。"路伊沙理会,点头说道:"是引人发笑的。"西西说道:"是的,但是看戏的人,有时不笑,父亲见了就哭,后来,这些日子,看戏的人,常常的不笑。父

---

① 译义口吃也。——译者注

亲回家,就非常难过,我父亲与常人不同,凡是比不上我晓得他很亲切的人,凡是比不上我那么爱他的人,都以为父亲有点疯病。有时人家同他开顽笑,他们那里晓得他很难过,他回家对着我一个人,是缩作一团。他们不晓得,我父亲胆怯得很。"路伊沙说道:"无论他经过什么境遇,只有你一个人安慰他。"西西点头,禁不住泪流满面,说道:"我盼望我可以安慰他,父亲说过我可以安慰他。他慢慢的变了很胆小,很惊怕,因为他觉得自己很贫穷,无知识多病,无所依靠,故此要我晓得许多,不要同他一样。我常常的读书给他听,鼓舞他的兴致,壮他的胆,他都喜欢。但是所读的书,都是不对的,我不敢在这里提,我们却不晓得这些书有什么害处。"路伊沙很留心注意西西的脸,问道:"你父亲喜欢那些书么?"西西答道:"很喜欢,有了这些书,就免得他受实害,有好些晚上,他常常想那些书的事体,就忘了自己的忧愁,常常的要来问到底萨檀是让那女人往下说古事,抑或古事未说完,就杀了那女人的头。"路伊沙问道:"你父亲常常都是慈爱的么?到底都是慈爱的么?"西西拍掌答道:"他无时不是慈爱的,我说不出他那种慈爱,只有一天晚上,他发过怒,却不是对我,是对快腿生气。"又附耳说道:"快腿是他耍把戏的狗的名字。"路伊沙问道:"他为什么同快腿生气?"西西答道:"在戏场耍过之后,父亲带狗回家,摆了两把椅子,叫狗把两条前腿站在一椅子上,两条后腿站在第二把椅子上。那狗看看父亲,并未立刻跳上椅子,因为那天晚上在戏场上,样样把戏都耍得不好,看戏的人很不高兴。这时候父亲喊道:'连这条狗都晓得我不济了,也不可怜我了。'于是把快腿打了一顿。我很害怕,说道:'父亲,父亲,不要打他,他很喜欢你的,父亲,上帝饶你,你不要打他罢。'父亲果然就不打了,却已经把那条狗打出血来了。父亲拖住狗,躺在地下哭,那条狗舔他的脸。"路伊沙看见西西流泪,走过来,同他接吻,抓住他的手,坐在他身旁说道:"我已经问你许多话了,你索性把你父亲怎样走了,告诉我。这是人家不能见怪的。倘若见怪,不能怪你,只能怪我。"西西两手盖住眼,哭着说道:"那一天午后,我从学校回家,看见父亲才从戏场回来,坐在火炉前,摇摆身子,仿佛是觉得痛。我问道:'父亲,你受了伤么?'(他有时受伤,他们都有时受伤。)他答道：'小宝贝，我受点微伤。'我蹲下来，看他的脸，看见他哭。我越同他说话，他越用双手掩脸。起初他浑身发抖，嘴里说不出别的话，只说我的小宝贝，我的至爱。"说到这里，妥玛走出来，冷眼的看看这两个人。路伊沙说道："妥玛，我问西西几句话，你不必走开。这一会子，你可不要打叉。"妥玛答道："很好。父亲把班特比带来，我要你到客厅去。因为倘若你来，就许有机会，班特比请我吃饭，你不来，就没得机会了。"路伊沙答道："我即刻就来。"妥玛说道："我等你，你一定得来。"于是西西音声较低的说道："末后父亲说道：'我耍的把戏，都不能使人满意。现在总是不能令人满意，自己觉得惭愧丢脸。'又说，这些日子若没得他，由我自己一个过，更好。我极力的安慰他，坐在他身边，把学堂的事，某人说什么、某人作什么，都告诉他。等到我没得说了，把搂住我的脖子，同我接吻好几次，叫我去买治伤药，要到市上那一头最好的店买，又同我接吻，才让我走。我下了楼，又上去，向房里说道：'父亲，我带快腿同去，好不好？'父亲摇头说道：'西西，不必了！我的小宝贝，不要带他去，免得人认得是我的东西。'我走的时候，他坐在那里烤火。那个时候他就有了主意。他自己走开，替我想法，因为我买东西回家，他已经走了。"妥玛喊道："路伊沙，留神去见班特比。"西西说道："路伊沙小姐，我没得再说了。我把油留住，等他来。我晓得他要回来的。我每次看见加拉先生手上拿封信，我眼睛就看不见，气也喘不出来。我以为一定是父亲给我的信，或是由士拉里报告父亲所在的信。士拉里答应过我，只要他得着父亲的消息，他就写信告诉我。我晓得他不失信的。"妥玛很不耐烦的，又说道："路伊沙，赶快来见班特比。你不赶快来，他就走了。"且说自此以后，每逢加拉一家人聚会在一起的时候，西西总要对加拉哈腰，说道："先生，不要怪我麻烦，你接着有人给我的信么？"路伊沙那时候，毋论作什么事，也要停住了，要听加拉说什么，也同西西一样的着急。加拉总答道："周普，没得你的信。"西西听了，嘴唇总是发抖，路伊沙也是一样。西西走出门，路伊沙两眼送他，露出无限怜悯的意思。西西走过之后，加拉就往往发一番议论，说是假使周普从小就受过正当教育，他就可以据最靠得住的主义，证明他这样盼望来信，如同作梦,是毫无根据的。加拉却不晓得,幻想的希望是极有力量,好像也能令人不能摆脱,如同不能摆脱事实一样。这几句话,在场的人,惟有加拉的女儿可以理会,妥玛是不会晓得的。因为他现在也变了。只知有事实的人,变得很快。加拉夫人对于这件事,只有从围脖巾堆里伸出一点儿的头来,说道:"周普总常常的问有信没有,我听得头也痛了,很觉得麻烦。我的命运真不好,又好像是天造地设的把我放在这里,终天听你们永远说不完的事,真是奇怪。"说到这里,加拉两眼看看他。这一看,好像是严寒天气来了,他又蛰伏不动了。

## 第十回　司提芬巴拉浦

作者略存一种意思,以为普天之下,凡是太阳照得到的地方,无论什么人,总比不上英国人那样受折磨。作者也知道这是他自己个人的癖见,故此很要说说苦工们的生活。焦炭市就好像一座炮台,四围砌满的都是砖,把什么自然界的树木花鸟,都圈在市外面,把所有的许多杀人的恶毒气,都圈在市里面。这市的中心,好像是一座大迷楼,大院子里头还藏着小院子,小院子里头又藏着再小的院子。小街小巷,曲曲折折的,不知有多少。住在这里头的人,是你挤我、我挤你,你跐你,我跐你,稠密到十二分。住在这里的人,拢统[笼统]的称呼叫作"手"①。现在要说的是苦工中,有一个姓巴拉浦,名司提芬,年纪有四十岁。因为他过了多少苦日子,面貌显得老许多。俗语说,每人的境遇,好的时候像玫瑰花,不好的时候像玫瑰花的刺。这一个苦工司提芬,却很有点不同。他一生的境遇凡是玫瑰花,都被别人抢了去。凡是别人的玫瑰花的刺,都到了他身上来。据他自己说,不知受了多少劳苦。他的背是驼了,眉头老是绉的,面上常露出好用心的神气,头是很大,班[斑]白头发,长而稀。看他的面貌,还可以冒冲[充]一个有知识的工人。他却不是的。有些特别苦工,不知费多少

———————————
① 苦工也。——译者注

年工夫,偶然有点空闲,很去用心,居然把极为难的科学,学会了。还有许多想不到的事,他们也学会了。司提芬既不能演说,又不会辩驳。市上比他会演说的人有数千之多,他不过是个纺织机的好手,是个诚实无欺的人。其余他还有什么长处,看他行事便晓得了。话说有一天,所有的大机器厂的灯光全熄了,只听见停工的钟声响,所有的工人,男女老少都走回家。司提芬站在街上,说道:"为什么这时候勒奇还不来?"那天晚上下雨,许多群的女工都用围脖蒙头,在他面前走过。他一见勒奇,就认得的。等到再没得女工走过,他掉过头来,很失望的,也走了,说道:"今晚没碰着他。"司提芬走过大约有三条街,看见面前有一个蒙着头的女人,向前走。他一见就晓得是他所要找的人,就急脚大步往前行,快赶到了,叫道:"勒奇。"那女人掉转头来,稍揭脖巾,在灯光下现出一个很安详的鸭蛋脸,细而微黑,很柔和的两眼,头上是很整齐的黑头发,年纪三十五岁。那女人说道:"呀,是你么?"说话时带微笑,随把脖巾蒙上。两人一齐向前走。司提芬说道:"我以为你落后了。"勒奇答道:"不是的。"司提芬说道:"姑娘今晚散得早。"勒奇答道:"有时早些,有时晚些。向来回家是没得一定。"司提芬说道:"好像也不是向那一头走。"勒奇道:"司提芬,不是的。"司提芬看看他,有一点失望的意思。勒奇有点觉得,把手放在司提芬膀子上,一会子,说道:"我们是真朋友,是老朋友,我们现在年纪也都长了。"司提芬道:"不然,你还是从前的一样少年。"勒奇笑答道:"两个人都活着的时候,这一个老了,那一个也自然老了。但是毋论怎样,我们是老朋友,彼此说话,若有丝毫不真实,就是罪过。有时我同你,不可同走得太多,若是简直的不同在一起走,却是难过的。"司提芬答道:"勒奇,很难过的。"勒奇道:"你不去作这样想,就觉得难过好些。"司提芬答道:"我试过好久,总不觉得会难过好些,但是你说的不错,难保人家不说闲话。这些年来,我很受你的益,你常常的鼓励我,使我不灰心。我听你话,如同遵守法律一样,你的法律,是有光采的好法律,比许多实行的法律好。"勒奇很关切的看看他的脸,急忙答道:"不必烦心我的话,也不必提法律。"司提芬慢慢点点头说道:"随法律去,什么事都随他去,世界上无论什么事,都是个一团糟。"勒奇说道:"都是一团糟么?"一面说,一面又拿手摸他的膀子。司提芬一笑,抬头向他说道:"呀,勒奇姑娘,世事全是一团糟,我紧抱着这一句话,我遇着一团糟的时候,何止一次?我心里总撇不开。"他们两人向前走,快到他们各人的家,再走就先到那女人的家。勒奇立在小街角上,同他拉手告别,就向那黑暗的街走。司提芬站在那里,等到勒奇进了屋才走。司提芬对于这个女子,无论什么,哪怕是他的围脖巾一动一摆,都是关切的。他无论说一句什么话,都要直达到心窝里最深的地方。他看不见勒奇,才挪步向自己家去。有时抬头望望天,天上的雨云,像飞的四散,雨止了,月亮出来,街上有许多高烟统的影子。他住在一条小巷里一个小店楼上,拿了一个蜡烛头子,点着了上楼。房里有个小橱,摆上几本书,还有写的东西,有几件家具,还算整齐够用。房里空气不好,却还干净。他走近烛台,把蜡烛放在一张三脚小圆桌上,碰着一个东西。他退后两步,向楼板上看,这东西要爬起来,原来是个女人坐在那里。司提芬更退几步,离开那女人喊道:"天可怜呀,你这个女人,怎么又回来了?"这个女人吃得烂醉,动不得,一只手扶住楼板,都几几乎抬不起身子,那一只手要拨开脸上很不干净的乱头发。身上的衣服破烂,都是油印泥渍,实在是不能看。这女人说了两句粗话,好容易把头发拨开,身子还是摇摇不定,脸上很带朦胧未醒的样子,一只手作手势,发狂的大笑,发出一种哑声音,说道:"嗳,你在这里么?"说说,又垂头垂到胸前。过了几分钟,又喊道:"又回来了?是的,我又来了。我要回来好些次,是的,回来了,我为什么不回来呢?"这个女人很费事爬起来,用肩背靠墙站着,一手挂着一件垃圾堆里拾来的稀破帽子。那时候司提芬坐在床边,两手蒙住脸,那女人喊道:"你走开,你走开!这是我的床。应该是我的。"说完,挪步到床边,司提芬抖抖的,让他自己走到房子的那一头。那女人就身子很重的,倒在床上,鼾声如雷的睡着了。司提芬倒在一张椅子上,终夜不动,有一次他起来,用毡条盖住那女人,好像是在黑夜里两手盖住自己的脸。还恐怕看见这女人,只好再加毡条盖住他。

## 第十一回　无出路

话说天才黑亮的时候,所有那些机器厂的烟统冒出一条条像长蛇的黑烟,向上旋转。街上许多脚步声,厂里是打钟声,这是到了开工的时候了。司提芬低着头,对住纺织机器,很安静小心很有恒的,同那些机器,一味的狂撞、敲击、撕破,毕竟不同,可见天造与人工,不可比较。人工万不能废天造,就拿这纺织厂来说,这一部分用多少工人机器,多少匹马力,一副机器出多少马力,是可以算得很准的。但是只管把善算国债的好手,都请来。又指出一名工人来,请他们这班好手去算,这一个工人作好或作坏,作到什么程度,他的爱情或仇情,他的爱国或恶上,他怎样从好变坏,或从坏变好的种种分量,是算不出来的。加减乘除,只能够算死物,若是要操纵人的性情,都用不着,只好用别的法子。再说天亮之后,灯光都灭了,工人正是最忙的时候。不久就下雨,煤烟不往上冒,反往地下蟠。到了中午,大钟又响,街上又是走路声,轮子织机和工人们,都暂时停止。司提芬从热厂房走出来,街上却有风,又潮湿,又寒冷。他离开众工人,又不回家,在路上拿一块面包,向小山走,去找东家。东家的房子是红的,窗门是外面黑,里面绿,大门是黑的,门前两级白台阶,铜牌上写的是班特比。东家正在吃中饭,这是司提芬晓得的,他就请看门的去通报:有一个工人求见,有话说。看门的回来,问工人姓名,工人说是司提芬巴拉浦。东家深知这个工人向不麻烦,就说让他进来。司提芬走进去,班特比在那里吃羊排骨,喝舍理酒。斯奶奶在火炉旁作活计,一面照应班特比吃中饭。他自己不吃,以为吃中饭是一种很不相干的嗜好。班特比问道:"司提芬,你有什么事?"司提分鞠躬,却不是带奴隶性质的鞠躬,那是凡工人都不干的。哪怕在东家手下作过二十年的工,也不肯作奴隶式的鞠躬。班特比喝一口酒,说道:"你晓得的,我们向来同你,并未有过什么为难的事,你同别的工人不同,不是不讲理的。你是不希望坐六匹马的大马车,吃脚鱼羹,吃鹿肉,用金汤勺喝汤。"班特比向来以为工人稍有不满意,都是要奢侈。又说道:"我晓得,你来见我,不是诉什么不满意。"司提芬说道:"先生,我来,的确不是为这种事。"班特比虽然晓得他不是来麻烦,听了他的话,也有多少诧异,说道:"很好,你是个有长性、安善的工人。我看得不错,你只管告诉我,为什么事,你只管说。"司提芬望望斯奶奶,斯奶奶故意作出要走的样,说道:"班特比,你叫我出去么? 我可以走开。"班特比正又住一块肉,要往嘴里塞,听见斯奶奶这么一说,停住右手,把左手伸出叫他不必走,随即收回左手,把那块肉塞入嘴里,吞下去,对司提芬说道:"你晓得么,这位太太是一位高贵太太,生在高等人家。你不要因为他替我管理家务,以为他从前未曾爬到高树顶,他曾爬到树的极顶。倘若你说的话,不能在高贵夫人面前说的,这位夫人自然就要躲开。倘若你要说的话,能在高贵夫人面前说的,这位高贵夫人就不动,还坐在那里。"司提芬脸上微露发急意思,答道:"我自从生下来到如今,从来没有不能在太太们面前说的话。"班特比把碟子推开,说道:"很好,你说罢。"司提芬稍想了一想,抬起头来,说道:"我特为来请教你,我从娶亲,到现在,有十九年了,我的女人原是个好女孩子,相貌也还好,可惜不久就变坏了,却不是因为我,上帝晓得,我从来未曾待薄过他。"班特比说道:"这几句话,我从前已经听过了。你的女人好吃酒,不作工,把家具也卖了,衣服是当了,替不规矩的男女们拉纤。"司提芬说道:"我很忍受着他。(班特比心里说道:你是个大傻子。)我用尽许多方法,劝他回头,这样也试过,那样也试过,其他方法都试过。我回家常看见家里什么东西都卖光了,他睡在地下,醉迷不醒人事。这是不止一次两次,足有二十多次。"他说话时候,满脸的愁苦,又说道:"他一天比一天坏,后来坏到无以复加,他就跑了,把自己弄到很不堪,他却又回来,常常回来,我也无法阻止他。有时我终夜在街上走,不敢回家。有时我跑到桥上,要投水自尽,我受够了。我正是少年,就变作老人了。"斯奶奶听了这番话,瞪瞪眼,摇摇头,心里好像说,大人物也有愁苦的时候,小人物也有愁苦的时候,请你转眼向我这一方看看。司提芬又说道:"我给过他钱,叫他离开我,我给过五年的钱了。我后来稍安乐些,虽然过的日子很苦,很烦恼,我却不觉得有什么可耻的。谁知昨天晚上,他又回来了,睡在我家里。"司提芬因为这番烦恼,故此索性说个痛快。有时却又驼着背,站在那里对着班特比,脸上带一半精明,一半犹豫,好像是还要说极难达的意思。左手很用力的拿着帽子,说到要紧时,右手跟着动。班特比答道:"除了末后这一段,你所说的话,我早已晓得了。这是一件很不好的事,你当日还是不娶亲的好。现在是太迟了,不必再说这些话了。"斯奶奶插嘴问道:"他们夫妇是否年纪相差得太远?"班特比问道:"你听见这位夫人的话么? 他问你,你们夫妇是否年纪差得太远?"司提芬答道:"并不是的,结婚时候,我二十一岁,他二十岁左右。"斯奶奶对班特比说道:"是么? 我因为他们不对,以为是年纪相差太远。"班特比放斜了眼,看了斯奶奶一眼,脸上带点不舒服,又喝一点舍理酒,提提神,对司提芬说道:"你为什么不往下说?"司提芬这时候脸色很严重的说道:"先生,我特为来求教你。我有什么方法,可以把这女人脱离关系?"斯奶奶听了,低喊了一声,好像是受了打击。班特比起来,把背靠着炉台,问道:"你说什么呀? 你娶了他,好也罢,不好也罢,只好算了。"司提芬答道:"我一定要同他脱离,我受罪受得足够了,不能再受了。现在有一个女子,无论现在活着的女子,或是已死的女子,都比不上这个女子。他常常怜悯我,安慰我,还亏得有这个女子,不然我就早疯了。"斯奶奶被这番不讲道德的话寒了心,低低的对班特比说道:"他要自由,要娶他所说的那位女子。"司提芬说道:"是的,这位夫人说对了,我是要娶这个女子。我快要说到这一层,我看见报上说,阔人家(我并不是说阔人家的坏话)结婚,并不受好也罢不好也罢两句话束缚得这样牢。他们遇着不幸,夫妇不对,是可以分离的,重新再娶。他们若是夫妇不对,或是脾气不合,他们大宅子里有的是房子,一个住在楼上,一个住在楼下,就可以不必同在一起。我们贫人家只有一间屋子,是办不到的。若是分房还不对,他们有的是钱。可以把钱一分,你多少,我多少,从此就可以分离。我们作不到,他们因为小事,都可以拆婚。我的为难大得多,为什么不可以拆婚? 我一定要拆婚,我要晓得怎么拆法。"班特比说道:"没得什么法。"司提芬说道:"倘若我虐待他,法律要办我的罪。"班特比说道:"诚然。有这条法律。"司提芬说道:"我要是逃走了,也有法律办我的罪。"班特比说道："诚然。有的。"司提芬说道："若是我娶了别个女子，也有法律办我的罪。"班特比说道："诚然。有的。"司提芬说道："我若同我喜欢的女子同住，而不结婚，我晓得是办不到的。假使办到，法律又要罪我们的儿女。"班特比答道："有这条法律。"司提芬说道："我借重上帝的话，请你指示我那一条法律可以帮助我的。"班特比答道："夫妇的关系，是神圣不可侵犯的。这关系是要保存的。"司提芬答道："先生，请你不要说这话。这样怎能够保存呢？这样法子是不能保存的，这样法子只能拆散。我是个织工，从小就进工厂。但是我有眼可看见，有耳可听见，每次开法庭问案的报告，我都读过。我晓得你也读的。我读过，就非常惊怖。才晓得所谓一受结婚束缚，无论化什么代价，定什么条件，都是不能解脱的。发生多少流血的事，反令结婚的平民争斗不休，或暗杀明杀毒杀，我们很先要明白这一层。我这件事是愁苦极了，请你帮我，告诉我有什么法律可以帮我的。"班特比两手插入口袋，说道："我告诉你罢。法律是有的。"司提芬听了，稍恢复他向来的安详神色，点点头，却还是一样的留神。班特比说道："这条法律是不为你设的，因为要花许多钱，要花不晓得多少钱。"司提芬很镇静的问道："要花多少？"班特比道："你先要去婚律院告一状，又要去习惯法法庭告一状，又要去上议院递一呈，又要去下议院通过，定一条法，许你再娶。我算算看，大约要花到一千磅至一千五百磅，还许花到两倍这个数目（这还是指着样样事体顺手说话）。"司提芬问道："除了这个，就没得别的法律么？"班特比道："没有别的法律了。"司提芬听了，脸色发白，右手乱摇，说道："这是一团糟，简直的是一团糟。我不如死了更好（斯奶奶又露出很不愿意听这些平民口出不畏上帝的话）。"班特比说道："你不要说这种无意识的话，法律的事你不懂，你更不要说国家的制度是一团糟，不然，你有一天总要弄到一团糟。国家的制度，与你的手工不同，你只好管你的手工罢了，你从前娶你女人，不是要就要，不要就不要，原是好的固然是要，不好的也还得要。若是娶了之后不好，我们只好说，也许娶了之后是好的。"

司提芬向门口走，走着说道："一团糟，一团糟。"班特比说道："我对你说句临别赠言的话,你对着这位太太,发表了这种邪僻的见解,他觉得很难听。我对你说过,这位太太是生长于高贵人家,我却未曾对你说过,他嫁了一个人也很吃亏,吃亏到好几万磅。(他说这句话说得很有滋味,说了又说。)吃亏到好几万磅。你向来是很规矩的一个工人,我现在老实告诉你,你转入邪路了,我们市上,很有些外路人来搅是非。我恐怕你是听了这些人的话。我劝你最好跳出这种漩涡。"说到这里,他显露出非常能干的神气说道:"磨刀石我都能看得穿,我比别人还许看得透些,因为我从小作过许多苦工,我看你的话里,很有要尝脚鱼羹、烧鹿肉,用金汤勺的意味。"一面摇头一面说道:"我的确看得出,我的确看得出。"司提芬摇摇头,叹了一口气,说道:"先生,我谢谢你!我告辞了!"司提芬走过之后,班特比对着墙上的镜子,很得意的照一照,得意到十分澎涨[膨胀],几乎炸破了。斯奶奶因为工人们的过恶,不大高兴。

## 第十二回　老婆子

司提芬下了两级白台阶,把黑大门关好。因为他的手把门上的铜杷沾了些手气,还拿袖子去擦光。他低着头往对街走,忽然觉得有人摸他的膀子。他现在心里是非常之烦恼,非常之杂乱。另外有一种手摸他,还可以安他的心,别的手是不能的。但是现在摸他的,也是一只女手,这个女人老了,身材很高,也还有些气概。司提芬停住脚,掉过头看他。他穿得很淡素,很干净,鞋上沾些乡下泥,是新从远路来的,神色有点慌忙。臂上搭一条未叠好的薄脖巾,拿着一把重伞、一个小篮子,手上是长指,很松的手套。一见就晓得是不惯戴手套的。一见这种情景,就晓得他是一个乡下老婆子,穿了放假日的农服,是有事到焦炭市来的。司提芬低垂着头,很留意的听他说些什么。那老婆子指班特比宅子说道:"先生,你不是刚打那位先生的宅子出来的么?除非是我看错了。我却看见是你。"司提芬答道:"老太太,不错,是我。"老婆子问:"请你不要怪,我好奇多嘴。你见着那位先生么?"司提芬答道:"我见着的。"老婆子问道:"他面貌怎么样?

他魁伟吗？大胆吗？坦白吗？热心吗？"他说这话的时候，把头同身子都伸得很直。司提芬觉得从前见过这老婆子，更留心着他，答道："是的，他正是你所说的那样。"老婆子又说道："他壮健么？也有大风那样壮健么？"司提芬答道："他正在那里吃汤，声音很响，很像土蜂响。"老婆子听了，非常满意，说道："谢谢你，谢谢你。"司提芬向来未见过这老婆子，却有些记得梦见过这种的老婆子，不止一次了。老婆子同司提芬并排走。司提芬说话，却很迁就他的意思，问他焦炭市忙不忙。老婆子答道很忙，太忙了。司提芬说一看，晓得他从乡下来的。老婆子答道："是的，我搭的是一英里一便士的法定火车，我坐了四十英里火车来的，下午仍坐火车回去。我今早从乡下走到车站，走了九英里。我回去的时候，若是碰不着熟人请我坐马车，我还要从车站再走九英里才回得到家。我这样年纪，总算是能跑路的了。"这个好说话的老婆子，说得很高兴，两只眼还现点光。

司提芬答道："老太太很能跑路，却不可跑。"老婆子摇头答道："不，我不常跑，不过每年一次。每年我省下钱，来一次。在这里街上走走，看看这些人。"司提芬问道："只看人么？"老婆子很顶真、很关切的答道："这就够了。我不要别的。"老婆子掉过头，向班特比的住宅说道："我在街的这一边站站，看那位先生出来。今年他迟了，我未见着他，只见你出来。如果我不看见他，就得回去……我只要看他一眼，好在我见着你，你是见过他的，也可以算数了。"说到这里，老婆子定着眼看司提芬，好象是要认准了他的面貌。他的眼睛却不如刚才那么亮了。他们两人往前走，经过一所教堂。司提芬看看钟，两脚就走得快些，老婆子也走快些，说道："他要上工了。"他告诉老婆子在那个厂作工。老婆子更多露些怪现像[现象]，问他道："你不欢乐么？"司提芬答道："老太太，世人那个无忧愁么？"老婆子又问道："你的家里有忧愁吗？"司提芬答道："有时偶然有。"老婆子答道："你在这位先生手下作工，忧愁是不能跟随你到工厂的。"司提芬说："不能。"他们两人现在走到一条黑暗横街，很近工厂了，只见许多工人进厂，开工的钟在那里响，烟统又冒出那黑蛇像的烟。这个怪老婆子，听见钟声很快乐，还说这是最好听的钟声。司提芬先同老婆子拉手，再进厂。

老婆子问道:"你在工厂多少年了?"司提芬答道:"有十二年了。"老婆子说道:"在这厂作过十二年的工人,我一定要同他的手接吻,就拿他的手接吻。"司提芬进厂作工,足有半点钟,总想着这个怪老婆子。他刚好转到那一边,弄机器,抬头看见那老婆子还在厂外,看这厂房,有无限称赞的意思。这个老婆子不怕烟,不怕气味,不怕机器,不怕雨,不怕泥,来回十几英里,也不怕辛苦,特为的站在那里看纺织厂,看得非常得意。再过几时,老婆子走。天也黑了,厂里上了灯。司提芬早已想到家里在他床上睡着的人,心里越想越难过。再过几时,机器慢了,不一会,都停了。大钟又响,到了散工时候了。司提芬昨晚陪勒奇同走了些路,同他说了些话。现在加了一层家事烦心,无人能够安慰他。他只好破裂一次,不听勒奇的话,还是侯他。谁知勒奇躲避开了,碰不着。惟有这个时候,他非要见勒奇不可,却偏偏的见不着。心里想,虽有一个家,却很怕回去,倒不如无家。什么地方不可以安歇这七尺之躯呢? 他这时已经很疲倦了,他只管吃,只管喝,却全不晓得吃的什么,喝的什么。在雨中走来走去,想来想去,想到很深远。司提芬从未对勒奇提过再结婚的话。不过好几年前,勒奇自己很可怜他,所有极难过的心事,惟有告诉勒奇一个人。他也晓得,倘若开口问勒奇,勒奇一定是肯嫁他的。他常想到,如果同勒奇结了婚,那家里是怎样的欢乐,他自己怎样的又另是一个人,心里怎样的轻松,怎样可以恢复他所已失的名誉安乐。又想到现在已挨到半世,还是一事无成。自己的人格一天低一天,被一个恶妇束缚,过愁苦不堪至极的日子。他想到从前初认得勒奇的时候,彼此都正是少年,现在都变了盛年了,不久彼此就快要老了。又想到勒奇眼见得同时的女子,嫁的嫁了,养儿女的养儿女了,只剩他自己一个人,情愿独自过冷清清的日子,所为的都是他。他看见勒奇脸上露出愁闷的神气,自己倒却觉得非常痛心。又常常的把昨天晚上死睡在他床上那个泼悍无耻的女人,同勒奇比较。难道是天意要把柔和克己的女子永远被那一个最无耻的女人压倒么? 他满心都是这种思想,走回家去歇息。

## 第十三回 勒 奇

司提芬回到家门口,看见楼上暗暗的有烛光,又想到世界上,死是最不平等的。生的不平等远比不上死的不平等。譬如说,今天晚上,一位太子,一个织工的儿子,同时出世。又譬如,一个极好的女子,为人所爱,忽然死了,而睡在他床上的恶妇偏偏不死。这一生一死的两相比较,相差得太远了。司提芬到了家门,屏息缓步的走去开门,进屋子。屋里寂静无声。原来勒奇坐在床边,勒奇回头看。司提芬一看,晓得勒奇在床边服侍他的女人。挂了一张帐,遮住他的女人,司提芬看不见女人的脸。勒奇早已替他女人换了衣服,把自己的替他穿上。屋里还有勒奇的几件衣服。所有家具等件都安置得很好,墙炉已经生了一个小火,炉前扫得很干净。司提芬眼看住勒奇,不知不觉的,两眼都是泪。那时勒奇两眼也是泪。勒奇转过脸,看床上,见睡着的很安静,于是很高兴低声的说道:"司提芬,你回来了,很好,你今晚回家很迟。"司提芬答道:"我在街上走来走去。"勒奇道:"我想你总是在街上走来走去,不过今晚雨大,风又起了,不好在街上走的。"司提芬道:"刮风么? 可不是,刮得很凶,听听烟通闹得轰轰的响。我当着刮这大风时候,在街上走,还不晓得有风。"勒奇说道:"我已经先来过一次了,我吃饭的时候,女房东找我说这里有一个人,要人照应。女房东的话说得不错,你的女人嘴里乱说,人事不醒,受了伤,身上还碰伤了几处。"司提芬慢慢挪了几步,坐在椅上,对着勒奇垂头。勒奇说道:"我走来帮点小忙,第一层因为我们从小的时候同在一处作工,你向他求婚结婚的时候,我是他的朋友。"司提芬一手托住头,叹气。勒奇又说道:"第二层,我很晓得你的意思。我也深知这个人太可怜了,不能坐视他死,也不能不照应着他,叫他受痛苦。你晓得的,那一个无罪过的,可以拿第一块石头打他。这句话是谁说的?① 拿石头打你的女人的人多咧,但是他已经堕落

———————————

① 耶稣语,见《新约》。——译者注

到这地步,你不该作末了一个拿一块石头打他的人。"司提芬说道:"勒奇,勒奇。"勒奇很哀怜他说道:"你受罪也受够了,只好求天赔偿你。我真心的作你的好朋友。"睡在床上的人,大约是脖子受伤,勒奇替他敷药,还是不让司提芬看见他女人的脸。他拿出一块细软布,泡泡水,滴上些药水,轻轻的铺在伤口。早已把那三条腿的小圆桌,挪近床边。桌上摆两个瓶子,装药水的是两瓶子之一。司提芬离小桌不远,两眼跟着勒奇的手看过去,看见瓶上纸条刻的大字,一看见了,脸无人色,忽然恐怖起来。勒奇坐下说道:"我在这里照应到敲三下钟。到敲三下钟时,还要上药。以后就随他去到天亮。"司提芬道:"岂不是你明天又要歇一天不能作工了吗?"勒奇说道:"我昨晚睡得很好。若是有事的话,我一连可以熬几夜不睡觉。但是你很疲累了,脸色发白,应该要歇歇。你倒在那椅子上,试睡睡看。我照应住他。我晓得你昨夜不能睡,明天去作工,你却要受辛苦。我却不会觉得什么的。"司提芬听见门外是大雷暴雨,好像是同他昨晚发怒一样,但是看见勒奇这种举动,他怒气都平了。勒奇说道:"司提芬的女人,认不得我了,只会瞪瞪眼,嘴里不晓得哼些什么。我对他说过好几次话,他都不理会。这样也好。等到他清醒过来的时候,我已经把应作的事都作到了。他也不晓得是谁作的。"司提芬问道:"几时他才可以清醒过来?"勒奇答道:"医生说明天可以清醒。"司提芬两眼又看到那瓶子,又恐怖起来,四肢发战,勒奇看见以为他沾了雨受了凉。司提芬说道:"不是的,是受了惊。"勒奇道:"你受了惊么?"司提芬说道:"是的,我进来时候,我走路的时候,我心里想的时候,我……"说到这里又打战,就站起来,扶住炉台,一只发抖的手,把那发寒的头发压住。勒奇说道:"司提芬。"一面说,一面走过来。司提芬伸手拦他,说道:"不要过来,你还是坐在床边。你这样好,这样的不念恶,这样的宽恕。你还是坐在那里,同我进屋子时一样。我从没看见过你那样的好。"说完浑身打战,倒在椅子上。过了一会,好容易节制住自己,一手放在膝上,托住头,望住勒奇。从暗淡烛光看过去,好像看见勒奇的头,四围有光晕,很相信是有一个光晕。勒奇说道:"他好了之后,我盼望他走开了,不再麻烦你。我们这时候只能这样盼望。我现在只好不响了,让你睡觉。"司提芬果然闭眼,并不是要安歇,不过叫勒奇心里好过。耳朵只听见门外雷雨声,后来却慢慢的听不见了,慢慢睡着,作了一场恶梦。梦的是他自己同一个女人,在教堂行结婚礼,最奇怪的是,这女人却不是勒奇。当行礼的时候,看见证婚人之中,也有是现时活着的,也有是已死的。慢慢黑了。接着一片大亮光,起首不过是一线光,从十戒发现出来的那些字照满教堂。还听见满教堂响声,都是这十戒的话。忽然光同声都散了,只剩了他同教士两个人,他们两个人站在光天之下,面前不知有多少人,好像世界上的人都来了。这些人无一个不是讨厌他的,无一个可怜他的,无一个拿友谊相待他的。他站在一座高台上,头上是纺织机,听见有人读送死经。他才晓得他要死。忽然,高台坍了,他也不晓得到那里了。他醒过来,一看,四面的墙,仍是在自己屋里,晓得炉火是灭了。勒奇在床边也睡着了,把脖巾围住,动也不动。司提芬觉得那幅帐有点动,留心一看,果然是动。看见一只手伸出来摸东西,那幅帐更动得显些,床上的女人,拉帐坐起来。那女人两只疲倦疯狂眼四围看,看到他所坐的椅子那一方,看过去了,又看回头,又四围的看,并不理会勒奇,又回头看到他所坐的椅子上。司提芬看他完全不是十八年前同他结婚的女人了。他这时,一毫气力都没有,也不能动,惟有留心看这女人。那女人还未全醒,两手托着头,重新又四围的看。第一次两眼看小桌上的瓶子,转眼又看到司提芬所坐的房角上。伸出手来,拿小杯,再在那里想拿那一个瓶子,一拿拿住那个装毒药的瓶子,拿牙咬丢瓶塞子。司提芬也不晓得是醒,抑或还是在梦中,见了,话也说不出来,要动也动不得。那女人人看看勒奇,慢慢很小心的把瓶里的药倒出来,送到嘴边。再过一会,无论世上的人都醒过来,来救他,也是来不及了。刚好勒奇大喊一声,也从梦中惊醒,一手抢过杯子来。那女人同他抢,打他,扯他的头发。司提芬从椅子上跳起来,问道:"勒奇,今晚我究竟是醒还是作恶梦?"勒奇道:"诸事还好,我也睡着了。快打三点了,不要响,我听见打钟。"果然一阵风,把教堂的钟声刮到来。一听,果然是打三点。司提芬看看他,见他脸上发白,头发也乱了,头上还有手抓的红印,才晓得他刚才自己原是醒的。勒奇手上现在还拿着杯子。勒奇很安静的把杯里的药水倒在小盘里,泡裹伤的布,说道:"我想总该快到三点钟了,我很谢谢我不曾走开。我把这药敷上,就完了。你看他又安静了。这盘子里还有几滴药水,我把他倒了。这不是好东西,不可随便摆在这里。只有一滴,就是了不得。"一面说,一面把剩下的药水,倒在炉灰上,把瓶子也打碎了。他现在没得什么事了,只剩披上脖巾,走出街上,冒大风雨。司提芬说道:"正在半夜,你只好让我陪你走。"勒奇道:"司提芬,不必了。不过一分钟我就到家。"他陪勒奇走出房门,问道:"你不怕把我一个人留下陪着那女人么?"勒奇看看他说道:"司提芬。"司提芬双膝跪在楼梯口,把勒奇的脖巾一角送到自己唇边,说道:"你是一位仙女,上帝保佑你,上帝保佑你。"勒奇说道:"我对你说过了,我是你的朋友。仙女不是我这样的。拿一个有许多短处的作工女人同仙女比较,中间还隔着一大片极深的海呢。我的小妹妹是同仙女在一起了。"说完两眼往上看,一会向下看司提芬的脸。司提芬说道:"我是个不好人,你把我变好了,你使我愿意学你,我很怕丢了你,你是个仙女,你是来救我的灵魂的。"勒奇看他跪在面前,他手上还拿住脖巾。勒奇原有责备他的意思,一看见他脸色改变,那责备的意思也就打散了。司提芬说道:"我回家来的时候,是一个什么希望都完了的人。想起来,我只要说一句话,诉一句苦,人家就说我是个不讲理的工人。我想起就要发狂,我告诉过你,我吓了一惊。因为我看见小桌上那一瓶毒药,我向来未害过什么生命,但是忽然看见这毒药,我难讲不会把我自己毒死,或是把他毒死,或是把两个同时毒死。"勒奇听了这话,大为恐怖,把两手堵住他的嘴,不让他再说。司提芬拿住他两只手,脖巾还不放松,急忙的说道:"但是我看见你坐在床边,终夜我都看见你,我梦里还看见你,我永远都看见你。我不想起他就罢。若想起来,也想到你坐在他床边。我将来无论看见,或想起生气的事体,总要想到你还在我身边。我以后只盼望到了时候,我们在你小妹妹所去的地方同散步。"说完,又拿起脖巾接吻,才让他走了。勒奇同他分手的时候,说的话也不能成声,一个人就往大街走。这时候还是刮大风,天却晴了,星也出来了。司提芬光着头,眼送勒奇回家,把勒奇看作是他照路的福星。

## 第十四回　一个大制造家(指光阴也)

　　焦炭市的光阴,过得同机器一样。过了多少时候,用了多少生料,烧了多少煤,费了多少力,赚了多少钱,不独对于钢铁生许多变化,对于人也生多少变化。有一天加拉说道:"路伊沙快是一个成年女子了。"那光阴不知不觉的把妥玛变成一个长得很高的男子。比得父亲末后一次留意的时候,足足长高了有一尺。加拉说道:"妥玛也快到一个成丁的男子了。"又说道:"时候到了,妥玛该到班特比那里了。"果然,妥玛不久就到了班特比的银行。第一次买剃刀刮胡子。这位大制造家(指光阴),不久又把西西变化成一个很美的物件。加拉说道:"周普,我恐怕你再上学也无益了。"西西哈腰答道:"我恐怕是无益的了。"加拉皱眉说道:"周普,我不必瞒你说,你在学校试习了这些日子,很令我失望。你从马金初[马初金]先生夫妇读书,学不了什么东西,不副我的期望。你装的事实很少,算学你也晓得不多。你毫无进步,简直是赶不及格。"西西答道:"我很晓得。我心里很难过,先生,我却是很苦学的。"加拉说道:"是的,我很相信你很用心苦学。我很留心看你,对你苦心用功一层,我却无可说的。"西西很胆怯的说道:"先生,我谢谢你,我有时想到恐怕我要学的东西太多了。假使让我少学些,也许我……"加拉摇头,露出很有名实事求是的派头来,说道:"周普,不是的,不是的。你的课程,是按照章程定的,这章程是无可批评的。我只能猜,因为你自小的生活,同扩充思想力不合宜,你入校又太迟。我是很失望。"西西哭着说道:"我是一个无家可归的苦女子,向来同先生又毫无瓜葛,毫无关系,蒙先生收留我,保护我,我学问又不成,丝毫不能报你一番好意,我心里很难过。"加拉说道:"不要哭,不要哭。我并不是说我有什么不满意你的地方。你这个人是很有爱情的,很顶真,是个很好的女子。这也就很好了。"西西很感激的哈腰说道:"先生,我很谢谢你。"加拉说道:"你对于加拉夫人,很有用的,你在我家庭里也是很有用的。这是我从路伊沙方面打听出来的,我自己却也亲眼看见,晓得你很有用,我故此就盼望你也就可以欢乐。"西西答道:"我是很满意,不愿再有什么了。""若是……"加拉说道,"我听说你还要提到你的父亲,路伊沙小姐告诉我,便把那药油瓶子还收着。假使你对于科学学得稍为到家些,你对于这种事体上要聪明些,我不再提了。"加拉是很喜欢西西,不肯表示看不起他的意思。他也明白这个女孩子,很有点不同,不能拿些数目字列出表来的。这个女孩子的界说本事是有限又有限,他算数的学问简直的是等于无。若是把这女孩子分拆开,分行列表,作一个报告呈议院,他简直是无从下手。

光阴原是个制造万物的大制造家,有时制造得很快的,妥玛同西西变化得最快,不一两年就变得与前大不相同。加拉却是老不改,说加拉老不改,却又不尽然,有一层他是改了,改成一位议员,是一个权度量衡的代表,乘数表的代表,是一位哑巴议员,是一位聋子议员,是一位瞎子议员,是一位跛脚议员,是一位死议员。若不是这样,我们还配于一千八百若干年,能够安居在这基督教乐土吗?加拉自从说过他女儿渐长成人这句话之后,比平常烦心好几天。有一天晚上,加拉要出门,很迟才回家,路伊沙走来同他说明,加拉搂住他,很慈爱的看他,说道:"路伊沙,你是个长大的女人了。"路伊沙答他的时候,很特别的极留心快快的看他父亲一眼,即低下头来,答道:"父亲,是的。"加拉说道:"我的宝贝,我要同你一个人说几句郑重的话。明早早饭后你到我房里来。"路易沙答道:"父亲,我明早来。"加拉道:"你两手为什么这样冷,你不舒服么?"路伊沙答道:"父亲,我很舒服。"加拉道:"你高兴么?"路伊沙又看着他父亲,微笑答道:"我同平常的一样高兴。"加拉同他接吻说道:"这就很好。"加拉出了门,路伊沙仍走进那理发店式的书房,手托手的看炉子的火星。妥玛在门口问道:"路伊沙,你在房里么?"妥玛现在是个好寻乐的少年,不过面貌言动,不甚令人喜欢。路伊沙站起来说道:"妥玛,你有多少时候未见我了。"妥玛答道:"白天班特比把我弄到很忙,晚上我又有别的事体,但是班特比若是同我太麻烦,我就借重你说话。故此我们两个人,还算是处得好。父亲今天或昨天,曾同你说过什么话么?"路伊沙答道:"未曾。但是今晚他告诉我,明早有话对我说。"妥玛道:"呀,我就是要问这一层。"他这时候很深沉的样子,说道:"你晓得父亲今晚往那里去?"他答道:"我不晓得。"妥玛说道:"我告诉你,他去找班特比,他们两人在银行常时会议,你可晓得为什么要在银行呢? 我又告诉你,他们为的是不要斯奶奶听见。"路伊沙一手放在他阿哥的肩膀上,两眼还是看火。他阿哥很留意的看他一眼,拿手搂住他的腰,把他拖过来,问道:"路伊沙,你不是很疼我吗?"他答道:"是的。但是你为什么隔多少时候,总不来见我?"妥玛说道:"你说到这句话,很凑近我的意思,我们应该常在一起才是呀,总要差不多天天都在一起,你只要打定主意,明白一件事,你就可以帮助我,那吗[么]我就很得法了,我就非常之快乐了。"路伊沙是很能用心的,妥玛虽很留意,窥不见他的用意,看看脸,也是一点儿看不出来。妥玛重重的抓他的手,同他接吻。路伊沙也同他接吻,却仍然两眼还是看火。妥玛说道:"我原意要走来告诉你一点消息,他们暗中干什么,你虽不晓得,大约也可以猜着几分。我今晚不能久在这里,我同朋友有约,你却不要忘记了你疼我。"路伊沙答道:"我不会忘记的。"妥玛说道:"你是个顶好的女孩子,我走了。"路伊沙同他走到大门口,焦炭市工厂的灯光很亮,他站在那里看,听妥玛走路的脚步声,听见他走得很快,好像是急于要离开石屋的。等到看不见妥玛,他还站在那里。

## 第十五回  父　女

话说加拉的书房,堆满都是蓝皮书,所有一切社会的疑难问题,都用加减乘除算好了,很像是一座天文台,既不通天又不开窗。那位天文师在那里拿一管笔,拿一张纸,画来画去。那天上所有的星都布置妥当,加拉很像一位天文师,坐在书房里,只要把蓝皮书翻翻,并不用出门去看,所有人类的悲欢惨乐,都算在石板上。倘若算出贫困人许多眼泪,只要拿海绒沾点水,在石板上一擦,就完了。这一间书房,很有严肃样子,挂了一个钟,狄打狄打的响,很像棺材盖上盖子,敲棺材钉的声音。这一天早上,路伊沙走进来,坐在他父亲的桌子边,从窗子望见焦炭市的高烟通,冒出一团一团的黑烟。他父亲说道:"路伊沙,我昨晚预先告诉你,留心听我对你就要说的话。你很受了些好教育,况且你又都能理会,我很相信你很有知识。你既不是个一味任性的人,又不是个好架空中楼阁的人,你是习惯了善用理断、善于盘算的人。我晓得你会把我对你说的话斟酌斟酌,盘算盘算。"加拉暂停一会,等他女儿答话,他女儿却不响。加拉说道:"路伊沙,有人对我同你提亲。"加拉又停住等答话,他女儿还是不响,他却觉得有点诧异,又说一遍道:"有人提亲。"路伊沙稍微有点不愿意,却丝毫不露声色,答道:"父亲,我听见了,我很留心听你说。"加拉微笑说道:"好呀,我想不到你丝毫都不动情,也许你并非不预备到我所说的话。"路伊沙说道:"我不能说这话,等到我听见,才能说,有预备也罢,无预备也罢,我要听父亲说什么。父亲,我要你对我说。"最奇怪的就是加拉到了这时候,却反有些不镇静,还不如他的女儿。加拉的手拿了一把裁纸刀,翻过来看看,又放下了,放下之后,又拿起来看看刀口,想想看,该当怎样往下说。想好了,加拉说道:"我的宝贝路伊沙,你说的很有理。我来告诉你,班特比对我说,他很留心看你的进步,早已就盼望时候到了,他可以向你求亲。他盼望的日子也很久了,他始终向你的心,却从未改变过。他认为这时候到了,班特比对我提议这亲事,要我对你说。他还说,盼望你答应。"加拉说到这里,父女两人都不响,只听见墙上的钟响,只看见远远的煤烟是加倍的又黑又浓。路伊沙说道:"父亲,你想我爱班特比么?"加拉听了这一句想不到的话,很不舒服,答道:"我的孩子,我实在不能说。"路伊沙接着说道:"父亲,你要我爱班特比么?"加拉道:"我的宝贝路伊沙,不然,不然,我并不要你什么。"路伊沙说道:"父亲,班特比要我爱他么?"加拉说道:"我的宝贝,我很难答你这句话。"路伊沙说道:"是与不是,父亲都难答么?"加拉说道:"是难答。因为这句答话,全看所用的字意。班特比不辜负你,也不辜负他自己,把爱字当作什么空幻轻浮情感解说。假使他对你提到这时虚幻无根据的意想,他这些年留心看你,是枉用心了。故此,我可以对你说,不过是提醒你,你用的那个字,用的不是地方。"路伊沙问道:"父亲,你要教我用别的什么字,去替代那个字呢?"加拉这时候很有了把握,说道:"路伊沙,你既问我,我就劝你,对待这个问题,同你习惯了对待别的题问一样,全要在事实上着想。那些无知识的人,和轻浮的人,对于这个问题,无端的拉出许多毫无道理世上所无的事体,横生阻碍,你却比这种人明白得多。这并不是恭维你的话,我们先要说这个问题的事实。我先拿整数计算,你今年是二十岁了,班特比呢,我也拿整数说,今年是五十岁,你们两个人的年纪,却有点不相当,但是论到你们两个人的地位财产,却并无不相当——的确是很相当的;第二个问题就是,一件不相当,可否阻碍这些相当的到不可以结婚的地步呢?对待这个问题,却又不能不把我们英吉利和威尔斯地方,已经算过,有报告的嫁娶统计表来看看,我查过数目,有许多婚配的年纪,都是很不相当的,有四分之三是男人年纪大过女人的。这一层,仿佛是已经成了通例了。不独是英吉利、威尔斯是这样,就是说到英国的属地东印度,还有中国的大部分,蒙古的鲁特,据旅行家所计算的,也是一样。我刚才说的不相当,简直是无谓所不相当了,简直是没得这会[回]事。"路伊沙一点不为这番高论所动,还是很安静的问道:"父亲,请你教我另外一个字,替代我刚才所用的爱字,你说刚才我用错的字。"加拉道:"路伊沙,我看得是再明白也没有,你只要紧紧的抱住事实说话,一点也不要放松,你从事实上问你自己,说班特比是不是要我嫁他。是的,他要我嫁他。其余只剩下一个问题,就是我嫁他不嫁。我看是再明白也没有。"路伊沙慢慢的说道:"我嫁他不嫁么?"加拉道:"你只得问你自己这一句话,别的都可以不管。路伊沙,为父的看见你,刚才对于这种问题,还是全用平常少年女子的习惯思想去对付,现在听了我的话,用意与刚才不同,我很满意。"路伊沙答道:"父亲,是与刚才不同了。"加拉道:"我让你自己去解决。我把实事求是的人对待这个问题的方法,都告诉了你。我当日同你母亲快要结婚的时候,也是这样解决的。路伊沙,其余的事体,你自己解决罢。"且说路伊沙自始至终,坐在他父亲身边,两眼定睛看着他。现在他父亲靠住椅背,两眼定睛看他的女儿,或者原可以看见他女儿迟疑一会子,随后滚到他怀里,把心窝最深的地方藏着的心思,告诉他父亲一番。不过他父女之间,对于情感上,不知有多少阻碍的东西拦塞住,断不是算学代数所能打得通的。等到有一天,这心窝最深处积满的闭郁心思发作,却要把什么算学代数,冲到无影无踪了。他的父亲既然跳不过这许多阻碍,还是对着女儿,露出那副不通融、计利害、讲事实的面孔,不叫他的女儿乘机把心思说出来,以后是永无机会再说的了。路伊沙这时候,两眼向市上看过了一会,他父亲问道:"路伊沙,你要请教焦炭市的烟通,替你解决这个问题么?"路伊沙立刻掉过头来,答道:"父亲,那些烟通上,现在好像不过只有毫无精神、毫无意味的烟冒出来,但是到了晚上,要是冒火的。"加拉说道:"我晓得,不过你这句话同现在的问题,有什么相干?"读者要晓得,加拉这个人,真是看不出有什么相干。路伊沙的手微微的一动,全副精神又用在他父亲身上,说道:"父亲,我常常想到,人生在世,为时是很不久的。"加拉对于这句话,倒很要发表发表他的意思,说道:"我的宝贝,人寿很短,是无疑的了,但是很有人证明过,近年的人寿比从前加长些,许多人寿保险公司,和许多办理养老金的公司,都计算过,他们的数目是不能错的。"路伊沙说:"我说的是我自己的寿命。"加拉说道:"是么? 我用不着告诉你,你的寿命,同平均计算的众人的寿命是一样的算法。"路伊沙说道:"我活在世上的时候,无论我能够作多少事,我配作多少事,我原想多少尽我的力作些,但是这也算不了什么。"加拉听见末后这句话,简直的是不懂,问道:"什么事,算不了什么?"路伊沙不顾他父亲问的话,很安详的说道:"班特比要我嫁他,我自己要问我自己的话,是我嫁他不嫁。父亲,是不是的,你告诉我的,是这样,是不是?"加拉说道:"是的。"路伊沙说道:"既是这样,班特比既然就是这样,就要我嫁他,我就满意受他这个提议,请父亲得便告诉他,这就是我的答话。但是要请父亲务必将我这答话,一一依照我所说的告诉他,字字都要吻合,因为我要他晓得我亲口说的话。"他父亲很以为然的说道:"原是应该要吻合,我依照你所要求,我的孩子呀,对于几时行礼,你有什么说的?"路伊沙说道:"父亲,我没什么说的,原算不了什么。"加拉把椅子拉近女儿身边,抓住他的手,听了他又说一句"原算不了什么",有点不中听,停了一会,看看他,还抓住他的手说道:"路伊沙,有一句话,我以为是不要紧,还没问你,因为是离题太远,然而我想也许我该问问你,私下里可曾存过别人的提议?"路伊沙很带点奚落的神色,答道:"父亲,对我那里有过什么别的提议。我请问父亲,我见过什么人,去过什么地方,我的心里有过什么阅历?"加拉听了,很满意,很放心,说道:"我的路伊沙,你更正我的话,更正得很有道理,我不过要尽我为父的天职。"路伊沙很安详的说道:"我晓得什么叫作好尚,什么叫作造意,什么叫作志向,什么叫作情感。我晓得什么一切怡养性情的事物,所有一切可以实验的,可以拿手去抓的事物,我那里逃得了!"他一面说,一面合着手指成个拳头,仿佛是要手抓什么东西,一会又放开了。他的著名实事求是的父亲说道:"很对的,很对的。"路伊沙接着说道:"父亲,你问我的话,问得很怪,凡是小孩子都有小孩子的心思见解,我却没有过。你那样的小心教育,使我连孩子心思都向来未曾有过,我向未作过一个孩子们作的梦。你对待我,太过得法了。我自从出世到现在,我向未有过孩子们的崇信、孩子们的害怕。"加拉很以为他的教育很有成绩,很有了实据,心里很动,说道:"我的至宝路伊沙,你很副我一番苦心教育你的期望。我的好女儿,走来,同父亲接吻。"他的女儿果然同他接吻。他按住女儿说道:"我所最喜欢的孩子呀,我实在的告诉你,你解决这婚嫁问题,解决得很正当。班特比很是个非常人,你们两个人的年纪些微有点不相当,其实也不算什么不相当,好在你现在所存的心境,很可以抵得过那些微的不相当。我教育你的宗旨,向来是把你虽是少年,仍当作是个成年。路伊沙,再同我接吻。我们去找你的母亲。"父女两人于是下楼,走入客厅。加拉夫人躺在那里(西西在旁作事),见了他们两人进来,稍微露出一点生机,慢慢的坐起来,加拉是很不耐烦了多少日子,要办到最后大获全胜的地步,于是很高兴对他女人说道:"我介绍班特比夫人见你。"加拉夫人说道:"哦,你们议妥了么?好呀,我只盼望你身体康健,倘若你一嫁就头痛到要裂开两半,同我初嫁的时候一样,我就看得你这一嫁,是无可艳羡的。我毫不怀疑,你以为是可以艳羡的,凡是女孩子,都艳羡嫁人。虽然,我很同你贺喜,我盼望你可以把你所学的,一切这种科学、那种科学,都可以归到实用。我要同你接吻贺喜。你却不要碰我右边的肩膀,那肩膀终天的痛。"加拉夫人把脖巾稍稍安放齐整,说道:"我可要早上也烦心,中午也烦心,晚上也要烦心。怎么样称呼他呢?"加拉很严肃的问道:"你这话是什么意思?"加拉夫人道:"他娶了路伊沙之后,我到了称呼他什么,总得要有个称呼呀,总不能同他当面常常说话,没得个称呼,我不称呼他约瑟阿,因为这个名字,我受不了,你晓得的。你也绝不愿意听把他名字改短了,只称呼他一个约字。还有一层,我称呼女婿,还要连着先生两个字不要呢,我相信是不要的,除非等到我变了个久病不起的人,亲戚们都糟蹋我,那时候许要连带先生两个字称呼。""到底我该称呼他什么?"在场的人,碰见这一个极重大极难解决的问题,都一筹莫展,一个都不响。加拉夫人接着又说道:"我只有一句话要对路伊沙说,我这一说又把胸口冲动了,一直冲动到脚底。我要路伊沙把结婚的日子,定得早些,不然,我晓得我听这句话要听到没了期。"且说加拉介绍班特比夫人的时候,西西突然掉过头来,看路伊沙,露出无限的诧异、怜悯、忧愁、怀疑神气。路伊沙是用不着看西西的脸,就晓得他有这种的神色发现,从此以后,路伊沙对待西西都变了,同西西很不亲近,很冷淡,很骄傲,毫无感情。

## 第十六回　夫　妻

话说班特比听见路伊沙许嫁他,自然是很高兴。却有一件事烦起心来,怎么样把这消息,告诉斯奶奶,又烦心到告诉了之后,是什么结果。斯奶奶听了之后,是否立刻就卷起包裹,跑到他阔亲戚士伽佐家里,抑或盘踞这里不动。他得了消息之后,是否哀求,抑或诅骂;是放声大哭,抑或乱撕东西;是否打破他自己的心,抑或打破东家的玻璃镜?班特比烦了许多心,简直想不出究竟发生什么祸害,但是毋论发生什么事体,总要给他晓得,于是坐下来,聚精会神的写信,通知斯奶奶。打了好几次稿子,都不合式,只好还是口说。那一天晚上,他预备好了,要通知斯奶奶这个消息。从银行回家的时候,在路上一个药店,买了些很烈性的还魂醒脑丹,说道:"倘若斯奶奶听了这个消息,立刻就晕倒过去,我只好多用些还魂丹,从鼻子眼透进去,把他的鼻子皮揭破一层出来,也只好不管的了。"虽说是有了一切防备,他回到家门口的时候,还是很有点胆怯。见着斯奶奶,很有点像一只狗从厨房出来,碰见人一样。斯奶奶一见班特比,先说道:"我同你请晚安。"班特比答道:"玛当,我同你请晚安。"把椅子拉过来,凑近斯奶奶。斯奶奶却把自己坐的椅子离开让他,心里说道:"这是你家里的火炉边,你一个人全要占住了,也未尝不可。"班特比见斯奶奶把椅子挪开,说道:"玛当,不必走到北极去。"斯奶奶答道:"谢谢你。"把椅子凑近些,却还没得刚才那么凑近。班特比坐在那里看他,他拿了一把极锋利的剪子,在一块布上穿小洞。斯奶奶的两道浓眉,一个很高很尖的鼻子,两只放光的眼,看住那块布,却很像一只饿鹰要吃小鸟的神气。他全副精神作活计。过了几分钟,才抬起头来。班特比这时候,点头示意,叫斯奶奶注意。班特比把两只手伸入口袋,右手暗中摸着药瓶子的塞子,以备不虞,说道:"我用不着说,你不独是个生长高贵人家的一位高贵夫人,你并且是一个最有知识的人。"他答道:"先生,你一番称赞我的好意,我不是第一次听见。"班特比说道:"斯奶奶,玛当,我要惊你一惊。"斯奶奶不动声色,说道:"先生,是么?"他向来戴无指手套,现在把活计放下,摸那手套,答道:"是的,先生,我望你可以欢乐,先生,我很望你可以欢乐!"做答话的时候,不独露出很屈尊的神气,兼露出很有怜悯他的意思。班特比一听,觉得很不安静。这时候斯奶奶若是把活计箱摔过去,打碎照身镜,或是听了晕倒地下,也不能够比这两句答话,使他听了,搅得心里那么不安。于是把口袋里的药瓶子塞紧些,心里想道,这个女人,谁能料到他是这样对付我呢。斯奶奶于是改了样子,现出高贵女人的气概来,说道:"我心里着实愿你事事欢乐。"班特比带点不甚高兴的腔,却又不敢十分高声,答道:"玛当,我谢谢你,我盼望我一定可以欢乐!"斯奶奶很和气的说道:"你盼望可以欢乐么?你自然是这样盼望。"班特比停了一会不响,斯奶奶又拿起活计来,久不久的咳嗽一声,现出他有把握能忍耐。班特比说道:"既是这样情形,我想你这样品格的人,自然是不宜再住在我这里,虽然,我是很欢迎你仍住在我这里。"斯奶奶答道:"我断不能作此想。"一面摇摇头,还是满脸高贵气象,咳嗽的声音低些,好像现出他有前知能力,不过不好太显露罢了。
班特比说道:"好在银行有地方,一位生长在高贵人家的女人,坐镇银行,
却是个好招牌,若是同样的薪水……"斯奶奶拦住说道:"对你不起,你原
先应许过,不提薪水两个字,改称每年的谢礼。"班特比答道:"玛当,就说
是每年的谢礼,倘若你在银行,答应仍照从前的谢礼收受,我们可以不必
分手,除非你要另图高就。"斯奶奶说道:"先生,你这个提议,很像你为人,
只要我在银行所处的席位,从社会上看来,不比我在你家里所处的降
格……"班特比拦住说道:"自然不能降格。不然的话,玛当,你想看,我能
够请你这样惯在高等社会来往的人,去银行么?你是晓得的,我是不理会
什么社会的。不过,你是要讲究到这一层的。"斯奶奶说道:"班先生,你很
合体贴。"班特比说道:"在银行里,你有你的地方。煤炭、蜡烛和其余各
物,是银行供给,还有女仆伺候。我说句放肆的话,你在那里很舒服的。"
斯奶奶说道:"先生,不必再说了,我不在你家里,反正还是要靠人吃饭的。
与其靠别人,不如仍旧还是靠你,故此我愿意就银行这一席。我很感谢
你,并诚意谢谢你从前一切的照应。"又很露怜悯的意思说道:"我很盼望
加拉小姐很能满偿你的愿望。"毋论班特比怎样说,斯奶奶总是把班特比
当作结婚之后,一定是个牺牲。斯奶奶总要露出怜悯他的意思,斯奶奶总
是一味的客气、高兴,以为他自己越客气越高兴,反显得班特比将来越是
个无人理他的一个牺牲。有时斯奶奶只要望望他,他不知不觉的,满幅通
红的脸,都是冷汗。且说当下结婚之期,定在八星期后,班特比每天晚上,
都到石屋。他却无什么举动表示爱情,只有送金镯。他的一切行为,出不
了一个制造厂东的派头。造衣裳、造首饰、造饼、造手套等等,从始至终,
无一件不是事实。到了吉期那一天,两个人在教堂行结婚礼,男子就是约
瑟阿班特比,女子就是住在石屋的当议员的妥玛加拉的长女,行礼后,回
到石屋,欢宴来宾,也无非是一班讲事实的人。筵席上所有吃的喝的用
的,他们都晓得来历很清楚,是怎样制造的,从什么地方出口,从什么地方
进口,出进口是多少货,装什么船,进口的是本国船,抑或是外国船,来宾
们都晓得。就说到陪新娘的女孩儿们和加拉的小女儿,和来宾中的男孩

子们,也都是针锋相对,无一个不是满肚事实的。刚吃过酒席,新郎站起来,对来宾演说道:"诸位先生、夫人、小姐们,我是焦炭市的约瑟阿班特比,蒙诸位对我的夫人和我举杯祝寿,我猜我得承受。诸位都晓得我,都晓得我是个什么人,晓得我什么出身,晓得我这个人有什么说什么,见了一根棍子,就说是棍子,见了一个激水机,就说是一个激水机。不会把棍子叫作激水机,也不会把激水机叫作棍子,更不能把棍子激水机,都叫作牙签。诸位不必盼望我演说,诸位若要听听演说,有我的朋友又是我的丈人在座,他是个议员,诸位只好请他演说。我不是个会演说的人。虽然,我追想从前,我不过是个褴褛不堪、无家可归,在街上过日子的一个穷小子,碰不着有激水机,就不洗脸,就是洗脸也不过两星期才洗一次。现在我四围一望,觉得我现在能独立,不依靠人,那里梦想到婆妥玛加拉的小姐作夫人呢?我今日有这种感觉,要望诸位不要见怪我所说的话,盼望诸位喜欢。我现在觉得,我能独立,毫不靠人。诸位若是不喜欢,我也无法。我很喜欢我能独立。我说过,诸位也说过,我今日婆妥玛加拉的小姐,我很欢喜。我久已有此想。我很留心看他自小长到大,我相信他可以配我,同时我又要说,我不必骗诸位,我也配得上他。我们两口子,谢谢诸位的好意。我对于未成亲的来宾说一句话,我盼望未娶亲的男子,找着好夫人,同我所找着的一样。我盼望未嫁的女子,找着好丈夫,同我夫人找着我这样的丈夫。"演说完,新郎新娘就要起程,往里昂地方。班特比要看看那里的工人,是不是也要用金餐具。两人就往火车站,新娘穿好了衣裳下楼时,妥玛在那里等他。妥玛满脸通红,不晓得是因为同路伊沙分别难过,抑或喜酒吃得太多了。妥玛附耳说道:"你真是个好妹妹。"路伊沙很依依不舍,神色上不如往常那么镇静。妥玛说道:"班特比都预备好了,时候到了,暂别了。你回来的时候,我来接你。我的宝贝路伊沙,现在岂不极快乐么?"

[据《劳苦世界》,英国迭更斯著,伍光建译,上海商务印书馆,1926 年12 月出版]

# 狭路冤家(节选)①

[英] 厄密力·布纶忒

## 第三十三章

那天星期的早上,伊安锁仍不能作他日常所作的事,所以仍在家里不出门,我很快的看出我不便同从前一样陪伴喀德邻。她下楼在我之先,走进花园,她在那里曾见她的表兄作容易的工作;当我请他们来吃早饭的时候,我看见她劝他把种覆盆子等一片大地芟除好了,两个人忙着种从山房搬来的树木。

我看他们不过半点钟工夫就芟锄了许多小树,我有点害怕;黑覆盆子树是约瑟所最爱的,她却在这堆小树中间指定一块种花的地方。

我喊道:"约瑟一看见一定立刻去告诉主人。你们在花园里这样胡来,有什么借口话好说?我们不久就会有一场大闹;我们试试看!海尔敦,我却怪你为什么不比喀德邻明白些,为什么听她的话,弄到这样一塌糊涂!"

伊安锁听丁,有点疑惑,答道:"我忘记了这是约瑟的树;我去告诉他

---

① 《狭路冤家》(*Wuthering Heights*,今译《呼啸山庄》),原著者是英国作家艾米莉·勃朗特(Emily Brontë,1818—1848,伍光建译为厄密力·布纶忒)。伍光建译本于1930年10月由上海华通书局出版,卷首有译序。《呼啸山庄》是19世纪英国文学的代表作之一,讲述了一个关于爱情和复仇的故事。——编者注

是我干的。"

我们常同希司克力夫一桌吃饭。我坐女主人的位,倒茶和割肉;饭桌是少我不得。喀德邻一向都是坐我身边的,今天她却偷偷走开,坐近海尔敦;我不久就看见她表示交情,是毫无分寸,与她表示仇视一样。

当我们进饭厅时候,我低声教她,说道:"你要记得不可同你的表兄说话太多,也不可太过注意他。不然的话,希司克力夫必定要生气,会对你们两个人发狂怒的。

她答道:"我不同他说话。"

过了一分钟之后,她凑近他,在他的粥盘上插小黄花。

他在这里不敢同她说话。他几乎不敢看她;她却还是一样的激恼他,激到他有两次要笑出来。我绉眉,她看看主人;主人的心想别的事体,不注意席上的人,一看他的脸就晓得他是这样;她有一会子工夫变作很庄严的,很庄重的察看他。后来她掉过脸去,又起首胡闹。最后海尔敦禁不住大笑一声。希司克力夫惊了一跳;他的眼很快的看看我们的脸。喀德邻看看他,带着习惯表现的虽畏怯而敢于与他挑战的神色,这是他所最不喜欢的。

他喊道:"幸而我伸手打不着你。什么鬼迷住你,使你接连的用着两个凶眼看我? 我把你的眼睛挖下来! 不许你再使我记得你在这里。我以为我已经治好你的笑病了。"

海尔敦喃喃道:"原是我作的。"

主人问道:"你说什么?"

海尔敦看看盘子,不再说承认话。希司克力夫看看他,随后不响的再吃早饭,再想心事。我们差不多吃完了,这两个少年男女很谨慎的离开再远些,我预料这次不会再惹祸的了。谁知约瑟走到门口,我看见他两唇发抖,两眼含怒就晓得他看出他的一堆宝贝小果树被人糟塌[蹋]了。当他未察看这块地之先,他必曾看见喀德邻与她的表兄在这里,因为当他颚骨上下动得如同母牛嚼草一样的时候,说话很令人难懂,他说道:

"我要支工钱,我要走了! 我在这里作事,我挨了六十年饿;我以为我把我的书本和零碎东西放在顶阁,他们因为要清静,把厨房据为己有。把我自己的火炉让给他们,我已经觉得够为难的了,我却以为我还能忍受!不料他们还要毁了我的花园,主人,我实忍受不了!你若是愿意的话,原可以受束缚——我却受不惯,老年人不惯受新的重任。我宁可在路上拿槌子打石头混饭吃!"

希司克力夫插进说道:"傻东西,不要说这许多话,说短些,你所诉的是什么苦?你同奈里争吵,我是不管的,她把你摔在煤坑里我也不管。"

约瑟答道:"不是奈里,她虽然也是很不好,我不会同她闹的。谢谢上帝,她不能偷人的魂魄!她长得并不好看,人家看见她不会同她眉来眼去的。是你的媳妇把我们的孩子迷住了,她的大胆眼睛同她的放荡状态迷住他了。我的心快破裂了!我替他作过多少事,他全忘了;把我的顶好的覆盆子树都挖出来了!"说到这话他大哭;他因为伊安锁忘恩负义,因为他所处的危险情形,又因为自己受了伤害,禁不住大哭。

希司克力夫问道:"这个老东西吃醉了么?海尔敦,他是不是怪责你?"

那少年答道:"我曾掘起两三株小树;但是我就要再种起来。"

主人说道:"你为什么要掘起来?"

喀德邻很聪明的插嘴说话。

她说道:"我们要在那里种花。只要怪我一个人,是我要他掘的。"

她的公公很诧异的问道:"是谁许你动一动这里的树木的?"他掉过脸去,对海尔敦说道:"又是谁吩咐你听她指挥的?"

海尔敦无言可对;喀德邻却答道:"你已经把我的田地全拿了去,你就不该吝惜几码的地,不让我种花!"

希司克力夫说道:"你的田地,你这个无礼的懒惰女人!你向来没有什么田地。"

她接着说道:"你把我的钱财也拿去了。"她怒目回看他一眼,当下她的口咬着一块面包皮。

他喊道:"不许你开口!你走出去,你走出去!"

这个毫无忌惮的喀德邻又说道："你把海尔敦钱财与田地也拿去了。我同海尔敦现在是朋友了；我要把你的事体都告诉他！"

希司克力夫有一会子工夫好像是糊涂了。他变作脸无血色，站起来，看看我们，露出恨极的神色。

她说道："你若打我，海尔敦就打你，你不如还是坐下的好。"

希司克力夫大声喊道："海尔敦若不把你哄出屋外，我就打他，送他到地狱。你这个受天谴的妖妇！你敢激动他反对我么？哄她出去！你听见吗？摔她在厨房里！爱林狄因，你若让她被我看见，我就杀她！"

海尔敦听他的吩咐，尝试劝她走出去。

他很凶悍的喊道："拖她出去！你还站在这里说话么？"他自己走上前，要实行自己的号令。

喀德邻说道："你这个恶人，他不服从你了；不久就痛恨你如同我痛恨你一样。"

这个少年责备她，说道："不可！不可！我不愿意你这样对他说话。你不要说吧。"

她喊道："你不让他打么？"

他很着急的低声说道："你来吧！"

这时候却来不及了！希司克力夫已经抓住她了。

他对伊安锁说道："你去！这个受天谴的妖妇！当我不能忍受的时候，她这次激怒我了；我将使她永远追悔！"

他的手抓住她的头发；海尔敦尝试把她的头发放松，哀求他这一次不要伤她。希司克力夫的一双黑眼睛冒火；他好像就要撕碎她作几块，我正在振起精神冒险去救她，不料他的手指忽然放松了；他不抓她的头发，只抓她的膀子，定睛看她的脸。他随后拿手遮住她的两眼，站住一会子工夫，好像要镇定他自己，重新掉过脸来，对着喀德邻，装作镇静，说道："你必要学会不使我生气，不然的话，以后总有一天我当真要杀你！你同狄因奶奶走出去，同她在一起；把你的无礼的话只说给她听。至于海尔敦伊安锁，我若晓得他听你的话，我就打发他出外自寻生计！你爱他却使他变作一个无家可归的人，变作一个乞丐。奈里，你领她出去；你们都走开！你们都出去！"

我领她出去。她以得脱为幸，那里还想到抗拒他；那一个跟着我们出来，希司克力夫自己一个人在屋里，一直到吃大餐时候我曾劝喀德邻在楼上吃饭；但是他一看见她的坐位空了，打发人请她来。他不同我们说话，吃得很少，一吃饭就走出去，给我们晓得，他在天黑之前回来。

他走了之后，这两个新朋友在这所房子里头很自由；她要揭露她公公对于她父亲的种种行为，我听见海尔敦拦阻她。他说他不许人说他一句坏话。假使他是个魔鬼，也无所谓；他要袒护他；他宁愿她如她一向那样作践他，不愿她说希司克力夫不好。喀德邻听了不高兴；但是他却想出法子来使她不开口，他问她若听见他说她父亲不好，她觉得怎么样？她才晓得伊安锁要保护他的主人的名誉；他们两个人的关系是很坚固的，不是理性所能打断的——他们的关系是习惯所打成的链子，尝试弄松这种关系，却未免过于忍心。自此以后她表示她的一种好心地，避免诉说与发表怨恨希司克力夫；还对我承认她很恼悔，她尝试使海尔敦与希司克力夫不和。我晓得从此以后，当他面前，她绝未说过希司克力夫一句坏话。

这件小不同意的事说开了之后，他们又是好朋友，又忙着一个当先生一个当学生。我作完我的事之后，我进去同他们坐；我看着他们，我心里很舒服，并不觉得光阴易过。你是晓得的，我当他们两个人好像都是我的儿女。我早就以喀德邻傲人，现在又加上以海尔敦傲人了。他原是一个诚实、热心、聪明孩子，因为他受了不良教育，所以变作卑劣与无知识，现在很快的全摆脱开了；喀德邻的一番诚意赞美他，很鼓励他努力，他心里既光明，脸上也变作光明，还要加上精神与名贵。我几乎不能相信此时的他与我第一次所看见的他是一个人，当我赞美他们，他们作事的时候，天色渐黑，主人回来了。他出其不意的走进来，他是从前面走来的，一眼就全看见我们三个人，那时候我们还来不及抬头看他。我反省这是最好或最无害的情景；实在不必责备他们。炉火的红光照着他们两个好看的头，现出孩子们热心注意的有精神的脸；因为虽然一个是二十三岁，一个是十八岁,他们所要觉得要知道的新鲜事体还多着呢,彼此既都未阅历过,亦未表示过严肃无奇的成年的感觉。

他们同时举目看希司克力夫;也许你绝未注意过他们两个人的眼是相同的,都是喀德邻伊安锁的眼。现在这个喀德邻的其他面貌都不像她,除外额宽与鼻拱使她不由自主的露出傲气。海尔敦的相似之处更多;平常已经是很奇怪的了,到了这个时候,尤为奇怪;因为现在他的官觉活泼,他的诸多心灵的本能既被唤醒之后,异常的活动。我猜这样的相似使希司克力夫无所用其凶暴。他显然是很心动的走到火炉;但是他一看这个少年,就很快的不动心。其实我该说他还是动心的,不过动得不同;因为他的动心还在那里,他从他手中把书拿过来,看看打开的一页,随即一言不发把书还他;他只摆手叫喀德邻走开。她的同伴落后一点,也走了,我也正要走开,他却叫我不要走。

他看见刚才的情景,略想一会子,说道:"这是一个很无意味的结果,是不是? 我费了许多力;只得着这样无理的结局,是不是无意味? 我用了许多起重杆,锹子,锄头,拆两所房子,教练我自己使我能如赫邱利(Hercules)那样努力作事,等到诸多都齐备了,都在我掌握中了,我见得从各所房子顶上举起一块瓦的意志都消灭了! 我的旧仇敌们并未打胜我;现在正是时候要在他们的代表们身上报仇。我能够办到;没有人能够拦阻我。但是有什么用处呀? 我不想下手,我不能费事去举手! 这两句话好像说我费尽一生的精力不过要表示一种慷慨大度。全不是的,我原有能力,享受毁坏他们,现在却失丢了。而且我现在变作很懒惰,不愿作无谓的毁坏。

"奈里,有一种奇怪改变快要发现了! 我现时正在改变的影子里。我无意于每日的生活,几乎忘饮忘食。只有刚才走出去的两个人,我见得还有分明的有体质的表现;这个表现使我非常痛苦,我不愿意谈她;我不愿思想;我却很想她是不能久的。她在我面前只激动发狂的感觉。他激动我却有不同;但是设使我能作到,而人不以我为疯狂,我永远不愿再见他的面!"他努力要微笑,又说道:"倘若我尝实写他所唤醒的或合成一体的一千样已往的联想与观念,你也许心里想我快变疯了。但是你不必谈我所告诉你的话;我的心永远是密密收藏着;最后我很想告诉别人。

"五分钟之前,海尔敦好像是我少年时的一个本相,不是一个人类;我见着他就有种种感觉,不能同他说得清楚。第一件,他非常像喀德邻,他与她有令人可怕的关系。但是你可以猜度为最有力量使我的想像注意的事,其实是有最小的力量。因为那一件事不与她有关系?那一件事不令我追忆她?我只要向地下一看,就看见石片上有她的面目!在每片云中,在每株树中,在晚上,充塞空气,到了白天在各物中,都瞥见她的形影包围我!男人与女人们的极平常的脸,我自己的脸,都带着她的面目。整个世界都令我记得她曾活在世上,令我记得我已经失丢她!海尔敦的面目就是我的永远不朽的爱情的鬼;就是我要保持我的权利而发狂努力的鬼;我的堕落,我的骄蹇,我的欢乐,与我的悲痛的鬼。

"我把这许多思想对你说,不过是发狂。不过我要你晓得,我虽不愿意常时一个人独坐,他陪伴我却并无好处;他陪伴我反加重我所受的痛苦。这件事有一部分使我不管他同他的表妹怎样一同进行。我再不能注意他们了。"

我看他这样的情形很恐怖,说道:"希司克力夫先生,你说一种改变,是什么意思?"据我看过去,他虽然并无失丢知识的危险,也无快要死的危险。他的身体是很壮健的;说到他的理路,他从孩提时代起,一向都是喜欢说黑暗事体,好奇怪的妄想。关于他的已死的他所崇拜的女人,他可以得了偏狂病;但是关于其他诸事,他的性灵还是稳固的,同我的一样。

他说道:"我要等到改变来到时,我才晓得是什么;我现在只晓得一半。"

我问道:"你觉得有病么?"

他答道:"奈里,我不觉得有病。"

我又问道:"既是这样,你是不怕死的,是不是?"

他答道:"怕死么?我并不怕死,我既不怕死,又不预料我死,且不望死。我为什么怕,为什么预料,为什么望死呢?我的体气是坚实的,我的过活是很平淡的,我的执业是无危险的,我该活得很老的,大约我将能活到很老。但是我不能接连处于这样情形之下!我要使我自己记得我要呼吸——几乎要使我自己记得叫我的心脏跳动!这件事好像要用力把一条已经变硬的弹簧弯转过来。举凡不是一个思想所要我作的极小的事,我都是被逼才肯作的;举凡不是与一个普遍观念相关连的,我是被逼才看见任何一件东西是死是活。我只有一个想望,我的全个精神与我的全数能力都渴想达到这一个想望。我的精神与能力渴想已这样久,又是毫不摇动的渴想,我深信将来会达到的——不久就要达到——因为这个想望已吞吃了我。我是在预料达到之中被吞吃的。我的忏悔并不曾解放我;但是我的忏悔可以解说我所表现几种非此则不能解说的现象。上帝呀!这一场的奋斗为日已久了,我很想奋斗告终了!"

他起首在屋里走来走去,对自己喃喃的说可怕的事,后来我有点相信,他说约瑟相信,良心使他的心改向于一种世间的地狱。我纳闷将来这样结果。他从前虽然很少流露他的心境,脸色上也不露出的,我相信这是他的习惯了的心境,这是他自己说出来的;但是从他的普通态度看来,无人曾猜着这件事实。洛克武先生,当你见他的时候,你就未猜着,那时候,同我所说的时候,他前后都是一样的;不过他后来较好独居,也许在人前更少说话。

## 第三十四章

过了这天晚上之后,有好几天希司克力夫当吃饭的时候躲避同我们相见;他却不肯正式的除外海尔敦与喀提。他不肯这样完全的让步于他的感情,宁可自己不出来;每天只吃一次,好像就够养他的生命了。

有一天晚上,全家的人都睡了之后,我听见他下楼,从前门出去。我未听见他进来,到了早上他还未回来,这时候正是四月,天气和暖,草是很青的,近南墙的两株矮苹果树开满了花。吃过早饭之后,喀德邻逼我搬把椅子,坐在房子尽头的松树下作活;海尔敦现在全好了,她哄他替她掘地作一个小花园,因为约瑟诉说过之后,她把她的小花改种在这一隅。我正在饱享春天的花香与头上的温和青天,喀德邻走去掘花,只采得半数回来,告诉我们说希司克力夫正走进来。她又说道:"他同我说话。"她有点疑惑神色。

海尔敦问道:"他说些什么?"

她答道:"他叫我赶快走开,但是他的神色与向来不同,我站住一会子,瞪眼看他。"

他问道:"怎样的不同?"

她答道:"脸上几乎有光彩,几乎有高兴的神色。不是的,几乎什么都没有——很扰乱,很野,很欢喜!"

我装出一种随便的态度,说道:"他见得夜行有趣。"其实我同喀德邻是一样的诧异,急于要证实她所说的话是否真实;因为看见这位主人高兴,并不是每天所能看见的事。我造出两句借口的话走进去。希司克力夫站在门口;他脸无血色,发抖。他的两眼确有一种奇怪的喜色,改变了他的全副面目。

我说道:"你散步了一夜,必然觉得饿,你要吃早饭么?"我要打听他到那里去,却不愿意直接问他。

他答道:"不,我并不饿。"他掉过头去,说话带点看不起我的腔调,好像猜着我试探他所以高兴的缘由。

我疑惑,我不晓得这是不是一个好机会劝他一番。

我说道:"我看你还是睡在床上的好,不宜出门散步,无论怎样,潮湿天是不相宜的。我敢说你会受凉的,不然就会害热病,现在你有点不舒服了!"

他答道:"就是有,也是我所能受的,我很高兴受着,只要你走开,你进去,不要麻烦我。"

我只好进去,我在他面前走过,听见他呼吸如同一只猫那样快。

我对自己反省道:"是的!我们将有一阵的病。我不能想出他出去干的什么?"

这天的中午他坐下同我们一起吃饭,从我手中拿了堆满一盘的食物,好像他要补足从前的挨饿。

他对答我早上所问的话,说道:"奈里,我既不受寒,又无热病;你给我的这一满盘食物,我要吃光了。"

他拿了刀叉;正要起首吃,他的胃口忽然消灭了。他把刀叉放在桌上,很着急的向窗子看,随即站起来,走出去。当我们吃饭的时候,我们看见他在花园里走来走去,伊安锁说他要出去问他为什么不吃饭;他想我们有点使他忧愁。

当她的表兄回来的时候,喀德邻说道:"他来吃饭吗?"

他答道:"他不来;他却不是生气,他外现罕见的高兴,不过我问他两次使他不耐烦;随后他叫我回来陪你。他很诧异我怎样能够要无论任何他人作陪。"

我把他的一盘菜放在炉边暖着;过了一两点钟之久,他又走进来,那时候屋里无人,他却还是一样的不安宁。他的两道黑眉之下发现不自然的欢乐,脸上还是无血色,有时微笑露出牙齿;他的身子发抖,不是受冷或是身体无力发抖,像拉紧的绳子的发抖——是一种很有力的刺骨打战,不是平常的发抖。

我想我来问他为什么;若不是我问,又该谁问呀? 我说道:

"希司克力夫先生,你曾听见什么好新闻吗? 你的神气是异常的高兴。"

他说道:"从那里有好新闻到我这里来呀? 我是饿得高兴;好像是我必不可以吃东西。"

我答道:"你的饭在这里;你为什么不取来吃?"

他赶快说道:"我现在不要吃,我要等到晚饭时候。奈里,我求你警告海尔敦同那个离开我。我这次告诉过你之后,你就要记得常时警告他们。我不愿意有人麻烦我,我要独自一人在这里,不许他们来。"

我问道:"你驱逐他们,有了新理由么? 希司克力夫先生,请你告诉我你为什么这样奇怪呀? 你昨晚在那里? 我问你这句话是由于好奇,但……"

他大笑,插进说道:"你问这句话由于十分好奇,但是我愿意答你这一问。昨晚我在地狱的门槛,今天我望见我的天堂。我两眼望着天堂,离我还不到三尺远!现在你不如走出去。你若不偷看,你不会看见或听见令你害怕的事。"

我把火炉扫扫,把桌子擦擦。我走出去,我觉得更疑惑。

这天的下午,他不再出门了,也没有人进屋里去骚扰他;到了八点钟,我想,他虽不喊我,我却应该拿蜡烛与晚饭送进去。他靠着打开的格子窗的窗台,却不是向外望,他的脸掉过来朝着内里的黑暗处。炉火是变成灰了;满屋都是晚上的潮湿气;晚上很静,不独金木尔敦的小溪的流水声可以听得清楚,连流过小石大石的潺潺之声也听见。我看见炉火灭了,这样荒凉,喊了一声,表示不满意,起首关窗,要关他所靠着的窗子。

他不动,我问一声,惊动他,我说道:"我必得关这一个窗子么?"

当我说话时候,烛光照着他的脸。洛克武先生,我不能写出来我这俄顷间被他的面目所吓的一跳!那双深而黑的眼!那样微笑,同死鬼一像的无血色!我所看见的好像不是希司克力夫,是一个鬼;当我害怕的时候,我把蜡烛斜向着墙,使我站在黑暗处。

他答道:"是的,关了窗子吧。这简直的是太蠢笨了!你为什么平着拿蜡烛?赶快再拿一枝来。"

我害怕到糊涂了,赶快跑出去,对约瑟说道:

"主人要你拿火来,再生火。"因为这时候我不敢再进去。

约瑟把几块烧着的煤放在铲上,走进去。他却立刻又拿出来,那双手拿住放晚饭的盘子,说主人要上床睡觉,不要吃东西,等到明早再说,我们听见他一直就登楼;他并不走进他的平常卧室,他转湾走入放着有护板床的卧室。我从前说过,这卧室有大窗,无论什么人都能从窗子进出的;我就想到他打算再出去走一夜,他不甚愿意我们疑心到这一层。

我沉思道:"他到底是一个食死尸的鬼,抑或是吸生人血的鬼?我曾读过这样可怕的有肉体的鬼。我随后想到当他的婴孩时代,我曾照料过他,看着他长成少年,自始至终我几乎都跟着他;我为什么这样糊涂,害怕到疑心他是食人的鬼。当我打盹到无知无觉的时候,迷信就喃喃的说道:"他是从那里来的? 这个小的黑东西,一个善人庇护他,反害了自己。"我半醒半睡的起首使我自己烦心,替他想像合于他身分的父母;我又想起我醒时的思想,再追踪他的一生,带着许多凶恶的变化;最后我想像他死,与他的殡葬。我只记得我觉得很麻烦,要在他的墓碑上刻姓名,同管理教堂的人商量;他既无姓氏,我们又不能说出他的年纪,我们只好在碑上刻"希司克力夫"几个字。这个梦却变成事实,我们不得不这样办。你若走进教堂的坟地,你在碑上只见他的名字和他死的日子。

天一破晓使我恢复知觉。我起来,走入花园,一到天亮能辨物的时候,我去看他的窗子之下有无脚印,却并无脚印。我想道:"他住在家里,今天可以无事。"我预备他们三个人的早饭,因为他睡得晚起来得迟,我叫海尔敦、喀德邻两个人先吃。他们却喜欢在外面树下吃,我在树下摆了一张小桌子。

我进去,却看见希司克力夫在楼下。他同约瑟谈耕种事体;关于这件事他给约瑟很清楚详细的号令,但是说话说得很快,接连把头掉过一边,脸上还有扰乱不宁的神色,比从前更甚。约瑟出去了,他坐在向来所喜欢坐的地方,我放一杯咖啡在他面前,他把咖啡拿近些,两只膀子靠在桌上,向对面的墙上看,我猜他只看一个特别部分,两只发亮不安宁的眼上下的看,很聚精会神的看,看到有半分钟工夫,他停止呼吸。

我推点面包碰他的手,说道:"来,东西还是热的,你吃点喝点罢,摆在这里等你有半点钟了。"

他并不理会我,他却微笑。我宁愿看他咬牙切齿,不愿看他这样微笑。

我喊道:"希司克力夫先生! 主人! 请你不要瞪眼看我,好像见了鬼一样。"

他答道:"请你不要这样大声喊。掉过脸来,告诉我,这里是不是只有我们两个人?"

我答道:"自然只有我们两个人。"

我虽是这样说,我却不由自主的服从他,好像我并不十分相信是的。他一摆手把面前吃早饭的东西都推开,面前的地方变作空无所有,他倚向前,更从容的看。

现在我才晓得他不是看墙;因为当我只顾他的时候,他好像确是看在面前两码内的东西。无论他所看的是什么东西,这个东西使他觉得极端的快乐与极端的痛苦。他脸上的痛苦而狂喜的神色,至少使我猜他是这样。他所见的幻影,并不是定而不动的,他的眼睛不惮疲劳的追着这个幻影看,即使他同我说话,还是追着看。我说他久已不吃东西了,我说了也无效,倘若他听我劝,动手摩东西,倘若他伸手取一片面包,他的手指当未摩着之前,先握着拳头,放在桌上,忘记了目的。

我很耐烦的坐下,尝试引开他的注意,不为这样聚精会神的臆度;后来他生气,站起来,问我为什么不许他按照他自己的时候吃东西?他还说下次我不必伺候他,我把东西放在桌子上就可以走。他说过这两句话之后,就走出去,慢慢的从花园的小径走下去,出了栅门,就看不见了。

日子过得很慢,令我很着急,又到一个晚上了。我很迟才睡觉,我上了床又睡不着。他是夜半后才回来的,他不去睡,走入楼下的屋子,把门关了。我细听,我翻来翻去,后来我穿衣裳下楼。躺在床上,心里想到一百样的不相干的疑虑,是很难过的。

我听见希司克力夫的脚步不停的在地板上走,屡屡叹一口气,好像是在那里哼。他喃喃的说单个的字;我只能听见他说喀德邻,有时在名字上加一个痛苦字眼或表示狂爱的字眼;好像是对面前的人说的。声音说得低,说得热烈,是从他的灵魂的最深处硬拖出来的。我不敢一直走进去;我却想引他出了他的半梦半醒的情景,所以我故意弄厨房的火,起首扫灰。这一来很快的惊动他,出乎我意料之外。他立刻开房门说道:

"奈里,你进来,天亮了么?你带着蜡烛进来。"

我答道:"正在打四点。你要蜡烛上楼,你可以在这个火上点着一枝。"

他说道:"不是的,我不想上楼。你进来,替我生火,收拾屋子。"

我答道:"我得先把煤块吹红了,才能够送些着煤进来。"我一面拿把椅子同鞲鞴。

当下他在屋里走来走去,他快要疯了;他的叹气接连相继得很密,几乎无呼吸余地了。

他说道:"天一破晓我就请格林来;当我还能够想这种事体的时候,当我还能够镇静办事的时候,我想问他几句关于法律的事。我还未写我的遗嘱;我还不能打定主意怎样遗交我的财产,我很想我能够毁灭了这些财产。"

我插嘴说道:"希司克力夫先生,若是我的话,我不这样说。你不如暂时不管你的遗嘱,你还要活几年,以便你追悔你所作的种种不公道的事!我绝不想到你的神经会失序的。现在你的神经是乱了,乱得很奇怪;几乎全是你之过。在最后这三天里头,你所过的日子足以毁了一位巨神(Titan)。你吃点东西吧,你歇歇吧。你只要照照镜子就晓得你要饮食要歇息了。你的嘴巴是空的,你的两眼是通红的,如同一个挨饿的人,如同一个失眠瞎了眼的人。"

他答道:"我不能吃,我不能睡,都不是我之过。我劝你相信这不是出乎有意的。只要我能够,我就吃就睡。你这样劝我,不如劝在水里挣命的人,离岸三四尺,就停住不挣扎!我必要先到了岸然后歇息。也罢,且不必请格林。你说我作了许多不公道事,我并未作过什么不公道事,我无可追悔的。我是太过欢乐了,但是还不够欢乐。我的灵魂的欢乐杀我的身体,灵魂自身却还不能满意。"

我喊道:"主人,你欢乐么?奇怪的欢乐!倘若你肯听我说而不发怒,我可以劝你几句,使你更欢乐。"

他问道:"你劝我什么?你说出来。"

我说道:"你晓得,自从你十三岁以来,你所过的是为己生活,不奉基督教的生活;在这个时期里头,你几乎未拿过《圣经》在手,你必定忘记了《圣经》的内容,你现在无从在心里找这本书了。你何不请一位牧师来，——无论那一教派都可以——解说给你听，告诉你你的所作所为离《圣经》的格言甚远；你未死之前必要改变，不然，你是不配上天堂的，你请这样的一个人来，是无害的，是不是？"

他说道："你使我想到我愿意怎样埋葬，我并不发怒，我反感谢你。晚上把我抬到教堂的坟地。你同海尔敦如果愿意的话，可以送我到坟地。你却要特别注意管理教堂的人照着我所吩咐关于两个棺材的办法！不必请牧师来；也不必对我的尸体说什么话。——我告诉你我几乎到了'我的'天堂；别人的天堂却是我所看不起，是我所不想的。"

我很憎恶他的无上帝的不足重轻，说道："譬如你挨饿到底，因挨饿而死，他们不肯葬你在教堂坟地里，你愿意么？"

他答道："他们不会这样办的，他们若果这样办，你必得偷偷的把我迁移；你若不照这样办，你其实是证明死者并不是消灭了的！"

他一听见家里的人们走动，他就缩入他的窝里，我呼吸较为自由。但是到了下午，当约瑟与海尔敦作工的时候，他又走入厨房，带着迷乱神色，叫我进去坐在房里，他要人陪他。我不肯去；我坦白告诉他，说他的奇怪说话与状态使我害怕，我既无胆子又无意志独自一人陪他。

他惨然笑说道："我晓得你以为我是一个魔鬼，太过可怕，不同我在一起。"喀德邻在这里，一见他来就躲在背后。他随即掉过脸来，一半带着蔑视意思，对她说道："小宝贝，你肯来么？我不会伤害你的。你不来！我因为你把我自己弄成不如魔鬼。也罢，有一个不会躲我的！上帝呀！她是很残忍的。有血肉的简直受不了——即使是我的血肉也受不了。"

他再不求别人陪他了。天黑时候他走进去他的卧室。我们听见他终夜在那里哼，在那里喃喃的对自己说话，天亮了许久，他还是这样。海尔敦急于要进去；我叫他去找医生，他该进去看他。当医生到来的时候，我要进去，我试推门，门是锁了的，希司克力夫诅骂我们。他说已经好些了，不愿人来；医生只好走了。

这天晚上落雨，落到天亮；我早上在宅子的四围散步，我看见主人的窗子开了，雨进屋子。我想道："他不能在床上，这样大雨把他淋透了。他必定已经起床，不然是出去了。我且不管，我大胆走去看了。"

我找着另一把钥匙，开了门，我跑去推开护床板，因为室里无人；我赶快把护床板推在一边，往里看。希司克力夫在床上——脸朝天。他的两眼很利很凶的看我的眼，我吓了一跳；随后他好像对我微笑。我不能想他是死了，他的脸与颈项被雨所刷；被褥都湿透了，滴水，他躺在那里不动。格子窗摆来摆去，刮伤了放在窗台的一只手；擦破的皮并不流血，当我把手指放在伤口上的时候，我不能再疑了，他当真是死了，硬了。

我钩住窗门；我理他的黑长头发，我试关闭他的两眼。要灭了那种可怕的得意洋洋的如生的瞪眼，不要他人看见。他的两眼不肯闭，好像耻笑我的尝试；他的分开的上下唇与他的尖利而白的牙齿，也在那里耻笑我！我胆怯，喊约瑟。约瑟走上来，吵了一阵，一定不肯理他。

约瑟说道："魔鬼已经抓走他的灵魂，魔鬼也可以连尸体都抓去，与我无干哎！他死了还是笑，真是一个恶人！"约瑟学他笑。我以为他想在床的四周围跳舞；谁知他忽然镇定自己，双膝跪下，高举两手致谢，因为合法律的主人与这个老世家，恢复他们的权利了。

我被这件可怕的事弄糊涂了；我的记性免不了追忆从前，觉得凄惨。但是那个可怜的海尔敦，他受害最深，独觉得实在很伤心。他终夜坐在尸旁，痛哭，他抓住死尸的手；死者的含着讥诮的凶脸，人人都不敢看，海尔敦却吻这个可怕的脸；他的心虽然同炼过的铜那样劲，却是宽宏大度的，还在那里哀悼他。

医生很疑惑说不出他是害什么病死的。我瞒着不说他四天无物入口，恐怕惹出麻烦来，随后我相信他不是有意饿死的。他挨饿是他的怪病的果，却不是因。

我们如他的所愿，埋葬了他，附近的人们都不以为然。送殡的只是我与伊安锁，此外还有教堂管事的，六个抬棺材的人。这六个人把棺材放在穴里就走了，我们在那里等盖土。海尔敦满脸眼泪，掘青草铺在棕色泥上，现在坟面很平很绿同旁的坟一样——我希望睡在棺里睡得很酣。你若问乡下人，他们指《圣经》发誓说他在地上走，还有人说他们曾在教堂附近碰见过他,有人说在洼地上见着他,还有人说在这所房子里也遇见他。你将说这都是谎话,我也说是谎话。但是坐在厨房火炉边的老头子说他曾看见两个人,在他的卧室窗子往外望,自从他死后每遇下雨的晚上都看见——一个月前我曾遇着一件怪事。有一天晚上我正在往山房——那天晚上很黑,快要打雷——我正在乌陀令亥特转湾地方,我碰见一个小孩子,他的面前有两只小羊;他哭得很利害;我猜是两只小羊乱跳不听他的领导。

我问道:"小孩子,你为什么哭呀?"

他哭着说道:"那边山峰下站着希司克力夫和一个女人,我不敢过去。"

我不看见什么;那两只小羊同他都不敢过去;我叫他走较低的路,当他一个人在洼地上走的时候,也许他想起他的父母与同伴们所说的谣言造出这样的幻像。虽是这样说,我现在到了天黑不喜欢出去;我又不愿意独自一个人在这所凶宅里,我不能不这样;我很喜欢他们离开这个地方,搬到山房去。"

我说道:"据你这样说,他们快要搬到山房去了,是不是?"

狄因奶奶说道:"是的,他们一结婚之后就搬,他们结婚日期是新年初一。"

我问道:"谁将住这里?"

她答道:"约瑟将看管这所房子,也许有个少年陪伴他。他们将住在厨房,其余的地方都要关锁起来。"

我说道:"让给喜欢住在这所新房子的鬼住。"

奈里摇头说道:"洛克武先生,不是的。我相信死者安静不动,我们却不该带着轻佻的意思说鬼。"

这时候花园栅门开了,散步的人回来了。

我从窗子看他们走进来,我带点不高兴,说道:"他们是什么都不怕的。他们两个人在一起,敢同魔鬼与全数魔兵魔将挑战。"

当他们踏脚上门口的石头台阶,立住对月亮看最后一眼的时候——其实是他们借着月光彼此相看——我觉得不能不再躲他们;我把一种纪念品压在狄因奶奶手上,我不管她责我无礼。当他们开门进来的时候,我从厨房溜走了。假使约瑟不是听见他脚下有一个金镑的好听声音,认得我是一个正经人,就会证实约瑟疑心他的女同事有风流性向。

我走回去的时候,绕路去看看教堂。当我站在墙下的时候,我看见,不过七个月工夫,已经有许多地方朽坏了,有几个窗子没有玻璃,房顶的石板有好几处突出来,秋风一起就要刮下来。

我去找附近洼地的斜坡上的三块墓碑,不久就找着了。中间的是灰色的,有一半埋在田草堆里;爱狄迦尔的有草有苔;希司克力夫的还是光的无青草。

我在晴天之下在那里盘桓一会,看蛾子在野草与钟头花之间乱飞,听和风在青草之间呼吸着穿过,我在那里诧异,怎么还会有人能够妄想睡在这块安静地方的人,会睡得不安宁的。

[据《狭路冤家》,英国布纶忒著,伍光建译,上海华通书局,1930 年 10月出版]

# 第三编

# 戏　剧

# 一

# 诡姻缘①

[英]高尔斯密士

## 序

### 叶公超

　　就是不谈他的作品，不论他在英国戏剧史上的地位，高尔斯密士生平的言行也未尝没有追述的趣味。他是一七二八年十一月十日在爱尔兰中部一间荒废的田舍里出世的。那时候他的父亲一面自己耕着几亩田地，一面在邻近的吉尔肯尼县（Kiklenny）里帮助一位格林牧师（Reverend Mr. Green）料理教堂里的琐事。二年后他便继承了格林牧师的职位，搬到力索（Lissoy）去住。力索是个很小的乡村，在由巴里梅恩（Ballymahon）到亚斯弄（Athlone）去的一条大道之旁。这里围绕的幽静，田野的风光，生活的安宁，乡民的朴实，就是四十年后那首《荒芜的村庄》

---

① 《诡姻缘》（*She Stoops to Conquer：Or the Mistakes of a Night*，今译《屈身求爱》），原著者英国高尔斯密士（Oliver Goldsmith，1730—1774，今译哥德史密斯）。1929 年 11 月，由上海新月书店出版，叶公超校并序。该剧共五幕，是一出写于十八世纪末的喜剧。全剧围绕当时英国年轻男女的恋爱与婚姻展开，与《傲慢与偏见》异曲同工，连人物特征都相差无几。作者最终圆满地处理了各个矛盾，虽然有些太过圆滑，却是令人高兴之作。台词也不乏精彩之处，让人回味。——编者注

("The Deserted Village")的背景;诗中那位慷慨谦和的牧师也就是高尔斯密士自己父亲的化身。

高尔斯密士生性诙谐,传说他生平的趣事甚多。他自幼就喜欢独自的漫游。有一次他自己对约翰生博士说,他在十五岁的时候曾经过一次极趣妙的遭遇,这遭遇中的情节后来就变成了这出《诡姻缘》的结构。据说一天早晨他突然发生了游兴,就去借得一匹马,又向一个朋友讨了二十一个先令放在口袋里,预算傍晚便可安到目的地了;不料路程只走了一半,天色已矇。那时候英国的治安比较如今中国的至多也不过是同样的糟,就是住在伦敦的人,一到晚上也少有敢光身出门的,况且在这荒僻的乡间,走的是一条生路,骑的又是一匹生马,高尔斯密士便不由自主的下了马,打算找一家附近的客店投宿。那时这十五岁的青年,能自己一个人到客店里去住,不免觉得有点自得。他走了几步遇见一个中年的人,就擎着大人的语气很恭敬的问他这里"最好"的客店是那一家。刚巧这位先生是那处有名的滑稽家;他见他这么大模大样的神气,加上那"最好"两个字,心中马上就转了个念头。如是他也很庄严的回答,"转湾朝西的那家要算是这里最好的了",指着那里著名绅士费得士洞(Mr. Featlaston)先生的私宅说。高尔斯密士果然就骑上马跑去,到大门口下了马便大声的唤人来看马;那里的仆人以为总是刚到的远客,也就不问姓名的带了他进去见主人。原来这位费绅士和高牧师是相识的,如今见他的儿子突然造访,虽说是不速之客,也不能不依礼接待;不料费绅士还没开口,他已经自动的在那里吩咐仆人快开饭来,并且要请店主和他全家都来陪着他喝酒,临睡时还吩咐明早要预备热饼等等。费绅士见他言动如此就知道他误认了这是客店。但是一方面惟恐此刻说破了使他过于难为情,一方面自己也觉得好玩,所以也就做出一个店主东的样子来和合他;直到第二天他临走的时候费绅士方说出真假来,高尔斯密士一时当然觉得十分懊悔,只得再三的道歉,含羞而去。

他在中学毕业之后,家里便一致主张他入大学,而他自己却觉得可有可无,况且按他家中那样的贫穷,他也只好去做个工读生;后来经了亲友们的劝诱,就进了特坡林(Dublin)的三一大学。但是学校式的教育始终不合他的性格,所以他当时的成绩都是很坏的。五年后勉强得了学位,他就回到力索去和他的守寡的母亲同住。这时候他正二十一岁。大学教育似乎没有给他一点谋生的能力,他只学会了斗牌,喝酒,吹德国笛子,唱爱尔兰的歌谣,不然夏天就是终日手持钓竿,冬天便围炉而坐。在这个短时期中他总少不了光顾巴里梅恩的一家酒店,大概喝得高兴的时候还不免像图尼(Tony Lampkin)那样的放任;我们在第一幕里读了图尼的幽默的酒歌,再看他在三鸽酒店里那般的声势,当然也可以想像到高尔斯密士当年自己的气概。他回家后不久便出去谋事,不料试了五六种职业都终于失败:传教,教馆,预备到美国去发财,读法律,读医学——这都是他中途放弃的计划。他最后是借了钱到德国去学医,但是不到毕业他早已离开了学校,就靠着他那枝圣神的笛子去漫游欧洲各国。后来在他那本著名的《魏克费尔德牧师传》(*Vicar of Wakefield*)里,以吹笛子度生活的乔治普林罗士(George Primrose)也就是他自己的化身。一七五六年他回到英国,仍然和从前一样的没有生活的路。到了伦敦之后托了不少的人情才找着一个药店里助手的事,做了不到一年,他自己便挂起牌子来做医生了,但是从配药师出身的医生那里有人敢来领教,所以结果又不得不改行。如是一变而为校对,由校对又变为教员,后来由教员就做了一家杂志店里的助理。到这家杂志店里就是他转运的起点,因为在这里他才有认识约翰生博士和其他当代文人的机会。那时候和约翰生博士认识的人都不愁没有发展,在那几年之内,他和其余当时的文人学者也都有了来往,如著名演剧家加立克(David Garrick),政治哲学家柏克(Edmund Burke),画家瑞诺尔咨爵士(Sir Joshua Reynolds),还有那部《罗马衰亡史》的作者吉本(Edward Gibbon)等等。后来,约翰生博士等组织那威势胁人的"文艺会"(Literary Club),也算他是发起人之一,可见与他同时者对他亦有相当的尊敬。他自从入了杂志店后便对于文学发生了积极的兴趣,创作的动机也就因之而产生。

虽然他的著作中属于戏剧的只有两种,但是编选英国戏剧的人谁也不能忘记它们，至少也得取它一出。他第一个剧本，《和蔼的人》( *The Good-natured Man* )是一七六八年正月二十九日在刻凡花园剧院中初次表演的。虽然连夜去看的人也还不少，结果只能算是失败，因为一则是剧本的结构过于松懈，二则是高尔斯密士对于喜剧根本的观念和当时流行的却正相反，所以经过几晚的表演之后去看的人渐渐的减少，看过的人也没有一句的好话。我们本可以料到在这个"感伤喜剧"( sentimental comedy )风行的时期中，这种真想引起人家笑的剧本当然是不合社会的脾味。那时候最受社会欢迎的戏剧作家就是刻力 ( Kelly ) 和昆布伦 ( Qenbuland ) 两位。现在我们当然再不会去欣赏他们的剧本，但是当时他们委实有一时之盛。感伤派的喜剧当然也有不少年数的背景，不过从未有如此的盛兴。高尔斯密士始终是反对这种戏剧的。他在一七五九年就发表过一篇论文，名为《现代文艺的情形》("The Present State of Polite Learning")，他很忿慨的说："以一字之力我们的批评家竟战胜了我们的幽默。假如一个诗人描写平民的妄诞，他即刻就是卑贱(low)；假如他故意张大愚笨的成分，使它成为更有意味的笑柄，这也是卑贱。简单的说，除了贵族、富翁和官僚的生活之外，其它生活中所有一切的幽默或讥讽的成分竟被这一个'卑'(low)字抹煞尽了。这班人虽然知道在上等社会里也能找着同下等社会里一样多的呆子，他们却不明白妄诞的资料多半潜伏在中下级的生活中。"这班感伤派的信徒是到处主张首要"文雅"的；Genteel 这一个字就是他们的宗教，所以如今在西洋戏剧史上这类感伤的喜剧就称为"文雅喜剧"(genteel comedy)。

至于"文雅喜剧"的特征是什么，高尔斯密士自己也曾经彻底的分析过。一七七二年十二月他在韦士明士特杂志( *Westminster Magazine* )里发表过一篇论文辨别他自己的和流行的喜剧，名为《笑的与感伤的喜剧之比较》("A Comparison Between Laughing and Sentimental Comedy")。他先引证亚理斯多德的喜剧的定义，说"喜剧是表现低下人类的懦弱，与悲剧不同，悲剧都是描写伟大人物的不幸"( . . . Aristotle defines comedy as a picture of the frailties of the lower part mankind, to distinguish it

from tragedy, which is an exhibition of the misfortunes of the great）。
然后再说:"但是亚里斯多德的主张和所有的前例尽管如此,这类新的戏
剧作品,就是感伤派的戏剧,居然可以风行于世,并且受社会一般的欢迎。
这种戏剧所表现的不是生活中的恶弊,而却是生活中的美德;不是人类自
身的过失,而却是人类境遇中的遭难。社会之所以接受这种的戏剧大概
一则是因为新奇的关系,二则是因为它能奉承个人自矜的癖性。在这种
戏里,所在的角色都是好人,还都是极慷慨大量的好人,在台上的钱好像
都是铁皮做的;虽然没有幽默,他们却富于情感与觉触,纵使他们有什么
过失或自矜的癖性,看戏的人不但要宽恕,还要称赞,因为那剧本的作者
好像在对他们说这些人的心底都是极好的,因此愚笨痴蠢非但不为人嘲
笑,而反到要嘉奖了,同时喜剧虽然可以感动人心,但其感动力已非真正
悲惨的情绪。长此以往,我们必至失去舞台上原能给我们的一种娱乐。"
到临了的时候,高尔斯密士便从直接的论辩转入忿激的讥讽,他说:"虽然
我们如此反对,感伤喜剧的生命未始不能永久,因此它已有了保障,换言
之,感伤喜剧是最容易写的东西,这不是保障吗? 凡是可以凑起一部感伤
小说的人都能作同样的剧本,这是毫无疑问的。我们都会写,只要把所有
的人物抬高一些,用多几条丝带装饰你的男英雄,或给你的女英雄一个高
贵的爵位,然后叫他们俩去说一种没有幽默没有个性的对语,务必使他们
都有极好的心,极美的衣服,还要新奇的布景,加上一二场悲哀的表演,全
剧中人人的会话必须有些温柔的忧郁,照这样写去总不愁看戏的女子不
流几滴同情的泪,同时男子当然也不得不拍掌。"这些批评的话,虽然不免
有过火的地方,但是我们现在用纯粹客观的态度来看,觉得大致都很公
平,在《现代文艺的情形》里,高尔斯密士已经在理论方面宣布他自己的主
张,也可以说是预先给了"文雅喜剧"一个警告;那时候虽说他在小说方面
已有了些声誉,但还没有什么戏剧的创作。到了一七六八年他的《和蔼的
人》表演之后,他一方面既有了实际的战斗力,一方面又借此实现他以前
的主张,这时候就是高尔斯密士胜利的开始。

《和蔼的人》表演之后便印成单本,在这单本的自序里,他又重新发表

他的戏剧主张,他说:"我写戏的时候确是时时刻刻在那里摹仿前代的诗人,那时候我们还不晓得这个'文雅喜剧'的名词,看戏的人只要看人性和幽默在生活中的表现。所以我自己也永没有想到,除此之外,读者还有什么希望于我的。在这出戏里,我的唯一的目的只在描写人物。"这末了一句话就是高尔斯密士的功名。没有他和谢立敦(Sheridan)的戏剧,幽默与个性断不能这快的回到舞台上去,英国戏剧的进化至少也要迟得二十年。虽然"感伤喜剧"即使不经高尔斯密士的打击也会自杀的,但是我们想想自杀后那个残局是否马上就可以有人来收拾?就是有人愿来另起炉灶,是否就可以走到真喜剧的路上去?当《和蔼的人》出版时,法国的舞台也为"文雅喜剧"所侵占,但是法国的看戏人这时候已经露出觉悟的神情来了。有一位法国批评家说这时候法国的感伤喜剧"不但把幽默与莫利哀(Moliere)赶下了舞台,就是看戏的人也一天一天的被赶出去了不少"。

《诡姻缘》是一七七三年也在刻凡花园剧院初次表演的。虽然这时候文艺界的人都很推重高尔斯密士,感伤派在戏剧界里的威势却仍然不小。两家大戏院的老板都还是拥护"文雅喜剧"的,他们的信任当然是由于生意上的关系。但是他们不合作也未始不成障碍。前次《和蔼的人》的表演,若是没有多方的情面加上约翰生博士的强持,那能成为事实?当然《诡姻缘》之实现也有相当的周折,那位刻凡花园的老板可而门先生(Colman)最初是绝对不愿意给他表演,后来经人疏通仍然无效,最后他们再把约翰生博士捧了出来,他便依老卖老的对可而门说了几句强硬的话,这位犹太化的老板见约翰生博士如此坚持,也只好答应了。但是答应之后,他仍然犹豫不定,故意的延迟那排演的日期,最后又费了一番手续方才确定。未演之前可而门竟公然对人说这必是赔本的生意,因此一班著名的演员都不愿加入,可而门也不愿为此添置新的布景和行头。但是这一些人力的阻碍终于倾倒于艺术之前:头一晚就是空前的成功。约翰生博士当然也在场,据说他坐在旁边一个包箱里的前排,"到者无人不注目他,当他捧腹大笑的时候,大家觉得也非一笑不可"。第二天甚至于高尔斯密士的一位敌人也对人说:"昨晚的戏确是成功。"如是每晚都是满座,每晚无论男女皆露出那真正的笑来,幽默从此便复活了。这时候各报的言论都对于可而门十分的攻击,说他是个贪图小利的小人,可而门处于众敌的地位也无可奈何,只好去央求高尔斯密士自己出来止住他们的笔。高尔斯密士总算没有难为他就是。

这出戏的名称(*She Stoops to Conquer*)是从德来登(John Dryden)一首诗中套来的。那个副名(The Mistakes of a Night)是最初就有的;出于何人已无考证。高尔斯密士在排演之前急于想要个比较好些的名称,便请了几位"文艺会"的朋友来商议,一时主张纷纷,终于采取了他自己偶尔想出来的一个,就是现在通行的。论剧本的结构,幽默之纯粹,《诡姻缘》当然都在《和蔼的人》之上。它与当时的作品比较起来至少有三大优点:一点是它没有传统喜剧中那种做作的拘束,第二点是同时它又没有"感伤喜剧"中那种自觉的忧郁,第三点便是人物描写的集中,这是它单独的特色。如今,隔了一百多年,我们读它或是看它表演的时候,还都觉得内中的人物很自然,而没有丝毫的润饰或是拘束,他们的会话中好在都没有负着训世的责任,自己也没有什么悲伤的烦闷来发泄;他们唯一的目的便是表现他们人人的个性。读过《诡姻缘》的人至少会记得图尼这个角色,不然,就是马公子(Marlow)那种害臊的样儿,再不然便是哈氏夫妇的种种主见。剧中的角色个个多少都有点幽默的,就是马公子,除了和闺秀女子在一道的时候,也断不了表露些幽默的存在。我们都知道除了莎翁的戏剧以外,如今仍然能够博得我们的欢心的旧剧委实是少得很,《诡姻缘》总得算旧剧复兴中最持久的一出,差不多的爱美社早晚总会把它列入剧目单中。

当然,这出戏剧未尝没有一些缺点。假使要吹毛求疵的话,凡是剧本都有可批评的地方;不但旧的,就是新剧本中也时常发现要作者自己来辩护的地方。我们如果仔细来考究《诡姻缘》里面的情节,很容易的就可以发现它几处不近乎人情事理的地方。约翰生博士在给波兹卫尔(Boswell)的一封信里说过这样一句话:"The chief diversion arises from a stratagem by which a lover is made to mistake his future father-in-law's house for an inn. This, you see, borders upon farce."我觉得这未免过于侵犯了作者的自由,况且高尔斯密士自说曾亲身经历过这样的遭遇。但是即使这种错误是可能的,我们也怀疑它是否可以延展如此之久。约翰生博士那"borders upon farce"三字应该用在这一点上才是。还有哈太太在家里住了几十年之久,竟致于误认自己的花园为四十里外之crackskull common,同时又以自己的丈夫当作道上的强盗,这未免太farcical。再说马公子相传与下流女子交接便如鱼如水,一旦见了闺阁中的小姐就连话都说不出来了,这当然也是 farcical 的地方。剧中还有一处极显明的矛盾,就是图尼在第一幕里既能作那《三鸽歌》,何以在第四幕里反到连草写的自己的名字都不认识了?"script"又不是什么难识的书体。这些地方,我们在看戏的时候当然就忽略过去了,但是严格说起来不能不算是缺点,好在这一些地方都还不能抹煞这剧本整个的好处。

伍光建先生,大家都知道,是翻译的老手(这才合哈先生的脾味呢),这部名著能得着他的翻译,当然也是读者们修来的幸福。伍先生以前所译的作品都是很有价值的,这部当然也不失他的身分。

## 第一幕

### 第一场　在一所老古董房子里。

（哈太太哈先生上）

哈太太　哈先生,我说,你这个人未免太过古怪了。全国的人,除了我们之外,那一个不是每年到伦敦几趟,开了眼界,洗刷掉多少乡下里的土气。我们本地有两位何小姐,还有我们隔壁的葛太太,每年冬天都要到伦敦去顽一个月。

哈先生　是呀,他们从伦敦回来,带了许多浮躁气和虚伪气,足够他们一年的用。伦敦为什么不把他的傻子们留在家里,却是一件怪事。当我少年的时候,伦敦的坏风气是来得很慢的,现在却不然,来到我们乡下里,比装客的马车还来得快。不独是车里面的头等搭客,带着它们回来,就是车后面的三等搭客也带回来不少。

**哈太太**　当你少年的时候,确是好世界;你对我说过多少年了。① 我们住在这所破烂老房子里,很像一所客店,却没得客来。来探望我们的顶好客人,不过是奥帮牧师的太太,还有教跳舞的跛脚克先生;我们的消遣不过是你屡次告诉我们的玛[马]公爵②和友金王爷的故事。这种老古董没道理的事我是最恨的。

**哈先生**（以下简称哈）　我却爱这种事。凡是古老陈旧的事,我都爱:我爱老朋友,我爱老世界,我爱老样子,我爱旧书,我爱陈酒,我且相信,多罗提（哈太太名）,（拉哈太太的手）我很爱我的老妻。

**哈太太**　哈先生,你总喜欢说你的多罗提,你的老妻。你只管当你自己是老夫,我却不当老妻。你以为我老,我其实不老,我同你不过差一岁。二十加二十是多少。

**哈**　让我算算看;二十加二十是五十七。

**哈太太**　哈先生,这是不确的:我嫁第一个丈夫姓林,生图尼的时候,我不过是二十岁,图尼今年还未成年。

**哈**　我敢说,他永远不成年的了。是呀,你教他教得太好了。

**哈太太**　图尼有的是钱,不怕的,我的儿子不必靠学问吃饭。他每年有一千五百磅的进项,用不着什么学问也可以花得完。

**哈**　还说什么学问! 他整个是奸诈和淘气。

**哈太太**　我的宝贝,不过是谐趣,来来,哈先生,你不能不说这个孩子有谐趣。

**哈**　什么诙趣,我很想把他淹在洗马的池子。他烧仆人的靴,惊吓女仆们,搅扰小猫,你若说这是诙趣,他却很有。昨天他把我的假头发绑

---

① 这两句是哈太太挖苦哈先生好说旧话。——译者注
② 后文译为"马爵士",此处疑为译者疏忽所致。——编者注

在椅背上,后来弄到我同费太太鞠躬时,我的秃子头碰在她的脸上。①

**哈太太** 你难道说是我的错么? 可怜这个孩子常常的有病,学什么也不成,你要送他到学校里,就是要他的命。还是等他身体结实些,叫他去读一两年的拉丁文,他就变好了,谁人能料呢?

**哈** 他学拉丁! 胡说。不是的,只有小酒店和马房是他的学校。

**哈太太** 你不必多责备这个孩子了,我想他这条命也不长久的了,一看他的脸,谁还不晓得他是有肺痨病的人。

**哈** 倘若长得太胖是肺痨病的一宗病状,他就是了。

**哈太太** 他有时咳嗽。

**哈** 是呀,当他喝酒,酒走差了路,他咳嗽几声。

**哈太太** 我实在是害怕他的肺。

**哈** 是呀,我也是害怕;因为有个时候,他大声咳嗽如同一个大喇叭。——(图尼在台后大喊)——他来了! 真是一个痨病鬼。

(图尼上)

**哈太太** 图尼,我的宝贝,你往那里去呀? 我的宝贝,你不来陪一陪巴巴和我吗?

**图** 母亲,我很忙;我就要出去了。

**哈太太** 我的宝贝,今天晚上很冷,我不许你出去;你的脸色很可怕。

**图** 我对你说,我是不能墩在家里的,三鸽酒店等着我去呢,那里今晚有热闹。

**哈** 我早知道了,还是你那家老酒店。

**哈太太** 都是一群下等人。

**图** 并不下等,那里有毛先生,是个收税吏,施先生是个马医,还有那摇八音琴的小阿米和耍盘子的老崔。

---

① 图尼原好作开顽笑的事,哈太太误用"说话带谐趣"或"善说笑话"(Humour)字眼,故此哈先生引事实证明图尼不过是好作开顽笑的事,并非是说话能带谐趣,或善说笑话。——译者注

**哈太太** 我的宝贝,我求你今晚不要去了,令他们失望一次也不算什么。

**图** 令他们失望,却没什么打紧,我却不能忍受令我自己失望。

**哈太太** (拉他)不许你去。

**图** 我告诉你,我一定要去。

**哈太太** 我说你不能去。

**图** 看谁的劲大,是你的劲大,还是我的劲大!(图尼下,强拉哈太太出去)

(哈先生一人)

**哈** 这两个人正是彼此糟蹋。但是现在这个年头,还不是大家凑合起来,把知识和慎重逐出门外么?试看我的美貌女儿卡特(Kate)!她也为风气所感,几乎得了传染。她在伦敦住了一两年,也和最时髦女子一样了,喜欢穿纱衣服和用法国的零碎东西。

(哈小姐[即卡特]上)

**哈** 我的美貌小宝贝!我的卡特,你照常的打扮好了!孩子,你身上多余的绸缎真多!我常对世人说,好打扮的人的多余的绸缎,足以衣被无衣覆体的人,世人总是不肯听我的话。

**哈小姐** 父亲,你记得我们所立的契约么?白天你让我拜客见客,随我怎样打扮;到了晚上,我穿上管家人的衣服来使你高兴。

**哈** 好呀,你要记得,我还是要你严格履行契约的条件;我要趁今天晚上这个机会,试试你到底听话不听话。

**哈小姐** 父亲,我不明白你的用意。

**哈** 我简单的告诉你,卡特,我替你择了一个夫婿,他今天已经从伦敦动身来了。我接着他父亲的信说他的儿子先行,他自己不久也要跟着来。

**哈小姐** 是么!可惜我得信太晚。你叫我怎样对付他呢?我想我一定不会喜欢他的;我们见面时当然是很拘束的,那里有闲工夫来交际,或彼此深知呢。

**哈** 孩子,你放心,我绝不节制你的选择权;但是我替你选好的人就是马公子,他是马爵士的儿子,这位马爵士,是你常听我说过的,他的公子是很读过书的,将来是要做官的,有人告诉我他还是一个极能了解事体的。

**哈小姐**　是吗?

**哈**　为人也很慷慨。

**哈小姐**　那末我相信我会喜欢他。

**哈**　年少有勇。

**哈小姐**　我敢说我将喜欢他。

**哈**　是很美貌。

**哈小姐**　巴巴,你不必再说了。(同他的手接吻)他是我的了,我要他。

**哈**　卡特,还有一件要紧的事,他这个人是畏羞不过的。

**哈小姐**　你这两句话如同冷水浇背,又把我冻死了。他那许多好处,都被这畏羞两个字取消了。俗话说,畏羞的爱者(情人)常是多疑的丈夫。

**哈**　不然,凡是谦退的人,少有无高尚的道德的。我之所以看上他,就是为的他有这种的特色。

**哈小姐**　但是他必要更有动人的特色,才能令我倾倒。虽是这样说,倘若他真是这样年少貌美,真是如你所说他有许多好处,我相信他可以成,我可以要他。

**哈**　卡特,但是还有一个障碍,也许你要他,他不要你呢!

**哈小姐**　巴巴,你为什么这样呕我?好吧,他如果不要我,他有我不足重轻,我并不伤我的心,我只好伤我的照面镜,因为镜子恭维我太过了。我便把我的鬓改了样子,改作更时髦,我去找较为容易喜欢我的人。

**哈**　你的计划不错!当下我要教练仆人们怎样伺候这位马公子;我们不常请客,仆人必须先受教练,如同那招来的新兵一样。

(哈先生下)(哈小姐一人在场)

**哈小姐**　我听了父亲这段新闻,心里忐忑动摇,少年——美貌:我父亲却说在后;我却要说在前。有知识——好脾气:这都是我很喜欢的。但是——畏羞:这却是很反对他的。但是教会他夸耀他的夫人,难道还不能治好了他这个胆小怕羞的病么？是的；我能教会他！但是现在爱我者尚未到手，我就先在这里布置丈夫了。

（奈小姐上）

哈小姐　奈姊姊，你来了。我今天很高兴。你告诉我：我今天好看么？我有发露什么怪僻的神情没有？今天是不是我好看的日子呀？你说今天我美么？

奈小姐　我的宝贝，你今天脸上很好看。让我再看看——嗳唷：你养的金丝雀和金鱼并未出什么事吗？你的兄弟或是你的猫没闹事么？不然，莫不是你读的小说，太过动人么？

哈小姐　都不是的，我受了恐吓——我不好说出来——因为有一个爱者来求亲，我受惊不小。

奈小姐　这个人姓——

哈小姐　姓马。

奈小姐　是么！

哈小姐　是马爵士的儿子。

奈小姐　这个巧极了，这个马公子是我的爱者海公子最亲密的朋友，他们两个人永远在一起的，当我们住在伦敦的时候，你必定见过他。

哈小姐　向未见过。

奈小姐　我告诉你吧，他的性情是很特别的。他在好人家和有道德的女人中，是一个极谦恭的人；他的朋友们说，他和另一种的妇女交际的时候，完全不是这样的人。你明白我的意思么？

哈小姐　总是个品性真古怪的人。我是不能驾驭他的，我怎么办呢？啐，我不再想他了，我只好凭机会来求胜算。我的宝贝，你自己的事体怎么样啦？我的母亲还是在那里替我的哥哥图尼向你求亲么？

奈小姐　她刚才还同我谈这件亲事，我才打她那里来的。她对我说了一百样温柔话，把她的那个怪物，说成一个尽美尽善的人才。

哈小姐　我母亲过于偏爱，她居然相信图尼是一个绝顶人才。有你这样财产的人，怪不得她想你，况且她有全权管理你的财产，更怪不得她不肯让这分财产,出了她的家门。

**奈小姐** 我的财产差不多全是珠宝,并不足以这样引诱她,只有海公子对我的态度永恒不变,她自然是很难办到的。我现在却让她以为我恋爱她的儿子,她梦想也想不到我却恋爱别人。

**哈小姐** 我哥哥的态度是很坚持的,他如此的讨厌你,我几乎可以爱他。

**奈小姐** 你的兄弟到底不失为好人,他愿我嫁得好,只不愿意我嫁他。我的姨母摇铃,要我们到院子里去散步,我们走吧! 我们俩的事体都很危急,全仗着胆子了。

**哈小姐** 我但愿此时都定规了,什么事都完了。(下)


**第二场　在酒店内一间房子。几个穿着破旧衣服的人,喝甜酒吸烟,图尼坐首座,比余人略高:手执牙椎。**

**众人齐喊** 好呀,好呀,好呀!

**第一个人** 诸位,不要吵,公子要你们恭听他唱歌。

**众人齐喊** 是呀,唱歌,唱歌!

**图** 好,我就把我给这间三鸽小酒店作的一首歌,唱给你们听吧。

　　(歌不译)

**众人齐喊** 唱得好! 唱得好!

**第一个人** 公子很有气概。

**第二个人** 我喜欢听他唱,因为他向来不唱下等东西的。

**第三个人** 下等东西。我是受不了。

**第四个人** 凡是高尚东西,毋论什么时候都是高尚的。——

**第三个人** 你说得不错。我虽是一个跳狗熊的,我仍不失为一个上等人。若奏俗调我这个狗熊是不肯跳的,总得要奏雅调他才肯跳呢。

**第二个人** 可惜公子还未承受遗产! 他若是承受了,这三十里内的酒店都有了买卖了。

**图** 那是一定,那时候我可以让众人看看什么是选择好朋友。

**第二个人** 他很像他的父亲。当日林老先生也是我们一位最好的乡绅。

他善于打猎,非他人可比。他养的狗马,还有人说,连女人都是县里最好的。

图 我到了成年,我是一个克绍箕裘的好儿子,我现在已经想到买好马了。孩子们,吃酒呀,快乐呀,是我作东——店主人,有什么事呀?

（店主上）

店主 店门口来了两位客人。他们是迷失路途的;他们说要找哈先生。

图 其中一位必定是从伦敦来,向我的妹妹求亲的。他们像是伦敦人么!

店主 我看是的,他们很像法国人。

图 请他们来这里,我告诉他们。（店主下）诸位,我恐怕他们够不上同你们作伴,我请你们先下去,我一回子就来。（众下）

（图尼一人在场）

图 我的继父这半年来,总叫我作小狗,猎狗,设使我喜欢的话,我原可以报仇,但是我有所恐惧——我恐惧什么? 我不久就可以承受遗产,每年可以花到一千五百磅,他能够吓跑这一笔款么?

（店主引马公子海公子上）

马 这一天总算是烦闷难受的了! 我们听说不过是四十英里,我们却走了有六十英里了。

海 这都是因为你怕失去庄严,不让我们多问路的结果。

马 我承认我不愿意逢人便问,更不愿意听他们无礼的答话。

海 这时候连一句答话也得不着。

图 两位,莫怪;我听说你们在路上打听一位姓哈的。两位晓得这是什么地方么?

海 全不晓得;谢谢你告诉我们。

图 也不晓得来路么?

海 也不晓得;倘若你能够告诉我们——

图 两位先生,你们既不晓得往那里去,又不晓得你此时在那里,亦不晓得从那里来的,我第一件事要告诉你们——就是说你们迷路了。

马 这句话用不着你告诉我们。

图　两位先生,请问两位是从那里来的?

马　指示我们向那一条路走,用不着要晓得我们是从何处来的呀。

图　我并不是故意得罪两位;不过你问我,我问你,是很公道的,两位先生,我请问你这位哈先生是不是一个面貌丑恶,脾气乖戾,古板奇怪的人;有个女儿,有个美貌儿子,是不是他?

海　我们并未见过这位哈先生;他家里却有儿有女,如你所讲的。

图　那个女儿,长得很高,跑来跑去,衣服不洁,最好说话的人。那个儿子是一个美貌,受过好教养,能得人喜欢的,一个少年。

马　我们听说的,与你所说的不同。我们听说那位小姐长得美貌,且受过好教养;那个儿子却是个蠢材,被他的母亲惯坏了。

图　哼! 两位先生,我只好告诉你们,你们今天晚上,到不了哈先生的家。

海　很不幸!

图　那条路很远,天黑,又湿又秒,是一条有危险的路。店主,你把路径告诉这两位吧(一面对店主使眼色);住在沟沿的哈先生住宅;你明白我的话。

店主　你们找老哈的家么? 两位先生,你们全走错路了! 当你们走到山脚的时候,就该往澜泥巷走。

马　往澜泥巷走吗?

店主　你一直走,走到十字路口。

马　走到十字路口!

图　是呀;但是你们只好走一条。

马　先生,你有点开玩笑了。

图　你转向右一直走,走到破头场,你走到这里却要留心看车辙,向前走,走到姓瘟的田庄。你向右转,再向左转,又向后转,等到你找着那所旧磨坊——

马　我们倒不如找经纬度了!

海　马先生,我们怎么办呢?

马　这里不能欢迎我们;或者店主人能够替我们找好地方。

**店主** 两位先生,我们这里只有一个闲铺。

**图** 我晓得的,这一个闲铺,已经有三个人占住了(稍停一回,余人好像很不高兴)。我有好法子。店主东,你看店主婆能不能在火炉边摆三把椅子,一个靠枕,请他们两位歇一夜呢?

**海** 我讨厌在火炉边睡。

**马** 我痛恨三把椅子一个枕头。

**图** 你们讨厌这个办法么?让我想想看。哦,有了。你们何妨再走一英里,到鹿头店呢;这座小店是在山顶,是我们这里最好的店!

**海** 哦!那末我们今晚免得冒险了。

**店主** (走开对图尼说)你实在是打发他们到你父亲家里去,你却告诉他们是一所客店,是不是?

**图** 你这个傻子!让他们自己去弄明白好啦。(对马海二位说)你们只要一直走,走到路边一所大房子,门头上有一双大鹿角,那就是招牌,你们一直走入院子大声的喊便是。

**海** 先生,我们谢谢你。仆人们不会走差么?

**图** 不会走差的。但是我要告诉你们,这位店主很有钱,已经不作买卖的了;他要人当他是个上等人。他要陪你们的,你们若是同他招呼,他就要告诉你们,他的母亲是一位郡长,他的伯母是一位县知事。

**店主** 那位店主是一个很不好惹的人,但是他店里的床铺和酒都是顶好的。

**马** 只要他供给我们床和酒,我们就不必同他打交道了,你说我们向右转是不是?

**图** 不是的;一直走。我往前走走,指示你们路径。(对店主说)不要响。

**店主** 呀,这个好老实的儿子!(下)

## 〜〜 第二幕 〜〜

**第一场　在一所旧式的屋里。**

（哈先生上，三四个蠢家人随后）

哈　伺候饭桌规矩，我已经教过你们三天，你们这时候应该操练纯熟了。你们都晓得了站在什么地方，作什么事；你们用不着出门也能表现出来，是惯于伺候阔客的。

众家人　是，是。

哈　当客来的时候，你们不许忽然跑出来，瞪着两眼，又往回跑，如同受惊的兔子，在窟里乱窜一样。

众　不能，不能。

哈　老狄，你原是管粮食仓的，你要在旁边的器皿桌边露脸；老罗，你原是种地的，我升你到饭厅，要站在我的椅子背后，你不许这样站，两只手不许插入口袋里；老罗，你的两只手出了口袋；你这个傻子，两只手不要摆在头上，你看老狄的两只手；但是他的两只手未免太板，那还不碍事。

狄　是呀；你的两只手，要学我的样子，我是当操练乡团时学会这样摆我这两只手的。我因为常操练——

哈　老狄，你却不要太好说话。你要留神伺候客人；你只许听我们说话，你却不许说话；只许你看我们吃酒，却不许你想吃酒；只许你看我们吃，不许你想吃。

狄　老爷，这是绝不能的。毋论什么时候，我老狄见人吃东西，他自己总想也吃一口。

哈　你这个大傻子，在厨房里吃饱，同在大厅里吃饱，不是一样的吗？你若这样设想，肚里就不想吃了。

狄　我谢谢老爷，我到时候不如跑到食物橱里去吃一块冷牛肉，就可以止住我的肚子了。

哈　老狄,你太好说话。还有一层,我若是说一句好笑的话,或是在席上说一段好笑的故事,不许你们笑。

狄　既是这样,请老爷千万别说那一段老沙鸠在枪炮房的笑话:我听了是忍不住笑的——嘻! 嘻! 嘻! 我们笑了已经二十年了,哈! 哈! 哈!

哈　哈! 哈! 哈! 这是一段好笑的故事。好吧,老狄,你可以笑这段故事——但是你要记得招呼客人。譬如有一位客要酒,你怎么样呢? 我要喝一钟酒。(对老狄说)——你为什么不动呀?

狄　主人,我不见吃的喝的在桌上,我是鼓不起勇气的,一到全摆在桌上了,我的勇气便如同狮子一样。

哈　怎么呀,你们谁也不动么?

第一个家人　我是不离开此地的。

第二个家人　那不是我的事。

第三个家人　我晓得也不是我的事。

狄　我晓得,绝不能是我的事。

哈　你们这一群木头,你们学客人,争坐位么? 你们一面争,客人却挨饿了。我要重新再教你们才成。我听见马车赶进院子声音,是不是? 傻子们,各人归各人的位! 我亲自出迎我朋友的儿子。(哈先生下)

狄　我忘记我应该站在那里。

罗　我却晓得,处处都是我的地方。

第一个家人　我的在那里。

第二个家人　没得一处是我的地位;我不如去干我的吧。(家人下,分头乱跑,如受惊的)

(家人持烛照马公子海公子入)

家人　欢迎两位公子,随我来。

海　今天失望之后,居然到了一所很干净舒服的房子,还生了火,是一所很好看的房子,有点古老,还过得去。

马　大宅子的命运向来是如此。原先因为过于奢侈,先把主人毁了。到后来只好改作客店,来弄几个钱。

海　我们当住客的人，往往为这许多踵事增华的地方多花钱。我往往看见店里有好食器橱，或云石炉台，虽然帐单上并未开列，却浮开得很利害。

马　我们旅行家，到处都得花钱，不过其中却有分别。住好客店，为奢华品花许多钱；住坏客店，花了钱还要挨饿。

海　你住客店的日子很多，你世界见得很多，你天生的聪明又很好，机会又多，你却始终得不着一点儿厚脸皮。

马　这是英国人的毛病。你说老脸皮厚，我请问你，我从何处能学来呢？我一生不是在书房过日子就是在客店过日子；与女人离开；惟有女人能教厚我们的脸皮。除了我母亲不算，我向未与一位庄重女人熟习过，但是和另一流的女子，你知道——

海　和她们一起你却当仁不让。

马　你要晓得她们是和我们合得来的。

海　你在好名誉的妇人队中，我向未见过如你这样傻气，这样浑身发抖的：你好像专等机会溜走了的。

马　我实在是要溜走了！我常打定主意开口说话，滔滔不绝的说一番话，我不晓得怎么样，只要一双美目瞧我一眼，就把我的主意推倒了。一个不庄重的人，可以装庄重；但是一个谦退的人，绝不能装作不庄重。

海　你假使能把你对酒店的女侍（酒家胡），所说的许多恭维话，来对良家女子说——

马　我对良家女子说不出恭维话来。她们冰冻了我，化我作石人。她们可以说彗星，说火山，或此类的话：但是在我眼光中，一位庄重女人，穿了一身华丽衣服，我觉得是世界上最可怕的东西。

海　哈！哈！哈！若是这样，你怎么能够盼望娶妻？

马　我是永远不能娶的了；除非是如君主王公们，由代表的求亲。倘若是效东方风俗，娶一个向未过面的女子为妻，或者我还可以忍受。倘若要经过许多正式求婚的手续，还要对付叔婆伯母，外祖母，表亲等等，到后来还要开正式谈判，亲口问所求的女子，玛当，你愿意嫁我么？

我可干不了,我老实对你说吧。

海 我可怜你。你此次是奉父命到这里来求亲,你打算怎么办呢?

马 如同我对待其他妇女们一样;低低鞠躬,有问必答,或是或否。其余诸事,我只好不管,我连这位小姐的脸都不敢看,我只好等我父亲来再说。

海 你同人作朋友是一个极热心的朋友,你为自己求亲,却是这样冷冰冰的,我真莫明其妙。

马 我老实对你说吧,我这次跑来这里,原为的是帮你成其好事,并不是为我自己成其好事。奈小姐恋爱你;那家人家却不认识你;你是我的朋友,他们必定欢迎你,其余的事,就让体面(诚意)凑成。

海 我的宝贝马洛!——我不对你说动情的话,假使我是一个卑鄙的人,不过为的是妆奁,我决不肯求你帮忙的,我为的原是奈小姐本人;她的已死的父亲,曾经许我,奈小姐本人也情愿嫁我,奈小姐算是我的了。

马 快乐人呀!你有才干,你有本事,任何一个女人也不难到手,天生我是崇拜女人的,但是我只配交接那班下级的女子。我说话带口吃,我的面貌又不能悦人,我的本事,只能够对付女裁缝的徒弟,或名誉不好的女人,再高就巴结不上了。呸! 这个人跑来打叉。

(哈先生上)

哈 两位先生,我再欢迎你们。那一位是马先生呀? 先生,我欢迎你。你看得出来的,我不是站在火旁边欢迎朋友的人,我喜欢诚恳的欢迎他们,我是老派头,要到大门口欢迎朋友的。我还要亲眼吩咐他们照应你们的马匹和衣箱。

马 (在旁说)他已经问过仆人们,晓得我们的名姓了。(对哈先生说)先生,我们很赞成你的小心和你的好客美意。(对海公子说)我一直就想早上换掉旅行衣服,我觉得身上很难看。

哈 马先生,我请你在这里不必客气。

海 查理,我看你说的不错:第一打击就是打赢半个胜仗。我打算用绣金花白色衣服开仗。

哈　马先生——海先生——两位先生——我请你们在这里不必拘束。我这里是自由厅，你们喜欢干什么就干什么。

马　佐治，我们开仗若是开得太猛，恐怕子弹不够。我打算保留绣花衣服作退兵之计。

哈　马先生，你说到退兵，令我想起麻公爵打仗，他先攻守城军——

马　你看面前绣金花的坎肩配棕色外衣好不好？

哈　他先攻守城军，大约有五千人——

海　我看不好：棕色同黄色配得不好看。

哈　两位先生，我正在告诉你们，他先攻守城军，大约有五千人——

马　女孩子们喜欢华丽衣服的。

哈　守城军大约有五千人，子弹军械等等都是齐备的。麻公爵对站在他身边的卜洛（Brooks）说道——你们总该听说过卜洛这个人——公爵说道——"我拿我的爵位同你赌，我不要流一滴血，打破这守城军。"所以——

马　我的好朋友，当下你何妨给我们一杯甜酒呢？饮过甜酒，才有精神攻城。

哈　先生，要甜酒么！（在旁说）我向来未见过这样不可解的谦退。

马　先生，是呀，甜酒。我们走了远路，喝一杯甜酒是很舒服的。这是自由厅，你是晓得的。

哈　先生，这边就是杯子。

马　（在旁说）原来这个人在这所自由厅里，只给我们他所愿意给的东西。

哈　（拿杯）我盼望我的甜酒对你的口味，原是我亲手自制的，我相信你也要说我所用的材料还可以过得去，先生，你肯喝一杯庆祝么？马先生，我饮这一杯与你定交。（喝酒）

马　（在旁说）这是一个放肆无礼的人！他是个古怪脚色，我拿他来开心一下。（对他）——先生，我敬你一杯。（喝酒）

海　（在旁说）这个人要陪我们，他还未学会作上等人，忘记了他自己不过是个店主东,就要拉我们作朋友。

马　我的老朋友,你的甜酒真好,我猜你店里的买卖不错。我猜,当选举的时候,你很忙。

哈　先生,我久已不作那样生活了。在上的人已经想出妙计,彼此互举,我们卖酒的,没得事做了。

海　原来你没有政治意味的。

哈　绝对没有。从前我有几时见政府作了错事,我是很着急的同他人一样;但是我只见我自己日见其发怒,政府却并不日见其好,我只好随他去了。自此以后,毋论政府办什么事,我都不烦心了——先生,我对你吃一杯。

海　由此看来,楼上吃,楼下喝,在屋里欢迎朋友,在屋外使朋友娱乐,你过很快乐很忙碌的日子。

哈　我是很忙,本区有许多争论的事,大半都是在我这间客厅里调停的。

马　(喝酒后)老先生,你酒杯里有一种理据,比在法庭里的任何理据好得多。

哈　是呀,少年先生,酒杯里的理据,加上多少哲学。

马　(在旁说)我是第一次领教一个店主东的哲学!

海　看来,你很像一位军长,四面的攻打他们。倘若你看见他们的道理有隙可寻,你就用哲学攻打他们;倘若你看见他们毫无道理,你就用酒攻打他们。——哲学先生,我祝你一杯。(喝酒)

哈　好,很好,我谢谢你;哈!哈!哈!你说起用兵打仗,令我追忆友金王爷打土耳其军的故事,你要听我说。

马　与其说打仗,不如说晚饭吧,到时候了。我来问你,你的哲学预备了什么好东西当晚饭。

哈　先生,晚饭么!(在旁说)怎么好在朋友家里要起晚饭来。

马　是呀,先生;晚饭呀,先生:我起首觉得饿了。我老实对你说,我今晚胃口很好,要吃许多东西。

哈　(在旁说)我向来没见过这样脸面厚的人(对他说)——先生,真是的,我说不出来有什么东西供晚膳。这都是我的太太同厨娘商量办理的事,这样的事,我完全交给他们办。

马　你交给他们办么?

哈　我完全交给他们。我看他们这时候正在厨房里商量着。

马　既是这样,我求他们让我参预机密。我有这种脾气,当我旅行时候,我常要调整我的晚饭。请你把厨子喊来,先生,请你勿怪。

哈　我并不怪;但是我不晓得什么一回事,我们的厨娘当有客来的时候,是不大肯说话的。我们若是请她出来,她或者骂我们一顿,把我们骂跑了。

海　既是这样,让我们看看菜单。我是同你情商。我向来是拿我的胃气配合菜单的。

马　(哈先生很诧异的看他们,他对哈说)先生,海先生说的不错,我也有这种脾气。

哈　先生,你在这里可以发号令,老罗,来,把今天晚饭的菜单拿来,我晓得是拟好的了。海先生,你的举动很像我的舅舅,他是个大佐(借用)。他常说,晚饭吃下肚子里才敢说是晚饭有了把握。

海　(在旁说)他好高攀,他的舅舅是一位大佐! 不久我们就要听他说他的母亲是一位县知事了。让我们听听菜单。

马　(读菜单)有什么呀? 第一道;第二道;点心。先生,你以为我们带了伦敦商会的人来吃晚饭么? 两三样小巧东西,干净可口,就够了。

海　读来听听。

马　(读)第一道,一只猪和梅酱。

海　滚你的猪。

马　滚你的梅酱。

哈　两位先生,虽是这样说,肚子饿的时候,猪肉和梅酱是很好吃的。

马　下面是小牛舌和脑子。

海　我的好先生,把你的脑浆打出来吧;我不喜欢脑子。

马　你也可以把你的脑子另外放在碟子上。

**哈**　(在旁说)他们真不客气呀!(对他们说)——两位先生,你们都是我的客,你们喜欢怎样改就怎样改。两位,还有什么东西你们喜欢添上的,或剔出的。

**马**　我要一个猪肉披,一个炖兔和腊肠,一个果子烤肉,一个冻子糕,一盘奶油。

**海**　我不要馆子菜! 我喜欢平淡无奇的食品。

**哈**　两位朋友,对不住的很。我的东西,你们都不喜欢,有什么你们特别喜欢的呢?

**马**　先生,你的菜单很好,随便那一样都成,你喜欢给我们什么就是什么,晚饭是商量好了:请你把我们的床预备好了。

**哈**　我请你都交把我,你不必动。

**马**　交把你么? 先生,请你莫怪;这种事向来我自己要料理的。

**哈**　先生,我请你不必费心。

**马**　我一定要自己动手的。(在旁说)——这是一个很讨厌的人。

**哈**　先生,我打定主意,至少也要招呼你。(在旁说)——这也许是近日的谦让,我却从来没有遇过这样旧式的无礼。(哈先生马公子下)

(海公子一人在场)

**海**　这个人太多礼,起首令人讨厌,但是谁能对于他不惮烦难的多礼发怒呢? 呀! 这是谁? 奈小姐!

(奈小姐上)

**奈**　海士丁么! 真是出乎意料的好运气。

**海**　我再想不到同你在客店相见。

**奈**　客店么! 你弄错了! 我的舅母(借用)①我的保傅住在这里,你怎么会想到这是一所客店——

**海**　同我一道来的,我的朋友马洛,同我,被人指点到这里来,说这是一间客店。我们在离这里不远的一间房子,偶然遇着一个人,就是这个人

————————

① 前后文均译为"姨母",此处可能是译者疏漏所致。——编者注

指点我们到这里的。

奈　这一定是我那个老表的把戏，这个人就是你常听见我说过的，哈！哈！哈！

海　是你的姨母想要配给你的，是不是？我很怕这个人。

奈　我敢担保，你不必怕这个人，你若是晓得他最不喜欢我，你就很爱他的。我的姨母也晓得，所以担任替他向我求亲，她起首相信她已经降伏我了。

海　你这个善于作伪者！你须晓得我特为借我的朋友来这里探望的机会，得入这所宅子。我们到这里来，所骑的马匹已经疲乏了，但是只要稍歇，便可以走路了，倘若我的宝贝相信她的诚信可靠的海士丁，我们不久就可以在法国登岸，法国是尊重婚律的。

奈　我曾经告诉你，我虽是很愿意听你的吩咐，我却舍不得丢开我的一点财宝。最大的部分，原是那当过印度总办的叔父（借用）遗留给我的，多半都是珠宝。我有过好几次劝我的姨母让我戴，我看不久我就能到手，只要一旦到手，我和我的珠宝，都是你的了。

海　要这种不相干的东西作什么！我要的是你本人。当下我们千万不要让马洛晓得错把人家当作客店；我晓得他的古怪脾气，若是告诉他，他立刻就要走，那时我们的计划还未成熟。

奈　我们怎么样能够叫他误会到底呢？哈小姐出去散步才回来；我们不如骗他骗到底？我们这里来。（两人商量）

（马公子上）

马　这几位好人，很殷勤的招待我，我受不了这种麻烦。我们的主人以为离开我就是无礼，不独他跟随我，连他的太太也紧随在我的背后。他们两个人说要来陪我们吃晚饭，我猜他全家都要来的。这是谁呀？

海　我的宝贝查理！我同你贺喜！最幸的事！你想谁来了？

马　我不能猜。

海　是我们的所爱，一位是哈小姐，一位是奈小姐。让我介绍奈小姐与你相见。她们碰巧在邻近吃饭，回去的时候，到这里来换牲口。哈小姐才进去隔壁的屋子,一回子就回来,你看运气好不好?

马　　(在旁说)我已经受够罪的了,现在更令我为难。

海　　你看这不是最幸的事吗?

马　　是呀,最幸的事——确是喜相逢。但是你晓得的,我们的衣服不齐整,我们何妨且等到明天,你看好不好?明天在她家里相见,毫无不便,且较为恭敬些,还是明天吧。(要走)

奈小姐　　不可这样。她不喜欢你这样拘礼节。你说衣服不齐整,这却表示你急于要见面的热诚;况且她已经晓得你在这所房子里,许你见她。

马　　哦!这怎么受呀?哼!哼!有了。海士丁,你不许走,你要帮帮我,我要闹笑话的。也没法好想!好,我壮着胆去吧。

海　　呸!不过初次见面有点难为情,以后就好了。你晓得的,她不过是个女子。

马　　是呀,女人之中,我最怕同她会面。

(哈小姐上,戴小帽,像是散步归来的神气。)

海　　(介绍马公子)哈小姐,——马先生,我觉得很荣幸的介绍你们两个好人相识。你们只要彼此相知后当然能够彼此相敬。

哈小姐　　(在旁说)这位谦退君子,满脸的假害羞,这是他的本色,我来会会他。(稍停片刻,马公子露出很不安宁不知所以态度)先生,我很喜欢你平安到了这里。我听说你在路上遇着几件事。

马　　玛当,不过几件事,是呀,我们遇着几件事,是呀,玛当,遇着好几件事;玛当,但是我们很不愿意——不是的——我们是喜欢遇事之后——却有这样的好结果。哼!

海　　(对马公子说)你一生说话,没有比这次说得这样好的,你就照着这样往下说,我敢保你得胜利。

哈小姐　　先生,我恐怕你说的是恭维话。先生,什么好社会你都见过了,到了我们这个穷乡僻壤,不能觉得有什么意思吧。

马　　(胆子渐壮)玛当,我诚然在世界混过,但是我不甚见人。玛当,他人是享受社会的乐趣,我不过作个旁观人罢了。

**哈小姐**　我听说,到底还是旁观的享受乐趣。

**海**　(对马公子说)西塞禄(Cicero)也说不过你。只要再说一遍,从此以后,你就有了胆子了。

**马**　(对海公子说)哼! 请你在我身边,不要走开;我若是说不出来,你就从旁边说一两个字,再把我扶起来。

**哈小姐**　你既是一位冷眼旁观的人,你一定是不以为然的多,以为然的少,我恐怕你的日子过得不乐。

**马**　玛当,请你莫怪,我常愿意观世为乐。有许多人的错过,其实是令人乐的,不是令人不安的。

**海**　(对马公子说)说得好,说得好,你生平说话,都没有这样说得好,好了! (对哈小姐说)哈小姐,我晓得你同马先生不久就成为很好的朋友,我相信我们在这里有点不便。

**马**　海先生,毫无不便,我很喜欢你在这里陪我们。(对海公子说)佐治,你当真要走开么——你怎么能够撇开我们呀?

**海**　我们在这里有碍你们会谈,我们不如到隔壁房间去,(对他说)你未想到,我们两个人,也要面对面的谈谈心。(下)

**哈小姐**　(稍等)先生,我看你并不完全是一个旁观者,我想你对于小姐夫人们,总也曾周旋过。

**马**　(复入于畏羞态度)玛当,请你莫怪,我——我——我还要来——来——研究——才配同她们周旋。

**哈小姐**　有人说这样是不能得她们的欢心。

**马**　玛当,也许是的,但是我只喜欢对较为庄重,和较有知识的妇女们谈话。但是我恐怕我惹你讨厌。

**哈小姐**　先生,我并不讨厌;我自己最喜欢的,无过于庄重谈话,我听不厌的。一位有道理的男人,怎么能够称赞不能深入人心的轻浮,一无所有的快乐,我实在觉得差异。

**马**　玛当,这是一种知识的病。人的好尚,各有不同,其中必定有些人,因为尝不出——唉——呀——唉——

**哈小姐** 先生,我明白你的意思。其中必定有些人,因为尝不出高雅娱乐的滋味,就装作看不起他们所不能尝的。

**马** 玛当,这就是我的意思,不过你达得出来,比我透辟得多,我不能说——唉——

**哈小姐** (在旁说)有谁能够猜得着,这个人有时也会无礼呢?(对他说)先生,你正在要说——

**马** 玛当,我正在要说——玛当,我实说,我忘记了我要说什么。

**哈小姐** (在旁说)我也实说,我也忘记了。(对他说)先生,你正在要说,当这个诈伪时代——先生,你要说诈伪。

**马** 玛当,是呀;在这个诈伪时代,其中有些人,一认真考究——不——唉——呀——呀——

**哈小姐** 先生,我很明白你的意思。

**马** (在旁说)当真的!连我自己还不晓得我自己的意思啦。

**哈小姐** 你的意思是说,当这个诈伪时代,很少人不在当众贬斥其在私下里所作的事,当他们嘴里恭维美德的时候,他们自以为实行美德了。

**马** 玛当,这话很确,凡是满嘴仁义道德的人,心里是绝无仁义道德的。玛当,但是我很晓得我惹你讨厌。

**哈小姐** 先生,我并不讨厌;你说话的神气很有悦人的地方,亦很有精神,有生气,有力量——先生,我请你往下说。

**马** 玛当,是呀;我正在说——有时候——玛当,一个人无胆,糟蹋了全数——置我们——于——唉——呀——呀——

**哈小姐** 我完全同你表同情,有时候因为无胆,反露出无知无识的神气,当我们竭力要出色的时候,反令我们不能出色。我请你往下说。

**马** 玛当,是的;玛当,论理——但是我看见奈小姐在隔壁屋里盼望我们去。我绝不肯打叉。

**哈小姐** 先生,我对你实说,我从来没有听过这样有意味的话,请你再往下说。

**马**　玛当,是的;我要——但是奈小姐招我们去。玛当,你许我陪你去么?

**哈小姐**　既是要去,我跟你去。

**马**　(在旁说)这一段交谈,毁了我了。(下)

　　(哈小姐一人在场)

**哈小姐**　哈!哈!哈!两人相会,有过这样庄严,讲道德的么? 我很晓得当我们交谈的时候,他绝少看我的脸。他原是很好的一个人,可惜太过畏羞。他有好知识,却被羞情盖过了,比于无知识,更令人沉闷。设使我能教他多少果于自信,我深晓得我是替一个人办事。但是这个人是谁呢? ——这是一个问题,连我都几乎不能答。(下)

　　(图尼、奈小姐上,哈太太和海公子随后)

**图**　孔表姊①,你为什么老跟着我,你同我这样亲切,你不害羞么?

**奈小姐**　表弟,我希望,我同亲戚说话总不致受人指责。

**图**　是呀,我却晓得你要同我作什么样的亲戚;但是作不到的,孔表姊,我告诉你,作不成的,所以我劝你同我离远些吧,我不要同你作更近的亲戚。(她跟着他,对他献媚,到台后)

**哈太太**　海先生,我承认你说话很有味道,我虽然未到过伦敦,我最喜欢谈伦敦,及那里的时髦衣服。

**海**　向未到过伦敦么! 我真觉得很诧异! 我看你的言谈举动,我以为你一生都是在伦敦最阔地方过日子的。

**哈太太**　哦,先生,你不过喜欢说这样的话。我们乡下人,不能有什么言谈举动,我很喜欢伦敦,这就能够使我出乎我们邻居乡下人之上;但是向来未见过贵族常去的地方,那里能够有什么仪表呢? 我只能间接的享受罢了。我很留心读《造谣杂志》里头的两人谈话。有两位利小姐,住在伦敦弯曲巷的,时常有信来,寄伦敦的时样装给我们。海先生,你看我的头梳得好不好?

**海**　梳得的确极自由,极美,我猜你的理发师是法国人?

---

①　即奈小姐名。——译者注。

**哈太太** 我实对你说,去年的妇女杂志有这样的图,是我自己照着那样子梳的。

**海** 是吗!梳这样的头,坐在戏院的包厢,一定惹许多人注目,不亚于市长夫人在大跳舞场中的情气。

**哈太太** 我实说,自从有了种痘以来,就看不见面貌平常的女人,所以要装扮得特别些;不然,在人丛中,是没得人认识的。

**海** (鞠躬)玛当,毋论你穿什么衣服,万不能无人认得的。

**哈太太** 我身边带着一个哈先生这样的老古董,就是我装扮起来,有什么好处呢?毋论我怎么说,他总是不听的,我屡次叫他不要戴假发,凡是秃头的地方,有粉拓上,盖住,学那培公爵的办法。

**海** 玛当,你的主意不错;在一群妇女中既无一个是貌丑的,自然在男人群中也应该并无一个是老的。

**哈太太** 你试猜猜他怎样答我?他很轻快的说,我要他摔掉他的假发,其意是我要改好了,我自己拿去戴。

**海** 这句话是不能受的!当你这样的年纪,你喜欢穿戴什么就穿戴什么,没有不好看的。

**哈太太** 海先生,我请你告诉我,现时在伦敦,以什么年纪为最时髦呀?

**海** 前两年,以四十岁为最时髦;但是我听说,伦敦的太太们对于今年冬天,打算提高至五十岁。

**哈太太** 当真!我的年纪太青了,不时髦了。

**海** 现在伦敦的太太们,不过四十岁不戴首饰。譬如说,这一位小姐,在高等社会场中,只可以算是个女孩子,至多不过是个学绣花样的女孩子罢了。

**哈太太** 虽是这样说,我的侄女(借用)自己以为是成年的女人了,很喜欢戴首饰,同我们成年的女人一样。

**海** 她是你的侄女么?那一位少年,我猜,是你的兄弟?

**哈太太** 他是我的儿子,他们两个人是说定了亲的,你看他们两个人在一起玩耍他们一天要吵十次,很像是已经是夫妇了。(对他们说)图尼,好孩子,你今晚对表姐说些什么温柔话?

图　我并未对她说什么温柔话;我走到那里,她跟到那里,实在令我难受,我实在是无处可躲的了,只有躲到马号里。

哈太太　孔士丁,我的宝贝,你不必理他。他背后说的,又另是一番话。

奈小姐　我表弟的态度是很大方的,当着人,他同我不对,背后却向我求饶。

图　这是说谎。

哈太太　呀!他是个狡猾东西。海先生,你看他们两个人的嘴有点相像,是不是?是我们巴家(Blenkinsop)的嘴,像到十分。他们两个人的身材也是相同的。你们两个人背对背的站在一起,请海先生看看。图尼,来呀。

图　我告诉你,你不要勉强我。(量度)

奈小姐　哦!他几乎碰破我的头。

哈太太　你这个怪物!图尼,你不该这样。你是个大人,为什么这样!

图　我既是个人,为什么不把财产给我,你还当我是个傻子,我是不受的。

哈太太　你这个不知感激的孩子,我为你的教育废了多少麻烦,你就是这样报答我么?你躺在摇篮里,不是我摇你睡着的吗?不是我拿勺喂你的吗?不是我替你作背心,叫你穿上好看的吗?每天不是我开方子给你药吃吗?当药力发作的时候,哭的不是我吗?

图　自从我出世以来,你天天给我药吃,你哭得有理由。《家庭便览》里头所有的方子,每条我都吃过十次了;还有一本书的药方,你打算明春起叫我都吃遍了。我告诉你,我再也不作傻子了。

哈太太　你这个毒蛇,我为的不是你的好么?

图　我宁愿你不要管我,不要管我的好。我精神很好的时候,你这样麻烦我。倘若我有什么好处,让好处自己出来,不必屡次对我说。

哈太太　你说谎。当你精神好的时候,我永远看不见你,你不是跑到酒店去,就是去顽狗,你这个无知无觉的怪物,我永远听不见你唱的悦人的野调。

**图**　妈妈,你我两个人所唱的调,还算你唱的最野。

**哈太太**　世上向来没有你这样的人!我晓得了,你要伤我的心。

**海**　玛当,你让我劝诫这位少年一番,我敢保我能劝他尽其子道。

**哈太太**　好呀!我必定要歇歇了。孔士丁,我的宝贝,你来呀。海先生,你亲眼看见我所处的可怜情形。你看见过我这样可怜的女人被一个甜蜜、可爱、呕气、不孝顺的儿子所缠么?(哈太太、奈小姐下)

*(海公子、图尼在场)*

**图**　(唱)"有一少年骑马走过,一定要实行他的主意,杜地地路地"——你不要理她,随她哭,她哭了心里才爽快。我看见过她同姊姊两个人对着一本书,足足哭了有一点钟;他们还说越能使他们哭的书,他们越喜欢读。

**海**　据此看来,我的美少年朋友,你是不喜欢女人的。

**图**　我看并不好。

**海**　我敢说,你母亲替你选择的女子,你是不喜欢的:但是我看,她是一位相貌很好,脾气纯良的女子。

**图**　这是因为你晓得她不如我晓得她那样清楚。对于她,我什么都晓得,她是一个最不饶人,最阴险的人。

**海**　(在旁说)这种样的一个爱者,还有什么希望!

**图**　她自从这样高,我就见她到如今,她诡计多端,如丛林里的一只野兔,或如第一天降伏的马。

**海**　我看她是有知识,不好说话的。

**图**　这是当着生客的面,但是当她与同伴嬉戏的时候,比饿猪还要吵闹。

**海**　但是她有一种柔和的谦让,很能动我。

**图**　是呀,你试试稍为制止她,她就跳起来,把你踢入沟里。

**海**　但是你却不能不说她的相貌有点美,对呀,你总得承认她相貌还美。

**图**　是一个帽盒子!她全靠打扮。呀!假使你能够看见贝特(Bet Bouncer)一面,她是我们此地的人,那么你才可以说貌美。她的两只眼,其黑如乌荆子,两颊宽而红,很像讲经台的垫子,她一个抵得过她两个。

海　现在有一个朋友,愿从你手中接取这一个你所最不喜欢的人,你有什么话说呢?

图　快拿去吧!

海　有一个人愿意要奈小姐,随你同贝特享欢乐,你肯谢谢这个人么?

图　是呀,那里有这样一个朋友? 谁愿意要她呢?

海　我就是这个朋友。倘若你肯帮我的忙,我一回子工夫就带她到法国,从此以后,你再也听不见有人说她。

图　帮你忙! 我一定帮你,流到我最后一滴的血,我也要帮你。我送两匹快马驾你的车,一回子工夫,就把你们送走了;或者还可以把她的财产送给你,这是你梦想不到的。

海　我的小乡绅,这才像有气魄的少年。

图　你跟我来吧,我还要你多见些我的气魄。(唱)
　　"大炮响的时候,不怕吵的孩子们在那里。"(下)


## ～ 第三幕 ～

**第一场**

(哈先生一人上)

哈先生　我的老朋友马爵士,打发他的儿子来见我,说他是伦敦的最谦恭的少年,他这句话是怎么讲? 据我看来,他这个儿子是最无礼的。他已经先把火炉边我坐的舒服椅子据住了。他在客厅脱靴,还吩咐我叫人照应他的靴子。我却要晓得我的女儿对于他的厚颜无礼怎么样,她一定很不以为然的。

(哈小姐淡妆上)

哈先生　我的卡特,原来你当真听我的话,换了衣服;其实可以不必。

**哈小姐** 父亲,我觉得服从你的命令是一件乐事,所以我并不研究你的号令是否可行,我听了就照行。

**哈先生** 不过卡特,我有时也有使你不满意的地方,尤其是今日我劝你见我的谦谦君子。

**哈小姐** 你教我盼望多少非常的事,我见得所见过于所闻。

**哈先生** 我一生未有这样诧异过! 他简直的把我全搅糊涂了!

**哈小姐** 我向来没见过这样的人:还说是见过世界的人!

**哈先生** 呀! 他是从外国学来的。我从前以为少年人游历外国就可以学会谦恭,我真是个傻子! 还不如希望一个人在假面具跳舞会中学知识了。

**哈小姐** 他似乎是出于自然的。

**哈先生** 大半是从不好的朋友和法国教跳舞先生得来。

**哈先生** 巴巴,你错了! 法国教跳舞先生绝不能教他脸上那一幅羞怯面目——那种笨拙言动——那种畏羞的神气——

**哈先生** 好孩子,谁的面目? 谁的情状呀?

**哈小姐** 马公子的:我一见面就看出他畏羞和胆怯的样子来了。

**哈先生** 那末你见得他一面还是没有看得清楚,因为我看他是初见面脸皮最厚的人。

**哈小姐** 巴巴,你当真是取笑! 我向来未见过这样谦恭的人。

**哈先生** 我向来未见过这样夸嘴好说大话的人! 你刚才说的话是当真的么?

**哈小姐** 奇怪呀! 他见我的时候是恭恭敬敬的,对我鞠躬,说话是口吃的,两眼看地。

**哈先生** 他见我却不然,大模大样,大声说话,简直的狎侮我,令我的热血再冻了。

**哈小姐** 他待我尽礼,带点羞怯;深贬当世的行为,称赞向来不笑的女子;以为自己令人讨厌,常常的道歉;走出去的时候对我鞠躬,说道:"玛当,我不好阻留你。"

**哈先生** 他同我说话,好像是自出世以来就认得我的;问我有二十句话,却绝不等我回答;我发很好议论,他却用双关的谐语来打叉;当我告诉他最好听的麻公爵和尤金王爷的故事时候,他问我是不是制甜酒的好手。卡特,是呀,他问你的父亲,是不是一个制甜酒的人!

**哈小姐** 我们两个人之中,必有一个误会了。

**哈先生** 倘若他果然是他所显露的那样放肆,我是绝不答应这门亲事的。

**哈小姐** 倘若他是我所见的无精打彩[采]的他,我也是绝不能答应的。

**哈先生** 那末我们同意是不要他的了。

**哈小姐** 不错,但是却有一条件,倘若你见得他不是那样厚颜,我见得他较为放胆;倘若你见得他较为有礼,我见得他较为恳切——我却不晓得——我见得这个人还不错。毋论如何,我们在乡下的赛马场中也不多遇见这种样的人。

**哈先生** 设使我们见得他是这样——但是这是不可能的事。我于初见面时就断定了,我很少错断的。

**哈小姐** 但是初见面时,也许有许多的好性质不流露的呢。

**哈先生** 嗳,你们这般女子见得一个男子的外观合口味的时候,总猜他还有许多没有表露的性情。自女子看来,男子面上光滑的就是好知识,身材文雅的就是无德不备。

**哈小姐** 巴巴,首先你是恭维我的好知识的,怎么现在倒嘲笑我的见解了!

**哈先生** 卡特,你莫怪我。倘若这个牛皮脸的先生能够找出方法和解这种种矛盾,他也许还可以令我们两个人都喜欢他。

**哈小姐** 我们两个人之中必有一个是误会的,我们想法再去揭露,好不好?

**哈先生** 你只管看,还是我对的。

**哈小姐** 你只管看,我是不甚错的。(下)

（图尼跑上场　手拿首饰盒）

**图** 好了,我得着了,都在这里,我表姊孔士丁的颈串和坠子。我不让母亲骗他们的财产。哦！原来是你么？

（海公子上）

海　我的好朋友，你怎么样敷衍你的母亲的？我希望你现时装作恋爱你的表姊，装作愿意同她说和，令你的母亲欢喜。我们的马，一回子就歇过来，我们不久就可以动身了。

图　这里有点东西，可以变卖作费用（把首饰盒给海公子）；是你的心爱人的首饰。你保存好了；有人来抢，你就把他吊死。

海　你怎么样向你母亲取来的？

图　你却不必向我追问，我也不对你说谎，我是用手法取来的。假使我没有钥匙开我母亲的橱柜，我怎样能够常常上酒店？一个老实人，毋论何时，都可以劫取他自己的东西。

海　每天都有千万人作这种事，但是我对你坦白说，奈小姐此刻正在设法向她的姨母要首饰，倘若她能够得到手，就是取首饰最妙方法。

图　你先保存着，看她结果如何再说。结果如何，我是晓得的；她舍不得交出这盒首饰，如同她不肯拔一枚好牙一样。

海　她若晓得丢了首饰，一定是要大怒而特怒的。

图　你不必顾她大怒，有点担当，我才不顾她的大怒。她们来了！跑呀！跑呀！

（哈太太奈小姐上）

哈太太　孔士丁，你令我诧异，你这样的女孩子要首饰！我的宝贝，等到二十年后，你的美貌起首要装修了，再来要首饰也不迟。

奈小姐　玛当，首饰既能装修四十岁人的美貌，自然更能增进二十岁人的美貌了。

哈太太　我的宝贝，你的美貌不能受装饰，你脸上的自然红晕，美过一千种的装饰。好孩子，还有一层，现时不通行用首饰。你是看见的，我们所认识的贵夫人们，有一大半，如李夫人王太太等，都把珠宝送到伦敦，带回来的都是假珠宝。①

**奈小姐** 玛当，你怎么晓得，也许有一位无名氏喜欢我戴首饰呢？

**哈太太** 我的宝贝，你自己照照镜子看，那样闪光的两只眼，还用得着带别的闪光东西么？图尼，我的宝贝，你看怎么样？你看你的表姊要不要珠宝陪衬她的美貌？

**图** 以后也许用得着。

**奈小姐** 我的好姨母，假使你晓得我怎样感谢你——

**哈太太** 不过是一包古老样子的珠宝，你戴上这种珠宝好像是傀儡戏的人物，况且我一时还找不着这些首饰，也许是不见了。

**图** （走开对哈太太说）她既然是这样着急的要首饰，你为什么不就告诉他不见了？你告诉她失丢了，只有这个法子使她没有话说。你说是丢了，叫我作见证。

**哈太太** （走开对图尼说）我的宝贝，你是晓得的，我保留这些珠宝，专为的是你。倘若我说珠宝丢了，你作见证，好不好？嘻！嘻！嘻！

**图** 你不必怕我，我说我亲眼看见拿走的。

**奈小姐** 玛当，我只想戴一天，为的是给人看看这些旧东西，随后就收回来给你。

**哈太太** 孔士丁，我对你老实说了吧，设使我找得着，我就给你。我实说了吧，珠宝是失丢了，我也不晓得是怎么样失丢的，但是我们不要着急。

**奈小姐** 我并不相信！这是很浅的装作失丢了，不给我。我晓得这些珠宝是太过值钱了，断不能不谨慎收藏的，况且你是要负责的——

**哈太太** 孔士丁，你不要惊慌。倘若是失了，我照价赔你。我的儿子却晓得是丢了，找不着了。

**图** 我可以作证，珠宝是失了，找不着了，我敢发誓。

**哈太太** 我的宝贝，你必得听天由命；因为我们虽然丢了珠宝，我们却不

---

① 暗指赌输了真珠宝。——译者注

要丢了忍耐。你看,我多么镇静。

**奈小姐**　是呀,一个人看见他人的不幸大概都是镇静的。

**哈太太**　你是一个很有见解的女子。我却想不到单单要首饰。我们不久就可以找着你那些首饰,当下你要用,暂用着我的石榴子吧。

**奈小姐**　我最讨厌石榴子了。

**哈太太**　面貌长得清楚的,戴上石榴子是很好看的。你看见过的,我戴上是很好看的。我一定要给你戴。(下)

**奈小姐**　我最不喜欢石榴子。你不许走——真是令人生气,她把我的首饰弄丢了,却强逼我戴她的。

**图**　你不要当傻子,她若给你,便收下来就是,反正你的首饰已经是你的了。我是从她的橱里偷出来的,她还不晓得。你赶快跑去见海公子,他把详细情形告诉你,你让我对付她。

**奈小姐**　我的宝贝老表!

**图**　你跑吧。她来了,已经晓得丢了首饰。(奈小姐下)你看! 她怎么样的震动喷火,如喷火的转轮一样。

(哈太太上)

**哈太太**　反了! 贼来了! 强盗来了! 我们受骗了! 我们被劫了! 我们毁了。

**图**　妈妈! 什么事,什么事? 我希望我们家里的人没有遇着事故?

**哈太太**　我们被劫了,我的橱柜被人打开,珠宝拿走了,我是毁了。

**图**　哦! 不过丢了东西? 哈! 哈! 哈! 我向未见过你演戏演得这样好,我当真以为你真是毁了,哈! 哈! 哈!

**哈太太**　孩子,我当真是毁了,我的橱柜被人撬开了,里面的东西都拿走了。

**图**　你不要改口,始终要这样说,哈! 哈! 哈! 你是晓得的,我替你作见证,你喊我作见证。

**哈太太**　图尼,我告诉你,珠宝当真是丢了,从此以后我是毁了。

**图**　我晓得珠宝是失丢了,我晓得我要这样说。

**哈太太** 我的至宝图尼呀，你听我讲。我说，珠宝是失丢了。

**图** 妈妈，你令我发笑，哈！哈！我晓得是谁拿走了，哈！哈！哈！

**哈太太** 我没见过如你这样的一个大傻子，不晓得分别什么是认真，什么是开顽笑？傻子呀，我告诉你，我并不是说笑话。

**图** 对呀，对呀；你一定要装出很生气，叫人不疑心你或我。我作见证，证明珠宝是失丢了。

**哈太太** 世上那里有这种的乖戾畜生，不听我说的？你能够证明你不比傻子强么？世上有我这样可怜的女人么？一方面有傻子来麻烦我，一方面又有盗贼偷我的东西。

**图** 我可以证明确是这样。

**哈太太** 你这个木头，你再说要作见证，我立刻把你逐出去。可怜我的侄女，她将怎么样呢？你这个无知无觉的畜生，你要什么，难道你看见我不得了，你更开心么？

**图** 我也可以作见证。

**哈太太** 你这个怪物，你侮弄我么？我教你怎样惹你母亲生气。

**图** 我能作见证。（图尼跑开，哈太太跟他跑）

（哈小姐和丫头上）

**哈小姐** 我那哥哥真是无理可讲，他打发他们到我们家里来，说我们家里是一所客店！哈！哈！怪不得那个人这样无礼。

**丫头** 玛当，岂独这样，当你穿上这样衣服走过的时候，那个少年还问我你是不是当炉的姑娘，玛当，他误以你为当炉的姑娘（酒家胡）。

**哈小姐** 是么？既是这样，我索性假到底。丫头，你看我穿的衣服怎么样？你看我像"装病"的"海棠"么？

**丫头** 这是乡下里夫人小姐们平常服装，但是拜客见客时不穿。

**哈小姐** 你敢保他不记得我的面貌，或我的身材么？

**丫头** 他一定不记得。

**哈小姐** 我也是这样想；我虽同他说了好几句话，他很畏羞，他的两眼并未往上看，即使他曾往上瞧，我的帽子遮了脸，他也看不见。

丫头　你要他错误不醒,有什么希望呢?

哈小姐　第一层,我让他看见我,凡一个女子把她的面貌陈列在市场的,所得利益不在少处,第二层我也许同他作朋友,他向来只同最野的女人交谈的,这就是我打一场胜仗,打胜他,但是我的最重要目的,在乎攻他的不备,我要先知他的力量,随后进攻。

丫头　但是你敢保你能够演你的身分,装出假声音,使他既误认你的身材,并误认你的声音么?

哈小姐　你不必怕。我想我会说管酒柜的行家话——你要酒吗?——招呼第三号——第四号要烟筒——第五号大闹了半点钟。

丫头　玛当,装得像。他来了。(丫头下)

　　(马公子上)

马　这所房子,什么地方都是吵的! 我一刻也不能安静,倘若我走入最好的屋子,店主东在那里要把故事告诉我;我若走到走廊,店主婆对我鞠躬,头低至地。幸而我此刻有点空,让我追想看。(一面走一面想)

哈小姐　先生,你喊人么? 大人,你喊人么?

马　(想)说到哈小姐,她太过庄重,道德太高,同我不对路数。

哈小姐　大人喊人么?(哈小姐仍站在马公子面前,他转头)

马　孩子,我并不喊人。(想)况且我瞥见她,她好像是斜眼的。

哈小姐　我的确听见铃响。

马　不是的,不是的。(想)我此次走到这里来,原为悦我父亲,明天我却要回去,悦我自己。(取怀中日记册看)

哈小姐　先生,也许是那一位先生喊人?

马　我告诉你,不是的。

哈小姐　先生,我要晓得是个是喊人,因为我们的茶房很不好。

马　我告诉你,不是的,不是的。(两眼正看哈小姐)不错,不错,我想是我喊人。我要——我说——孩子,你长得真好。

哈小姐　嗳唷,先生,你叫我害羞。

马　我向未见过这样害人的眼睛。是呀,是呀,我的宝贝,我是喊人的。

你们这里有那个——什么——吗？

**哈小姐**　先生，没有，没有了十天了。

**马**　在这家酒店里喊人都是没有用的。譬如说，我要尝尝，不过试验试验，你那两片嘴唇的花蜜，也许我也是要失望的。

**哈小姐**　花蜜么！花蜜么！我们这里并无这样东西，用不着这样东西，大都是法国出产，我这里不卖法国酒。

**马**　真正道地的英国产。

**哈小姐**　怎么我不晓得呢！我们这里什么酒都酿，况且我在这里有十八年了。

**马**　十八年吗！孩子，据我看来，你未出世之前，就在这里招呼酒柜的了，你几岁呀？

**哈小姐**　先生，我不可以说我的岁数。俗语说，女人和乐谱，是不应记日子的。

**马**　我站在这样远，猜上一猜，你不能多过四十几岁。（向前走近）我走近些，你不到四十岁。（向前凑近）若再走近看起来，有些女人是很年少的；但是走得十分相近——（要同哈小姐接吻）

**哈小姐**　先生，请你离远些，你是相人如相马，你要看口定年岁。

**马**　孩子，我说，你待我真不客气。你若同我相离这样远，我们怎样能够相识呢？

**哈小姐**　谁要同你相识呀！我不要这样的相识。刚才哈小姐在这里，我敢说你不这样吵。我敢说，你见着哈小姐就糊涂了，不敢抬头看她，只敢低头至地；你说话的情形，好像是对着县大老爷。

**马**　（在旁说）我被她说着了！（对她说）孩子，你说我怕她么？哈！哈！哈！她不过是一个笨重斜眼东西，我不怕她。我见得你并不知我。我稍为嘲笑她；我却不愿意太过火。不能的，我不能太过火。

**哈小姐**　哦！先生，你原来是脂粉队中的好汉，是不是？

**马**　我的宝贝，是呀，我在脂粉队中是人见人爱的，其实我并不晓得我有什么动人之处,使她们追逐我。在伦敦的妇女俱乐部,她们称我拉先生①。孩子,我的真名字不是拉先生,不过是人家这样称呼我。我姓所罗门(Solomon),我的宝贝,所罗[门]先生同你请安(要同哈小姐拉手)。

哈小姐　先生,且慢;你是介绍我给你的俱乐部,并不是介绍我给你。你说,你在那里是人见人爱的,是不是?

马　我的宝贝,是的,那里有孟太太、布爵夫人、施子爵夫人、梁太太、彭老小姐,还有我,我们几个人维持那俱乐部的精神。

哈小姐　我猜那个地方一定是很快活的。

马　也不过是打牌吃喝和老妇女所能令人的快乐。

哈小姐　还有她们的拉先生,哈!哈!哈!

马　(在旁说)我不甚喜欢这个孩子,我看,她是很懂得的。(对她说)孩子,你笑什么?

哈小姐　我不能不笑,我笑她们常在俱乐部,还有什么时候管家办事。

马　(在旁说)还好,她不是笑我。(对她说)孩子,你常作事么?

哈小姐　自然要作事,你试看帷幔或枕垫就能晓得我作事了。

马　当真!你得把你的绣花给我看,我自己也绣花,画花样,你若是要一个批评家,你要请教我。(捉哈小姐手)

(哈先生上,站在那里惊异)

哈小姐　好,好,但是烛光之下,不好看颜色的,早上给你看。(哈小姐挣扎)

马　我的安吉儿,为什么不此时看?这样的美貌,我那里有抵御的力。——呸!这是小姐的父亲来了!我还是走旧日的运气,我只要得了七点,无不一连得三次两点的。(下)

哈先生　玛当,原来如此。这一位就是你的谦恭爱者,这就是你的谦抑爱你的人,两眼不敢正看人,只是看地的,只能站得远远的敬爱你。卡

---

① Ratte,俗称话篓子。——译者注

特,卡特,你这样骗父亲,不害羞么?

**哈小姐** 巴巴,他还是谦恭人;你也将如我一样的相信。

**哈先生** 我相信他的脸皮厚是会过人的,如传染病一样! 我不是亲眼看见他抓住你的手吗? 我不是亲眼看见他把你拖过来拖过去,如拖酒家胡一样的吗? 你此时却对我说他怎样的有礼,怎样的谦恭?

**哈小姐** 但是假使不久我能使你相信他是谦恭,使你相信他的错过是不久就改的,他的道德,却是与时并进的,我希望你宽待他。

**哈先生** 你这个女孩子简直的要气疯我了! 我告诉你,我不肯相信,这是我敢说的。他在我家里不到三点钟,他把我全数的权利都侵犯到了。你可以喜欢他的无礼,叫无礼作恭谦,玛当,我告诉你,我的女婿必定要有极其不同的资格。

**哈小姐** 父亲,我只求在今晚就可以使你相信。

**哈先生** 连半夜工夫我都不能准你,因为我有意此时就把他逐出。

**哈小姐** 请你只给我这一点钟,我希望能使你满意。

**哈先生** 好呀,我就给你一点钟。但我先说明,你不许玩弄父亲,要公道,要光明。

**哈小姐** 父亲,我希望你常见得我以奉行你的命令为荣;因为你向来是慈爱的,我本分所应为的,都是出于我自愿。(下)

## ～ 第四幕 ～

**第一场　同前。**

（海公子、奈小姐上）

**海**　你吓我一跳,马爵士今晚到这里么? 你从那里得的消息?

**奈小姐**　我的消息是很靠得住的,我才看见爵士给哈先生的信,信里说他儿子动身之后,几点钟之内,他也起程来这里。

海　既是这样,孔士丁,在他未到之前,我们的事要办完了才好。爵士认得我,倘若他见我在这里,当然揭露我的真名姓,也许揭露我的用意,于哈家的人。

奈小姐　我希望我的珠宝已经安置在稳当地方?

海　是,是,我已经交给马公子了,他掌管我们衣箱钥匙,当下我去预备好了,同你私跑。小主人已经答应另给我两匹马;倘若我不能再见他,我就写信给他,再吩咐他怎样办。(下)

奈小姐　好! 我望你成功。当下我就去陪陪我的姨母,装作我非常恋爱这个表弟。(下)

(马公子上,仆人后随)

马　海公子很晓得我只有车上的一个坐位,却打发人送一个很值钱的首饰匣交给我保守,我不晓得他是什么意思。我吩咐过你,你已经把匣子交给店主婆没有? 你是交给她亲手的么?

仆　大人,我已经交了。

马　她说她能保守么?

仆　她说过;她说必定谨慎保守;她问我怎样得来的;她说她很想要我说明我自己的来历。① (仆下)

马　哈! 哈! 哈! 虽是这样说,那匣珠宝是保守好的了。我们不知被多少不可解说的事缠住了! 我不晓得为什么这个管酒柜的小姑娘总在我的脑海里转,把其余的人的无理之处,都逐出脑海了。她是我的,她必定要是我的。

(海公子上)

海　我忘记了告诉她我打算在后花园预备一切。马洛,你在这里,而且很高兴!

马　佐治,你得替我高兴。你同我戴上帝王的冠,替我戴上桂冠! 说到底,我们这样谦恭的人,不见得在脂粉队中不得胜利。

---

① 意谓交官审问。——译者注。

海　你说的是有几种女人。你对我这样大言夸张,我请问你这位大人得了什么胜利呀?

马　有一个惹人爱的,很活泼的很可爱的小姑娘,身边挂了一串钥匙,在屋里跑来跑去的,你看见么?

海　看见便怎么样?

马　你晓得吗,她是我的了。这样的精神,这样的活动,这样的眼睛,这样的嘴唇;可恨她不让我接吻。

海　你相信她,你当真这样相信她么?

马　她说在楼上给我看她的绣活,要我改好她的花样呢。

海　查理,你怎么好到处破坏女人的贞洁呀!

马　呸!呸!我们都晓得客店里酒家胡的贞洁。我并不想剥夺她,你可以相信我这句话:这屋里的毋论什么东西我都肯花钱买。

海　我相信那个女孩子是贞洁的。

马　倘若她是贞洁,我绝不去破坏。

海　我送给你一个首饰匣你收了没有?你已经放在安稳地方了吗?

马　晓得了,我已经放好了。但是你怎样拿停在客店门口的一辆马车的坐位,当作稳当的地方呀!我比你小心得多——我已经——

海　怎么样?

马　我已经送交店主婆替你收好了。

海　你交了给店主婆!

马　我交了给店主婆。

海　你已经送去了吗?

马　我已经送去了,她担任交出来。

海　是呀,她连同一个见证交出来。

马　难道我办得不对么?我总说我这一次却办得谨慎了。

海　(在旁说)我切勿让他看见我心中不安。

马　我看你脸色有点不安宁。当真无不幸的事体发现么!

海　并无不幸的事。我生平没有过如我此时这样的心神愉快的,原来你交与店主婆,那店主婆是很乐得收下这个匣子。

马　她很乐得收存。她不独收下了,她因为加倍谨慎,把送东西的人也留下了。哈! 哈! 哈!

海　嘻! 嘻! 嘻! 好在匣子在很安稳的地方。

马　如同一枚金钱,在一个看财奴的荷包里那样的稳固。

海　(在旁说)现在全数财产的希望都完了,我们只好不要首饰匣就走了。(对他说)查理,我让你在这里想那位好看的酒家胡,嘻! 嘻! 嘻! 我盼望你为你自己诸事得手,如你为我一样! (下)

马　佐治,我谢了你,我不盼望别的了。哈! 哈! 哈!

(哈先生上)

哈先生　我连我自己的住宅都不晓得了。全个住宅天翻地覆了。他的仆人已经喝醉了,我不能再忍受了;但是看他父亲的面子我不可生气。(对他说)马先生,我同你问好。(低头鞠躬)

马　先生,我也同你问好。(在旁说)他又要干什么?

哈先生　先生,我晓得你必定觉得我最欢迎的,莫过于你父亲的儿子,你是这样想么?

马　先生,我很是这样想,不必有人告诉我。毋论到什么地方,我大概都是令人欢迎我父亲的儿子的。

哈先生　我相信,但是我虽对于你的行为一字不提,我不能不说你的仆人的行为实在令人难堪。我老实告诉你,他们吃酒的样子,真是破坏我们的风气。

马　好先生,这不是我的错。他们该吃而不吃,那是他们之错。我曾经吩咐他们,不要不舍得吃酒,我当真是这样吩咐他们的。(看旁边的情景)叫我的一个仆人上来。(对他说)我吩咐他们的话是,因为我自己不吃酒,他们应该在底下尽量的吃,补我的不足。

哈先生　原来他们曾奉尊命吃醉的! 我满意了!

马　我老实告诉你,他们当真是奉过我的命令的。你试听我的一个仆人说。

（醉仆上）

马　老吉,是你么! 你过来。我怎样吩咐你们? 是不是叫你们自由吃酒, 你们喜欢什么就叫什么,好对得起这间店?

哈先生　（在旁说)我不耐烦了。

老吉　少爷,(下略)我虽然不过是一个跟人,我也同他人一样,晚饭前,我 是对谁也不喝酒的。好酒可以在好晚饭之上,但是好晚饭不能在我 的良心之上。

马　我的老朋友,你是看见的了,我的仆人是十分醉,不能再醉的了。你 还要什么呢,除非你要把他们泡在酒桶里。

哈先生　我若再忍受,我将逼我变疯了。马先生,我忍受你的种种无礼, 已经有四点钟了,我看是没有节止的。先生,我打定主意,这里是我 作主,我要你和你的一群吃醉了的跟人们,立刻离开我的房子。

马　离开你的房子! ——我的好朋友,你开顽笑! 你说什么呀? 我所作 的事,是要使你高兴,你哄我们么?

哈先生　先生,我告诉你,你并不令我高兴,故此我请你走。

马　你怎么能当真的请我们走呀? 夜已深了,天气又不好,我们怎样走 呀! 你不过是同我们开顽笑。

哈先生　我当真要你们走,不是开顽笑! 现在我的气已经上来了,我说, 这是我的房子;先生,这是我的房子,我吩咐你立刻走出去。

马　哈! 哈! 哈! 这不是泥坑里兴波浪吗? 我对你说,我不走定了。（用 严厉腔调说)你说是你的房子! 这是我的房子,我喜欢在这里耽搁, 就是我的房子。先生,你有什么权力叫我离开这间房子呀? 我向来 未见过这样无礼的。

哈先生　我向来也未见过,走到我家里来,喜欢什么就叫什么,我坐在我 的舒服椅上,坐得好好的,你来把我哄走了,侮辱我家里的人,吩咐自 己的跟人吃醉酒,随后说,"这是我的房子"。你这样无礼,令我发笑, 哈! 哈! 哈! 先生,(用嘲笑腔调)你既要了我这所房子,你何妨把家 具也都要了? 那里有一对银烛台,那里有一架炉屏,这里还有一个铜嘴鞴鞴;也许你还喜欢拿走?

马　你开帐来,开帐来,不必多说话。

哈先生　那里还有几幅印板画片,你看那一幅《浪子的进步》,挂在你自己的房间,好不好?

马　你把帐开来;我还你帐,立刻离开你的店房。

哈先生　那里还有一张桃花心木桌子,可以照见你的脸,你何妨也拿去。

马　我要你开帐。

哈先生　我忘记了那把大椅子,你吃饱饭之后,你可以在上头睡。

马　我要你开帐,不要多话。

哈先生　少年呀,少年呀! 我读你父亲的信,我原盼望见一位受过好教育,谦恭的君子,到来探望我,不料我所见的不过是一个荒唐横蛮的少年;但是他快到了,我不妨老实告诉他。(下)

马　这是从那里说起? 我一定是误入人家了。无一事不像是一间客店,仆人们喊来了,招呼很不好;还有酒家胡来招呼我们。她来了,她可以告诉我。孩子,你为什么走得这样快? 我有话对你说。

(哈小姐上)

哈小姐　既是有话说,赶快说,我很忙。(在旁说)我相信他起首看出错误了。但是告诉他真情,时候还嫌太早。

马　孩子,请你答我一问。你是什么人,你在这里是干什么的?

哈小姐　先生,我是他们的一个亲戚。

马　什么? 是一个穷亲戚么?

哈小姐　是的,先生,是一个穷亲戚。他们叫我管钥匙,招呼客人,只要我的力量能够办到,客人要什么就给什么。

马　总而言之,你在这客店当酒家胡。

哈小姐　客店么! 不是的,你怎么想到这里是一间客店呀? 顶好的人家开客店么? 哈! 哈! 哈! 哈老先生的家里是一所客店吗!

马　哈先生家! 孩子,这是哈先生家么?

哈小姐　是呀,难道是别人的家么?

马　　我才明白过来,我上了人家的当了。我的头脑为什么这样傻,全市的
　　　人都要笑我了,画店里要高挂取笑我的画出卖了。我真是一个最傻
　　　的粉条子①,我为什么把这所住宅误作客店,把我父亲的老朋友误作
　　　店主东,他不晓得当我是一个什么好夸口好摆架子的小狗了! 我也
　　　觉得我自己是一个傻小狗。我的宝贝,我真该死,错认你作酒家胡!

哈小姐　　我很晓得,我的行为并无一端可以令人当我是酒家胡的。

马　　我的宝贝,并无一端。但是我活该作许多错误的事,不能不把你也扯
　　　上。我的糊涂之处,无事不误会。我把你的殷勤误作放肆,把你的浅
　　　白误作引诱。现在是过去了,我不敢再在此处露面了。

哈小姐　　先生,我希望我并无冒犯之处。毋论何人同我这样客气,对我说
　　　了许多有礼的话,我若是得罪了他,我是很难过的。设使他因为我,
　　　离开这个家里,我是很难过的。(装哭)因为我并无财产,只有名誉,
　　　假使有人说我的闲话,我是很难过的。

马　　(在旁说)她哭。这是我第一次遇见知耻女人的柔情表示,我不免为
　　　之所动。(对她说)我的可爱姑娘,你莫怪我;这个家里只有你一个
　　　人,我是舍不得的。我老实对你说了吧,你我的家世、财产、教育,相
　　　差太远,我不能与你结婚,你既坦白相信我有道德,我绝不能引诱你,
　　　你毫无错过,惟有长得太美,我怎样能够毁了你呢。

哈小姐　　(在旁说)这是光明正大的一个人! 我起首称赞他。(对他说)但
　　　是我敢说我的家世也有哈小姐的家世那样好;我虽是贫穷,我却知
　　　足,贫穷就不算是不幸;我向来不晓得,刚才你告诉我,我才晓得无财
　　　产是一件不好的事。

马　　我的美丽老实姑娘,为什么不好?

哈小姐　　因为这样一来,使我同一个人相离甚远,假令我有一千磅,我也

---

① 英王佐治第三在位初年,英国阔少游历欧洲,自义[意]大利归来,把在那里学来的
　　种种坏习气也带回英国,设立一个俱乐部,那里最出色的菜,就是义[意]大利粉条
　　子,故此称这个地方作"粉条子俱乐部",不久人家就称他们作"粉条子"。——译
　　者注

肯全数都给了他。

马 （在旁说）这样的老实,真能迷我。我若是不走开,必定被她迷住了。我必定要打定主意离开她。（对她说）我的宝贝,你这样偏爱我,很动我的心;设使我只是为己的话,我是很容易选定的。但是我是要出来混世的人,世人的评论,我不能不顾,我父亲的严命,又不能不禀承;所以——我几乎说不出来——这事对我是有利害的关系。我同你告辞了。（下）

哈小姐 他有许多好处,到了此刻我才晓得一半,倘若我有力量或本事羁留他,我是不让他走的。我之所以改装,原为的是"降格求亲",我仍然保留不改;我要把真情告诉父亲,马公子拿不定主意,将为我父亲所笑。（下）

（图尼奈小姐上）

图 是呀,我已经尽了我的职责了,下次应该是你自己去偷。我晓得她又得回那些首饰了;但是她相信是仆人错误。

奈小姐 表弟,我们现在这样为难,难道你坐视不救么?倘若她疑心我要逃走,她一定把我幽闭起来,不然把我送到皮氏(Pedigru)姨母(借用)处,那是十倍的不如这里。

图 可不是,舅母,姨母,伯母,都不是十分好东西。我能够帮什么忙呢,我替你预备了两匹好马,跑起来同飞一样的;我也晓得你不能说我不当她的面献媚于你。她来了,我们两个还得装出彼此恋爱,不然,她会犯疑的。（两人退后,装作恋爱之状）

（哈太太上）

哈太太 我的心很跳了一回。我的儿子说是仆人之错。虽是这样说,不等到他们两个人结了婚,她自己掌管她自己的财产,我是不能放心的。我的眼看见什么呀?原来两个人在那里恋爱,我向来未见过图尼这样有神气的。呀!你这两只好看的鸽子,让我看见了!作什么呀,两相亲爱么,偷送秋波么,低声说断断续续的话么?

图 母亲,我们有时候是彼此叨叨的,但是爱情并不受什么损失。

**哈太太**　图尼,两个人叨叨,不过是火上浇油,烧得更光。

**奈小姐**　图尼表弟答应在家日子多些,陪我们,他此后不离开我们了。图尼表弟,你不离开我们了,是不是?

**图**　你是个美人,你对我这样笑,我若是离开你,不如把我的马丢开在槛里。你一笑更好看。

**奈小姐**　令人爱的表弟!谁不称赞你的自然诙谐,谁不称赞你这个好顽,宽大,发红,无思想(**拍他的两颊**)——呀!这是个有胆的脸。

**哈太太**　两小无猜,确是可爱!

**图**　我常爱孔表姊的眼睛,好看的长手指在琴上转来转去好像线轴。

**哈太太**　他连树上的鸟,都能骗下来。我向来没得今日这样快乐。我的儿子很像他父亲林白京。我的宝贝孔士丁,我立刻把珠宝交给你。我的宝贝,你看他甜人不甜人。你们两个人明天就结婚,他的教育随后再说。

　　(**老狄上**)

**狄**　少爷在那里!这是给你的信。

**图**　你给太太吧,她先读我的信。

**狄**　我奉命交你亲手收的。

**图**　是谁给我的?

**狄**　少爷读信才晓得呀。

**图**　我很想晓得。(**转过信来,瞪眼看**)

**奈小姐**　(**在旁说**)毁了!毁了!这是海公子给他的信,我认得笔迹。倘若姨母看见这封信,我们从此是毁了。我来想法子引开她吧。(**对哈太太说**)我的表弟刚才对马先生说了一句很俏皮的话,我还未告诉你,我们大笑一场。——玛当,你一定要知道——请你走开些,我们不好让他听见。(**两人相商**)

**图**　(**还在那里瞪眼看信**)笔画写得很乱,我读不清。印板的字我看得清楚。这封信里有柄有胫有棍,我看不出那里是头那里是尾。——"送林少爷",信面写的是我的名字,我却认得,信里头的字,我却一个也

不认得,真是奇怪。这是很难受的,因为信里的话才是这封信的
精华。

**哈太太** 哈!哈!哈!很好很好,原来我的儿子说赢了那位哲学家。

**奈小姐** 玛当,是呀;玛当,你要听完了呀。请你再向这边走些,不然被他
听见了,你将要听见他怎样再迷惑他。

**哈太太** 我看他此刻好像自己很迷惑似的的。

**图** (还瞪眼看信)一笔上,一笔下,写得太乱,好像是吃醉了写的。——
(读信)先生大鉴——呀,是了。此下是一个 M 字,一个 T 字,又一个
S 字,再下一个是 Z 还是 R,我却看不清楚。

**哈太太** 我的宝贝,是什么东西?你要我帮忙不要?

**奈小姐** 姨母,让我读吧,我最会读笔画不清的信。(从他手上夺信。)你
晓得是谁写给你的么?

**图** 我说不出来,除非是老金的信。

**奈小姐** 是呀,是老金的信。(装作读信)少爷,我望你身体康健,如我此
时身体那样康健。雄鸡俱乐部的会员胜了青鹅俱乐部会员。嗳——
呀——输赢——呀——打得很久——呀——全是讲斗鸡,毫无相干
的,你收起来吧。(奈小姐把信团作一团捧给图尼。)

**图** 小姐,我告诉你,这封信是非常之要紧的,我宁可丢了一个金钱,也不
愿意不知道信内其余的话,母亲,请你读给我听,什么叫作没要紧!
(把信给哈太太)

**哈太太** 这是怎么讲?——(读信)"林公子,我在后园预备好一辆车两匹
马,等候奈小姐,但是我这两匹马恐怕跑不了这样远的路,你既答应
过我,我盼望你借给我两匹能走远路的马。你务必速办。不然的话,
那个老家火(是呀,老家火),你的母亲,会疑心我们的!海某谨启。"
我怒到不可开交,我将要疯了!我的怒气塞住我的喉咙,说不出话
来了。

**奈小姐** 玛当,我希望你暂且不必动气,这样的胆大无礼和这样的诡计,
原是别人的,你不要说是我的。

**哈太太**　（对她低低的哈腰）玛当，你说得好，你是很稀奇的多礼，令人欢喜，又客气，又谨慎。（改变腔调）你这个不长进的大呆子，你连缄默的知识都不够，你也串同反对我么？我片刻工夫就破了你们的诡计。玛当，你既然有两匹好马预备好了，我不便令你失望。你不必同你的情人逃走，我请你预备，此刻同我一道走。我敢保你的皮氏姨母能够把你管得好好的，不让你逃走。你（图尼）也可以骑马一路上护卫我们。老狄，老罗，你们来吓！我作给你们看，我是愿意协助你们进行你们自己的计划。（下）

**奈小姐**　我是完全毁了。

**图**　这是一定的。

**奈小姐**　我同你这样蠢笨的傻子作事，原不能盼望有什么好结果的——我对你点头，对你使暗号，你全不晓得。

**图**　小姐，误你的事，原是由于你太过聪明，不能怪我太过蠢笨。你刚才说什么雄鸡俱乐部，青鹅俱乐部，说得太热闹，我心里就想你不能令人相信。

（海公子上）

**海**　我听我的跟人说，你把信给你的母亲看，卖了我们。你是怎样办的呀？

**图**　又来了一位。你问小姐吧，是她害你的，是她办的，不是我办的。

（马公子上）

**马**　我在这里被你们糟蹋够了，令人看我不起，逼我作无礼的举动，侮辱我，嘲笑我。

**图**　又来一个。不久疯人院的人都要跑来了。

**奈小姐**　都是这位先生作的，你们谢谢他吧。

**马**　他不过是个孩子，是个呆子，他年纪既小，又无知识，我对他有什么话说呢？

**海**　一个可怜可鄙的痴子，不配教训。

**奈小姐**　他却很诡谲，很有恶意。我们现在为难，他却取乐。

海　他是一个无知无识的狗子。

马　满肚的诡计要害人。

图　我同你们两人决斗，先斗一个，再斗一个，——我是用木棍同你们斗。

马　他不值得我动气，但是海士丁你的行为却要解说一番，你明知我的错误，你却不明白告诉我。

海　我大失所望，已经在这里受酷刑，你还逼我解说么？马洛，你未免太不讲交情了。

马　但是——

奈小姐　马先生，我们并不是不明白告诉你但是来不及告诉你。

　　（仆人上）

仆　玛当，太太请你立刻预备走，马车已经套好了。你的帽子和零碎东西都摆在隔壁屋子里。我们要走三十英里天才亮呢。（仆下）

奈小姐　好吧，我就来。

马　（对海公子说）你帮忙令我被人耻笑，你算办得好么？你为什么单独把我挑出来，令全数我的朋友看我不起？我要你解说给我听。

海　你既说到这办事体，我且问你，我相信你，把东西交给你，你却转交别人，你办事办得好么？

奈小姐　海先生！马先生！你们在这里作无谓的争辩令我更加难受。到底是什么意思？我求你们，我哀求你们——

　　（仆上）

仆　玛当，这是你的大衣。太太等得不耐烦了。（仆下）

奈小姐　我来了，不必慌张。倘若我这样离开你们，我将害怕死了。

　　（仆上）

仆　玛当，这是你的扇子、袖笼、手套，马车在外面等候了。

奈小姐　马先生！设使你晓得我将来所受的束缚和苛待，我敢说你要把怒气变作怜悯。

马　我受各种的激情，我变糊涂了，我自己不知道我自己作什么。玛当，请你饶恕我，佐治，请你饶恕我，你们都晓得我性急，不该激动我的性子。

海　我现在所处地位的痛苦就是我唯一的原谅。

奈小姐　我的宝贝海士丁,倘若你尊重我,我很晓得你尊重我,你这三年里头始终不变,当然能够增加我们将缔结的欢乐。倘若——

哈太太　(在内喊)奈小姐,孔士丁,你为什么。

奈小姐　我就来了。你要记得,始终不变,"恒"是我临别的字。(下)

海　我的心! 我怎样能变? 我与欢乐这样相近,况且还是这样的欢乐!

马　(对图尼说)小少爷,你现在看见你把事办错的效果了。你看是很好顽的,我们却是大失所望,大受其罪。

图　(如梦初醒)且慢,我有办法,我有办法。伸手过来,你的手,你的手,你们垂头丧气,真可怜。我的靴子! ——两点钟后,在后园见面;你们以为我是个坏种,倘若将来不把我当作好人看待,我把我的两匹好马输给你们,来呀,我去穿靴。(下)

## ～ 第五幕 ～

**第一场　同前。**

　　(海公子和仆人上)

海　你说你看见那位老太太和奈小姐同坐马车走了么?

仆　是的,她们坐马车走的,少爷却是骑马,现在已经走了三十英里了。

海　我的希望全完了。

仆　是呀,马爵士到了。他同这屋子的老头子,两个人在那里笑马公子的错误,笑了有半点钟。他们向这里来了。

海　我必不可以让他们看见。我到后园去,也是无希望的了,已经到约定的时候了。(下)

　　(马爵士和哈先生上)

**哈先生**　哈！哈！哈！他发号施令时候,说话的腔调,是很严厉的呀!

**马爵士**　我猜,你对他说话,他是不甚乐意答的。

**哈先生**　他应该看得出来我有些举动,是出乎店主东之上的。

**马爵士**　是呀,但是他当你是一个非常的店主东,哈!哈!哈!

**哈先生**　我此时是高兴极了,除了欢乐,我是什么都想不起来,我的好朋友,我们作了亲家,就是把我们的交情作为传代的;我女儿的妆奁虽是有限——

**马爵士**　你为什么对我说起财产来?我儿子的财产是够用的了,他不要别的,只要有一个好女子,有道德的女子,同他分享,替他加增。倘若他们相爱,如你所说——

**哈先生**　你说什么倘若!我告诉你,他们实在相爱。我看见我女儿的神色,就如同告诉我,她爱他一样。

**马爵士**　你是晓得的,女孩子们是易于相信为男子所爱的。

**哈先生**　我亲眼看见他很热烈的抓她的手,你看,他来了,可以证明你用不着倘若两个字。

（马公子上）

**马公子**　先生,我再来求你饶恕我的古怪举动。我一想起我那样无礼冒犯,我是无地自容。

**哈先生**　好孩子,这是小事!你太过认真了。你只要同我的小女大笑一两点钟,什么事都补救过来了。她不会因为这事不喜欢你的。

**马公子**　先生,她以我为然,我很得意的。

**哈先生**　马先生,以为然三个字是一句很冷淡的话;我看她不独以你为然就完了吧,你明白我的意思么?

**马公子**　先生,我实在不明白。

**哈先生**　好孩子,来,来,我上了年纪了,我晓得什么是什么,如同你们少年人一样。我晓得你们两个人的意思,你不必说了。

**马公子**　先生,我们两人并没什么,在我这方面,我是极其恭敬的待她,在她一方面,她待我是极其敬而远之,不多说一句话的。先生,你切勿以为我对你无礼,对其余的人也是无礼。

**哈先生**　无礼!不是的,我并不说无礼,——不十分是无礼——虽然说女孩子们喜欢人家同她嬉戏,有的且喜欢顽皮嬉戏,她并未告诉我什么,请你放心。

**马公子**　我并未给她理由可以说什么?

**哈先生**　好,好,应该谦恭的时候是要谦恭的,我也是喜欢的。不过你作得太过火了,你原可以坦白些,你的父亲同我也更喜欢你些。

**马公子**　先生,我宁死都不肯——

**哈先生**　我告诉你吧,她并不不喜欢你,我却晓得你喜欢她——

**马公子**　先生——我抗议——先生——

**哈先生**　此时并无理由为什么不请教士即速同你们结婚。

**马公子**　先生,你听我说——

**哈先生**　令尊大人很以为然,我是喜欢你们结婚;不可以一刻耽延的了,是以——

**马公子**　你为什么不听我说呀?我对你说真实话,我对于哈小姐绝未表示任何恋爱之意,绝不能疑心我恋爱她。我们只见面一次,而且全是形式上的见面,彼此都是很客气,毫无意味的。

**哈先生**　(在旁说)这个人的假装正派,实在令人难受。

**马爵士**　你并无抓她的手,或指天誓日的事么?

**马公子**　我指天为证,我原是奉你的命来这里的。我看见那位小姐的,我毫不动心,我同她分离的时候,毫无舍不得的意思,我希望父亲不再逼我尽其子职,也不要拦阻我离开这里,因我在这里受够罪了。(下)

**马爵士**　他走开的时候,神色倒是极其诚恳的,我觉得诧异。

**哈先生**　他深信自己无他,我也觉得诧异。

**马爵士**　我敢以性命保他说的话句句都是真实的。

**哈先生**　我的小女来了,我敢拿我的欢乐作孤注,赌她所说的是真实。

　　(哈小姐上)

**哈先生**　卡特,孩子,你过来。我们问你一句话,你真实答我们,不用隐瞒,马公子曾否对你说他恋爱你?

**哈小姐** 父亲,这句话问得很突兀。你既要我实说,他曾对我说过。

**哈先生** (对马爵士说)你看。

**马爵士** 玛当,我请问你,你同我的儿子不止见过一面么?

**哈小姐** 我们见过几次。

**哈先生** (对马爵士说)你看。

**马爵士** 他曾说依恋你么?

**哈小姐** 永远依恋。

**马爵士** 他曾谈及爱情么?

**哈小姐** 说过许多。

**马爵士** 怪事! 都是正式说的?

**哈小姐** 正式说的。

**哈先生** 我的朋友,我希望你满意了。

**马爵士** 玛当,他是怎样的举动?

**哈小姐** 如同多数恋爱者一样:说我怎样长得好,说他自己怎样的无才,恭维我怎样的有大才;说他心里怎样,寥寥说几句他怎样受痛苦的话,末后装作这样的狂喜。

**马爵士** 我现在完全相信你的说话不确,我晓得他在妇女场中说话,是谦恭谨慎的:这样的放肆说话,全不像他;我很相信他不是这样的人。

**哈小姐** 我是这样,我叫你当面相信我所说的是实话,好不好? 再过半点钟,请你同我父亲躲在屏风后,你们将能亲耳听见他对我发表爱情。

**马爵士** 倘若我见得他果如你所说,我爱子的全数欢乐必有终点。(下)

**哈小姐** 倘若你不见得他如我所说,——我恐怕我的欢乐必无起点。(下)


**第二场　后园**

(海公子上)

**海** 我是个傻子,在这里等候一个大概是拿我的痛苦来开心的人,他是绝不会守约的,我不再等了。我看见什么?原来是他!他许能告诉我孔士丁的消息。

（图尼上,穿靴,满身是泥。）

海　图尼,我此刻才信你说话是靠得住的,这才像是讲交情的。

图　是呀,我是你的朋友,你若是全晓得了,我还是你的最好朋友。晚上骑马是一件讨厌的事,颠簸得利害,比坐马车后面还难受。

海　怎么样了?你在什么地方与你同行的人分手的?他们安稳么?他们有地方住歇么?

图　两点钟走二十五英里,总不算是慢的了,可怜那两匹牲口浑身冒热气,我宁愿在马上跑四十英里逐狐狸,不愿晚上骑马走十英里。

海　我很着急的要晓得你是在什么地方同堂客们分手?

图　离开他们么!我该在什么地方离开他们呢,还不是在我看见他们的地方。

海　这是一句谜语。

图　我说一个谜给你猜,今有一件东西,绕这所房屋走,绕这所房屋走,却永远不与这房屋接触,打一物,你猜是什么东西?

海　我还是不明白。

图　我领他们走错路。在这里五英里内的池子泥坑的味,他们都闻遍了。

海　哈!哈!哈!我明白了:你领着他们兜圈子,他们不晓得,以为你领他们向前走,后来你把他们领回家里。

图　我告诉你,我最初领他们到绒床巷,在那里陷在泥里,随后我一直领他们过上下山,从此我介绍他们见重树场的绞人架;从此我领他们走圆路,绕回来我们后园的洗马池。

海　我希望路上平安未遇险么?

图　未遇险。母亲却是很害怕。她以为已经走了四十英里,她不喜欢这次路程,马也走不动了。若是你自己的马匹已经预备好,你就可以带着表姊逃走,我敢保你,我们这里没得一个人来追赶你。

海　我的好朋友,我怎样能报你的大恩呀?

**图** 你现在说我是好朋友了。刚才你说我是傻子、狗子,要一刀刺我。我说,你的决斗方法不对。在我们这里乡下,我们打过之后又做朋友,倘若你刺了我,我死了,你也要问绞的。

**海** 你责备我,还公道,但是我要赶快去救奈小姐:你只要答应你去对付老太太,我却答应去招呼小姐。(海下)

**图** 你不必害怕。她来了,去吧。她才从池子里出来,半身都是泥。

(哈太太上)

**哈太太** 嗳唷! 图尼呀,我快死啦! 摇动得太利害。几乎把我摇动死了,我必不能久活的了,最后那一碰叫我实在动不得了。

**图** 妈妈,这原是你的错。你要在晚上逃走,路径又是全不认得。

**哈太太** 我但愿此时在家了。走这样短的路程,却遇着许多事,这是向来未有过的。满身都是泥,马车翻在沟里,丢在坑里动不得,摇动成为一块糕了,最后却迷失路途。图尼,你看此时我们到了什么地方了?

**图** 据我猜来,我们该到了"跌破头公地",离家四十英里。

**哈太太** 怎么好! 怎么好! 这是最有名不好的地方,我们今晚什么罪都受过了,只欠一抢。

**图** 妈妈,不要怕,不要怕。我们这里只有五个强盗,两个已经绞死了,那三个不一定能找着我们,不要怕。——在后头骑马赶来的是一个人么? 不是的! 不过是一棵树。——不要怕。

**哈太太** 吓死我了。

**图** 你看见树林里有一件东西好像一顶黑帽子在那里动么?

**哈太太** 要死啦!

**图** 不是的,不过是一条母牛。妈妈,不要怕,不要怕。

**哈太太** 图尼,我真看见一个人向我们走来,当真是的。倘若他看见我们,我们就完了。

**图** (在旁说)太不幸了,来的是义父,他晚上到这里来散步。(对她说)呀! 是一个强盗,拿一把手枪,有我的脖子长,这个人脸上很凶恶。

**哈太太** 老天保佑我们呀! 他走近了。

**图** 你躲在树林里,让我对付他。尚有危险,我作咳嗽声,我若咳嗽,你躲
深些。(哈太太躲在树后)

(哈先生上)

**哈先生** 我听见有喊救声。图尼!原来是你么?我并不想到你这样快就
回来了。你的母亲同表姊都安然无事么?

**图** 很安稳,都在皮氏姨母家里!哼(作咳嗽声)。

**哈太太** (在后面)死了!我见得有危险。

**哈先生** 三点钟走四十英里;孩子,你们走得太快了。

**图** 俗话说,健马和心愿的人,赶程是很快的,哼!(作咳嗽声)

**哈太太** (在后面说)我望他不伤害这个孩子。

**哈先生** 我听见这里有人声,我要晓得是从那里来的。

**图** 就是我,是我自己同自己说话。我正在说三点钟走四十英里是走得
很快的,哼!(作咳嗽声)的确是走得快,哼!我吹了风,喉咙有点痒,
我们走进去罢,哼!

**哈先生** 你果然是对自己讲话,你却并未答话,我的确听见两个人说话
声,我一定要(高声说)找着那一个。

**哈太太** (从后面说)他走来找我!

**图** 我已经告诉你了,你何必去找呢?哼!我实话对你说——哼!——
我都告诉你。(拉住哈先生)

**哈先生** 我告诉你,我不让你拖。我一定去看看,你不能使我相信你。

**哈太太** (从后面向前跑)不好了!他要杀我的儿子,要杀我的宝贝!壮
士,你只管问我,你要我的钱也成,你要我的命也成,我只求你饶他一
命;你若有慈悲心,我求你饶了我的孩子。

**哈先生** 这是我的夫人。她从那里来的?她在这里作什么?

**哈太太** (跪下哀求)强盗先生,可怜我们呀,你拿我们的钱,拿我们的表,
把我们的东西都拿了,都可以,请你饶了我们的命。我们一定不告官
的,强盗先生,我们当真不告官。

**哈先生** 我相信她是疯了。多罗提,你不认得我了吗?

哈太太　原来是哈先生,我因为害怕变糊涂了。但是谁盼望在这里遇着你呢?这个地方很危险,离家又远,你为什么跟随我们?

哈先生　多罗提,你当真不是糊涂么?你说离家很远,其实离家门不过四十码!(对他说)你这个没出息的无赖子,这又是你的诡计。(对她说)你不认得大门,不认得这棵桑树,你不认得洗马池么?

哈太太　我一辈子也忘记不了这个洗马池,我几乎死在池里。(对图尼说)你这个没出息的东西,原来是你叫我受这种罪的?你同母亲开顽笑,我要收拾你才成。

图　母亲,通村的人都说你惯坏了我,这是你自作自受。

哈太太　我将惯坏你。(随图尼下)

哈先生　这孩子的答话有点道理。(下)

(海公子、奈小姐上)

海　我的宝贝孔士丁,你为什么还这样踌躇?我们若耽误片刻,什么都要完了。你要决断些,不久我们就不受她所害了。

奈小姐　我办不到。我已经受了许多扰动,提不起精神,我不能再对付新危险。我们耐烦的再等两三年,终久是要同享欢乐的。

海　你这样的耽延不决,比无恒性还不如。我的宝贝,我们逃走罢,我们的欢乐就从此刻算起。什么财产! 不要了罢! 有了爱情,有了知足心,将能增加我们所已有的,富过一位君主的税入。你听我说呀!

奈小姐　海士丁,我不能听你劝,我向来的小心谨慎,此刻回来了,我听小心谨慎的劝。当激情发动的时候,原可以看不起财产,但将永远令我们追悔。我打定主意求哈先生怜恤我,还我公道,解放我。

海　即使哈先生有解放你之意,他却无力解放你,也是枉然。

奈小姐　但是哈先生有势力,我打定主意,依赖他的势力。

海　我却毫无希望,但是你既然一定要这样作,我虽不愿意亦不能不依从你。(下)

第三场　如第一场。

(马爵士、哈小姐上)

**马爵士** 我所处的地位真是为难！倘若你所说的果然发现，我的儿子便是不孝，倘若他说的是真实，我将失丢我最希望做我的媳妇的人。

**哈小姐** 你称赞我，我很得意。今欲证明我是值得你称赞的。你若如我所布置，你躲在屏风后，你将听见他对我发表爱情。他来了。

**马爵士** 我去找你的父亲，叫他如约躲在那里。（马爵士下）

（马公子上）

**马公子** 我虽是预备出发，我再来同你辞行；我不到此刻，还不晓得同你分手，我心里是很痛苦的。

**哈小姐** （用自然态度）这样的痛苦，你原可以容易打消的，我不相信你觉得十分痛苦。再耽搁一两日也许能减轻你的不安，表示你看得起你此时所舍不得的人。

**马公子** （在旁说）这个女孩子时时刻刻的令我看重她。（对她说）玛当，我必不可这样作。我已经过于玩弄我自己的心了。我看重门户之见，起首受制于我的激情了。我与你教育太不相同，财产不同，我又恐逢父亲之怒，又怕我的侪辈看我不起，这种种害怕起首失其重要了；现在只依赖我痛心疾首节制我自己，不然我都忘其所以的了。

**哈小姐** 既是这样，你就走吧，我不勉强留你了。我的家世虽然同你来探的人家的家也是一样的好，至于我的教育，我希望并不比他们的不如，不过财产不能相当，家世教育相当也是枉然，是不是？你既不嫌弃我，我就应该知足了；你既然着重于财产，我只享受你虚赞美我一场罢了。

（哈先生、马爵士从后面上）

**马爵士** 躲在这屏风后面。

**哈先生** 是，是，不要响，我敢说我的女儿到底把他弄糊涂了。

**马公子** 玛当，有天作证，我最不着重的是财产！你最初令我注意的，原是你的美貌，谁人看见能不动心呢？但是以后我每次同你交谈，无一次不觉得你的温柔娴雅，为你的美貌增加色彩，发表得更有力量。初时我见得你不过是乡下女子的质朴，此时却见得是大雅的淡素。最初我以为你是不知轻重的鲁莽,现在我觉得是自信无他,和自知有德的结果。

**马爵士**　他是什么意思?令我诧异!

**哈先生**　我已经告诉过你将变什么样,你不要说话。

**马公子**　玛当,此刻定规不走了;我很晓得我父亲善能观人,只要他一见你,我晓得他一定答应的。

**哈小姐**　马公子,我不愿意,并且不能,强留你。若是我们两个人结了婚,其间只要稍有令人追悔的余地,你试想看我肯同你结婚么?你想看,我肯取巧于你暂时的激情,拖累你的终身么?你想看,我能享受欢乐之得自减少你的欢乐么?

**马公子**　除了你的力量所能给我的欢乐之外,我能够享其他什么欢乐呀!我是毫无追悔之处,我只追悔我先前不看见你的好处。你不愿意我在这里逗留,我却要在这里逗留;即使你竭力的躲我,我还是尽礼的追随你,以补我以往行为的过失。

**哈小姐**　我一定劝你走。我们当初相识,原是彼此不足重轻的,我们最后相处,也只好是彼此不足重轻的。有一两点钟之内,我也许是过于放肆,但是说两句庄重的话,马公子,你试想看,我若同你结婚,人家要笑我意在贪财,笑你不知慎重,我能忍受么?你试想看,我能够得看一个稳固无疑的爱我的人的深信不疑的求婚么?

**马公子**　(下跪)这个像不像稳固?这个像不像深信?玛当,每片刻间我见得你的好处,更令我忘其所以的了,你就让我——

**马爵士**　我不能再忍受了。查利呀,查利呀,你为什么骗我,你看她不足重轻是这样的么?你同她的无味的交谈,是这样的么?

**哈先生**　你说,你是冷冷的,看她不起,你们见面不过是形式上的!你现在还有什么话说呢?

**马公子**　我全糊涂了!这是怎么讲?

**哈先生**　这就是说你说话可以不算数的:你私下里对哈小姐说许多话,当着众人却全盘赖了不认帐,你对我们说是一番话,对我的女儿说另是一番话。

马公子　你的女儿！——这位女子是你的小姐么？

哈先生　是的,是我唯一的女儿,是我的卡特,你以为她是谁的女儿呀？

马公子　糟了！

哈小姐　先生,是呀,我就是你说身材很高两只斜眼的女子呀(对他鞠躬);我就是你说和平谦恭好讲道德的庄重女子呀;我就是你说妇女会的胆大放肆可爱的好说话的女人呀,哈！哈！哈！

马公子　什么！我忍受不住了;比死还要难受！

哈小姐　先生,我们对你说话,你自己愿意当什么脚色呀！你愿意当讷讷不能出口,两眼看地,说话听不见,痛恨伪君子的人呢？还是愿意当大声说话,果于自信,同某太太某老小姐说话,一直说到夜半后三点钟的呢？哈！哈！哈！

马公子　我为什么那样糊涂。我只要略为放肆大胆,总是碰钉子的。我只好走。

哈先生　我拦住你,不许走。我看出来了。全是误会,我却喜欢是误会。我告诉你,不许走,我晓得她饶恕你,卡特,你不饶了他吗？我们都饶了你,你只管放胆。(两人退下,她顽笑他)

(哈太太、图尼上)

哈太太　他们走了吗？让他们走,我不管。

哈先生　谁走了？

哈太太　我的好侄女和她的情人,从伦敦来的海先生,他是同马公子同来的。

马爵士　谁呀,我的老实海佐治么？他是一个顶好的人,那个女孩子挑选他,是很不错的。

哈先生　那末他们结婚我亦是很喜欢的。

哈太太　好呀,他若带走了这位小姐,他却未带走她的财产,这分财产仍然在我们家里,也可聊以自慰了。

哈先生　多罗提,你怎么这样贪财！

**哈太太** 这是我的事,与你无干。

**哈先生** 你是晓得的,你的儿子到了成年,若不愿意娶他的表姊,她的财产;归她自己处置。

(海公子、奈小姐上)

**哈太太** (在旁说)什么,怎么快就回来了! 我倒有点不喜欢这件事。

**海公子** (对哈氏说)我方才要同奈小姐私跑原是大错,我此时很忙乱,就当是惩罚我。我们现在回来,求你们以公道,以人道,待我们。我最初向奈小姐求亲,我原是奉她父亲之命,我们的恋爱,是根据于奉上人之命的。

**哈[奈]小姐** 自从我父亲死后,我不得不忍气装假,以免受逼。我一时之错,竟然放弃财产跟随我的意中人。现在我明白过来了,我若同这个人结亲,仍求你们把财产给还我。

**哈太太** 啐! 啐! 这不过是新小说的哀求的结尾。

**哈先生** 毋论怎么样,我很喜欢他们回来要求他们所应得的财产。图尼,你走过来。我此刻要你娶这位小姐,你不愿意要她么?

**图** 我不愿意有什么相干? 父亲,你是晓得的,我要到了成年,才能说不要她。

**哈先生** 孩子呀,我隐瞒你的真岁数,原想望你有长进,是以我与你母亲同意不告诉人。但是此时我见得她有私意,我也只可宣布,你已经成年有三个月了。

**图** 我成年了么! 父亲,我成年了么?

**哈先生** 已经过了三个月啦。

**图** 成年就可以自由了,请你看我怎样第一次利用自由。(执奈小姐的手)你们请看呀,我林图尼,不要奈小姐为妻。奈小姐愿意嫁谁就嫁谁,我林图尼从此是我自己的人了。

**马爵士** 你很有勇气!

**海公子** 你是我的好朋友!

**哈太太** 你是我的不肖子!

**马公子** 佐治，我同你道喜。我这位小霸道是独断独行的，设使我能劝她多少受点商量，我就是世上最欢乐的人，你当然要同我道喜。

**海公子** （对哈小姐说）玛当，你用了许多妙计，出奇制胜，到了最末后一场了。我晓得你喜欢他，我更晓得他爱你，你一定要嫁他。

**哈先生** （令他两人手拉手）我也是这样说，倘若她为人妻如为人女一样的好，我相信你不会后悔的。我们去吃晚饭吧。明天早上我们把村里的穷人都喊了来，一夜的错误，拿一早的嬉戏欢乐作结果。孩子，你娶她；刚才你是把千金小姐误作酒家胡，她当了你的太太之后，却不要再闹错了。（完）

［据《诡姻缘》，英国高尔斯密士著，伍光建译，上海新月书店，1929年11月出版］

# 二

# 造谣学校①

[爱尔兰]谢立敦

## 序

梁实秋

《新月》同人觉得很荣幸,于刊行"英文名著百种丛书"之始就首先得到伍光建先生的译稿两种,一种是高尔斯密士的《诡姻缘》(*Goldsmith：She Stoops to Conquer*),一种就是这一部谢立敦的《造谣学校》(*Sheridan：The School for Scandal*)。我们的丛书的条例上规定每一种译稿都要有一篇介绍性质的序文,每一种译稿都要有一个人负责校阅一遍。这部《造谣学校》的序文和校阅算是都由我勉强承乏了。现在我先说说我校阅的经过。伍光建先生恐怕是国内最有经验的翻译家了,他的译述极富,他的译笔实在是很灵活的,在顶困难的地方能有传神之妙,我校阅这部《造谣学校》,实在是自始至终很愉快的一件工作。伍先生用的本

---

① 《造谣学校》(*The School for Scandal*)原著者是爱尔兰作家谢立敦(Richard Brinsley Sheridan,1751—1816,今译谢里丹)。1929年8月,由上海新月书店出版,梁实秋校并序。该剧为五幕喜剧,描述了18世纪伦敦上流社会因谣言产生的一些趣事和造成的悲剧。该剧布局紧凑,对话幽默、俏皮、雅洁,主题严肃,读来妙趣横生。——编者注

子是牛津大学出版部的"世界名著丛书"（World's Classics）本，经我参用The Temple Dramatists 本比较研究，发现许多版本不同的地方。本来谢立敦的剧本是有许多不同的版本，他自己喜欢修改，同时戏院里演员指导员也免不了随时窜动，所以版本自然不能一律，这是应该声明的。我将译稿全部校过，又和伍先生商酌一番，我们很审慎的把这一部杰作贡献给读者。

在读者尚未读到正文之先，请容许我说几句介绍的话。

谢立敦（Richard Brinsley Sheridan）于一七五一年十月三十日生于爱尔兰之都柏林。他的祖父是汤姆士谢立敦博士，是绥夫特（Swift）的朋友，著名的机智多才。他的父亲是一个演员，并且写过一部《绥夫特传》。他的母亲写过许多很成功的戏剧和小说。这样的遗传，很可以证明谢立敦的戏剧的成功是决非偶然的了。他幼时在哈娄读书，并不十分用功，但是先生和学生都欢喜他。十八岁的时候他回到他的父亲那里，和朋友一同从事翻译拉丁作品，并试作笑剧。一七七〇年，全家迁徙至英伦附近之汤山（Bath），这是当时的贵族和时髦社会汇萃之区，所以谢立敦到了汤山之后不久就和一位著名的唱歌家的女儿林来女士（Eliza Ann Linley）发生恋爱。这位女士的喉音和美貌为谢立敦招出了许多的情敌；他们于一七七二年私奔，在法国喀雷附近秘密的结婚。为了这件事谢立敦和人决斗不止一次，还有许许多多的烦恼，因为林来女士的父亲是极不赞成的。但是后来林来的父亲也谅解了，于一七七三年正式结婚。一七七五年正月十七日，谢立敦的第一部喜剧《情敌》（*The Rivals*）在伦敦 Covent Garden 第一次开演。这是值得纪念的一天，因为这是谢立敦初次献身到戏剧。这戏连演了两夜，结果是大大的失败，因为剧本太长，演时足历五小时之久，并且排演不得人，角色也不称，不过最根本的原因还是由于谢立敦那时个无名作家。谢立敦受了许多报纸上的抨击和讥嘲。他并不气馁，将剧本删改一遍，在三月里又重行排演，这一回是大大的成功，全国轰动，德国法国不久均有译本排演。同年他又写了一部笑剧《圣拍吹克日》（*St. Patrick's Day*），一部滑稽歌剧《女傅》（*The Duenna*），这部歌剧在那一季里就连演了七十五夜。当时最著名的演员和舞台经理茄立克（Garrick）极器重他，茄立克年老退隐的时候，就把他的 Drury Lane 剧场的股份让售给谢立敦。一七七七年他的《斯喀波罗旅行记》首先开演，但是观众显然的是失望。等到五月他的《造谣学校》才初次在这个著名的剧场开演。次年，谢立敦和他的朋友们把这个剧场的其余的股份完全收买了。一七七九年他的《批评家》又与观众见面了。这差不多是他的最后的一出戏了，虽然他后来还有一部从考次比（Kotzebue）改译的《皮萨罗》。谢立敦的戏剧生涯，就算是从此结束了。以后是他的政治生涯。一七八〇年，被选为国会议员。他是当时的大演说家，弹劾华伦海斯丁案给他一个最大的表现辩才的机会。但是他的幸运已经过了，失望和穷困跟着来了。一八〇九年剧场被焚，他的议员的位置也不久就失掉了。他有时竟因负债系狱，只有三数友人还来抚慰他。到临终时所负债额不过四千镑，但是他竟饱受索债者的欺凌，死于一八一六年七月七日。葬于西敏斯特寺。

《造谣学校》是在一七七七年五月八日初次开演的。谢立敦写这戏时写得极慢，演员都等着他写完最后的一幕，他在最后的一页上写着这样的一行字："好容易可写完了，谢谢上帝！"剧院的人给他加了一个"阿门！"谢立敦写这戏不是仓卒而就的，他是极细心的撰作的，修改过不止一次，现在我们读的这个剧本实在是他几度试验过后的成绩了。实在讲，这部戏是两部戏剧凑起来的，一部是《造谣学校》本身，在另一底稿上又名《毁谤者》（*The Slanderers*），一部是另外一段故事，讲一个老人娶一个少妻以及两弟兄的故事。在初稿上提爵士原名叫梭罗门提塞耳，是一个退隐的商人。谢立敦把这两段故事穿插起来，曲折有致，虽然剧中关于造谣的部分差不多和其余的部分没有什么关系，但是读起来却不觉得这戏的松散。这是谢立敦的手段。《造谣学校》开演后立刻就受观众的欢迎，连演了二十夜，到了季终才止，下季又连演了六十五次，后来许多年里每星期内要演三次《造谣学校》。这个戏的盛名过了一个世纪以上不稍衰减。兰姆（Charles Lamb）曾说："我们年事日见衰老，然而想起当初看过《造谣学校》的全盛时代,也就差堪自慰了。"谢立敦自己从来没有刊行过这个剧本,有人固请修正刊行,他就说,十九年来我努力修改润饰但是至今还不能使自己满意呢。所以这个戏的早年版本有很多不同的地方,我们很难说定那一种版本是谢立敦最后修正的定稿。

谢立敦在文学史上并不算是一个第一流的作家,他没有一个严重的哲学的观点,他的戏里没有什么深刻的伦理的含义,但是在英国的戏剧史上,他的确有一个位置。谢立敦的戏实在近于所谓的"复辟时代的戏剧",虽然他不属于那一个时代。在十七世纪末,一般批评家和社会人士反对所谓的戏剧的不道德,于是为英国戏剧开辟出一条新路,就是所谓的"伤感的喜剧"。这种伤感的喜剧是一种法国势力侵入英国文学之后的继续的表现,所谓"泪的喜剧"(Comedie Larmoyante)就是伤感的文学最明显的一个型类。此地所谓"伤感",包涵道德和训世的意味。这种文学经过了五十年,又引起反抗的运动来了,这个运动是要把戏剧从道德观念中解放出来,实在就是一种"归返自然"。这个运动的首领就是高尔斯密(Goldsmith),继起的就是谢立敦。这两个爱尔兰的喜剧家为英国戏剧史上添了一个新的时代,同时也可以说把英国的戏剧文学作了一个结束。自从谢立敦以后,英国的戏剧文学就不复存在了,——悲剧自然有诗人去写,但是大半不能演的,Melodrama 是多得很,并且还能几千几百次接连的演,但是写出来不值得一读。真正的戏剧而能成为文学的,自从谢立敦之后,可以说是没有了。一直等到十九世纪最后数十年,我们才看见戏剧文学的复兴。

我们读谢立敦的戏,不能忘记这是十八世纪的戏。我们希望十八世纪的 Comedy of Manners 能像现代写实剧那样的近情近理,那是不可能的。谢立敦最擅长的是那机警灵敏的对话,无论多么平凡的意思,经他一说,便来得俏皮,来得干净。这也许是爱尔兰人民的特点罢?英国的大喜剧家差不多全是爱尔兰人。关于这一点谢立敦真可以和康格雷夫(Congreve)媲美。谢立敦的戏的布局也许是太繁复一点,这不能算是弱点,当时的戏确是喜欢用"阴谋的布局"(Intrigue),不过像《造谣学校》这样,虽然繁复,我们确可看出头绪,丝毫不感觉情节的紊乱。这个戏的好处,我应当留给读者自己去领略,我要说明的是,这出戏是活的文学(凡是好的文学没有不是活的),到现在一百多年,这出戏永远是喜欢戏剧的人的一个极大的喜悦。

## 登场人

| 提爵士 | Sir Peter Teazle | |
| 薛爵士 | Sir Oliver Surface | |
| 薛约瑟 | Joseph | |
| 薛查理 | Charles | |
| 刻先生 | Crabtree | |
| 巴爵士 | Sir Benjamine Backbite | 男人 |
| 劳理 | Rowley | |
| 摩西 | Moses | |
| 特力 | Trip | |
| 西尼 | Snake | |
| 克利 | Careless | |
| 班爵士 | Sir Barry Bumper | |
| 提夫人 | Lady Teazle | |
| 玛理 | Maria | 女人 |
| 施夫人 | Lady Sneerwell | |
| 甘太太 | Mrs Candour | |

## ～～ 第一幕 ～～

### 第一场　在施夫人家里

（施夫人坐在梳妆台旁边；西尼喝诸古律茶）

施夫人　西先生，你说那两段新闻已经登了报么？

西　夫人，已经登报了；原是我作假笔迹亲手抄的，无人能疑心是从那里来的。

施夫人　你曾遍散谣言，说毕夫人同坡大佐的密谋么？

西　我一切都布置好了，能如夫人的心愿。按常理说，二十四点钟之内，总要吹到柯太太的耳朵里；夫人是晓得的，只要柯太太听见了，随后人人都晓得了。

施夫人　可不是，柯太太是很有本能的人，又很勤的。

西　夫人，是的，她总算是一位造谣言的好手，办得很有成效。我来算算，她打散过六次婚姻，令三个人不能承继家产；强逼四位小姐偷嫁人，四位小姐被禁在家；令九家夫妇分居；令两家人离婚。我还晓得她在报上登过男女两人对面密谈，其实这两个人，一生都未见过面。

施夫人　她真有本事，可惜人太粗些。

西　的确是这样——她的策划很好，既好摇舌，又有胆子制造；可惜她得太过火，过于失实。她所缺的是轻描淡写工夫。诬蔑人要诬蔑得有味，夫人造谣言，却有这种特长。

施夫人　西尼，你这是奉承我的话。

西　并不奉承——人人都说施夫人诬蔑人并不费事，只要说一句话，看一眼就够了，别人造谣言，虽还有多少事实作根据，造出许多详细情形来，也还赶不上夫人你那一句一眼的力量。

施夫人　西先生，是的；我一出力就收效果，令我满意，我不瞒你，我是承认的。我少年的时候，受过谣言的害，我老实对你说，从此以后，我专以造谣言为乐，我要把人拖下来，要她们同我一样的受被人诬蔑损失名誉的害。

西　这是很自然的事。施夫人，你近来委我作一件事，我承认我不晓得夫人是什么用意。

**施夫人**　我猜你的意思是指我的邻居提爵士及他家里的事，是不是？

西　是的，这一家人家，有两个少年，父死之后，就是提爵士当他们的保傅。老大的人品极可爱，人人都说他好；老二是个浮荡少年，国中算他最好花钱，既无人品，又无朋友；老大是爱慕夫人的，夫人也最喜欢他；老二爱的是玛理，玛理也是薛爵士保傅的，老二承认玛理也爱他。论到事面，你既是一位爵士的寡妇，又有钱，为什么不同有人品有希望的薛约瑟（老大）成其好事，我实在不明白；你为什么一定苦苦的出力设计要破坏薛查理（老二）和玛理两人彼此间的爱情，我更不能明白。

**施夫人**　你大惑不解么？我立刻同你说破；我要告诉你，我同薛约瑟相好，其间是毫无爱情。

西　无爱情呀！

**施夫人**　约瑟其实是爱玛理，或是爱她的财产；但是约瑟看见自己的亲兄弟是他的劲敌，不能不把真心事蒙起来，乐得我帮他的忙。

西　虽是这样说，夫人为什么利于他得胜利，令我更糊涂了。

**施夫人**　你为什么这样糊涂！我有一个弱点，我自己都觉得难为情；连你，我都不好意思告诉，难道你猜不出来么？那个浮荡子，那个乱花钱的，那个破了产，声名扫地的薛查理，却是我最恋爱的，我费了许多苦心，造了许多谣言，我都是为他，我只要得着他，我什么都肯牺牲，你还不明白，一定要我承认么？

西　经你解明，我就明白你的行为了；但是你和约瑟为什么这样秘密？

**施夫人**　这是彼此两利的事。我久已看破他这个人了。我晓得他是个假道学，是个自私自利的人，是个心怀恶意的人——总而言之是个坏蛋；他当着提爵士及朋友面前，冒充一个谨慎少年，有知识，良善君子。

西　是的,提爵士说他是英国有一无二的人——他称他是个多情的人。

施夫人　真有这件事——他使出他的道德和奸诈,居然令提爵士完全帮他,在玛理面前替他说好话;可怜那个查理,在提爵士家里,没得一个人替他说话,但是我恐怕玛理的心,却是他的好朋友,替他说话,我们要想法子抵制玛理才好。

（仆人登场）

仆　薛先生①到。

施夫人　请。（仆人下）他大概总是这个时候来见我,怪不得人家说他是我的爱人了。

（薛约瑟上）

约　施夫人,你今天好呀！西先生,你好。

施夫人　西尼正在这里讥笑我们彼此相亲爱的事;我把我们真意思告诉过他了。你是晓得的,他很替我们办过事,我们相信他,是不错的。

约　西先生是一个有感觉的人,是一个善观事势的人,我是不能疑心他的。

施夫人　够了,够了,不必说恭维话了;你告诉我你是什么时候见玛理的——更要紧的一句话,我要问你几时看见你兄弟查理。

约　我自从见过夫人之后,他们两个人,那一位我都未见过;我却可以告诉你,他们两个并未见面,你所造的谣言已经很令玛理难受了。

施夫人　呀！西尼！这是你的大功;但是你兄弟的为难更有增加么?

约　时时刻刻增加。有人告诉我,昨天又有官差拿他家里的东西,总而言之,他的奢侈浪费真是闻所未闻。

施夫人　可怜的查理！

约　施夫人,他真是可怜;他虽然犯了种种过恶,我禁不住不怜悯他。可怜的查理！我愿我有力量帮他一个大忙;虽然说他有许多过犯,原是自作自受,但是手足之情原是天性,若是当哥哥的不替弟弟担忧,

———————————

①　约瑟。——译者注

就应——

**施夫人** 算了吧！你又来装道学了,你忘记了我们都是你的好朋友。

**约** 哈,可不是！我把这番假道学话留着,对提爵士说吧;——但是我们应该救玛理,不令她受那个荡子的害,这是一件好事;若是要救那个荡子,惟有夫人这样你有较高的才艺和知识,才能办得到。

**西** 施夫人,有客来:我告辞,回去抄我刚才对夫人说过的那一封信。——薛先生,我告辞了。

（西尼下）

**约** 西先生,我们再见吧。——施夫人,你还相信这个人,我心里很难过。

**施夫人** 这是为什么?

**约** 我近来侦探得他常常同劳理商量,劳理从前原是我父亲的总管家,他这个人向来是同我不对的。

**施夫人** 据你看来,西尼会卖我们的么?

**约** 这是当然的事;——施夫人,你牢记我的话,西尼这个人是毫无道德的,他既作坏事,也不能作到底,还是靠不住的。——呀,原来是玛理！

（玛理上）

**施夫人** 玛理,我的宝贝,你好么?——你为什么这样?

**玛理** 咳！我有一个最讨厌的向我求亲的人,巴爵士,刚才见我的保傅,带了他的名声最臭的长亲（uncle）刻先生,一同去见的;我只好溜出来,跑到你这里躲避。

**施夫人** 只为的这件事么?

**约** 设使是我的兄弟查理去见,玛当,你当不至这样的受惊了。

**施夫人** 不是的,你责人太严重了;我敢发誓说,真正情形是因为玛理听见你在我这里。——玛理,巴爵士作了什么事,令你躲避他?

**玛** 他并没作什么事——我为的是他说了几句话;他说的话把全数他的朋友都诬蔑到了。

**约** 最不好的就是不认得他,也没得便宜,——无论他不认得的人也罢,他的最好朋友也罢,他是一样的蹭蹬;他的长亲巴爵士同他是一样的坏。

**施夫人** 呀,我们却要原谅他——巴爵士是一个善说俏皮话的人,又是一位诗人。

**玛理** 夫人,在我看来,若是俏皮话里头带着恶意,这种俏皮话就不足敬。——薛先生,你的意思怎么样?

**约** 玛当,一定不足敬;凡是一句笑话,刺他人的心的,我们若是发笑,就变作刺他人的心的人。

**施夫人** 啐!——说俏皮话一定要带点伤人的意思:一句好俏皮话的恶意就是挂在他人身上的刺。——薛先生,你看怎么样?

**约** 夫人,可不是;谈话若不带点嘲笑就太无味了。

**玛** 我不辨论造谣言可以到什么程度;但是造谣言的人,总是可鄙的。我们看不起人,因为我们自己骄傲,妒忌,争强,还有一千种的动机;但是男人造谣言伤人,一定有女人的怯懦然后能够诬蔑人。

(仆人上)

**仆** 夫人,甘太太在楼下,夫人若是有工夫见她,她就下车。

**施夫人** 请。——(仆人下)——玛理,这位甘太太合你的口味;因为甘太太虽是太喜欢说话,人人都说她好脾气,是顶好的一个女人。

**玛** 是的,——假装好脾气,假装良善,他间接的伤人,比刻先生的直接伤人还利害些。

**约** 施夫人,这是很确的:我一听见潮流是反对我的朋友们,我一晓得是甘太太替他们辨护,他们的危险更大。

**施夫人** 不要说了,她来了。

(甘太太上)

**甘** 施夫人,你这几天好呀!薛先生,你有什么新闻呀?——新闻也不相干,因为我们听的都是谣言。

**约** 太太,可不是。

**甘** 玛理,好孩子——你同查理的事体怎么样啦?你们两个人散了吗?

我猜是因为他太过浪费了——此地人谈的都是这件事。

玛 是么！此地的人无别的事好作，只是说短论长，我替他们难过。

甘 好孩子，你说得对；我们有什么法子拦阻他们不说话呢？我承认我听了很难过，我又听见你的保傅提爵士新近同提夫人很不对，我听了也是很难受的。

玛 世人这样好管闲事，真是太过无礼了。

甘 好孩子，可不是；但是有什么法呢？人是要说话的——无法拦阻他们；我昨天才听见说加小姐（Gadabont）同斐爵士（Sir F. Flist）私奔了——我们听来的话原不足信；但是我听的话，都是很靠得住的人告诉我的。

玛 这种话都是谣言。

甘 好孩子，原是谣言——造谣的人太过不知羞耻了！但是世人是最好批短论长的，毋论什么人都逃不了他们的批评。——譬如说，谁人能够疑心你的朋友培小姐（Miss Prim）会作欠分寸的事呢？但是世人的心眼是坏极的了，他们居然说上一个星期，当培小姐正要同教跳舞的先生上车逃走的时候，她的长亲（uncle）把她拦住了。

玛 我敢保这都是无根的谣言。

甘 我也敢发誓说是无根的谣言；大约同上月所传的新闻一样的无根：上一个月许多人传说费太太同喀大佐的事；——但是这件事并未解释清楚。

约 他们任意造谣，实在是奇怪。

玛 原是可怪——但是据我看来，播散谣言的是同一的犯罪。

甘 是呀；造谣言的同散谣言的，是一样的坏，古人原有这句话，是很有道理的话；但是我已经说过了，有什么法子呢？我们怎么样能够拦止人家说话呢？今天柯太太（Mrs Clackitt）才对我说，洪先生和洪太太居然成夫妇，如他人一样了。柯太太又对我说了几句话，微露其意，说是隔壁一条街，有一个寡妇，把臌胀病治好了，肚子的样子同从前一样。那时候塔（Tattle）小姐站在旁边，说柏（Buffalo）爵士在一个颇不名誉的地方找着他的夫人;又说卜(Boquit)爵士同桑(Santer)先生,因为相类的呕气事,要决斗。——天主在上,你以为我愿意布散这种谣言么?——不是的,不是的,我刚才不是说过了吗,布散谣言的,同造谣言的,是一样的不好。

约　呀! 甘太太,假使人人都如你这样的能忍,如你这样的好脾气!

甘　薛先生,我供认我不能忍受听见有人背后造人的谣言;若是有不良的环境发生,与我们的知交不利的,我向来都是向好处想。——我顺便问你,我盼望你的令弟不是完全毁了?

约　太太,我恐怕他的情形很不好。

甘　呀! 我也听见这样说——但是你必定告诉他不可灰心;不得了的人不止一个,——斯贵族,史爵士,昆大佐,尼先生,我听说,在这一星期内都是不得了的;查理若是也不得了,他看见大半他的朋友都是不得了的,也可聊以自慰,你是晓得的。

约　玛当,大可以自慰,这是无疑的了。

（仆人上）

仆　刻先生、巴爵士到。

（仆人下）

施夫人　玛理,你看见了,向你求亲的人追随你到这里;你是不能逃的了。

（刻先生、巴爵士上）

刻①　施夫人,我同你的手接吻。——甘太太,我看你是不认得我的外甥巴爵士,太太,他是一个会说俏皮话的,又是一个好诗人;施夫人,你说是不是?

巴　舅舅,你不要说了!

刻　你实在是的;说到串隐名戏,隐语戏,他是国中一把好手。上星期菲夫人的帽子上的羽毛着了火,他就写了几句讥讽诗,夫人听见过么?外甥你何妨念给夫人听;昨晚杜太太开茶会,你登时编隐语戏,你何

_____

① 刻先生与巴爵士姑作舅甥称呼。——译者注

妨再演一次,来来;——第一个是鱼的名字,第二个是一位海军将官的名字,和——

巴　舅舅,我求你——

刻　夫人,你若是晓得他不假思索就编出来,你听了也要诧异的。

**施夫人**　巴爵士,你向来不刊行你的著作,我却诧异。

巴　夫人,我对你老实说吧,刊行著作原是一件俗事;因为我的小著作,不过都是挖苦人的话,我见得分送给朋友,切嘱他们不要漏泄,播传得更广。我却有几首写爱情的诗,倘若可以博得这位玛当一笑,我的意思是要刊行公布的。

刻　玛当,这几首诗能使你名传不朽! ——你名扬后世,如同佩脱拉克的罗剌(Petrarch's Laura)或窝勒的萨克理莎(Waller's Sacharissa)①一样。

巴　是的,玛当,我看你一定喜欢这几首诗的,你看见印在纸上,诗句如同一条小河,迂回曲折在纸边上流,这是最雅的事。

刻　这是不错的——诸位可听见新闻?

甘　先生,你说的是某——

刻　太太,不是的,不是的。——我说的是奈小姐快要嫁她的跟人。

甘　不能!

刻　你问巴爵士。

巴　太太,这是一件真事;什么都布置好了,办喜事的号衣都定了。

刻　是的,——有许多人说有紧急的理由要办。

**施夫人**　我也听见过些消息。

甘　这是不能够的事——奈小姐原是一个小心谨慎的女人,有谁肯相信这种的谣言。

---

①　Petrarch,今译彼特拉克,意大利诗人;Waller(全名 Edmund Waller),今译沃勒,英国诗人;Laura(今译劳拉)和 Sacharissa 分别是两个诗人在诗集里的爱恋对象。——编者注

巴　这就是人家听了立刻相信的原因,因为她向来都是很小心很拘谨的,是以人人都相信其中必有缘故。

甘　可不是么,如她这样小心谨慎的女人有了谣言,也是要受致命伤的,如同身体强壮的人害热病,也是要送命的。世上却有一种人,名誉向来是不甚佳的,如同常常有小病的人,她却站得住,名誉好过一百个拘谨的女人。

巴　太太,你说得不错,——名誉亦有虚弱的,如同身体有虚弱的一样;凡是犯这种病的人,晓得自己虚弱,不敢吹风,小心谨慎,以补不足。

甘　也许是有错,巴爵士,你是晓得的,一点儿的小事,会发生极能伤人的谣言。

刻　太太,这是有的,我敢发誓。上一个夏天排小姐在某处避暑,把名声也丢了,把爱她的男子也丢了,你听见说么? ——巴爵士,你记得么?

巴　哦,我很记得——是顶好笑的事体。

**施夫人**　请你告诉我,是怎么一回事?

刻　有一天晚上,在潘太太家里聚会,会谈之间,偶然谈到在英国养那佛斯(Nova Scotia)绵羊。座中有一个少年女人说,我晓得,——因为排小姐,她是我的亲戚,她有一只那佛斯绵羊,一胎生了两个。——座中有一位但老夫人,耳朵是聋的,听不清楚,就问道,排小姐一胎生了两个么? ——这句话原是说错的,引得座中人大笑。谁知第二天早上到处都传说,过了几天,全个市镇都相信,排小姐一胎产两个,一男一女;不到一个星期,就有许多人可以指出谁是这两个孩子的父亲,这两个孩子寄在什么乡下人家喂奶。

**施夫人**　太奇怪了!

刻　我告诉你,这是事实呀。薛先生,我请问你,我听说你的伯父薛爵士快回来了,是不是?

约　我却不晓得。

刻　你的令伯在东印度多年,我看你是不认得他了。他归来听见你的兄弟那样胡闹,心里是不安的。

约 查理诚然是不谨慎,但是我盼望没得好管闲事的人在薛爵士耳朵边说他的闲话。我的兄弟还可以改过的。

巴 他或者可以改过:在我的一方面,我绝不相信他完全无宗旨有如他人所说的;况他虽然是失丢了许多朋友,有人告诉我,犹太人却很说他的好话。

刻 你说得是。假使犹太人群住的地方划作一区,查理当然是这一区的区长。——在那区里是无人不欢迎他的;我听说他每年纳他们许多年金;毋论什么时候查理病了,这些犹太人在他们的教会里祈祷他的病速愈。

巴 却无别人比得上他那样要阔的了。他们告诉我,当他请客的时候,座中总有十几个债主;还有二十多个讨债的买卖人在客厅等着,每位客人的背后都站着一位帮同讨债的官吏。

约 诸位朋友,你们在这里说觉得很有趣的,你们却不管我当哥哥的,听了难为情。

玛 他们有意蹧蹋人,令我难受。——施夫人,我觉得不好过,我告辞了。

（玛理下）

甘 可怜她,她脸上很变色。

**施夫人** 甘太太,请你随着她:她许要你帮忙。

甘 夫人,我就跟随她,可怜这个女孩子,谁晓得她是什么情形呢?

（甘太太下）

**施夫人** 并不为别的,她受不住人家说查理的闲话,他们两个人虽然是不和,她不愿意听这种闲话。

巴 这位小姐的意向,是显而易见的。

刻 你却必不可因为这个缘故不做到底:——你跟随她,把她敷衍好了。你何妨把你的诗念给她听。来,来,我帮你忙。

巴 薛先生,我并非有意伤你;但是你的兄弟算是完了。

刻 可不是完了,一个钱也不能借了。

巴 我听见说,凡是可以挪得动的东西,都卖光了。

刻　我见过一个从他家里来的人，什么东西都卖完了，只剩了几个空酒瓶，忘了拿走，还有几幅家庭的画片，是镶在墙板上的——

巴　我还听见许多不利于他的故事。（作欲去状）

刻　他作了好几件卑劣的事，那是一定的。

巴　虽是这样说，他总是你的兄弟——（作欲去状）

刻　我们再见的时候，再全数告诉你吧。

（刻先生、巴爵士下）

**施夫人**　哈！哈！他们若未把人蹧蹋完了，是舍不得走的。

约　他们这样蹧蹋人，不独玛理不愿意听，连夫人你也不愿意听。

**施夫人**　我们以为玛理恋爱查理很深的，也许尚未到这个程度。但是他们一家今晚都到我这里来，你不如就在我这里吃饭，我们还可以有机会窥探他们的情形；当下我去设法作坏，你在这里研究爱情。

### 第二场　在提爵士家

（提爵士上）

提　一个老不娶妻的人，忽然娶一个少妻，还能够盼望什么好么？我娶了提夫人有六个月了——这六个月里头，我简直的是不如一条狗！我们往教堂的时候，彼此的言语就有些冲突了，教堂钟还未敲完，我们两口子几乎大闹起来。当我们度蜜月的时候，我几乎怒到气都喘不出来，我的朋友还未同我道完了喜，我已经完全失丢了我的家庭的乐趣了。我当日却很小心的择偶的了——我挑选的是一个女子，完全生长在乡下的，至多不过穿一件缎袍子，不晓得什么叫作奢华，每年不过到一次大跳舞会，不晓得什么叫作吃喝顽乐。现在却不然了。这个市镇上毋论什么奢侈，毋论什么出风头的事，都有她一分，还充老行家，好像她一辈子并未见过田野的。我的朋友们笑我，报纸上还要嘲弄我两句。这位新夫人浪费我的家财，专同我反对；最不好的是，我疑心我恋爱她，不然我怎么样肯受这许多气。虽是这样说，我不要没出息，供认出来。

（劳理上）

劳　哦！提爵士,是我;爵士好呀？

提　老劳,我觉得很不好,很不好。我碰见的都是反对我的事,不如意的事。

劳　自从昨天以来,有什么事骚扰你？

提　对一个有妻室的人,问这句话,问得很好。

劳　不是的,我很晓得,提夫人不是令你不安的原因。

提　难道有人告诉的,提夫人已经死了么？

劳　来,来,提爵士,你们两口子虽然脾气不对,你是恋爱她的。

提　老劳,完全是她的错。我自己原是脾气最好不过的人,我恨的就是令人麻烦的脾气;我一天何止告诉她一百遍。

劳　是么!

提　是的;最奇异的就是我们两口子每次吵嘴,总是她不对的！但是施夫人,还有施夫人的一党,都鼓励她发脾气。这还不算,我所保傅的玛理,我原是有权管她的,她也拿定主意造反,我替她挑选好一个人,叫她嫁他,她绝对的不肯嫁他;我猜她的意思是要嫁他的浪子兄弟。

劳　提爵士,你晓得的,我对于这两个兄弟,见解与你不同,我惟有望你不为那个年长的所欺。我看那个小的查理,将来总有回头的日子,我敢拿我的性命作保的。他们的父亲,原是我的老主人,当少年的时候,几几乎也是这样的乱走胡为;但老主人死的时候,却无一个更为慈善的人追悼他。

提　老劳,你错了。你是晓得的,当他们的父亲死后,我是他们的一种保傅,等到他们的伯伯薛爵士给了他们许多钱,我才不照管他们:我很有机会判断他们两个人的心地,我的判断,一生没有错过。约瑟诚然是当代的少年的表率。他是一个很有道德的人,口说什么,就作到什么。至于他的兄弟,你谨记我的说话,假使承受过一点道德,早已和他所承受的财产一切都花光了。呀！我的老朋友薛爵士,若是晓得他分给他的钱是怎样花完了的,一定是要气死的。

劳　我看见你这样十分利害的反对他，我心里很难过，因为他正走到紧急关头。我来告诉你一件新闻，你听见了，是要诧异的。

提　什么新闻！你告诉我。

劳　薛爵士真是到了，已经在本地了。

提　怎么呀！你真是令我诧异。我以为你不盼望他本月就可以到的。

劳　我原不盼望的；但是这次的船走得非常之快。

提　好呀，我很喜欢见我的老友。我们有十五年不见了。我们从前是常在一起的；——但是他还是切嘱我们不告诉他的两位侄儿么？

劳　他切嘱我们不许告诉。他的意思是要在暗中试验这两个侄儿的心地。

提　呀！用不着什么方法试探他们两个人的长短——让他试探；我来问你，他晓得我娶了亲么？

劳　他晓得。快要来同你道喜。

提　这不是对犯痨病的人举觞祝寿么？呀！薛爵士要笑我。当日我们两个人是同声嘲笑娶亲的人，他却能笃守宗旨，始终不变。——他不久就要到我家里了！我立刻吩咐预备欢迎他。——老劳，你切勿吐露半句，说我同提夫人不和。

劳　我一定不说。

提　他若是晓得了，他不知怎样的笑我，叫我难受；上帝饶我呀！我要装出来，叫他以为我们两口子是很和气，很欢乐的。

劳　我明白你的意思了；——但是你要很小心，当他在你们家里的时候，你们两口子切勿失和。

提　我们一定要这样。——可是办不到。呀！老劳，一个老夫娶少妻，他应受——不是的——所受的罚，随同所犯的罪同来的。

<h2>～ 第二幕 ～</h2>

<h3>第一场　在提爵士家</h3>

（提爵士、提夫人上）

**提爵士**　提夫人，提夫人，我是不受的！

**提夫人**　提爵士，提爵士，你愿意受也罢，不愿意受也罢，随你的尊便；但是我喜欢怎么作，就怎么作，我是一定作。你说什么呀！我虽然是在乡下受教育的，我很晓得伦敦的时髦女人，一经出嫁之后，是无人能过问的。

**提爵士**　太太，很好，很好；据你说来，丈夫是无势力，无权的？

**提夫人**　权么！一定是无的：假使你要有权管我，你应该拿我当承继女儿，不该娶我作太太；你的年纪够大，可以当我的义父了。

**提爵士**　我年纪够老么！这就是了。提夫人，我虽然可以受你的坏脾气，使我不欢，我却不能让你乱花钱，毁了我。

**提夫人**　你说我奢侈么！我不见得比时髦女人更奢侈。

**提爵士**　玛当，我不许你再浪费许多钱买无意思的奢侈品了。你冬天花那么许多钱买花，装饰你的梳装［妆］房，足够把一座大庙变作唐花坞，也够当耶稣诞①开野景大会的了。

**提夫人**　提爵士，天冷花贵，你能怨我么？你该同天气发脾气，不该同我发脾气。我是很愿意周年都是春天，玫瑰花长在我们脚下。

**提爵士**　玛当，假使你是生长在富贵人家，享受过这种奢侈日子，我就不怪你说这样的话；你却忘记了我娶你的时候，你是什么光景。

**提夫人**　我没忘记；那是很不适意的光景，不然的话，我绝不肯嫁你的。

**提爵士**　玛当，是的，那时候，你所处的光景，很有些不如现在，很寒尘的：——你不过是一个小乡绅的女儿。提夫人，你要记得我第一次看

———————————

①　即耶诞节，又名圣诞节（Christmas），庆祝耶稣诞生的节日。——编者注

见你的时候,你坐下绣花,穿了一件好看的有花袍子,身边挂着一串钥匙;你梳的很光的圆头,屋里挂了许多线织的果子,是你亲手织的。

**提夫人**　是的! 我很记得,我当日过的很奇怪日子。我每天都要巡视牛棚,管理鸡鸭,钞食谱——还要替伯母(aunt)的小狗梳身上的毛。

**提爵士**　玛当,当时你的确是这样。

**提夫人**　我晚上的消遣,你是晓得的。在袖口花边上画花样,材料又不够;同小教士斗牌(Play Pope Joan);读一篇讲经文①给伯母听;有时我的父亲猎狐回来,我还要老坐在小风琴前面,乱弹一番,引父亲睡觉。

**提爵士**　我很喜欢你有这样的好记性。玛当,是的,我是从这种消遣中,娶你到我家的;但是你现在一定要大马车;——轿前还要三个粉白头发的家人②;到了夏天一定还要有两匹白马拉你到甘辛登花园③。我猜你却忘记了从前你是两个人骑一匹马,你在家人背后,那匹马还是拉车的马。

**提夫人**　我发誓我向来没作过这种事:我不承认家人和拉车的马。

**提爵士**　你当时的情形就是这样;你嫁了我之后,你是什么样呀? 我叫你作一位时髦女人,有钱人家的夫人,有爵位的夫人;总而言之,你是爵士的夫人。

**提夫人**　很好了,此外只还有一件事,你可以作到的,就是——

**提爵士**　我猜,你要我把你作到我的寡妇,是不是?

**提夫人**　哼! 哼!

**提爵士**　玛当,我谢谢你,你却不要高兴;你的行为虽然惊扰我的安宁,却不能伤我的心:我却谢谢你示意。

---

① 指基督教典籍《圣经》中的经文。——编者注
② 指涂了粉的马夫,并且那个时代粉色是贵族身份的象征。粉色涂料(染料)曾经非常稀有,是贵族专用色,与平民无缘。——编者注
③ 今译肯辛顿花园(Kensington Gardens),曾是肯辛顿宫(Kensington Palace,英国皇室居住地)的御花园,如今与海德公园相连向公众开放。——编者注

**提夫人** 你为什么竭力的令我不适意,我要花几个零碎钱,你为什么拦阻我呢?

**提爵士** 你嫁我的时候,你有几个零碎钱花么?

**提夫人** 提爵士,你不愿意我时髦么?

**提爵士** 什么时髦! 你未嫁我之前,你有什么时髦可讲?

**提夫人** 我以为你愿意人家说你的夫人有雅尚。

**提爵士** 你又说了,玛当,当你嫁我的时候你无雅尚①!

**提夫人** 提爵士,这句话很不错;我既嫁你之后,我承认我再不能说雅尚的了。提爵士,倘若我们吵完了每天照例的吵嘴,你可以让我到施夫人家里赴约。

**提爵士** 还有一件好事——你在她家里认识了一群宝贝。

**提夫人** 不是的,提爵士,他们都是有位分有钱的人,最顾名声的。

**提爵士** 他们是很顾名誉的;他们很顾自己的名誉,却不管他人的名誉! 这一群宝贝! 这一群人专造谣言,毁人名誉,是该问罪的。

**提夫人** 你说什么,难道你要禁止自由言论么?

**提爵士** 他们也教你造谣言,你蹧蹋人同他们一样。

**提夫人** 我相信我造谣言,也还造得好。但是我蹧蹋人,并不是有意伤害人。当我说他人一句不中听的话时,我原是开顽笑,完全是一番好意;故此我当他们说我的闲话也是一番好意。提爵士,你记得么,你答应过到施夫人家里。

**提爵士** 也好,我姑且到她那里看看,保护我自己的名誉。

**提夫人** 既是这样,你赶快的随后来,不然你是来不及的了,我与你暂别了。

　　(提夫人下)

**提爵士** 我有意规劝她,我所得不少:她反对我的时候,她的神情有多么

---

① 语意是解作不识人,即谓她嫁错人,无意中自加贬辞。——译者注。

可爱,她表示她看不起我的乾纲①时候,又怎样的令我见了欢喜!也
罢,我虽然不能使她爱我,我同她吵嘴也是满意的;她尽其能力麻烦
我的时候,她的姿态最好看。

**第二场　在施夫人家里。**

（施夫人、甘太太、刻先生、巴爵士、薛约瑟上）

**施夫人**　不能,我们一定要听。

**约**　是的,是的,我们要听俏皮话。

**巴爵士**　哦,舅舅,不过是几句胡话。

**刻**　不是的,不是的,出口成章的东西,说得很聪明的。

**巴爵士**　诸位夫人太太们,你们先要晓得这件事的环境。上星期有一天,
谷夫人坐一辆小四轮马车在公园兜圈子,她要我作几句诗咏她的马;
我立刻取出我的袖珍本子出来,一挥而就,写出下列的几句诗。诗
曰:谁人见过这样两匹好马;他人的马是小丑,惟有这两匹马是面条;
我这样称呼这两匹马并不是错,因为马腿这样细,马尾这样长。

**刻**　诸位夫人们要晓得,这是马鞭一响就做成的,况且还是在马上做的。

**约**　巴爵士,真是一位诗神,还是骑马的诗神。

**巴**　先生,算不了什么! 算不了什么!

（提夫人、玛理上）

**甘**　我一定要抄一份。

**施夫人**　提夫人,提爵士来么?

**提夫人**　他一回就来同夫人请安。

**施夫人**　玛理,你神色严肃。来,来,你坐下同约瑟斗纸牌。

**玛**　我不喜欢斗牌——你既喜欢,我就坐下斗。

**提夫人**　薛约瑟先坐下同她斗牌,我却觉得诧异;我以为他应该趁提爵士
未到之前,同我说话。（走开）

---

① 纲,大权。乾纲,夫权。——编者注

**甘** 你专造谣言,我不同你在一起了。

**提夫人** 甘太太,为什么?

**甘** 他们不承认维小姐长得好看。

**施夫人** 她是一个美貌小姐。

**刻** 你说她好看,我很高兴。

**甘** 她脸上有新鲜颜色。

**提夫人** 新鲜抹上的时候,是新鲜的。

**甘** 说什么!我敢发誓,她的颜色是自然的:我曾经看见她脸上的颜色有(去)隐有(来)现的时候。

**提夫人** 我相信你看见的:到了晚上颜色就去了,到了早上,颜色又来了。

**巴** 玛当,真是这样,她的颜色,不独或来或去,她的女仆还可以拿来拿去呢!

**甘** 哈!哈!哈!我最恨你说这样的话。但是她的姊妹现在或从前是很美的。

**刻** 谁呀!你说的是爱太太么?天主呀!她今年至少也有五十六岁了!

**甘** 你实在是太蹧蹋她了;最多不过是五十二三岁——她不像老过五十二三岁的人。

**巴** 看她的神色是不成的,我们要看她的脸,才能决定她的岁数。

**施夫人** 倘若爱太太费了许多事补救年岁的蹂躏,你必定要承认她补救的方法是很巧妙的;她比奥寡妇强得多,奥寡妇很不小心乱七八糟的在脸上塌了许多粉。

**巴** 施夫人,你待这位寡妇太过苛刻了。来,来,她并不是不善上色——她塌完脸的时候,塌脖子,脸同脖子却并未接连得好,故此她很像一个修补过的石像,古董家一看,就看出来头是新的,身子是古的。

**刻** 哈!哈!哈!你说得好!

**甘** 哈!哈!哈!你令我发笑;我老实说,我很恨你。——你看鲜小姐怎么样?

**巴** 她有很好的牙齿。

**提夫人** 是的,因为有好牙齿,故此当她既不是说话又不是笑的时候(她不常笑的),她不完全合拢她的嘴,常离一点缝,好像是——这样。(作露齿状)

**甘** 你怎么能这样蹧蹋人?

**提夫人** 不然,我却承认她比蒲太太还好些,蒲太太嘴里是没得门牙了,很费事的遮掩这个缺口,她极力合拢她的嘴,很像钱箱的缝,她所说的话,好像是从旁边溜出来的——好像——是这样——,玛当,你好吗!玛当,我好。

**施夫人** 提夫人,好吗;我晓得了,你很能够刻薄。

**提夫人** 要辨护一位朋友,我不能不说公道话。提爵士来了,大煞风景了。

(提爵士上)

**提爵士** 诸位夫人,我来同你们请安了。——可了不得!你们都到齐了!我猜,你们把他人都蹧蹋完了。(在旁边说)

**甘** 提爵士,我很高兴你来了。他们批评人批评得很利害,提夫人也是一样。

**提爵士** 甘太太,那一定使你觉得很不舒服。

**甘** 毋论什么人,他们都要说几句坏话,连朴太太,他们都说不好。

**提夫人** 你说的是昨晚在奎太太家里的那一位大胖子老太太么?

**甘** 她不幸长得太胖;她想尽多少法子要变作不那么胖,你就不该说她了。

**施夫人** 你说得是。

**提夫人** 是的,我晓得她什么东西都不敢吃,只吃酸东西和稀牛奶;用许多辘轳勒身子;往往当夏天中午最热的时候,骑在马上,头发梳在后头,在马场上绕圈子喘气的跑。

**甘** 提夫人,我谢谢你辨护她。

**提爵士** 是的,真是辨护得好!

**甘** 提夫人好挑剔,批评,如同沙小姐一样。

刻　是的,她是一个古怪东西,还要批评人——他是一个粗笨人,毫无一点好处。

甘　你不应这样苛刻。沙小姐是我的近亲,说到她的身材,你要原谅她;我告诉你吧,一个女人到了三十六岁,还要装作小姑娘模样,原是很为难的。

施夫人　但是她仍然是美的——她的眼睛有毛病,原是她好在晚上读书,这是不足为奇的。

甘　是的,说到她的态度:我们应该原谅她向来未受过教育,总算是难为她的了;你要晓得她的母亲是个女裁缝,她的父亲是个熬糖的。

巴　哈!你们两位,都是不好说人坏话的!

提爵士　是的,真是不好说人坏话的人!(破口骂)她们这样蹧蹋她们的亲戚!(在旁说)

甘　说到我自己,我承认我不能忍受听人说朋友的坏话!

提爵士　真是的!

巴　哦!你是讲道德的。甘太太同我两个人能够坐一点钟听斯夫人讲道德。

提夫人　岂但这样,我承认当饭后吃果点的时候,斯夫人是很出色的;因为她很像我们打开求格言的法国果子——全是胭脂和格言造成的①。

甘　我最不喜欢附和他人嘲笑我的朋友;我当时对我的表姊妹姓我的说这样的话,你们诸位是晓得的,她自以为善于评美。

刻　是呀!她自己的面貌就够奇怪的了;她的面貌是杂凑的,世界上的各种各族的面貌,她都有。

巴　她的确有——面前像爱尔兰人——

刻　苏格兰人的头发——

———————————

① 实指西班牙果子(Spanish Fruit),即指一种饭后娱乐活动:顺着缝隙掰开一个果子,那里面有一个写着格言的小纸条,大家一睹为快,增添饮食乐趣;此处讽刺斯夫人涂了胭脂化了妆,又特别热衷讲格言。——编者注

巴　荷兰人的鼻子——

刻　奥国①人的嘴唇——

巴　西班牙人的脸色——

刻　中国人的牙——

巴　单简说一句,她的脸像在斯巴(Spa)②地方的吃例菜的饭馆,座中无两个客人是同国的——

刻　她也像大战后开和议——其中会议的人,如同她的两眼,是各有各的注意,只有她的鼻子同她的两颊是似乎可以同利害的。

甘　哈!哈!哈!

提爵士　这个人,他们每一星期,同她吃两次饭的,他们还是这样的挖苦她。(在旁说)

施夫人　你们两个往下说吧;你们这一对,真是令人讨厌。

甘　你们不必这样引人发笑,我要说,裁太太——

提爵士　玛当,玛当,对不住,对不住,拦不住这几位先生们不说话。但是我告诉你,甘太太,他们蹧蹋的这位夫人原是我的最好朋友,你听见我说了这句话,我盼望你帮她说句好话。

施夫人　哈!哈!哈!提爵士,你说得好!但是你一个暴虐人——你自己太笨,不会说笑话,你又太过性急,不许人说俏皮话。

提爵士　呀!玛当,真俏皮话很同好脾气相近,夫人不晓得。

提夫人　提爵士,是的:这两件几乎是同类(同血统)是绝不能相偶合的。

巴　玛当,不如当这两件是夫妻,因为我们少得看见他们俩在一起。

提夫人　提爵士是痛恨人家造谣言伤人,我相信你要请议院立法禁止。

提爵士　玛当,我对天说,设使他们以为拿人家的名誉来顽耍,同在他们的食邑偷野味一样的重要,在议院通过一条法律保全名誉,我相信有

---

①　此处指澳大利亚(Australia)。——编者注

②　今译斯帕(Spa);该句是对以上面貌描述的总结。讽刺斯夫人面貌杂凑,包含来自各个完全不同的国家(地区)的面部特征。——编者注

许多人要谢谢他们定这条法律的。

**施夫人** 提爵士,难道你要夺了我们造谣言的特权么?

**提爵士** 是的,玛当;定过法律之后,毋论什么人都不许毁坏他人的名誉,惟有有资格的姑娘和失意的寡妇才可以。

**施夫人** 你这个怪物,走你的吧!

**甘** 但是你对于转述听来的话的人,不能这样严厉呀!

**提爵士** 玛当,是的,我还要用商律对待他们;凡有行使(播传)谣言的人,若找不着造谣言的人,凡是受伤害的,要惟布散谣言者是问。

**刻** 据我看来,凡是一种谣言,断无无根据的。

**提爵士** 凡是造谣伤人,十有八九是根据于可笑的误传!

**施夫人** 夫人们,来,来,我们到隔壁房间打牌吧?

(仆人上,同提爵士咬耳朵)

**提爵士** 我立刻去见他们。——我不让他们晓得我走开。(站开)

**施夫人** 提爵士,你要走么?

**提爵士** 夫人,你让我走吧;我有要紧事要走开。但是我把我的好名誉留在这里。

(提爵士下)

**巴** 提夫人,你的主人翁实在是一个怪物;假使他不是你的丈夫,我可以把他的笑话说几段给你听,你要大笑的。

**提夫人** 不必避忌;请你说给我们听听。(同其余的人进隔壁房子)

**约** 玛理,我看你在这种的社会里,是不能满意的。

**玛** 我怎么能满意呢!假使对于向来未伤害过我们的人,说他们的短处,说他们的不幸的事,博众人一笑,就算是说俏皮话,说诙谐话,摆弄小聪明,我求上天多多的给我愚蠢吧!

**约** 他们好像是居心不良,其实不是的——他们的心里却无恶意。

**玛** 这样看起来,尤其是可鄙;据我看来,他们不该嘴里乱说,既好乱说,他们的心里是有自然而然的又是不能节制的恶意。

**约** 玛当,这是无疑的了;我常觉得任意造谣,比为报仇说谎尤其可耻。

但是,玛理,你能这样替人想,为什么只对于我不表示亲爱呢? 难道我不能希望你的恋爱么?

玛 你为什么又重提旧事,令我难过呢?

约 呀! 玛理,倘若你不是仍然喜欢那个荡子查理,你当然不是这样待我,这样反对你的保傅提爵士的意思!

玛 你这样逼我,很欠大度! 毋论我对于那位不幸的少年存什么意思,你要晓得我并不能因为他的为难景况,使他的哥哥不理他,我就一定抛弃他。

约 不是的,玛理,你不要绉住眉头走开;我说真实话,我发誓——可了不得,提夫人来了! ——(在旁边说)——你一定不——不是的——你一定不——因为,我虽然极其敬重提夫人。——

玛 提夫人!

约 假使提爵士疑心——

(提夫人上,走上前)

提夫人 我请问你,这是什么事? 你拿她当我么? ——好孩子,隔壁叫你去。——(玛理下)——我请问你,这是什么一回事?

约 顶不幸的环境! 玛理有多少疑及我恋爱你,她恐吓我,要把她的疑团告诉提爵士,我正在这里竭力的苦劝她,你就走来了。

提夫人 是么! 但是你苦劝的神情是很温柔的——你向来用理劝人,都是跪下的吗?

约 她是个孩子,我想不如用一点儿过火的办法——提夫人,你答应过我你要看我的书房,看我挑选的书对不对,你几时来看呀?

提夫人 不看了,不看了;我起首一想,这件事,有点欠斟酌,你要晓得,我让你作我的所欢(情人),不能越过时髦所许的界限。

约 是的——不过一种干相爱——这是为人妻者应享的。

提夫人 确是如此——我们不要不时髦。虽是这样说,我还有许多乡下人的成见未摆脱,即使提爵士的坏脾气令我难受,绝不能激恼我——

约 你的权力惟有这一样可以报复他。好呀——我称赞你的不为已甚。

**提夫人**　你走吧——你是个善于讽示的坏种——他们要找我们的——我们进去,同他们在一起吧。

**约**　我们不好一起进去。

**提夫人**　也好——不要耽搁了;玛理不会再来听你讲道理的了。

（提夫人下）

**约**　我的政策走到两难的地方了! 我起初不过是同提夫人要好,免得她帮同玛理同我作对头;我不晓得怎么样我变了夫人的很热烈的情人。我这个时候很真诚的后悔,不该费尽心力,把这样的好人,赢过来。我因为这件事,作了许多惹人诅骂的坏事,我恐怕后来总要败露的。

（下）

### 第三场　提爵士

（劳理和薛爵士上）

**薛爵士**　哈! 哈! 哈! 原来我的老朋友娶了亲么? 从乡下来的少年夫人——哈! 哈! 哈! 他坚持老不娶妻,到了这个年纪,终久还是陷在当丈夫的坑里。

**劳**　爵士,你切勿笑他娶亲:这是他的痛点,他娶亲不过七个月。

**薛爵士**　他不过受了半年的后悔罪! ——可怜他——但是你对我说他全不管查理了——谢绝见他的面,唏!

**劳**　提爵士反对他,很有成见,令人惊异,我很晓得,提爵士因为提夫人很妒忌他,故此成见更重,隔壁有个聚会,最好造谣伤人,更惹提爵士不喜欢查理,很令查理蒙了恶名。倘若那位新夫人有所偏爱的话,其实她喜欢的还是查理的哥哥。

**薛爵士**　我晓得有一群专好说人坏话的人,男女都有,专拿毁坏他人的名誉作消遣;少年人不晓得名誉可宝贵,往往被这一群人毁坏完了。——我告诉你我不能因为这样,对于我的侄儿就存成见,不能的,不能的。——倘若查理并未作过什么骗诈,什么卑劣的事,即使他浪费,我可以看开的。

劳　既是这样，将来是仍然认他是你的侄儿。呀！爵士！我看你并不反对他，我是重得生命了；我的老主人的儿子，居然还有一位好朋友，我放心了。

薛爵士　老劳，说什么，难道我忘记了我的少年时候么？好吗！我的兄弟同我，并不是什么稳重的少年；但是我相信你未见过有多少人能够比你的老主人更好的。

劳　爵士，你这几句话使我放心。查理还可以作克家的令子。——提爵士来了。

薛爵士　可不是！——他全变了——他满脸露出娶过亲的样子！他的脸上挂了"丈夫"两个字的招牌！

　　　（提爵士上）

提爵士　哈！薛爵士——我的老朋友！欢迎你回来英国，一千声的欢迎！

薛爵士　谢谢你，谢谢你，提爵士！我看你精神很好，我很高兴。

提爵士　我们多年不见了，十五年不见了，薛爵士，中间经过许多事变了。

薛爵士　是的，我经过不少的事变了。——怎么讲！我听说你娶亲了！好吗，好吗，这是无可奈何的事——我诚恳的同你道喜。

提爵士　谢谢你，谢谢你，薛爵士——是的，我已经入了——欢乐的情状了；——我们现在且不谈这件事。

薛爵士　是的，是的，提爵士：老朋友见面，不该一起首就谈不如意的事——不该谈，不该谈。

劳　爵士，你要小心呀！

薛爵士　我有一个侄儿是个浪子么？

提爵士　浪子！——哈！我的老朋友，这个孩子令你失望，我很替你担忧；这个孩子是无可救药的了。幸而他的哥哥很可以安慰你；约瑟的确可以当少年人的表率，人人都说他好。

薛爵士　我听了却难过；他的名声太好了，恐怕其中有诈伪。人人都说他好！——呸！我恐怕他低首下心敷衍好人聪明人，同敷衍坏人蠢人一样。

**提爵士** 薛爵士,你说什么,他不去得罪人,你反说他不好么!

**薛爵士** 是的,若是他有该受责备的地方,我是要责备他的。

**提爵士** 也罢,等你晓得他的时候,你自然相信我的话。听他说话,令人进德;他嘴里说的都是仁义道德的话。

**薛爵士** 什么仁义道德!他若说许多仁义道德的话来欢迎我,我立刻要恶心的。——但是,提爵士,请你不要误会我,我并不是辨护查理的错误;我于未下断语之前,我要试验他们两个人的心地怎么样;我的朋友劳理和我两个人已经想好办法了。

**劳** 提爵士将立刻承认他上当了。

**提爵士** 哦!我敢拿性命保约瑟是个顾体面的人。

**薛爵士** 好呀!——来,来,来,请我吃一瓶好酒,替两个孩子们祝寿,我就把我的计策告诉你。

**提爵士** 请呀!

**薛爵士** 提爵士,我请你对于老朋友的儿子,不可太过的严厉反对他。我老实说,他有点越出范围,我却并不难过:我不喜欢看见少年人过于谨慎;少年人被谨慎所缠,如同一棵嫩树被扒[爬]山虎缠住,那棵树要受伤的。

## 〜〜 第三幕 〜〜

### 第一场 在提爵士家

（提爵士、薛爵士、劳理卜）

**提爵士** 好呀,我们就先见这个人,随后吃酒;——老劳,这是怎么讲?我看不出你的妙计的道理。

**劳** 爵士,让我解说,这位仕先生,我刚才说过的,原是他们母亲那边的近亲。他在爱尔兰都城作生意,一连走了几次恶运,生意是毁了。他曾写信给约瑟和查理告帮:约瑟的回信说的都是推宕话,答应将来想法,查理却不然,他浪费所余的有多少,他还要尽力帮忙;他此时正在那里筹款,他正在自己很不得了的时候,筹出款来,有一部份[分]是帮仕先生的。

**薛爵士** 哈! 这才是我哥哥的儿子。

**提爵士** 也好,但是薛爵士自己亲身怎么样——

**劳** 我将告诉查理和他的哥哥,说仕先生已经得了允准亲身求他的朋友们借钱,这两位却向来未见过仕先生,就请薛爵士冒充仕先生,这就很有机会判断他们两个人的善心;爵士,你相信我的话,你将见得你的第二侄子,虽然是一味的胡闹,一味的浪费,却还"有怜人的心,有帮人的手"。

**提爵士** 呸! 他一个钱都没有,还说什么大方,还说什么解囊相助呢! 也罢,你们高兴,就去试验他们。你说带了一个人来,预备薛爵士查问查理的情形,这个人在那里?

**劳** 他在楼下候传,他这个人晓得查理的情形最清楚。薛爵士,这是一位讲交情的犹太人,我要说一句公道话,他曾竭力劝你的侄儿,叫他晓得浪费的祸害。

**提爵士** 让他进来。

**劳** 请摩先生上楼。(走开对仆人说)

**提爵士** 我来问你,你怎么晓得摩先生说实话?

**劳** 我曾经告诉他使他相信,他借了许多钱给查理,查理无法能还,惟有靠薛爵士慷慨,还可以还债,摩先生也晓得爵士到了;他为自己的私利起见,自然会说实话的;我还有一个见证,名叫西尼,在我的掌握中,我曾揭破他作一件坏事,同欺诈取财差不多,我将赶快叫他来破除你的成见。

**提爵士** 我耳朵已经听够这件事了。

**劳** 那位诚实的犹太人来了——

(摩西上)

这位就是薛爵士。

**薛爵士** 我听说你近来同我的侄儿有许多重要的银钱交涉。

**摩** 爵士,是的,我已经尽了我的力量帮他;但是他来求我帮忙的时候,他已经毁了。

**薛爵士** 真是很不幸的事;因为你得不着机会显你的手段。

**摩** 毫无机会;他欠了好几千镑的债,我才晓得他的为难。

**薛爵士** 真是不幸!——老实的摩西,我猜你已经出尽你的力量了?

**摩** 我已经尽力了,他也晓得;——今天晚上我原要带一位城里的人去见他,这个人却不认识他,我相信这个人肯借几个钱给他。

**提爵士** 什么,——是查理向来未借过钱的人么?

**摩** 是的,——一位皮先生,住在某街,从前原是当经纪的。

**提爵士** 薛爵士,我却有一个主意!——你说查理并不认得皮先生?

**摩** 并不认得。

**提爵士** 薛爵士,这是一个较好的机会,你不必冒充穷亲戚去借钱;你同摩先生一齐去,你就冒充皮先生,我敢保,你就看见你侄儿的全盘的阔举动了。

**薛爵士** 我喜欢你这个主意,比冒充穷亲戚好得多,其后我可以冒充仕先生见约瑟。

**提爵士** 是的——你当然可以。

**劳** 这样办法,查理未免吃点亏;虽是这样说,摩西,你是明白提爵士的,你要靠得住才好呀!

**摩** 请你放心;——时候到了,我该去了。

**薛爵士** 摩西,你几时走,我就几时陪你走。——且慢,我忘记了一件事——我怎么样能够冒充一个犹太人呢?

**摩** 可以不必——放债的原是一位基督教人。

**薛爵士** 是吗,我听了却难过,但是还有一层,我穿得太好,不像是一个放债的人,是不是?

**提爵士** 不然;假使你坐自己的马车去,却都没有什么不衬。——摩西,是不是?

摩　并无不衬。

薛爵士　我该怎么样说话呢?——重利盘剥的放债家,一定有些口头语,行家话,我该晓得呀。

提爵士　这有何难。最要紧的是开天要价,摩西,是不是?

摩　这却是一个要点。

薛爵士　这个我会。我至少也要八厘利息,或一分利息。

摩　你若是不多要,他立刻就看破你。

薛爵士　哈! 怎么讲! ——我该要多少?

摩　这是要看情形的。倘若他不十分着急要钱使,你只应要四分或五分利息;你若是看见他异常着急要钱用,你就应该加倍的要。

提爵士　薛爵士,你在这里学很诚实无欺的买卖!

薛爵士　我也是这样想。——这个买卖,不是不发财的买卖。

摩　你又要说你自己没得钱,不能不同一位老朋友转借。

薛爵士　是吗! 我同朋友借吗?

摩　你还要说,你的朋友是一个毫无良心的狗:你还要说只好同他借。

薛爵士　我的朋友是一个无良心的狗么?

摩　是的,他自己身边也没得现钱,不得不大折本卖股票。

薛爵士　他要大折本卖股票么? 好吗! 这个人很够个朋友。

提爵士　薛爵士,我说错了,——皮先生,你不久就学会这个买卖了。但是,摩西,你不想叫他对于盘剥重利律,说几句不满意的话吗? 我以为这样才像重利放债人的身分。

摩　我很想。

劳　很要叹一口气说,现在不比从前了,现在的少年,一定要等到成丁(成年)的时候,才能任由他毁了自己!

摩　是呀! 这是很可惜的!

提爵士　还要斥责群众,为什么还要恭维这条法律,这条法律的惟一目的不过从重利放债人手中,夺去许多不幸和不谨慎罢了,不过使未及成年的人,得机会于当承受遗产时,不至于全毁了。

**薛爵士** 原来如此——当我们一道走的时候,摩西还可以再指教我。

**提爵士** 你没得多少时候学了,你的两位令侄住得很近。

**薛爵士** 请你放心:我的先生是很能干的,那怕查理住在隔壁一条街上,若是我转湾的时候,不变成完全一个光棍,那就是我自己之错。

(薛爵士和摩西下)

**提爵士** 我看薛爵士将要相信了;老劳,你偏向查理,因为我们要行那一条计策,你原想先叫查理有准备。

**劳** 提爵士,我老实说,我并不这样想。

**提爵士** 也好,你把西尼喊进来,我不久要听他有什么说的——我看见玛理,我要同她说几句话。(劳理下)

我愿意相信我疑心提夫人同查理有点不妥是不公道的疑心。我始终还未曾对约瑟说过这件事——我打定主意对他说——他将很诚实的把他的见解告诉我。

(玛理上)

好孩子,约瑟同你一齐回来么?

**玛** 不是的,他有事。

**提爵士** 玛理,你同那个可爱的少年,越会谈得多。你能不反省,他这样偏向你,他不该享受你的报酬么?

**玛** 提爵士,你屡次苦逼我这件事体,很令我难过——你强逼我明白告诉你,有几个人表示偏向我,我宁可在其中,挑选任何一个,我也不要约瑟。

**提爵士** 这不是执拗乖戾吗?不是的,不是的,你只喜欢查理,显见得是他的种种菲过却赢了你的爱情。

**玛** 爵士,这是不慈的话。你吩咐我不许见他,不许同他通信,我无一不依从你;我耳朵里已经听够了,使我相信他不值得我的心事。但是我的知识只管一面很严重的斥责他的过恶,同时我的心对于他的为难景况,却启发多少怜悯,我并不能说这是犯过的事。

**提爵士** 好呀,好呀,你只管可怜他;但是你应该许嫁比他更好的人。

**玛** 我绝不能嫁他的哥哥!

**提爵士** 你这个执拗乖戾的女孩子,你走罢! 玛当,你却要小心呀;你向来不晓得当保傅的有什么法权:你不要强逼我告诉你这种法权是什么样。

**玛** 我只能说,你一定无理由施行你的保傅法权。据我父亲的遗嘱,诚然我在短期限间,要承认你是我父亲的替身;你若是强逼我受痛苦,我就不当你是我父亲的替身。

(玛理下)

**提爵士** 没得一件事不是串通阴谋反对我的,没得人比我更生气的了! 我婆亲不到两星期,她①的父亲,一向身体都是很强健的,死了,我相信他特为死了,留了女儿来麻烦我。哈,我的帮手来了! 她脸上是非常高兴。倘若我能够搅扰她,使她恋爱我,那怕她只恋爱我一点儿,我也是快乐的。

(提夫人上)

**提夫人** 提爵士,你怎么样了,我盼望你并没同玛理争吵! 当我不在你身边的时候,你生气,有点对我不起。

**提爵士** 哈! 提夫人,你原有力量可以常使我欢乐。

**提夫人** 我但愿我有这样的力量;这个时候我正要的高高兴兴甜甜蜜蜜的。我请你此刻好好的,给我两百镑,可以吗?

**提爵士** 两百镑么! 你要我的脾气好,非花钱不可的么? 只要你这样同我说话,毋论你要什么,我都答应你;我一定给你;但是你要给一个还帐的凭据。②

**提夫人** 不必——哪——我同你亲手签字就够了。(伸手)

**提爵士** 你从此以后,不能再说我不给了一笔钱,任从你自由使用了。我

---

① 玛理。——译者注

② 是要提夫人与之接吻。——译者注

意欲不久作一件事,令你惊异;——我们两口子是不是永远过现在这样的日子?

**提夫人** 若是你喜欢的话,我们两口子就永远过此刻这样的日子。只要你先承认是你先讨厌我的,我很晓得我自己,不管什么时候,我不同你吵。

**提爵士** 好呀——我们以后彼此相竞争,看谁比谁客气。

**提夫人** 提爵士,我实话告诉你,你脾气好的时候,你是很好看的——你现在的面貌神气,就是同我们未结婚之前一样,那时候你常时同我在榆树下散步,告诉我许多你当少年时的故事,你怎么样好媚女人,轻轻的拍我腮下;你还问我能够恋爱一个老头子么? 你要什么,这个老头子就答应你什么,你当初是不是这样?

**提爵士** 是的,是的,你当那个时候,是待我很好的,很照应我的——

**提夫人** 是的,我从前是这样,当我的朋友们蹧踏你,嘲笑你的时候,我总是帮你的。

**提爵士** 真的么?

**提夫人** 是呀,当我的姊妹素腓(Sophy)说你是一个老古董,笑我想嫁可以做我的父亲的一个老头子,我常时替你辩护,我并且常说,你的面貌并不十分丑怪,我那时候敢说你可以做一个很好的丈夫。

**提爵士** 你预料得并不错;我们两口子以后是最欢乐的夫妻。——

**提夫人** 以后永远不吵嘴了么?

**提爵士** 不吵了,永远不吵了! ——但是,我的宝贝提夫人,你须很小心很认真的留神你的脾气;我的宝贝,若是你能记得,所有我们的小吵嘴,无一次不是你先发起的。

**提夫人** 我的宝贝提爵士,你不要说啦吧:其实都是你首先令人难堪的。

**提爵士** 我的安吉尔,你请看,你要小心了——语言冲撞,不是保存友谊的法子。

**提夫人** 既是这样,我的至爱,你为什么要发起呢?

**提爵士** 你看! 你又吵了,我的性命,你不晓得你现在所作的事,就是常常令我生气的事。

**提夫人** 我的宝贝,不是的,你晓得你毫无理由就要生气——

**提爵士** 你看,你又要同我吵啦。

**提夫人** 不是的,我很晓得我不要吵;——原是你要这样悻悻的——

**提爵士** 你又来了,谁先起首的?

**提夫人** 自然是你起首的。我并没说什么话——你的脾气令人难受。

**提爵士** 玛当,不是的,不是的:错在你的脾气不好。

**提夫人** 是呀,我的姊妹素腓料你是这样的人,果不出她的所料。

**提爵士** 你的姊妹是一个莽撞不要脸的女流民。

**提夫人** 你的得罪我的亲戚,你就是一个大熊①。

**提爵士** 我若是再同你作好朋友,就罚我受尽婆亲的罪!

**提夫人** 这样更好。

**提爵士** 玛当,不是的,不是的:我显然见得你完全不当我是个人,我娶你,原是我疯了——你是一个鲁莽,乡下卖弄风情的女人,有好几个乡下的小财主,你都不肯嫁。

**提夫人** 我很晓得我嫁,我就是一个傻子——你原是一个摇尾乞怜老不娶妻的人,你到了五十岁,还没得老婆;因为没得人肯嫁你。

**提爵士** 是呀,是呀,玛当,你却很愿意听我的劝呀:你从前并未有过好人家向你求过亲。

**提夫人** 没有么!托爵士曾经向我求过亲,我还不肯咧!人人都说这一门亲比你好;因为他的产业也有你的那么好,我嫁你之后,他跌死了。

**提爵士** 玛当,我同你拉倒了!你是个麻木不仁,忘恩负义的——但是凡事总有个尽头。我相信你什么坏事都能作。——玛当,是的,我今相信人家传说你同查理的谣言,玛当,——是的,玛当,你同查理是——不是无根的——

**提夫人** 提爵士!你要小心呀!你不可以暗指这样的事呀!我告诉你,

---

① 粗野人。——译者注

无故的我不肯受人的疑心。

**提爵士** 玛当！很好，很好！毋论你几时喜欢，我们就分开过日子。玛当，是的，你要离婚也可以！我就作个好榜样，请全数老不娶妻的人，永以为戒。——玛当，我们分离吧。

**提夫人** 我同意！我同意！——我的宝贝提爵士，我们这是第二次同意，我们还可以作最欢乐的两口子——永远不再吵了。——哈！哈！哈！我看出来了，你立意要生气，我在这里不过打断你发怒——我走了，暂别了。

（提夫人下）

**提爵士** 我真受罪！我不能使她生气！咳！我是世界上最可怜的一个人！但是我不能让她不生气：不能的，叫她伤心都可以，我却不能让她不生气。

（提爵士下）


### 第二场　在查理家

（特力、摩西、薛爵士上）

**特** 喂，摩掌柜！你若是稍停一回，我试试看能——这位先生贵姓？

**薛爵士** 摩先生，我姓什么？

**摩** 你姓皮。

**特** 皮先生——很好。

（特下，闻鼻烟）

**薛爵士** 看他所用的仆人的排场，我们不能相信他们的主人破产了。这是什么！——这不是我哥哥的宅子么？

**摩** 先生，是的；凉是查理同约瑟买过来的，连同家具，画片，等一切都买过来，同他父亲在日一样，因为这样提爵士还说查理太过浪费。

**薛爵士** 据我看来，他哥哥卖这所房子牟利更该受责。

（特力上）

**特** 两位先生，我的主人说请你们稍等；主人有客，此时不能同你们说话。

**薛爵士** 他若是晓得是谁要见他,也许他不叫你给我们这两句回话?

**特** 先生,他晓得,他晓得;他晓得你们来了——我并没忘记这位小个子皮先生;我并没忘记。

**薛爵士** 很好;先生,我请问你贵姓?

**特** 先生,我叫特力。

**薛爵士** 好呀! 特先生,我猜,你在这里很有好差事呀?

**特** 还好——我们四五个同事,在这里过很乐的日子;不过有些时候,我们领不着工钱——工钱是有限的——不过一年五十镑,手包和花球都要自备。

**薛爵士** 什么手包和花球! 应该捆起来打板子!(在旁说)

**特** 摩西,——我那张期票,你替我想法子先期取现了没有?

**薛爵士** 原来他也要借债! ——我相信他也是不得了,同一个贵族一样,喜欢同债主和讨债人来往。(在旁说)

**摩** 特先生,我实在是办不到。

**特** 你说的话却希奇! 我的朋友白先生已经签了字担保了,我以为他签过字的票子就如同现钱一样的。

**摩** 不能! 办不到。

**特** 款项是很小的——不过二十镑。摩西,你看,我拖长期分年还,你能办到么?

**薛爵士** 一个跟人也想用分年归还的法子借钱使! 奢侈害人呀!(在旁说)

**摩** 也好,但是你先要买保险。

**特** 我愿意保险,不独保险地位,还愿意保生命的险。

**薛爵士** 我不保你的头。(在旁说)

**摩** 你有抵押品么?

**特** 我主人的衣橱近来没得什么衣服了;但是我可以拿他的冬衣作押,十一月前取赎——不然拿法国天鹅绒作押,不然拿天青和绣银色花的衣服作押,等主人死了再赎,再拿些零碎东西作副抵押品,我的小个子朋友,好不好?

**摩** 好,好。(铃响)

**特** 我听见铃响!两位先生,我此时可以引你们去见我的主人了。小摩西,你不要忘记了分年归还的办法!先生,这里走,你晓得我将保地位险。

**薛爵士** 倘若这个人就是他主人的影子,这里真是吃喝顽乐的所在。

(下)

### 第三场　查理、克利等坐下吃酒

**查理** 真是的!我们这个世代太过退化了。我们的朋友中,有雅尚的,有精神的,有礼貌的,样样都有;可惜他们不吃酒。

**克** 查理!真有此事;他们好吃,席上什么浓厚的东西都好吃,只欠吃酒和说俏皮话。社会是很吃亏的;从前的社会吃两钟酒,说几句俏皮话,座上是很欢乐的,现在席上的谈话淡而无味,同斯巴矿泉一样,有香宾酒的胀气和冲撞,却无香宾酒的精神和厚味。

**第一位客** 许多人好赌不好酒,有什么法子呢?

**加[克]** 是呀;哈爵士因为要赌钱故此戒酒。

**查** 他将受苦。你既要马赛跑,你能不给他草料吃么?我吃醉的时候最快乐;我若是吃了一瓶香宾酒,我赌钱是不会输的——我醉了就不觉得输,这同不会输是一样的。

**第二位客** 是的,我相信你这句话。

**查** 凡是誓不饮酒的人,能够说他相信恋爱吗?凡是恋爱女人的人,拿这个作试验,才晓得他自己的心。你对着十二位美人,吃十二干钟,你心里还想着她的,就是迷你的美人。

**加[克]** 查理,你老老实实的告诉我们,你最恋爱的是谁。

**查** 我所以不说出来,原为的是体恤你。我若是举杯庆祝她,你一定要对可以同她相比的女人举杯,但是在这个世界上,却无能与她相比的女人。

**加[克]**　哦！我们只好找几位已经封为神的贞女或是异教时代的女神，才能够同她相比的了！

**查**　好吗，你们这群光棍，各人都吃一钟！吃干钟！庆祝玛理！庆祝玛理！

**哈爵士**　玛理！姓什么？

**查**　不许说姓——说出来，太过落俗套；哈爵士，你要留神，我们要最美的美人。

**加[克]**　哈爵士，你不必细想；即使你所恋爱的人是缺少一只眼，我们也一样的举杯庆贺，况且你有一篇歌，唱出来也可以算数。

**哈爵士**　我是有一篇歌。我唱歌给他听，就可以抵得过说美人的名字了。

歌曰：我举一杯同十五岁畏羞的小姑娘庆贺；这一杯庆贺五十岁的老寡妇；这一杯庆贺好出风头好奢侈的大胆女人；这一杯庆祝勤俭居家的女人。（和歌）

让我们庆贺。让我们为这位小姑娘干一钟，我敢保，她值得我们干一钟。这是一位迷魂的女人，我们爱她的酒窝；这一位姑娘，是没得酒窝的；这一个女孩子有一双蓝眼；这一位水仙只得一只眼；我们对她们各干一杯。（和歌如前）

这一位姑娘胸如雪白；这一位却是黄黑如同一个浆果；这是一位太太满脸愁容；这是一位姑娘满脸都是高兴；我们对她们都各干一钟。

（和歌如前）

她们是蠢笨的也罢，是苗条的也罢，少也罢，老也罢，我都不管；我们还是一样的，倒满一大钟，一样的庆贺她们。（和歌如前）

**座中众人**　好呀！好呀！

（特力上，同查理咬耳朵）

**查**　诸位朋友，恕我出去一回子，加[克]利，你暂时代东，好吧？

**加[克]**　查理，你又干什么？我猜，有一位世上无比的美人，偶然光降，是不是？

**查**　不是的。我老实对你说，有一个犹太人还有一个当经纪的来了，是我约他来的。

**加[克]**　哦,也好,何妨请犹太人进来。

**第一个客**　是呀,把经纪也请进来。

**第二个客**　是的,是的,犹太人和经纪都请进来。

**查**　我很高兴请他们进来! 特力,你请他们进来——我却先要告诉你们,其中有一位是生人。

**克**　查理,我们请他们吃几钟利害的酒,也许他们的良心变好些。

**查理**　不必,酒只能使他们发露本性,若是灌醉了他们,他们更要重利盘剥。

（特力、薛爵士、摩西、同上）

**查**　摩西,请进来;皮先生,请进来——这位先生姓皮,摩西,是不是?

**摩**　是的,他姓皮。

**查**　特力,摆椅子,皮先生请坐。特力,拿酒杯来——摩西,请坐。皮先生,你来,我对你说吉利话;我饮一杯,恭祝重利盘剥得利! ——摩西,你替这位先生倒满一钟。

**摩**　重利盘剥胜利!

**克**　摩西,你说得对——重利盘剥就是谨慎,就是勤苦,应该得胜利的。

**薛爵士**（即皮先生）　好吧,我恭祝重利盘剥得其所应得的种种胜利!

**克**　不成,不成,皮先生,你不愿意说恭祝的话,要罚饮一大钟。

**第一客人**　至少饮半斤。

**摩**　先生,请你原谅,皮先生是一位乡绅。

**克**　既是乡绅,自然喜欢吃好酒。

**第二个客**　这是反了——给摩西一个一斤的酒钟,这是侮慢主席。

**克**　喝呀! 我要主持公道,我吃干我这一瓶,一滴也不剩。

**薛爵士**　诸位先生,我求饶——我并未想到这种的办法。

**查理**　不必了,不必了,皮先生是一位生客。

**薛爵士**　古怪! 我愿走开了!（在旁说）

**克**　他们若不吃酒,我们不要同他们坐下。哈理,隔壁房间有骰子——查理,你同这两位办完事,就来同我们赌。

**查** 我来!我来!(下)克利!

**克** (回头来)怎么样?

**查** 也许我要你帮忙。

**克** 我常时都是预备好了的:说话,写字据,写保单,我都是一样的。(下)

**摩** 先生,这一位就是皮先生,是一位极讲体面极守秘密的人;担认了是一定照办的。皮先生,这是——

**查** 不必了!先生,我的朋友摩西是一个顶老实的人,可惜达意达得慢:他要半点钟才能够把我们的衔名说清楚。皮先生,我把情形告诉你吧:我是一个浪费少年,我要借钱——你是一个谨慎老头子,有钱出借。我是一个大傻子,愿意出五分息借钱使;你是一个大坏种,只要办得到,十分息也敢要的。先生,你我这就明白了,不必再要经过什么客套虚文,可以进行办事了。

**薛爵士** 你说得十分坦白——先生,我一看就晓得你不是一个好虚文的人。

**查** 先生,不是的!我以为办事应坦白。

**薛爵士** 你既好坦白,我尤其喜欢你——虽是这样说,有一件事你错会了;我自己并无钱出借,但是我相信我可以同一位朋友转借;但是这位朋友是一条没良心的狗,摩西,是不是?

**摩** 但是你也没法。

**薛爵士** 这位朋友要卖了股票才能帮忙你——摩西,是不是?

**摩** 的确是这样!你是晓得的,我永远都是说实话,看不起说谎的!

**查** 对的,凡是说实话的人都看不起说谎的:皮先生,这都不过是小事。什么呀!我晓得不花利息是不能借钱的!

**薛爵士** 好呀!但是你有什么抵押呢?我猜你没得田地?

**查** 我并寸土也没有,一根小树枝也没有,窗户外的几盆花就是我的土地和树木。

**薛爵士** 我猜你也无股票公债?

查　我只有活的牲畜①——也不过是几条狗几匹马。皮先生,我请问你,你认得我的亲戚么?

薛爵士　我对你实说,我认得。

查　你要晓得,我有一位非常之富的叔叔(或伯伯)在东印度,就是薛爵士,他将来给我许多财产!

薛爵士　我也曾听说过你有一位有钱的叔叔;但是你盼望他给你许多财产,你怎么能晓得他一定给你?

查　不然,这是无疑的了。人家都告诉我,我这位叔叔非常之喜欢我,他对人说,全分财产都给我。

薛爵士　是么! 这是我第一次听见。

查　是的,是的,是这样——摩西晓得真是这样,摩西,是不是?

摩　是这样,我敢发誓。

薛爵士　他们就要告诉我,我在印度呢。(在旁说)

查　皮先生,我今提议,我同你借款,等到薛爵士死后,我还你;这位叔叔待我最优厚,我却绝不愿意听见他老人家有什么意外。

薛爵士　我告诉你,我也不愿意。但是你说的契约是最无把握的——我也许活到一百岁看不见我的本钱。

查　见得着的——只要薛爵士一死,你就来问我要钱。

薛爵士　既是这样,我相信我是你最不欢迎的讨债人。

查　什么呀! 我猜你恐怕薛爵士是个长命的,活到很老,是不是?

薛爵士　不是的,我并不怕;我虽听见说薛爵士身体强健,我不怕他长寿。

查　关于这件事,你的消息又不确了。印度天气很不好,可怜我这位叔叔,身体很差,是的,是的,他老得很快——有人说他近来改变得很快,至亲都不认得他了。

薛爵士　认不得了吗? 哈! 哈! 哈! 近来改变了许多,连至亲都不认得他了! 哈! 哈! 哈! ——哈! 哈! 哈!

———————

① 英文牲畜与股票同字。——译者注

查　哈！哈！——小个子皮先生，你也喜欢听这句话？

薛爵士　不是的，我不喜欢听。

查　是的，是的，你喜欢听——哈！哈！哈！——你晓得这就是补救你的机会。

薛爵士　但是有人告诉我，薛爵士正在回国，——有人还说他已经到了。

查　嘻！他到了没有，我总比你晓得清楚些。没有来，没有来，你相信我的话吧，他此时还在印度——摩西，是不是？

摩　是的，一定还在印度。

薛爵士　很对，你比我晓得清楚些，但是我的消息也是很确的，摩西，是不是？

摩　是的，绝不能疑的！

薛爵士　先生，我听说你立刻就要几百镑应用——难道你没得可以变卖的东西么？

查　你此话怎么讲？

薛爵士　我听见说你父亲死后，遗下许多金银器皿，有这件事么？

查　早已卖光了。摩西可以告诉你是怎么样卖光的，比我说得还好。

薛爵士　传家比赛得来的银杯和公司送的银碗都卖光了！（在旁说）——我又听说他的藏书极可宝贵的，又是极其丰富的——

查　是呀，是呀，原是很宝贵很丰富的，一个私人，却用不着这许多书。我自己原是天性好传布知识的人，我是以想我不应该把这许多知识据为己有。

薛爵士　可怜呀！这许多知识原是世代传留的至宝！（在旁说）——我请问你，那许多书怎么样了？

查　皮先生，请你问拍卖的吧。我恐怕连摩西也不能告诉你。

摩　我不晓得。

薛爵士　我看，全分家产都完了，没得余剩的了？

查　剩下的没得多少了；除非你要买我家历代留传的祖宗像。楼上有一间屋子，挂满的都是祖宗像，倘若是喜欢油画，我可以贱价卖给你。

**薛爵士** 这是怎么讲;你断不肯卖祖宗的,你当真肯卖吗?

**查** 个个祖宗我都肯卖,谁出的价钱最高,我卖给谁。

**薛爵士** 你说什么呀!你的叔祖,伯祖,叔祖母,伯祖母,都卖么?

**查** 是的,我的曾祖曾祖母们,我都卖。

**薛爵士** 这个人要不得的了。(在旁说)——你连自己的祖宗都不顾了么?难道你把我当作戏上的晒罗克(Shylock),你肯把骨肉同我换钱么?

**查** 小个子经纪,请你不要生气;你只要花钱买画;并不上当,骨肉不骨肉,同你有什么相干呢?

**薛爵士** 也罢,我来买;我想我能够买你的祖宗像。——我永不能饶恕他的了,绝不能的了!(在旁说)

（克利上）

**克** 查理,你来呀!你在这里有什么耽搁?

**查** 我还不能来:我们在楼上卖东西;这位小个子皮先生要买我的祖宗。

**克** 烧了你的祖宗吧!

**查理** 不必,他若是喜欢的话,他买了回去再烧不迟。克利,你不要走开;我们要你帮忙:你当拍卖的;你随我们来。

**克** 既是拍卖,我就随你走。拿椎子拍卖,和掷骰子,我都会。

**薛爵士** 这一群败家子!(在旁说)

**查** 摩西,你来,你定价钱。小个子皮先生,你好像很不喜欢这件事?

**薛爵士** 我喜欢,我很喜欢。哈!哈!哈!是的,是的,我看拍卖祖宗,是一件很希奇的笑话——哈!哈!——咳,这个败家子!(在旁说)

**查** 可不是吗!一个人到了要钱使,若是不能自由的处置自己的亲人,那里去告帮呀?(下)

## 第四幕

### 第一场 在查理的画室

（查理、薛爵士、摩西、克利上）

查 诸位,请进来,请进来;从诺尔曼征服（Norman Conquest）英国时代起,一直到如今,所有我们薛家的祖宗,都在这里啦。

薛爵士 据我看来,都是画得很好的。

查 是呀,是呀,都是按着画像的真理法画的;——不是随便揭的。并不是今代的画师的制作,似乎是很像,其实与本人毫不相干;我们这里的画像是与原人极似的——迟重拘谨,一如本人,与常人不同。

薛爵士 呀! 我们再看不见这样的人了!

查 我望不能再见。——皮先生,你就晓得我这个人是很恋家的;我晚上坐在这里,祖宗四面环绕我。——来,来,拍卖的,你登台吧;这里有一把破椅子,是我父亲的,你就当作拍卖台吧。

克 是呀,是呀,就用这把椅子。——查理,我没得椎子;无椎子怎么能成拍卖呢?

查 可不是;——这一卷是什么东西? ——呀! 原来是我们的世系全图。克利,这不是平常桃花心木制的拍卖椎子,是一棵世系树（世系图）,你就拿来当椎子,你只管拍卖我的远代祖宗。

薛爵士 这是一个丧尽天良的败类,简直是一个弑前代祖宗的罪人。（在旁说）

克 是呀,是呀,这里有你们的世系;——查理,你找出这件东西,当拍卖椎子用,是最便当不过,不独可以当椎子用,还可以当目录用。——来,来,来,我起首啦。——卖啦,卖啦,卖啦!

查 克利,喊得好! 这一位是我的曾叔祖,是一位爵士,在当日是非常之好的一位军长。从麻公爵出征,真是无役不从的,某处之战,他眼上受伤。——皮先生,你细细看,你肯出多少钱? 这是一位英雄,与今日的军官装扮不同,从前是戴假发全身披挂的。——你出多少钱?

摩　皮先生,请你说价。

查　既是这样,我要十镑,十镑买一位参谋官不能算贵。

薛爵士　天呀! 十镑就卖他很出名的叔祖。(在旁说)好吗,我就给十镑。

查　克利,把我这位叔祖拍下来。——这一位是他的未嫁的妹妹,是我的姑祖母,是名人画的,是他得意之作,很像本人的。你请看,她是装作牧女,喂羊。——我要五镑半——那几条羊就不止值那几个钱。

薛爵士　呀! 可怜这位底波拉(Deborah)呀! ——她是一位很自重的女人。(在旁说)——只要五镑半——我买。

查　把她拍下来! ——这里是两位,是他们的两个老表。摩西,你看看,这是从前画的,那时候的阔少年是戴假头发,妇女们是戴真头发的。

薛爵士　真是的,当日头发梳得低。

查　好呀! 这两位也是五镑半。

摩　很便宜。

查　克利! ——这是我母亲的祖父,是一位很有学问的司法官,很有名的——摩西,你定什么价?

摩　四镑四先令。

查　这还不够买假头发。——皮先生,你是很尊重司法界的;你肯出十五镑十五先令,就可以拍下来了。

薛爵士　我就出这个数。

克　卖了!

查　这是他的两个兄弟,都是议员,是有名会演说的,最非常的事就是我相信,这是第一次议员可以用钱买的。

薛爵士　这真是一件非常的事! 找照你的要价头,这是议员的面子。

克　小个子皮先生,你说得好! ——卖四十镑。

查　这一位是很有趣的——我不晓得是什么亲戚,他是某处的市长:卖八镑钱。

薛爵士　不值这许多;我出六镑。

查　来,来,你就给六镑六先令吧,我白送这两位邑长。

薛爵士　都是我的了。

查　克利,你把市长邑长都拍下。——逐件的讲价太麻烦了;我们不如一起卖吧,皮先生,你怎么样? 其余的画像,我一起卖给你,你给我三百镑。

克　这是最好的办法。

薛爵士　我无不将就你;——都是我的了。但是那里有一幅画像,你总撇开不卖。

克　你说那一幅? 你说的是挂在长椅上那个很难看的小个子么?

薛爵士　是的,我说的是那一幅,但是他并不是难看的小个子。

查　什么? 那一幅么? 哦,这是我的叔叔薛爵士;这是他未赴印度之前画的。

克　是你的叔叔薛爵士么! ——查理,你同他两个人不能作好朋友的。据我看来,他是一个最严厉的恶棍;看他的眼睛是不饶人的;面貌像是不肯给遗产的! 他是一个顽固光棍,你只管看。——小个子皮先生,你看是不是?

薛爵士　先生,我看不是的;我看他的相貌很忠厚,比得上这屋子里的人,生的死的都算在内;——我猜这位叔叔同那一堆一起卖,是不是?

查　不能;我不能卖这位叔叔,这个老头子一向待我很好,我只要有地方挂这幅像,我就留着这幅画。

薛爵士　这个光棍,毕竟还是我的侄儿!(在旁说)——先生,但是我爱上了这幅画。

查　我只好对你不起;我是一定不卖的。你还不够么?

薛爵士　我完全饶恕他了!(在旁说)——先生,但是我爱上了一件东西,我是不顾花多少钱,都要买的。我肯拿买这许多幅画的钱,买这一幅。

查　经纪先生,请你不要麻烦我;我告诉过你,我不肯卖,这就完了。

薛爵士　这个小狗子真像他的父亲!(在旁说)好呀,好呀,我买完了。——我从前一向不觉得,这时候才看出来,非常相似——(在旁说)——这是一张支票!

**查** 为什么? 这是八百镑的支票?

**薛爵士** 你当真的不卖薛爵士么?

**查** 不卖——我再告诉你一遍。

**薛爵士** 余下的款不必算了,我们以后再算——我要同你拉手;查理,你是一个诚实人——先生,我说你的名字,太放肆了,我求你莫怪。——摩西,来呀!

**查** 这是个古怪老头子! 皮先生,你要预备地方挂这些画像呀!

**薛爵士** 是呀! 我一两天来取画。

**查** 且慢;你要打发体面的车来取呀,他们都是坐惯家车的。

**薛爵士** 那是一定,我一起取去,只剩薛爵士。

**查** 是的,除了这位小个子财主不算?

**薛爵士** 你打定主意了么?

**查** 打定了,丝毫不能动的。

**薛爵士** 一个可爱的光棍! (在旁说)——暂别了——摩西,来呀——那个敢说他是个败家子!

（薛爵士、摩西下）

**克** 我向来没见过这样的怪物!

**查** 我看他是一个经纪大王。我不晓得摩西怎么样会认识这样老实人。——哈! 劳理来了;克利,你去告诉,我一回子就过去同他们赌。

**克** 我就去——你却不要听那个老傻子的话,拿钱去还老年旧帐,这不过是蹧蹋钱;查理,你要晓得,生意人要钱要得最凶的。

**查** 真是这样,还他们的帐,不过是鼓励他们。

**克** 只是鼓励他们。

**查** 是呀,是呀,你只管放心。(查理下)——他真是一个老古董。——这一笔钱有三分二是我该得的,五百三十多镑。我今天才晓得我的祖宗们是很值钱的,我从前却不晓得!

（劳理上）

哈，劳理！你这个时候进来，刚好有时候同你老朋友送行。

劳　是呀！我听说他们要走了。你此时有种种困难，亏你兴致还是这样好。

查　就是这个缘故！我的困难太多了，我不可不高兴；再过几时我发了财却要发脾气了。虽是这样说，我猜你以为我同这许多位祖宗分手，我不觉得难过；我老实说，这件事很感动我：但是你要晓得，我的祖宗们脸上动也不动，我为什么要难过呢！

劳　你无片刻是庄重的。

查　是呀，我此刻就是很庄重。劳理，你立刻去取现款，取来之后，立刻拿一百镑送给仕先生。

劳　送他一百镑么！你要想想——

查　你不必多讲；可怜的仕先生，他很困难，立刻要钱用，你若是不赶快去，别人更应要钱的，就来要了。

劳　呀！原来你是这个意思！我又要对你说那句格言了——

查　你要说"先公平然后慷慨"——假使我能办到，我何尝不愿意照这句格言办；不幸"公平"好像一个老太婆，走不动，赶不上"慷慨"。

劳　查理，你相信我的话，你反省一点钟——

查　是呀，是呀，你说的话都不错；劳理，你听我说，当我有钱的时候，我愿意送钱给人；你不必对我谈什么经济了，此时我要冒险。（下）

## 第二场　在起坐室

（薛爵士、摩西上）

摩　爵士，你看见查理的热闹了；真可惜他太过浪费。

薛爵士　他真是太过浪费，但是他不肯卖我的画像。

摩　查理太过好色，太过好酒。

薛爵士　但是他不肯卖我的画像。

摩　他赌得太凶了。

**薛爵士** 但是他不肯卖我的画像。——呀,劳理来了。

（劳理上）

**劳** 薛爵士,我知道你买了——

**薛爵士** 是的,是的,我们这个少年败家子把祖宗都卖了,如同卖旧绣花挂帷一样。

**劳** 他还吩咐我把一部分的货价还你,当你是告帮的仕先生。

**摩** 呀!最可惜的就是这一层;他这个人太过好行慈善。

**劳** 我出来的时候,看见他的起坐室里还有一个袜商,两个裁缝在那里讨债,我晓得他们是讨不出来的了,只要还他们一百镑,他们就满意。

**薛爵士** 好吧,我来替他还帐,我来替他作慈善事业。——但是我现在不当老经纪了,我请你介绍我去见他的哥哥,我此时就是仕先生。

**劳** 且略等一回;我晓得提爵士这时候要来访。

（特力上）

**特** 诸位先生,莫怪我不领你们出门;——这里走。——摩西我同你说句话。

（特力、摩西下）

**薛爵士** 你看这个人——你相信么?当我们来的时候,这个小狗拦住这个犹太人,开口就要借钱,那时候他还未见他的主人。

**劳** 真是的!

**薛爵士** 是呀!他们此时在那里商量按年还款,——呀!老劳,当我少年的时候,仆人们穿主人的贵重旧衣裳,也就很满意的了;现在都不然了,他们有他们的恶习,喜欢穿有光彩的衣服。（下）


**第二场 藏书楼。**

（约瑟和一个仆人上）

**约** 提夫人没得信给我么?

**仆** 先生,没得。

**约** 她若是不能来,为什么不给我信,我觉得诧异。提爵士一定不疑我的。我盼望，我同他的夫人绊上了，不至于失丢了那位有钱的小姐；好在查理的浪费，和他的坏名誉，都是有利于我的。（听见外面敲门声）

仆　先生，我相信是提夫人敲门。

约　且慢！——你先看是不是再开门；倘若是我的兄弟，我有话吩咐你。

仆　先生，是提夫人；她向来是在隔壁一条街的女服店下轿的。

约　等等；你先把帷屏拉过来，挡住窗子——就是这样吧；——我们对过的邻居，是一位未嫁的女人，是很讲规矩的。——（仆人拉帷屏，下）——这一出把戏，却不容易耍。提夫人近来疑心我对于玛理的意思；但是我绝不能让她晓得我的秘密，——至少也要等到她在我的掌握中，才能让她晓得。

（提夫人上）

提夫人　什么呀！自言自语么？你等得很不耐烦么？——你的脸上不必装出这样严肃，我实在是不能早些来。

约　玛当，践约就是一种有长性，原是妇女们的一种极不时髦的性情。

提夫人　你应该可怜我呀。你不晓得么？近来提爵士待我很不好，又很妒查理，——这是顶好的笑话，是不是？

约　我很高兴，我的善造谣言朋友们还是极力的造他们两个人的谣言。（在旁说）

提夫人　我是很愿意让玛理嫁了查理，那时候她可以相信了；约瑟，你看是不是？

约　我不愿意（在旁说）——呀！我很愿意！因为这样一来，我的宝贝提夫人也可以相信她疑心我想娶那个傻女子，是错疑我了。

提夫人　好呀，好呀，我有意相信你。但是被人说了许多坏话，能不生气么？——我的朋友施夫人不晓得造了我多少谣言，完全是毫无根据的——令我难过。

约　玛当，实在是令人难过——毫无根据；是的，是的，令人难过的就是毫无根据；人家造谣言，我们若是真有其事的，也还可以聊以自慰。

**提夫人**　若是真有其事,我还可以饶恕他们说坏话;我实在是毫无过犯的,向来又不说朋友的坏话,他们反攻击我;我晓得我自己心本无他,他们却造我的谣言,令提爵士生气,令他疑我,——这真是太不对了!

**约**　我的宝贝提夫人,你任由他们造谣言,原是你的错。凡一个当丈夫的毫无根据就疑心他的夫人,不相信她,当初的婚约算是解除了,她就应该骗他,这才是作女人的道理。

**提夫人**　是么! ——如此看来,倘若他无故的疑心我,莫如使他有理由疑我,才能治他的妒病。

**约**　当然是这样——因为你的丈夫不应误会你,——既是误会,你就应该不守贞节报他。①

**提夫人**　你说的话很有理,当我自知无他——

**约**　呀! 我的宝贝玛当,大错就在此:不利于你的,就是自知无他。什么事使你忽略礼节,不愿世人批评? 就是因为你自信无他。什么事使你不注意你自己的举动,什么事使你作一千种的不谨慎的事? 也是因为你自知并无过犯。什么事使你不能忍受提爵士的坏脾气,他疑心你,你为什么非常之生气? 因为你自己晓得并无过犯呀。

**提夫人**　当真是这样!

**约**　我的宝贝提夫人,你若是肯作一次小过犯的事,你就想不到你变了怎么样小心;怎么样敷衍你的丈夫了。

**提夫人**　你真是这样想么?

**约**　我看得很准的;你若是照办,谣言就立刻停止,你的名誉现在很像患多血病,绝对将死于太过强壮。

**提夫人**　原来如此;我晓得你的药方就是,我为自卫起见,必要犯点罪过,牺牲我的道德,以保我的名誉,是不是?

**约**　玛当,的确是如此。

**提夫人**　这是极奇怪的道理,免损名誉的良方?

---

①　原文作恭维他善疑。——译者注

约　这是屡试屡验的良方。小心谨慎,如同阅历一样,是要花钱买来的。

提夫人　假令你的话能令我相信——

约　玛当,是的,应该要使你相信。是的,是的——我要劝你作你不以为然的事,天也不容我。我是顾廉耻的人,绝不愿你作。

提夫人　我们倒不如撇开廉耻不顾,你看是不是。

约　呀! 我看见你所受的乡下教育的不良效果,你仍然未能摆脱。

提夫人　我也疑心仍未摆脱;我公道对你说,假令我可以受劝,去作坏事,还是提爵士的坏脾力量大,大过你的论廉耻的逻辑。

约　既是这样,这只手,他是不配——(抓提夫人的手)

(仆人上)

你这个傻东西——你进来干什么?

仆　先生,我原不该闯进来的,但是我以为你不愿意我不先告诉你,就让提爵士进来。

约　提爵士吗! ——有了魔鬼了!

提夫人　提爵士么? ——我可毁了! 我可毁了!

仆　先生,原不是我让他进来的。

提夫人　我是毁了! 我怎么样好! 逻辑先生——他上楼来了——我躲在帷屏后面——我再也不敢放肆了——(躲在帷屏后面)

约　你给我那本书。(约瑟坐下,仆人装作同他理发)

(提爵士上)

提爵士　呀! 永远是修身——薛先生,薛先生——

约　哦,原来是提爵士,恕我失礼了。(张大嘴——捧书本)我正在读一本无味的书,睡着了——我谢谢你来看我。我相信,自从我把这间书楼布置好了之后,你还未来过。——我对于别的都不考究,惟有书是考究的。

提爵士　你这间书房收拾得很雅洁。——好呀,好呀,这是应该的;原来你的帷屏,你也能作为知识的源头。——你把地图挂在屏上。

约　是的,我这座帷屏很有用处。

**提爵士** 一定是的,你若是很匆忙的要找什么东西,这是很有用的。

**约** 是呀,若是很匆忙的藏东西,也是很有用的。(在旁说)

**提爵士** 好吧,我有一点私事——

**约** 你不必在这里等。(对仆人说)

**仆** 我不等。

（仆人下）

**约** 提爵士,请坐,——我求——

**提爵士** 好了,这时候,只是你我两个在这里,我的好朋友,我心里有一件事要对你说——同我的心境很有关系;我的好朋友,我简直的对你说吧,近来提夫人的行为,使我很不快乐。

**约** 是么! 我听了很难过。

**提爵士** 是呀,她全不顾我,这是很容易看出的;但是,最不好的就是我有很好的证据疑她恋爱别人。

**约** 是么! 我听了很诧异!

**提爵士** 是的;我对你说吧,你却要守秘密,我以为我晓得这个人。

**约** 你怎么晓得的! 你令我非常惊怕。

**提爵士** 我的好朋友,我晓得你可怜我!

**约** 是的,——提爵士,这件事伤害你,如同伤害我一样。

**提爵士** 我很相信你这句话。——呀! 我很喜欢我有一位朋友,我能对他说家庭的秘密事。你猜不着我说的是谁么?

**约** 我简直的是猜不着。不能是巴爵士呀!

**提爵士** 不是他! 你看查理怎么样?

**约** 我的兄弟! 这是不能的!

**提爵士** 我的好朋友,你的心是好的,故此令你想不对。你是将己比人。

**约** 提爵士,的确是这样,我的心晓得我自己靠得住,故此不容易相信他人靠不住。

**提爵士** 真的——你的兄弟毫无道理——你向来绝不听见他说道理。

**约** 虽是这样说,我却以为提夫人自己是很有宗旨的人。

提爵士　是呀——什么宗旨能够敌得过一个美少年,活泼少年的恭维巴结呢?

约　这是很确的。

提爵士　你也晓得我们两口子年岁差得很远,不见得她能怎么恋爱我;设使她是不贞,设使我宣扬出来,人家只是笑我,笑我这个老不娶妻的,为什么要娶个少妻。

约　这也是的——人家必然笑的。

提爵士　笑我,还要编曲子,还要登报,还不晓得还有多少把戏。

约　不可,你一定不要宣扬。

提爵士　还有一层——偏偏是我的老朋友薛爵士的侄儿尝试作这种事,更伤我的心。

约　是呀,这是一个要点。伤害人又加忘恩负义,这种伤口,是加倍的危险。

提爵士　是呀,我有多少是他的保傅;我常常在我家里款待他;我又常常的教导他。

约　我不能相信这件事。世上难保无这样恶劣的人;据我看来,除非你能给我实在凭据看,我不能相信。虽是这样说,倘若证明他果有这等事,他就不是我的兄弟,——我不认他作兄弟;凡一个人能够违犯厚遇的法律,引诱朋友的妻室,应该把他标示出来是社会之毒。

提爵士　你们兄弟之间,居然有这样的大分别! 你说的都是合乎情理的话!

约　我却不能疑及提夫人的廉耻。

提爵士　我对于她,很愿意往好处想,消除我们两口子争吵的根源。她新近怪责我,不止一次了,怪我不拨一笔款给她,归她自由使用;当最后一次我们两口子吵嘴的时候,她露出她的意思,即使我死了,她也不伤心。因为我们两口子对于用款,意见不同,我打定主意,任由她用,以后关于用钱,她可以自己作主;假令我死了,她就晓得,当我在生之时,我并非不顾她。我的朋友,我这里有两张凭单的稿子。一张是当我在世的时候,她每年享受八百镑;那一张是我既死之后,全份财产都归她享用。

约　提爵士,你这种举动,真是慷慨——我盼望不教坏我的学生。(*在旁说*)

提爵士　是的,我立意不使她有何理由说我的不是,暂时我却不愿意使她晓得我待她的一番好意。

约　我也不愿意她晓得,只要办得到。(*在旁说*)

提爵士　我的好朋友,我说完我的事了,我们要谈谈你与玛理的事。

约　(*低声说*)提爵士,不必了;以后再说吧。

提爵士　你对于她的爱情,很少进步,我有点懊恼。

约　我请你不必提这件事。我们现在是讨论你的家事。我的不如意事算得了什么! 毋论怎么样,我是毁了!(*在旁说*)

提爵士　我愿意把你恋爱玛理的事告诉提夫人,你是很反对,其实她并不仇视你这件事。

约　提爵士,我求你不必提这件事了。我实在是很被我们刚才所谈的事所感,我无心讨论我自己的事了。一个人既密闻朋友的痛苦事,绝不能——

(*仆人上*)

你来作什么?

仆　你的兄弟在街上同一个朋友说话,说他晓得你在这里。

约　你这个傻子,我不在家——我今天出门,不在家。

提爵士　且慢,——我忽然想出一个主意;——你一定说在家。

约　好吧,好吧,请他上楼。

(*仆人下*)

他却要打提爵士的义。(*在旁说*)

提爵士　我的好朋友,我求你照着我的意思办。当查理未上楼之先,我得躲起来,——你就追问他我们方才所说的事,他的答话立刻可以使我满意。

约　提爵士！你也要我串同你作这样卑劣事么？——设计陷害我自己兄弟么？

提爵士　不是的,你告诉我你很晓得他并无过犯;既是这样,你给他一个机会洗刷他自己,这就是大有造于他,并且可以使我心安。来,你不能不答应我;我就躲在这个帷屏后面——哈！这是什么一回事！屏后好像有人偷听——我敢发誓,我看见裙子！

约　哈！哈！哈！说来真是好笑。提爵士,我来告诉你,我虽然最看不起诡计多端的人,你却要晓得,并不见得我绝对的是一个约瑟！你听着,屏后是一个小个子的法国女裁缝——是个傻子,常麻烦我——你进来的时候,她恐怕丢脸,躲在屏后。

提爵士　呀！你这个光棍！但是她都听见了我说我夫人的话。

约　请你放心,她不会走漏的。

提爵士　不会的么！索性让她听我们全说完了。——这里有壁橱可以躲藏,我就躲在这里。

约　好吧,你就进去。

提爵士　你这个狡诈光棍！你这个狡诈光棍！（入橱躲藏。）

约　我幸亏出险,几乎不了！我所处的是极奇怪地位,这样分开两夫妇。

提夫人　（向外张）我不能偷偷的溜走么？

约　我的安吉尔,不要动！

提爵士　（向外张）约瑟,你要着实的考问他。

约　我的好朋友,缩进去！

提夫人　你不能把提爵士锁在里面么？

约　我的性命,你不要动！

提爵士　（往外张）你敢保那个小个子女裁缝不乱说么？

约　提爵士,把头缩进去。——我很想有把钥匙,锁上这道门。

　　（查理上）

查　哥哥,你在这里干什么？你的家人先不让我上来。什么！你在这里会一个犹太人或女人么！

约 既无犹太人,亦无女人。

查 提爵士为什么溜跑了? 我以为他上楼找你。

约 兄弟,他刚才在这里;他听见说你快来了,他就走了。

查 什么呀! 这位老先生怕我同他借钱,故此躲开么?

约 不是的;查理,我看见你新近令他老先生不放心,我觉得难受。

查 有许多人告诉我,说我令许多人不放心。——我请问你,这是怎么讲?

约 兄弟,我明白告诉你吧——提爵士以为你尝试引诱提夫人,令她不爱他,爱你。

查 谁呀! 我么? 不是我。哈! 哈! 哈! 这个老头子才晓得他有个少妻么,他明白了么? ——还有一层更不好的,提夫人才明白她有一个老夫么?

约 兄弟,这不是开顽笑的事。凡人能笑——

查 真的,真的,诚如你所要说——既是这样,我认真对你说,我并不晓得你所告我的是什么罪。

约 提爵士听了,一定很满意的。(大声说)

查 有一次我以为这位夫人似乎喜欢我;我却始终并没鼓励她;——况且你晓得我恋爱玛理。

约 兄弟,假使提夫人露出她最喜欢你——

查 约瑟,你听了,我希望我一生不作有意的无廉耻事;但使,假令有一个美貌女人专心的来撩拨我——这个女人是嫁了一个丈夫,年纪足可以当她的父亲——

约 你便怎么样——

查 我就不得不同你借点道德,我就是这个办法。但是,哥哥,你晓得吗,你拿我与提夫人相提并论,很令我诧异;我一向以为她最喜欢的是你。

约 查理! 你这句反射话,太无知识了!

查 我敢发誓,我看见过你眉来眼去——

约　没有的事,这不是开顽笑的事。

查　我是说认真话,不是开顽笑。你不记得吗,有一天我来找你——

约　没有的事,查理——

查　我看见你们两个人在一起——

约　胡说,我要你——

查　又有一次,你的家人——

约　兄弟,兄弟,我同你说句话！——我一定要堵住他的嘴。(在旁说)

查　你的家人告诉——

约　不要响！我对你不起。提爵士全听见你我两个人所说的话,我晓得你能洗刷你自己,不然的话,我不能答应这样的办法。

查　怎么啦,提爵士吗！他在那里？

约　不要响;就在那里。(指壁橱)

查　我请他出来。提爵士,请出来！

约　不可,不可——

查　提爵士,请你到公堂——(拖提爵士进来)——怎么呀！原来是我的老保傅！你作什么？你变了侦探么,你不露面的暗中探集凭证么？

提爵士　查理,你伸出手来,我同你拉手——我错疑你了;你却不要同约瑟生气——原是我的计策！

查　是么！

提爵士　我恕你无罪。从前我以为你是很坏的,我现在不这样想了;我亲耳听见的话使我很满意。

查　幸亏你未听我往下说——约瑟,你看是不是？(走开对约瑟说)

提爵士　你要反对他。

查　是呀,是呀,这却是开顽笑的。

提爵士　是的,是的,我很晓得他这个人是很顾廉耻的。

查　说到这件事,你既疑心我,也可以疑心他——约瑟,是不是？(走开对约瑟说)

提爵士　好呀,好呀,我相信你。

约　我但愿他们两个人都走了！（在旁说）

（仆人上，同约瑟咬耳朵）

**提爵士**　将来我们也许不至于这样的如同路人了。

约　我对不起你们两位——我要下楼一回：楼下有人有要事同我商量。

查　好吗，你可以有别一间屋子同他相见。我同提爵士许久不见了，我有话对他说。

约　我必不可让他们两个人在一起。（在旁说）我赶快把那个人支走了，立刻回来。——提爵士，你一字也不许提那个女裁缝。

（走开对提爵士说，约瑟出房）

**提爵士**　我吗！一定不提！（走开对约瑟说）——呀！查理，设使你常时同你的哥哥在一起，我们可以希望你能改过自新。他是一个道学家。——世界上最名贵的莫过于一位道学家！

查　呸！他太过道学了——他过于顾名誉。我猜他愿意让一位教士进他的房里，如同让一个女子进来一样。

**提爵士**　不是的！不是的，——来，来，你猜错他了，他不是这样的人！不是的！约瑟并不是一个荡子，也不是一位圣人。——我很想告诉他——我们大笑约瑟一场。（在旁说）

查　他是一个苦行头陀①，是一个少年隐士。

**提爵士**　你听我说，——你不要骂他：我告诉你，他可以有机会再听见你所说的话。

查　你要告诉他么？

**提爵士**　不是我说，有人说。我来告诉他②（在旁说）你听了，——你想笑约瑟么？

查　我最想笑他。

**提爵士**　好吗，我们就笑他，——他把我揭露出来，我要报复——我来的

————————

①　借用。——译者注

②　此他指查理。——译者注

时候,他房里有一个女子。

查　什么呀! 约瑟房里有个女子么? 你说笑话。

提爵士　你不要响! 是一位小个子的女裁缝。——最好笑的是,这个女子此时在房里。

查　是么!

提爵士　你不要响,我告诉你! (用手指)

查　在帷屏后么! 我们揭露她!

提爵士　不可,不可,——约瑟快来了——你切不可!

查　我们何妨张张看。

提爵士　切不可——约瑟永远不饶我——

查　我帮你——

提爵士　约瑟来了(当约瑟进房的时候正是查理推倒帷屏时候。)

查　怪事! 原来是提夫人!

提爵士　蹭了! 原来是提夫人。

查　提爵士,我生平未见过这样时髦的法国女裁缝。据我看来,你们是在这里捉迷藏,我不晓得是谁被欺——我求夫人你告诉我,好不好? 一句也不说! ——哥哥,你肯解说这件事么? 什么呀! 道学先生也不开口么? 提爵士,我虽然是从黑暗处拖你出来的,你现在不在黑暗处,你看明白了! 你们三个人都不响! 好吗,我虽然不明白这件事,我猜你们彼此是心心相照的——我只好走开——(快要走开)哥哥,你令这位好人心里不安,我很难过——提爵士! 世界上没得比道学先生名贵的! (查理下,三人面面相向)

约　提爵士,我承认,从外面看来,很像是我很不对——你若耐烦听我说——我可以解说给你听,令你满意。

提爵士　请你解说。

约　爵士,提夫人晓得我爱玛理——我说——提夫人,恐怕你的妒忌脾气——又晓得我同你们家里的好感——她——我说——到我这里来——以便——我可以解说我对于玛理的爱情——一见你来了——

她恐怕——我说过了——你妒忌——她就躲开——你可以相信,我说的全是实话。

**提爵士** 你解说得很聪明;我敢说这位夫人可以证明你句句都是实话。

**提夫人** 提爵士!没得一个字是实的。

**提爵士** 怎么样!你以为不值得替他圆谎么!

**提夫人** 那位先生告诉你的话,没得一个字是真实的。

**提爵士** 玛当!我相信你。

**约** (在旁说)玛当,你要揭破我么?

**提夫人** 假道学先生,你让我替我自己说话。

**提爵士** 先生,是呀,你让她说;不必你教她,她造出来的故事,比你造得好。

**提夫人** 提爵士,你听我说!——我到这里来,并非是为的玛理,我而且并不晓得他爱玛理。我被他邪言所惑,被诱到这里来,若不是牺牲你的体面,至少也是听他说他的假爱情。

**提爵士** 我此时相信有真实情形出来!

**约** 这位夫人是疯了!

**提夫人** 先生,我并不疯——这位夫人恢复她的知识了,原是凭你的诡计奸谋恢复的。——提爵士,我并不盼望你相信我——但是你发表你对待我的一番柔情,那时候我很晓得你断不晓得我躲在这里亲耳听见你说的,你的柔情深入我的心里,假令我并不出丑走出这房子,我将来也要发表我的诚恳的感激。至于这位甜言蜜语的假道学,他一面装作对玛理求亲,一面要诱奸他的过于相信他的朋友的妻室——我此时看出他是一个最卑劣无耻的人,我因为听过他的一番说话,我从此以后不能再敬重我自己的了。(提夫人下)

**约** 提爵士,虽是这样,天晓得——

**提爵士** 你是个小人!我让你问问良心吧。

**约** 提爵士,你太过暴躁;你一定得听我说。凡一个人不肯听——

(提爵士下,约瑟还在那里说话)

## ∽⌒∽ 第五幕 ∽⌒∽

### 第一场　在书楼

（约瑟和仆人上）

约　仕先生！——你为什么晓得我要见他？你得晓得他是来问我要东西的。

仆　假使不是劳理送他到门口，我是不能让他进门的。

约　呸！傻子！你以为我这个时候愿意见穷亲戚么！——你为什么不领他上楼来？

仆　我去领他，提爵士揭露提夫人，不是我的错呀——

约　傻子，走吧！（仆人下）——我的运气不好，我的妙计被人破了。一转眼的工夫，我的名誉毁在提爵士的手了，我想娶玛理的希望已完了！我正是心里很不高兴的时候，那里还能够听穷亲戚诉苦的话！我对仕先生连一句慈善的虚话也不能说——哦！他同劳理来了。我得试试装作镇静些，摆出慈善面貌来。

（约瑟下）

（薛爵士和劳理上）

薛爵士　什么呀！他不见我们么！——这是他，是不是？

劳　是的，我恐怕你来得太莽撞。他的神经很弱，见了穷亲戚更难受。我原该先去告诉他的。

薛爵士　管他神经衰弱！这个人就是提爵士恭维的，说他最有慈善思想！

劳　他心里怎样想，我不敢妄断；我说公道话，他似乎有许多空想的慈善，可以比得上国内任何一位隐君子，可惜他不好尽力实行慈善。

**薛爵士**　虽是这样说,他手指尖上有一串的慈善话。①

**劳**　薛爵士,不如说他舌尖上有一串慈善话;因我相信他最相信的话就是俗语说,慈善当从家庭始。

**薛爵士**　我猜这是家庭类的慈善,绝不走出家门的。

**劳**　你将见得他是这样;——他来了。我不要露出我打你的叉;你要记得,当你出来的时候,我立刻进去报你本人来了。

**薛爵士**　是这样;后来你到提爵士家中见我。

**劳**　一刻都不能耽搁。(劳理下)

**薛爵士**　我不愿意他满脸的和气。

(约瑟上)

**约**　先生,我令你久等,请你莫怪。——你就是仕先生。

**薛爵士**　岂敢,就是我。

**约**　先生,请坐,请坐。

**薛爵士**　先生,不必,——太过客气。(在旁说)

**约**　仕先生,我并不认识你,我见你的气色很好,我极欢乐,你同我的母亲是很近的亲戚,是不是?

**薛爵士**　先生,是的;原是近亲,我恐怕我现在这样贫穷的景况,辱及她的儿女,不然,我是不敢贸然来麻烦你。

**约**　先生,不必说抱歉话:——凡是穷困的人,虽然是素昧平生的,有权同富厚人家认亲戚。我很想我是富厚人,假使我是富厚人,我就有力量可以帮点小忙。

**薛爵士**　设使你的令叔薛爵士在这里,我就有了朋友了。

**约**　我很愿意他在这里:你就不必找人替你说话。

**薛爵士**　我的景况就替我说话,不必找人。但是我以为他送过你许多钱,你就可以替他行善。

**约**　我的老先生,你的消息不确。薛爵士是个好人,很是一个好人;但是,

---

①　只好嘴说,却不实行。——译者注。

仕先生,你要晓得今日的人贪鄙。先生,我秘密的告诉你,他所给我的,是很有限的;有许多人不晓得,以为他给了我许多钱,我却不去辨正。

**薛爵士** 什么！他向没寄现款——印度银币——古币么？

**约** 先生,那里有这种事！没有,没有,有时送我些礼物——瓷器,围脖巾,工夫茶,印度鸟,炮仗——不过是这样。

**薛爵士** 我给过他一万二千磅,他说我只给他些印度鸟和炮仗！这是他感恩的话！（在旁说）

**约** 先生,你总该听说我兄弟的浪费:我不晓得帮过他多少忙,说出来是没得人相信的。

**薛爵士** 我是不信的。（在旁说）

**约** 我不知借给他多少钱！——其实都是我之过;太过好帮忙,就是我的弱点;我却不肯辨护我自己,——现在我加倍的知错,因为我帮了他,就不能帮你,仕先生,我心里是很要帮。

**薛爵士** 满嘴都是谎话！（在旁说）——先生,你不能帮我的么？

**约** 现在,我很难为情的说,我不能帮你;但是,毋论什么时候我有力量,我一定有信给你。

**薛爵士** 我心里很难过——

**约** 请你相信我,我心里也是很难过的;——我有心无力,比你有求不遂还要难过得多。

**薛爵士** 慈善先生,我告辞了。

**约** 仕先生,我很抱歉。——维廉,你预备开门。

**薛爵士** 先生,不必客气。

**约** 请了。

**薛爵士** 请了。

**约** 毋论什么时候我能帮忙,我一定给你信。

**薛爵士** 先生,你太过要好！

**约** 当下我盼望你体气强健。

**薛爵士**　我永远感激你。

**约**　先生,我是一番诚意。

**薛爵士**　查理,你承受我的财产!

（在旁说,薛爵士下）

**约**　个人名声太好就有一种不良的效果;贫穷的人闻声而来,就要借钱,我很费许多手段,才能够一毛不拔,还可以享慈善的美名。真慈善好像是真金子,价钱是很贵的;假慈善如同法国的假金器,一样的好看,还不要纳税。

（劳理上）

**劳**　约瑟先生,我同你请安:我很怕打你的叉,但是我有要紧事见你,你看这封信就晓得了。

**约**　毋论什么时候,我都是喜欢见你的。（读信）——薛爵士! ——我的叔叔到了!

**劳**　他当真是到了:我才见过他——他身体很好——船走得快,他很着急的要见他的好侄儿。

**约**　我很诧异! ——维廉! 仕先生若是未走,你截住他!

**劳**　哦! 他走远了,赶不上他了!

**约**　当你同他进来的时候,你为什么不告诉我?

**劳**　我以为你有特别要紧的事:——况且我还要跑去告诉你的兄弟,约他在这里见你们的叔叔,他一刻钟间就到了。

**约**　他这样说。他来了,我很欢喜——我向来未走过这样不好的运!（在旁说）

**劳**　你的叔父体气很好,你一看见必定欢喜的。

**约**　呀! 我很喜欢听这句诰。——刚刚在这个时候!（在旁说）

**劳**　我将告诉他,你很着急的要见他。

**约**　你去告诉,你去告诉;请你告诉他我很孝敬他。我说不出来我怎样的喜欢见他。

（劳理下）

——他刚好这个时候来,是我最不幸的事!

（约瑟下）


### 第二场　在提爵士家

（甘太太和女仆上）

**女仆**　玛当,提夫人今日不见客。

**甘**　你告诉过她,说是她的朋友甘太太要见么?

**女仆**　玛当,我说过了;她求你不要见怪。

**甘**　你再进去回一声。——我很喜欢见她,只见一回子也好,我很晓得她此时很难过。

（女仆下）

真令我不高兴,我所晓得的,还不到一半的环境! 不久我们就看见报上全登了,人名字都有了,我是落后了,来不及布告十二家人家。

（巴爵士上）

呀,巴爵士! 我猜你听见——

**巴**　提夫人和约瑟——

**甘**　提爵士揭露——

**巴**　真是最奇怪的事!

**甘**　真是最奇怪,我替他们难过。

**巴**　我并不可怜薛［提］爵士:他太过偏袒约瑟。

**甘**　约瑟么! 我听说是查理和提夫人被破露的。

**巴**　不是的,不是的,——约瑟是情人。

**甘**　并无这样的事。是查理。原是约瑟特为把提爵士领去破露约瑟的。

**巴**　我告诉你我是听——

**甘**　我却是听——

**巴**　这个人是听甲说的,甲是听——

**甘**　甲是直接听——施夫人来了;也许她晓得一切的情形。

（施夫人上）

施　甘太太,我们的朋友提夫人闹出乱子来了。

甘　我的好朋友,可不是吗,谁能想到——

施　是呀!光看外面是靠不住的;其实我向来都嫌她太过活泼了。

甘　可不是吗,她的举动太过自由;但是她年纪还青呢!

施　其实她这个人也有她的好处。

甘　她有她的好处。但是你可晓得详细情形么?

施　我没听见;但是人人都说约瑟——

巴　是不是,我说是约瑟。

甘　不是的,不是的:是查理。

施　查理么!甘太太,你令我听了起恐慌!

甘　是呀,是呀,查理是她的爱人。我们说句公道话,约瑟不过是报信人。

巴爵士　也罢,甘太太,我不同你辨;但是,不管是谁,我盼望提爵士的伤
　　不至——

甘　提爵士受了伤么!可了不得,我却没听说他们相关的话。

施　我也没听说。

巴　没听说么!没听说他们决斗么?

甘　一字也没听说。

巴　是的,他们在房里决斗。

施　请你告诉我们。

甘　请你把决斗情形说一遍。

巴爵士　提爵士一揭露之后,对他说道,你是一个最忘恩负义的人。

甘　这是提爵士对查理说的——

巴爵士　不是的,不是的,对约瑟说的,——你是一个最忘恩负义的人;我
　　虽是年纪老迈,我立刻要你给我满意。

甘　是呀!这一定是对查理说的;约瑟断无在自己家里决斗的道理。

巴爵士　玛当,全不是的——提夫人看见提爵士很危险,就往外跑,神经
　　很昏乱。查理随在后头,喊人拿醒脑酒和水来;玛当,此后他们在房
　　里比剑决斗。

（刻先生上）

刻 用的是手枪,不是剑:我的消息是很的确的。

甘 刻先生,都是真的了!

刻 玛当,很真的,提爵士受了重伤,很危险——

巴 左边受了剑伤——

刻 胸膛中了一枪。

甘 可怜提爵士!

刻 玛当,是呀;设使查理能够免了决斗,他是不决斗的。

甘 我晓得原是查理。

巴 我看出来了,我的长亲全不晓得这件事的情形。

刻 但是提爵士骂他忘恩负义。

巴 我说过了你不——

刻 你让我说吧! 提爵士立刻——

巴 同我说的——

刻 只有你一个人晓得么,我也晓得多少。有两把手枪摆在衣柜上（**中略**）,不幸这两把手枪是装了子的。

巴 我却未听见这种情形。

刻 提爵士强逼查理拿一把,两个人相离很近的放枪。查理打中了,提爵士未打中;最奇怪的是,拿颗枪子打中炉台上的铜铸的莎士比亚像,作一直角反射飞出窗口,打伤了邮差,这个邮差正在门口送从某处寄来的信。

巴 我承认我的长亲所说的情形更为详细;但是我相信我所说的是真实情形。

施夫人 他们想不到这件事体与我有关系,我一定要打听较为真实的消息。

（在旁说,施夫人下）

巴 呀! 施夫人这样惊慌,其中有个缘故,不难想得出的。

刻 是呀,是呀,他们都说——这都不相干。

甘　我请问你,提爵士此时在那里?

刻　他们把他送回家,此时他在家里,吩咐家人们说不在家。

甘　我相信,我猜提夫人伺候他。

刻　是的,是的;我看见一位医生在我之前进宅的。

巴　谁来啦?

刻　这就是他:是医生。

甘　必定是的:必定是医生;我们可以晓得情形了。

（薛爵士上）

刻　医生,有希望吗?

甘　医生,你的病人怎么样啦?

巴　医生,病人受的是剑伤是不是?

刻　我赌,是枪子伤了胸膛。

薛爵士　你们当我是医生,问我是否剑伤! 又说是枪子伤了胸膛! 你们说的是什么! 你们疯了么?

巴　先生,也许你不是一位医生?

薛爵士　倘若我是一位医学博士,我要谢谢你们给我这个学位。

刻　我猜你不过是提爵士的一位朋友。但是你一定听说他遇险?

薛爵士　我一字也没听见说。

刻　没听见说他受重伤么?

薛爵士　他何尝受伤。

巴　身上受刀伤——

刻　胸口受了枪子——

巴　听说是约瑟——

刻　有人说是他的兄弟。

薛爵士　你们闹什么! 你们说的,没得两个人说一样的话:但是你们众口一辞都说提爵士受了伤。

巴　是呀!

刻　是的,是的,这是无可疑的了。

薛爵士　他既然是受了伤,他这个人未免太过不小心了,你们看来,这不是他走来吗,你们看他走路不像受了伤的。

（提爵士上）

提爵士,我对你说,你来得很巧,我们正在这里说你伤重不起的了。

巴　长亲,他的伤好得很快。

薛爵士　你既然受了刀伤,你的胸膛又中了枪子,你不在床上养伤,跑出来作什么?

提爵士　刀子么! 枪子么!

薛爵士　这群人,既不按法律,又不用药品,要把你杀死,还要称我作医生,要我当预谋的人。

提爵士　你们干什么?

巴　提爵士,既然谣传你决斗是并无其事,我们听了很高兴,对于你其他的不幸事,我们听了真是难过。

提爵士　原来全市的人都晓得了。（在旁说）

刻　提爵士,你这大年纪还要娶妻,原是你的不是。

提爵士　这件事同你有什么相干?

甘　其实提爵士是个好丈夫,我们应该可怜他。

提爵士　玛当,什么可怜! 我不要你可怜我。

巴　提爵士,虽是这样说,你为此事被人笑,被人玩弄,却不要见怪。

提爵士　诸位,这是我的家,我要作我家里的主人翁。

刻　好在这种事并不是罕见的事,你也可以聊以解嘲。

提爵士　我不许你们麻烦我:我不客气了——请你们诸位立刻走开。

甘　好吗,好吗,我们走,请你放心,我们必定尽我们的力量,作最好的布告。

（甘太太下）

提爵士　你们走!

刻　我们去告诉人,你怎样的受了苦待遇。

（刻先生下）

**提爵士** 你们走!

**巴** 你很能忍耐的受苦。

（巴爵士下）

**提爵士** 鬼魅! 毒蛇! 恶鬼! 咳! 我盼望他们的毒气,塞死他们自己!

**薛爵士** 提爵士,这群人真是令人生气。

（劳理上）

**劳** 我听见吵闹声音:爵士,什么事叫你生气?

**提爵士** 呸,你问什么? 我那一天不生气?

**劳** 我不问了。

**薛爵士** 提爵士,我按照我们的计策,见过我两个侄儿了。

**提爵士** 他们是一对宝贝。

**劳** 是呀! 提爵士,薛爵士深信你的决断不差。

**薛爵士** 是的,讲到底还是约瑟好。

**劳** 是呀,提爵士说,他是一位道学先生。

**薛爵士** 他嘴里说什么,就作什么。

**劳** 听约瑟说话,必定令人进德的。

**薛爵士** 是呀,他是今世少年的表率! ——提爵士,怎么样啦? 我料你恭维约瑟的,你却不附和我们恭维他。

**提爵士** 薛爵士,我们所处的世界是坏极的了,越少恭维越好。

**劳** 提爵士,什么呀! 你是平生没上过当的,你为什么说这句话?

**提爵士** 呸! 你们两个呕我呀! 你们这样鄙夷我,你们一定是都晓得了。我要疯了!

**劳** 既是这样,提爵士,我们不再呕你了,我们当真都晓得了。提夫人从约瑟房里出来,我碰见她,她是很低心下气的了,她叫我替她对你说话。

**提爵士** 薛爵士晓得这件事么?

**薛爵士** 我都晓得了。

**提爵士** 壁橱帷屏你都晓得么?

薛爵士　是的,是的,我都晓得。我还晓得小个子的法国女裁缝。我听见
　　　这段故事,实在是乐到了不得! 哈! 哈! 哈!

提爵士　很好笑。

薛爵士　我对你实说,我生平没有这样大笑过:哈! 哈! 哈!

提爵士　真好笑! 哈! 哈! 哈!

劳　　约瑟满嘴的仁义道德,真好笑! 哈! 哈! 哈!

提爵士　是呀! 是呀! 他的仁义道德! 哈! 哈! 哈! 这个假道学!

薛爵士　是呀,查理把提爵士拖出壁橱来:哈! 哈! 哈!

提爵士　哈! 哈! 原是很好笑!

薛爵士　哈! 哈! 哈! 当推倒那扇帷屏的时候,我很愿意看你的脸:
　　　哈! 哈!

提爵士　是呀,是呀,推倒帷屏时我的脸色:哈! 哈! 哈! 我从此不能再
　　　露面了!

薛爵士　来,来,我的老朋友,我们不该笑你;我实在是忍不住。

提爵士　我请你不必因为我制止住不笑:你们笑我,并不伤害我! 我自己
　　　也笑这件事。是呀,是呀,我以为作朋友们的笑柄是处于一种很欢乐
　　　的地位。早上起来见报上登某人,某夫人,某爵士怎么长,怎么短,是
　　　很有趣的事!

劳　　提爵士,你简直的可以看不起这群傻子的讥笑:但是我看见提夫人向
　　　隔壁房间走;我晓得她愿意同你言归于好,与你所愿的一样。

薛爵士　也许因为我在这里,提夫人不便走来。也罢,我留老劳在此,替
　　　你们两口子说和;但是他一定不久就带你们到约瑟家里,我现在就到
　　　他家,我倘若不能劝败子回头,至少也要揭破假道学。

提爵士　你到那里揭露你自己,我是要来的;但是那里是不详地方。

劳　　我们一回就来。(薛爵士下)

提爵士　老劳,你看她不是到这里来。

劳　　不是的,你看,她打开那道门不关。你看,她滴泪。

提爵士　一个为人妻的,受点痛苦,也是该的,让她悲伤一回也好,你看是

不是?

**劳**　你太无大度了!

**提爵士**　我也不晓得怎么样想。你记得么,我找着她的一封信,显然是给查理的?

**劳**　提爵士,这是一封假冒的信,特为让你拾的。我有意叫西尼来,你就相信是假冒的。

**提爵士**　我很愿意证明这件事使我满意。她向这方看。你看她转过头来,多们好看! 老劳,我去就她。

**劳**　最好。

**提爵士**　那怕等到我们两口子和解之后,闲人十倍的嘲笑我,我也不怕。

**劳**　随他们嘲笑,你不必用别的法子反唇相稽,你只要令他们晓得,嘲笑由他们嘲笑,你们两口子还是很欢乐的。

**提爵士**　我照办! 我看我们两口子还可以作国内最欢乐的两口子。

**劳**　提爵士,凡人只要把疑忌置在一旁——

**提爵士**　老劳,你不必往下说了! 你若是有意惠顾我,请你以后永远不要同我说道学话:我听够道学话了,我一生用之不尽的了。(下)


### 第三场　在书楼

(约瑟和施夫人上)

**施夫人**　这是不可能的! 提爵士当然立刻同查理言归于好,自然是不反对查理与玛理结婚,是不是? 我想起来,简直的是心绪烦乱。

**约**　激情(爱情)不能补救么?

**施夫人**　不能,狡诈也不能。咳! 我是个傻子,同这样不能办事的人联盟!

**约**　施夫人,最受苦的还是我;但是你是看见的,我对于这件事还是很镇静的。

**施夫人**　因为这件失意事并不达到你的心坎;你之所以依恋玛理,不过为私利起见。假使你爱惜她,如我之爱惜那个忘恩负义的浪子,你的脾气或你的奸诈,都不能拦阻你露出你的愁苦。

约　你为什么因为失望怪责我?

施夫人　不是完全是你造出来的吗?你骗提爵士,排挤你的兄弟,还不够你施展你的骗诈手段吗?你为什么还要引诱他的夫人?我恨你这个太过贪于作恶了;你垄断作恶,未免太不公道,不会发达的。

约　我承认我该受责。我作恶原该走直路,我承认我绕了路,但是我看我们并不是完全失败。

施夫人　未完全失败!

约　你说你我会面之后你曾经试验过西尼,你还是相信他是忠于我们的。

施夫人　我相信他。

约　你又告诉我,倘若必要,他担认发誓证明此时查理与你有约,有几封他从前写给你的信作凭据。

施夫人　这个可以帮助我们。

约　来,来;还来得及。(外面敲门)你听,大约是我的叔父薛爵士:你躲在那间屋子;等他走过之后我同你商量。

施夫人　好呀,但是倘若他看破你,怎么样呢?

约　我不怕。提爵士要顾自己的脸不便声张——你只管放心,我很容易看出薛爵士的弱点!

施夫人　我对于你的骗诈手段,并无不放心之处!你必须一次作一件骗诈的事,不可改变。(施夫人下)

约　一定的。原来如此!我已经倒运了,又被同谋作恶的人所饵。毋论如何,我的名誉总比查理好得多,我一定——什么呀!不是薛爵士,还是仕先生,他为什么在这个当口走回来骚扰我——不久薛爵士走来看见他在这里——又——

(薛爵士上)

仕先生,你为什么这时候走回来麻烦我?你不要在这里逗留。

薛爵士　我听说你的令叔薛爵士就要来了,对于你,他虽然是吝啬,对于我,他许慷慨些。

约　先生,你不能此时在我这里逗留。我求你——以后毋论什么时候来,我答应你我必帮你。

薛爵士　不能,我必要同薛爵士见面。

约　我要你立刻走出去。

薛爵士　我不走。

约　我要你走;维廉! 你哄他出去。你既逼我,我不能让你片刻逗留。——太不要脸!（推他出去）

（查理上）

查　你干什么! 你捉住我的经纪么? 哥哥,你不要伤害小个子皮先生。到底为什么?

约　原来他已经见过你么?

查　他见过我。他是个老实——约瑟,难道你也同他借钱么?

约　借钱! 我并没同他借钱! 兄弟,薛爵士就要到这里。

查　可不是! 我们不要叔叔看见这个小经纪在这里。

约　仕先生一定要——

查　仕先生! 他姓皮。

约　不是的,他姓仕。

查　不是的,不是的,他姓皮。

约　不管他姓什么,——但——

查　是呀,是呀,姓仕也罢,姓皮也罢,都是一样;我猜他有一百个姓。

（敲门）

约　这是薛爵士到! 仕先生,我求你——

查　是,是,皮先生。我请你——

薛爵士　两位先生——

约　你一定得走!

查　一定要他走!

薛爵士　你们这样凶暴——

约　这原是你的错。

查 　一定哄他走。（两人逼薛爵士出）

　　（提爵士、提夫人、玛理、劳理上）

提爵士　哈，我的老朋友，薛爵士！你们闹什么——你们两个真是孝顺侄儿——叔父初次来见，你们哄他出去！

提夫人　幸亏我们进来救你。

劳　当真；我见得，薛爵士呀，你装作他们的至亲仕先生，也不能保护你。

薛爵士　我扮作皮先生，也不能保护我自己：仕先生贫穷到了不得，也不能求得那位先生帮助他一文钱；我刚才所处的地位，还不如老祖宗们，没得人还价，就被敲下来了。

约　查理呀！

查　约瑟呀！

约　完了！

查　十分完了！

薛爵士　我的朋友提爵士，老劳，请你们看看我的大侄儿；你们都晓得，他得过我多少钱；你们也晓得我所有的财产之半，我当作我是替他暂时管理的：我看破他这个人既无信，又无慈善心，亦无感恩心，你们就晓得我怎样的大失所望。

提爵士　呀，假令我不是自己亲身看见他那样卑劣，阴险，狡诈，我当然更觉得你这番话令人诧异。

提夫人　倘若他对于你们二位的话，还不承认有罪，请他叫我来说他的为人。

提爵士　既是这样，我们不必再加添什么了：倘若他晓得他自己，他应该当作这就是世上最完备的惩罚。

查　他们对笃实君子说这种话，回头来对我说什么呢？（在旁说）

薛爵士　至于你的兄弟，那个败家子——

查　轮到我了：那几幅祖宗画像，把我毁了。（在旁说）

约　薛爵士，叔叔，你肯听我说么？

查　倘若约瑟要滔滔不绝的演说一番，我可以有时候想想。（在旁说）

**提爵士** 我猜你担任把你自己完全洗刷干净么?(对约瑟说)

**约** 我相信我能洗刷干净。

**薛爵士** 你呢!我猜你也能把你自己洗刷干净么?(对查理说)

**查** 薛爵士,我晓得我不能。

**薛爵士** 我猜,皮先生晓得秘密太多了,是不是?

**查** 是的;但是那些都是家庭的秘密,不应再提的。

**劳** 薛爵士,来来,我晓得你不能生气,说查理的过失。

**薛爵士** 我当真不能;我说出来还要发笑呢。——提爵士,你晓得么,这个光棍把祖宗都卖给我;裁判官,军长,是论尺卖,未嫁的姑母等等,是当破瓷器卖。

**查** 薛爵士,我当真的对于祖宗画像太过随便了。我的祖宗可以复现判断我的罪,我是无可抵赖,不能不招认;我的罪恶已揭露了,这个时候我所以还不觉得难过到死,实因此时我看见你,我的大恩人,心里实在是热烈的满意,请你相信我这几句由衷之言,我若不是有这样的感觉,我也说不出这样话来。

**薛爵士** 查理,我相信你的话;你再伸手来:挂在榻上那个难看的小子,同你和解了。

**查** 我对于那画像的本人,倍加感激。

**提夫人** 薛爵士,我晓得,这里有一个人,是查理尤其着急要和解的。

**薛爵士** 哦,我在外国就听说他们两人相爱;请这位小姐莫怪,倘若我猜中了——那脸上的红晕——

**提夫人** 好孩子,你说你的意思!

**玛理** 爵士,我没得什么说的,但是我听见他欢乐,我将高兴;说到我——毋论我怎样配得他的爱情,我愿退让,让给更应享受的人。

**查** 玛理,这是怎么讲呀!

**提爵士** 嘻!内里有什么神秘呀!当查理是一个屡教不悛的浪子时,你是什么人都不嫁,只要嫁他;现在他可以改过了,我看你却不肯嫁他。

**玛理** 他自己的心和施夫人晓得其中的原故。

查　施夫人么!

约　兄弟,我因为很关切,故此对于这一点不能不说两句话,我是为公道起见,而且施夫人所受的损害,不能再隐瞒,不得不说。(开门)

(施夫人上)

提爵士　哦! 又是一个法国女裁缝! 我猜他每间屋子都藏一个。

施夫人　你这个忘恩负义的查理呀! 你负心寒盟,使我处这种嫌疑地位,你也应该诧异,应该替我难过。

查　叔叔,这又是你的妙计之一么? 我简直是不懂。

约　我相信只要再有一个人的证据,就可令人明白了。

提爵士　我猜这个人就是西尼,——老劳,你把西尼带来,是很对的,让他出来吧。

劳　西尼,请你进来。(西尼上)

　　我原想到,他的见证是用得着的:可惜他进来并不是帮施夫人的,是反对施夫人的。

施夫人　是个恶棍! 到底你卖我! 你说呀! 你也阴谋害我么?

西　我向夫人求宥,求你饶恕我一万次:你买通我说谎,花钱很多,可惜有人加倍给我钱,叫我说实话。

提爵士　可了不得! 诡计,和破诡计的诡计!①

施夫人　我望你们受我所受的又羞又恨的苦!

提夫人　施夫人,且缓一步走——你未走之前,我谢谢你,因为你和那位先生费了许多事,替我写信给查理,又是你们替查理写回信;我又托你同你作校长的学校诸位请安,请你告诉诸位说,提夫人学士,今将学位送还他们,不再挂招牌了,再不毁他人的名誉了。

施夫人　玛当,你也是令人讨厌——不要脸——我盼望你的丈夫再活五十年!

(施夫人下)

---

① 你害我,我害你。——译者注

**提爵士** 好利害的一位凶神！

**提夫人** 的确是一个心怀恶意的人！

**提爵士** 嘻！不是为她末后一句话么？

**提夫人** 不是的！

**薛爵士** 你如今有什么话说呢？

**约** 我实在想不到施夫人贿买西尼作证人，骗我们，我不晓得说什么好：她是有仇必报的，我很怕她去害我的兄弟，我当然应该立刻尾她之后。

（约瑟下）

**提爵士** 真是始终不懈，说道学话说到底。

**薛爵士** 约瑟，你若果办得到，不如娶了她——油同醋，你们两个人一定处得来的。

**劳** 我看我们用不着西尼了？

**西** 当我未走之前，我一次得求你们诸位恕罪，我作过种种事令诸位不安。

**提爵士** 你最后居然作了一件好事，可以盖过前愆了。

**西** 我求在座诸君切勿告诉人。

**提爵士** 你一生只作过一件好事，你为什么还怕人晓得呢？

**西** 先生，请你想想看，——我这个人是靠坏名声吃饭的；我无所依靠，惟靠坏名声；设使外头晓得我得了钱作了一件好事，这四海之内，我简直的没得一个朋友的了。

**薛爵士** 也罢，——我们以后不说你一句好话害你就是了，你切勿害怕。

（西尼下）

**提爵士** 好一个恶棍！

**提夫人** 薛爵士，你看，用不着什么相劝，和解你的侄儿和玛理啦。

**薛爵士** 本来应该如此的，我们明天就办喜事。

**查** 谢谢叔叔。

**提爵士** 你为什么不先去问小姐答应不答应？

查　我早已问过了——我一分钟之前问过了——她的神色答应我了。

玛理　查理，你说这种话，不害羞么？提爵士，我要抗议，我并没说过一个字。

薛爵士　话越少越好；——我望你们两人相爱，爱情永无轻减之日！

提爵士　我望你们两人相处欢乐如我与提夫人意中所望的那样欢乐！

查　劳理，老朋友，我很晓得你同我贺喜；我晓得我很欠你的情。

薛爵士　你当真很欠他的情。

劳　假使我替你出力无效，你因为我的尝试也欠我的情；但是你应享欢乐，你还债还过头了。

提爵士　是呀，劳理常说你会改过。

查　提爵士，说到改过，我不敢答应，我却立意改过；幸而有规劝我的人在——有我的温柔向导——呀！有那一双美目所照的为善的路径，我能够舍开不走么？（唱歌）

我的宝贝小姐，你虽然不运用美人的权力，你仍然节制我，因为我愿意服从：我是从罪过逃出来的人，惟有爱情和你可以安我身；（对台下说）你们诸位不必怕，只要你行得正，谣言自消。（完）


［据《造谣学校》，爱尔兰谢立敦著，伍光建译，上海新月书店，1929 年 8 月出版］

第四编

# 政治学著作

# 霸　术[①]

[意]马加维理

## 序

　　神圣罗马帝国兴,而皇帝与教王争权。教王操极大教权,其所争者为政权。神圣皇帝,于政权之外,复争教权。日耳曼,意大利从此破碎分离,久不统一,而意大利内乱外侮无宁岁,受祸最惨。马加维理者,以一四六九年,生于佛罗稜萨[②],父母皆贵族。当其少时,梅狄奇族之罗伦素,治佛罗稜萨最有声,心敬仰之。比长,服官于本邦,娴于政事,屡使四方。时意大利为法兰西,西班牙,日耳曼,三雄所制,遗祸及于二十世纪。马加维理尝奉使缔交于三强,默察其政治,与其国主之为人。一五一二年,佛罗稜萨为教王所克,马加维理解职。旋因事下狱,教王利奥第十救之得释。乃从事著述,博采史籍,成《霸术》一书,计二十六章,以献于罗伦素之孙。其书尚武力,进权谋,不以弃信为耻,为后世所诟病。然其本归于爱民,其武力权谋,仅治标之术耳。以意大利城市邱墟,人民涂炭,异族横行,不复能

---

① 《霸术》(*The Prince*,今译《君主论》)是意大利马加维理(Niccolò Machiavelli, 1469—1527,今译马基雅维利)的名作。伍光建的译本为节译本,1925 年 11 月由商务印书馆出版,1927 年 1 月再版,1935 年 3 月国难后 1 版。全书二十六章,有君朔序(署"民国十四年四月十日君朔序")。——编者注

② 今译佛罗伦萨(Firenze)。——编者注

制,非治标无以救国,无以统一。观此书之本章,其悲愤爱国,情见乎辞,不啻一字一泪,岂可以其惨酷而少之哉。今日立国于全球之上者众矣,何尝不重武力而弃道德。且自欧战而后,两国缔交,有强权无公理,更大暴于天下。虽至今日,此书不为无价值也,故译其大要以问世,当亦忧国忧民者所取乎。

民国十四年四月十日君朔序

# 霸术(即马加维理上罗伦素梅狄奇书)

凡欲见好于王侯者,辄献名马宝剑珠玉锦绣,以结其欢心。某今欲纳忠于阁下,搜吾之所盖藏,计无贵于自吾服官以来,及研究古籍所有心得之伟人行事,博览约取,浮辞丽句,尽予芟除,写辑成书,以贡于阁下。暇时读之,出任国事,当可与古今伟人比隆矣。

## 第一章 国制(分界不清晰不译)

## 第二章 世袭国

旧国(即世袭国)易治,新国则难治。旧国宜守祖宗成法,有事慎处之,则可长有其国。不幸而为强有力者所覆,一遇僭位者稍有事变,不难克之,以光复旧物也。

## 第三章 非世袭国

凡新造之国皆难保。一因勋旧之奢望难满,稍不如意,则思反侧。二因国人担负税项太重,必多怨望也。例如法国路易第十二之克米兰,得之易,失之亦易,盖当日开城迎降者无恩泽可沾,大失所望,罗都维柯公爵于边界振臂一呼,而叛者四起,路易弃米兰而去。

凡取新造之国附于旧国者,则视其原始之是否同域同文。同者易保,其不习于自治者尤易。如毕但尼,巴干狄,客斯干尼,那曼狄之合并于法兰西是也。凡灭此类之国,而欲长久保守者,应行二事:一灭前朝,二不改旧法,不改旧税,则新旧可以长久相安。

凡灭语言习惯法律皆不同之国,则保守为难。无已,则灭人之国,须居于其国内,一遇有事,则耳目较近,易于治理,所任官吏,亦不敢放肆为非。例如土耳其之长住希腊是也。

其最善之法,莫如择要地派兵驻防,夺民间房地无多,被夺之家,数寡而贫,又涣散不聚,虽欲为恶,而有所不能。其余未受害者,则相安不至生事。凡待人有要道,以善待之无论已,若欲害之,则害之使至不能报复而后已。

凡灭此类国者,又宜知交邻之道。弱者护之,强者锄之。昔日罗马之灭希腊是也。阿奇亚,伊多利亚小弱之国也,则善视之;马其顿强国也,则挫之,其强将安提奥加则逐之。

今请申论路易之失策。委尼斯欲得朗霸底之半,乃引路易入意大利,于是热诺亚降服,而佛罗稜萨,曼土亚侯,佛拉拉公,斐安萨,辟萨禄,雷明尼,加莫理那,西那诸国主,皆愿与路易为友。委尼斯因贪其邻之地,而使意大利分裂,三分之二落于异族之手,失计殊甚,而路易之措施亦未尽为得也。路易一入米兰,即助教皇亚力山大取罗玛那,既欲得那不勒斯而与西班牙共分之,计路易此举失策有五:误灭小国,一也;使意大利中之一国比前强大,二也;引强邻入境,三也;不住居于所灭之国,四也;不派兵驻防,五也。或谓路易之为此,所以避免战事也。殊不知既已失策而欲免战祸,终至战不能免而祸随之。意大利之不振者,路易为之也;而路易亦不能久立足于朗霸底。今若有某甲出其智计,或其权力,使某乙得揽大权,则甲终必受祸,盖不能见容于乙也。

## 第四章　国灭而不反叛之故

专制之国,难灭而易治;封建之国,易灭而难治。专制之国,国人惟知有君,君之兵败,不复能成军,进而灭其家,则臣下无所措手,其国遂为我有。君主之国,如今日之土耳其,所以难灭也。若法兰西者,其王与诸侯分治,诸侯易于引兵入寇,虽灭其王,及论功行赏,难饱诸侯之欲,即甚至灭王之族,而诸侯仍可以号召连合以起事,故得之易而保之难也。特里亚之国亦专制之国也,亚力山大灭之难,而保之则易也。

## 第五章 受治于自定法律之国灭而保之之法

民治而兼享自由之国,既灭之矣,其保之之法有三:一毁其国,二住居其国;三仍使自治而以数人监之,责其修贡。昔日士巴特得雅典与提比斯,派数人以监其国,然得而复失,罗马既灭加蒲亚,加塞治等国,而毁之,竟能永为所有。其始亦欲治希腊,如士巴特之法,而不能保有其地。凡已得享受自由之地者,必毁之而后已,否则将反为其所毁。盖其人必以自由及久享之权利号召,虽年深日久而不能忘,必毁之或破散之而后已。故比萨为佛罗稜萨所灭,垂一百年,竟能复兴,而独立也。共和国亦然,生机较多,仇恨之心最切,所受之自由,永久不忘,亦惟有毁之或住居其地而已。

## 第六章 以武力得国者

智者行事,宜追踪古之伟人,盖取法乎上,不失乎中也。古人之起自田间而得国者,有凭幸福以得之者,有以才能以得之者。其以才能得国者,古有摩西,居鲁斯,罗木拉,狄西亚,其最著者也。其得国也不因幸福而善于乘机。摩西乘以色列人为埃及所虐待而起事。罗木拉生而为其家所弃,以苦其心志。居鲁士因波斯人之怨米狄士人,而米狄士人因承平日久,脆弱不习武事。狄西亚则乘雅典人之涣散。凡此诸伟人,皆能乘时奋起,以立不朽之业,其得国也,得之难,而保之易。难在乎与众维新,其享前朝厚恩者反对必力,其希新朝恩泽者怀疑而观望。新君之徒用善言以劝慰者必败,其用武以压服之者必胜。假使诸伟人不以武力从事,则不能行其新法,如近日之萨合鲁拉是也。上述最著之伟人而外,有希尔罗者因西拉固人受虐已久,举其为将,乃废旧军,练新军,弃旧同盟之邻,而缔结新交,乃定新制,亦能久有其国。

## 第七章 因他人兵力或凭幸福以得国者

起自平民以能力或幸福而得国者,尚有两人可举。

一、士伏萨循正轨,借能力,而至米兰,其得之也极难,故守之极易。

二、恺撒波吉亚(简称波吉亚)①,其父教王亚力山大第六,颇欲为其子造势力。当时其地之在教王势力范围之内者,则有米兰与委尼斯,虎视眈眈于旁;其在范围之外者,则无可插手。而意大利兵力则在鄂西尼与柯伦那两族之手,最忌教王扩张其势力。于是亚力山大第六设计扰乱时局,而与委尼斯合谋,引法王路易入意大利。法王至米兰,教王则借其兵以取罗玛那,使其子波吉亚(又称华提诺公)据其地,并借鄂西尼兵力,逐柯伦那族。此时前进发展,则忌柯伦那,或法王之中变,波吉亚思脱离依附以独立,乃先结纳鄂柯两族要人,富贵之,亲昵之,使皆附己。无何柯伦那知波吉亚之日臻强大,将不利于己也,乃作乱,波吉亚借法兵以平之。又设计使人与鄂西尼族,尽释前嫌,复修旧好,于一五〇二年除夕,尽歼鄂西尼族之豪,收拾余众为己用。波吉亚以罗玛那官吏,皆贪鄙卑劣,盗贼遍地,强暴横行,民心怨恨,乃擢用明敏辣手之罗谟利鲁,假以全权,使治其地。曾无几时,境内大治。民皆怨其残暴,波吉亚乃特设法庭,妙选庭长,平反冤狱,与民休息。一日忽下令捕罗谟利鲁,戮之于市,民乃大快,以为前此之残暴,乃罗谟利鲁一人之所为也。境内既治,乃注意于法兰西,修好近邻,而虚与路易委蛇。又恐新教王立,将不利于己也,立行四策,先为之防。一、尽杀所灭之国之公侯。二、结纳罗马贵人,以为己用。三、交结有选权之诸大主教。四、灭诸小邦。其第四策未行而其父亚历山大死,时法兵之在意大利者已为西班牙击退。波吉亚急攻下比萨,其余城邑,如拉加,西那望风迎降。无何遘疾②,而朱理亚第二举为教王。波吉亚语其友人曰,我知我父之将死,死后时局必变,我已早为之备;只有一事,未能为之备者,即不防父死之后,我亦将死也。综计波吉亚所为,凡能助我者结纳之,逆我者或以诈或以力灭之,使国人爱畏,军人敬服,革旧维新,厉而

---

① 恺撒·波吉亚(1476?—1507),教皇亚历山大六世的私生子,波吉亚家族是15、16世纪影响整个欧洲的西班牙裔意大利贵族家庭。——编者注

② 害病、生病。唐李公佐《南柯太守传》:"生妻公主遘疾,旬日又薨。"——编者注

能温,豁达大度,凡军士之不忠者毁之而另整新军,缔交邻国王侯使不得不助己而罔敢或侮,可谓一时人杰矣。凡灭人之国而欲长久享有之者,不可不取法也。然不能止朱里亚第二之获选为教王,则不足为训,盖诸红衣主教之有被选为教王资格者,有尝受波吉亚所损害之人,亦有畏其为人者,凡此皆不应被选也。其宜选者只有二人,乃不当选,而选尝受损害之朱利亚第二,则大谬矣。凡尝受我损害之人,而欲富贵之,使忘从前之损害,亦徒自欺而已。

## 第八章  多行不义以得国者

前既论以幸福或才力,自布衣而登大位矣。此外尚有多行不义以得国者。亦有为国人所拥戴以得之者。所谓多行不义者,兹引古今各一事以证明之。古时有阿格托者,西锡里人,陶人之子,一生无恶不作,而其才足以济之;穷极无赖,运其才智,从一卒以至大将,时加塞治以兵攻西锡里,阿格托阴与加塞治大将约,一日召集平民及贵族会议,忽发号尽屠贵族及富人,自立为国主,而国内帖然。其后虽再为加塞治所败,终为所围,而结果阿格托竟大败加塞治,分兵攻非洲,未几加塞治解围去,与阿格托言和,于是西锡里全境之地为阿格托所有。计其得国无不从艰险困苦中来,既非因人成事,亦非尽恃幸福。然卖友杀人,无信蔑教,残暴寡恩,亦不足称为才能。此虽可以得国,而不能享美名;若论其成功,盖与伟人等也。

近代当亚力山大第六时,有奥立洛图者,佛拉拉人,少丧父母,为其母舅吉维尼抚养成人。少隶巴哥鲁部下从军。巴哥鲁死,改隶其兄弟维特罗苏。才智过人,以知兵闻。耻为人下,阴假助于科尔谟人以取科尔谟。借词归省,带骑兵百人以壮观,居于母舅家。越数日,宴母舅及科尔谟诸要人,酒阑,高谈时局。俄而起立曰,此秘密大事,宜入密室议之。遂与母舅及诸要人入室,伏甲齐发,杀其母舅及诸要人。奥立洛图出,指挥其众,围攻官署,自立为主。在位一年,内外畏服。旋为恺撒波吉亚以计诛之。

或问:如阿格托等以诡诈残暴得国,何以能御外而内亦无图之者。对曰:此则视乎善用重典与否。其善用之者,因自保时必不得已而用重典,又只宜用之于霎时,若无益于众人者,绝不宜多用,或久用重典也。其不善用之者,则屡用之,或久用之,则必败。凡灭人之国者,最宜慎于刑戮,宜一日行之,而不宜日日行之也。其懦弱者,或误听人言者,则日执钢刀以杀人,必至众叛亲离而后已。是故祸人者,宜一日之间祸之,则尝苦之时间短;福人者则反是,宜延长为之,使受福者尝甘之时间长。

## 第九章　以巧取国

不以诈,不以暴,不以能力,不以幸福,而以巧取者,非得平民之力,即因贵族所助。然平民不甘受治于贵族之下,而贵族专以逼压平民为事,如是者,或产生专制之国,或自治之国,或扰乱无主。专制国主为贵族所立者难治,以其左右皆贵族,其自视与国主平等,难受范围,又贪得无厌,若饱其欲壑,则必伤及他人。因平民之力而得国者则不然,其欲望较贵族为纯正易满,贵族喜压制,而平民则惟希望免受压制而已。平民众多,一反抗则国主难以自保。贵族人少,虽有仇视,国主自保较易。平民仇视,充乎其极,不过弃其国主而已。贵族仇视,则将起兵以与国主为难。是故国主之视贵族当分别为二:有附我者,有不附我者。其附我而不贪残者,宜尊崇之。其不附我者,又宜分别为二:有怯弱畏事者,宜利用之,尤宜重用其有智谋者;有怀异志而不附我者,则宜以寇仇视之,而加防备。其因贵族以得国者,尤宜求得民心,以为己助。盖贵族所立之人,往往为平民所反对,方且以为必受虐待,而国君反施惠于平民,平民必倍加爱戴,遇有危难,可有恃而无恐也。

## 第十章　量国力(与今日时势不合不译)

## 第十一章　教王政权

自亚力山大第六以前,教士之政权微矣,意大利之王公,视之藐然。今日则法王畏之,教王之力,能驱法王出意大利,又能毁委尼斯。今试言教王政权增长之故。当法王查理未入意大利之先,意大利分辖于教王,委尼斯,那不拉斯王,米兰公及佛罗棱萨之下。时诸王公所深虑者惟二:一外兵入国,二诸王公互相侵略。而诸王公之所尤患者,曰教王与委尼斯。

其制委尼斯之策,则共同严守法拉拉之地。其制教王之策,则利用罗马之小侯,盖小侯分两党,曰鄂西尼,曰柯伦那,两党常相争不已,时时以甲兵相见,借此以制教王,使不能逞。至教王在位,大抵不过十年,时短不足以制强党之死命,故政权不振。及亚力山大第六在位,以财力兵力假其子华提诺公(即上文之恺撒波吉亚)。及法兰西之入境也,初意仅以助其子,而间接则扩张教王势力。及朱理亚而教王,政权强大,罗玛那全境收入版图,罗马诸小侯委靡不振,两党势力消灭,乃行聚敛之策,定计取波洛那,摧残委尼斯,逐法兰西出境。及教王利奥在位,其威权最为大矣。

## 第十二章 兵 籍

有自练本国之兵,有借用外国之兵,有雇用他人所练之兵。意大利之乱由于外兵及雇兵。其将雇兵者,或有能,与无能,无能者用兵不能战,有能者只图自利必不为我用。又凡有国者宜自将兵,亲临前敌,反是必为人所制。向来意大利贵族为神圣罗马帝所祖庇,而残虐平民,平民起而逐之,桀骜者自立为王公,教王则乘机以揽政柄。然教王部下皆教士,不知兵,共和诸邦亦乏知兵者,故借自异族,而意大利遂为法兰西,西班牙,瑞士兵所残害,历久而不能统一。凡治国须有好法律与好军队,然无好军队,则虽有好法律,亦无所用之。

## 第十三章 雇兵外兵之祸

教王朱理亚第二以雇兵攻法拉拉而不能胜,乃借兵于西班牙,颇得其用。然不为所害者,殆有天幸。佛罗棱萨借法兰西兵万人以攻比萨,几不免于危。东罗马帝尝借土耳其兵以攻希腊,战事既毕,而土耳其兵不允退,从此希腊永为异族所害。雇兵之祸,在无勇而残暴。异族之兵虽有勇而我为所制,智者宜勿用,宁败而失地,不宜借外兵以求胜也。如前章所论之恺撒波吉亚,初克罗玛那时用法兵,乘胜连克某某两地;旋以法兵不复可恃,改用雇兵,资鄂西尼以制胜;俄而雇兵亦不可恃,乃改用自练民兵,指挥如意,始能自固。又如前章所论之希尔罗,亦知雇兵之不能用,留之贻患,散之不能,乃尽杀之,而自练民兵。凡用外兵,或雇兵以得利者,往往乏远见而不知其贻害无穷,前者罗马帝国之祸,由于用峨特人为兵也。

### 第十四章　国君宜知兵

凡有国者宜知兵,宜苦其心志,劳其筋骨,宜多读史书,以古之伟人为法。居鲁士英主也,罗马大将西披奥,效其武功而治事治人,无不出以光明正大,为千古名将。

### 第十五章　毁　誉

古今之有国者多矣,有以疏财称,有以鄙吝称,有以残暴称,有以宽厚称,有无信者,有有信者,有懦弱如妇人女子者,有英武者,有和蔼者,有骄傲者,有淫乱者,有坚正者。凡为人主者,莫不愿得美名,而不愿有恶称。然而有时因好名而得祸,为善而得恶果,为恶而可以保国,是又不可不知也。下数章分别论之。

### 第十六章　疏财与鄙吝之利害

国君而乐疏财,则厚俸禄,多赐赏,无以为继,则臣下离。若厚取于民,而民怨。且得厚禄赏赐者少,其不得者多,故鄙吝之名不足嫌也。鄙吝则国帑丰裕,可以养兵,可以举事,而不扰民。一国之内,纳税者众,宜待以宽厚,不纳税者寡,则不必厚其赏赐。近今王侯之以鄙吝闻者,皆能成事;其以疏财闻者,则否。教王朱理亚第二,以疏财而得高位,及与法战,则否,故屡用兵而不厚敛于民。西班牙王亦然。是故王侯若不夺民财,力能自卫,不至于穷极无措,不为势逼,而事苛敛,则不必畏得鄙吝之恶名也。或谓古时恺撒等以疏财得国。予曰:此宜分别言之,有已得王侯之位者,有行将得王侯之位者,其已得王侯之位而疏财者危,其未得王侯之位者自宜以疏财闻。恺撒者,将得高位者也。假使其不先死,既帝罗马之后,而仍事疏财,则必毁其国。或谓以武力得国,而以疏财闻者多矣。予应之曰:凡得国者其所用之财,其来源有三。一,出自私有;二,敛自民间;三,他人所供给。一,宜俭用;二,宜乘机以行惠;三,则宜行俗语所谓慷他人之慨。人主宜知疏财则浪费,无以为继则贫乏,而来藐视;否则苛敛而民怨,取祸之道也。

### 第十七章　仁与暴　爱与畏

有国者无不乐于民称其仁,然而仁民亦难言矣。恺撒波吉亚以暴称,然罗玛那赖之以统一,享太平而民不叛。是故能统一而民服者,不畏暴名。若徒好仁而不忍杀,不保治安,盗杀横行,其不仁甚于杀数人以示警也多矣。人主又好为民所爱,而不好为民所畏,然欲固国,则宁为民所畏,不为民所爱。人性大抵皆忘恩,善变,无信,畏葸,贪财。国君值强盛时,则臣下服从惟恐后,危难在远,则身家性命在所不顾,一旦有事,则倒戈相向。人君若信之而不为之防,则必败。盖财贿所买来之忠信,其忠信不可恃,不可与共患难也。人性卑劣以利合者,其爱我尤不足恃,惟有刑罚随之则不敢我叛。然而畏与怨则有别,可使臣下畏,而不可使其怨,不动其财产妇女,则不怨矣。若非诛杀不可,则罚必当其罪,使国人皆知其可杀,而不可没其财产,盖杀父之仇易忘,而夺产之怨则永不能忘也。且借口夺产之机会极多,而借口杀人则不易,稍一不慎,则必招怨也。至用兵时,则不能不果于杀戮,否则纪律废而兵不用命。昔汉尼拔统国军与异族之众转战于异域,或胜或败,而其众莫敢或叛者,以其果于杀戮也。论者不察,仅嘉其智勇,智勇尚矣,苟不果于杀戮,则不能使其下敬畏。同时西披奥亦以善战闻,古今来最著名良将也,然其部众固尝叛于西班牙矣,以其不果于杀戮,纪律不明也。罗马贵族以为纪律之坏,自西披奥始。又其部下尝肆行掳掠,而不之禁。假使当日久于其任,终必失败,亦幸而有贵族院以制其行动,故仅得保其令名耳。且下之爱上,其权在下,下之畏上,其权在上,故宜权操于上,使其下畏,惟慎勿使其下怨而已。

### 第十八章　国君不妨失信

有国者莫不欲有信,莫不欲正直而不诡诈;然从阅历观之,国君之立丰功伟业者,皆不重信,而以诡诈成事。凡竞争之术,不出两途:一以法律,一以暴力。用法律者人也,用暴力者兽也,然而法律之力常不足,则不能不用暴力。有国者宜兼用人兽竞争之术,否则不能永保其国。上古神话已昭示后人矣,阿奇理之流,皆师承陀尔,半人半马之神也。效野兽之行者莫若兼效狮与狐:狮勇矣而不知有陷阱,狐智矣而不能御狼;是故宜效狐以知有陷阱,宜效狮以使狼畏。是故国君宜权变。若守信而不利于己则失信可也。或已至可以不守信之时机,则失信可也。假使人皆君子,国君守信可也,然而人皆不尽君子,往在失信,则我又何必不失信耶。且既欲失信矣,又何患无辞。古今来严立条约,而其后不遵守者,曷胜数计。是故善效狐者,最为得计;然而效狐不可以露尾,使人不知其为狐。世人粗浅者多,又为时势所迫,凡欲欺人者,不难遇受欺之人也。例如亚力山大第六,一生欺人,而受欺者不知凡几,善于指天誓日,以证其言之可信,而终至不可信,因其善知人之情伪,往往算无遗策。是故国君不必尽有上所陈列之美德,而不可不伪为无德不备。予敢断言,凡实行美德者必招损,而貌为有美德者必受益。久于其位之国君及新君,应知实行众人所贵之美德,势实有所不能,宜乘机观变,随风转舵。故国君宜口不离慈善有信仁爱正直敬教之言,而以敬教为尤要,以世人徒信外观,而不暇深求实际也。

译者案:此书前数章为后世所诟病,而以本章为尤甚。然阳为仁义,而阴行诡诈者,自古至今,比比皆是。人所不欲言不敢言者,作者淋漓尽致,揭示天下,与禹铸九鼎同功。使国君尽知人之情伪,为应付之方,然后可与图功,其用意未可厚非也。其智如狐一语,亦最为人所不满,然《新约》早已有智如蛇之语矣。

## 第十九章　避藐视远怨恨

国君而爱憎无定,或轻佻妖冶如女子,或鄙陋,或寡断,必为臣下所藐视,宜力避之。行事宜大方勇敢坚忍沉毅,既断则不移,使臣下无所用其欺。如是则臣下敬惮,难以怀奸,国君可以高枕。然尚有可畏之二事:其一在内,国民是也;其二在外,敌国是也。御外宜整军经武,缔结邻交;弭内乱宜爱民,既得民心,则奸党倡内乱,而民心不附,最难成功。往事之可以为鉴者殊多,今姑举其一:当班尼族之治波洛那也,为甘尼族所暗杀,全家被戮,惟一幼孩名吉维尼得脱。班提族最得民心,既被杀,邦人大愤,尽杀甘民族,求得班尼族之裔,铁匠之子某在佛罗稜萨者,迎立之,及吉维尼长大,仍立为主。是故国君能得民心者不畏内乱,其不得民心者则无所往而非仇敌也,亦可畏矣。

以并世而论,法兰西治术为尽善。国内有平民,有贵族,设议院以为枢纽。贵族难制,有议院以衔勒之。平民怨贵族,则君主借议院以护贵族。故平民不能咎君主之祖贵族;贵族亦不能咎君主之祖平民。使议院并当其冲,而君主之位固。由是而知为人主者,刑罚之权,宜委于他人,赏赉之权,宜操诸自己,对于贵族宜羁縻之,而不使平民怀怨。

译者曰:予尝读唐律矣,治官吏之法网亦密矣,其治民之律何其少也。予尝读欧美近代法律矣,其用意偏重于保产,毋怪乎所谓民党之纷起矣。

或曰:罗马治术与法兰西不相远,然而诸帝或失位,或被杀,何钦?予曰:请试考玛克斯及继位诸帝,其世势与法国不同。罗马所患者,贵族之觊觎,平民之骄横,军人之贪残。平民望治安,而军人好扰乱;平民乐有无大志之主,而军人则乐得其上之黩武贪残。诸帝之失权者,或新登位者,往往祖军人以摧残平民。玛克斯,波提那,亚力山大,仁爱之主也,惟玛克斯因世袭帝位,不假手于军人,而得善终,其余二帝皆不得善终。克木达,西维拉,克拉克,玛士墨,最为贪残,惟西维拉能保其位,余亦皆惨死。西维拉智勇兼备,所谓兼狮与狐为一者也。初西维拉将兵于外,而波提那被弑,朱理安继位,西维拉以复仇为名,疾驰至罗马,元老畏其锋,弑朱理安而立西维拉。时大将奈吉尔,驻兵于亚细亚,大将阿宾那将兵在西,皆欲为帝,西维拉乃阳与阿宾那缔交好,而东攻奈吉尔杀之,归罗马,诬阿宾那谋逆亦杀之。下民敬畏而军人亦不怨,此亦勇如狮智如狐之效也。

## 第二十章　保国恃台垒不如恃民心

人君欲保国,有逼人民缴军械者,有令民人分党使纷争不已者,有故意树敌与己为难者,有初登位时民心未服而设法使其附己者,有筑台垒以自固者,有毁其原有之台垒者,今试略言其利害。新君入新邦,不宜遣散军队,散之则疑,疑则图我,雇募新兵,亦不足以自固。其灭新邦置为一省者,其附我之军队宜留之,其不附我者宜遣之,其留用者则宜乘机逐渐使之日变脆弱无用。凡国内之兵务宜使其效忠于我。

我邦(佛罗稜萨)之先哲,尝谓保守披士特,宜设计使其内有党争,保守比萨则宜用台垒。在意大利均势时代,此术或可适用,今则非其时矣。暗酿党争非计也。一遇外患,弱党必求助于外国,而反对党且无力以拒之。昔者委尼斯亦尝挑拨党争矣,及维拉一败,一党胆壮,竟取其地为己有。党争者,国内无事则或可用,遇有战事则不可。

人君亦有因屡平大难而威名更著者,故智者欲得威名,每乘机用术,使人反对而讨平之,以增声誉。

新君之初得国也,其臣下往往有为其所疑者,有为其所信者,其后则收效适相反。其初被疑者,往往忠诚归附于我。虽然,亦不可以一概论。大抵其初与我为难而孤立无援者,其后必能效忠于我,以盖其前愆。其有不得逞于旧政府而助我者,欲壑难满,殊不易收为我用。其人既满意于前朝,而初为我敌者,较为易与也。

人君有专恃台垒以守国者,近日则毁之者多,以台垒有利亦有害也。畏内乱而不畏外国,则宜筑台垒;畏外国而不畏内乱,则可不必有。盖民心归附,即最坚固之台垒也;民心不附,辄通外国以为内应助敌,虽有台垒,亦无所用之。总而言之,台垒之有无皆可,惟专恃台垒而不恃民心者败。

译者案:吾国所谓王道,原不离足食足兵;霸国则专务富强,而不恤民,此亦王霸最大之分别也。

## 第二十一章 国君应求令名

国君宜建丰功伟业,以得令名。西班牙王花狄能其始碌碌无奇,其后借宗教为名,敛教帑及民财,整军置械,尽逐回族,旋攻非洲,入意大利,终攻法兰西,为欧洲最著名之伟人。

国君忌首鼠或中立,其敢于偏袒一方面者,易得令名。盖非我友者必要求我中立,其与我为友者必要求我宣战。若寡断之君,往往中立以求苟安,而终归失败。若毅然偏袒一方面,出兵相助,此方面而胜,则必感我,彼虽强于我,亦有不便腼然反而逼压我也。若此方面而败,尤不能恝然舍我,以便互相维持,及其有力,亦必助我,亦可有并兴之机会。至若有甲乙两方面相战争,其胜负不必为我所关心者,则更宜偏袒一方面,设袒甲而毁乙,则甲孤,我既不畏乙,亦并不畏甲也。惟一方面其强过我者,非至万不得已,则绝不宜偏袒之。昔者,委尼斯,联法兰西以攻米兰,而反为法兰西所毁,是不应联而联者也。有不能不联者,如教王与西班牙连兵攻朗伯底,佛罗稜萨虽欲不偏袒一方面,势有所不能也。又国君所为绝无万全无害之策也,以寻常人事而论,往往欲避免此害者,则有他害随之,免害不能,惟有两害从轻耳。

凡为人君者宜奖励人才。其有一艺专长者,亦宜敬之,士农工商,务使各安其业。其有能增国之光荣者,尤宜奖赏。每年应择合宜之时,与民同乐。其有工行商会者亦宜敬重之,有时并宜假以辞色以相接近,惟切不可自损威重耳。

### 第二十二章　择良臣

欲知其君,先视其臣,上智自知,中智知人,下焉者不自知亦不知人。君欲知臣之贤否,有不败之术焉。其臣专图利己,见利而忘其君,遇事必先牟利,此不良之臣也。若既得良臣,而欲养其廉,人君当研究其为人,敬之赏之,休戚与共,使其臣知富贵皆操于人君,不能舍人君而独立。又必使其臣知足不为无厌之望。如是则君臣相得,否则必有一败者。

### 第二十三章　远佞人

人君大戒,在远佞人。故宜励臣下知直言无忌,宜使其专答所问而勿令其于题外发言。宜无事不问,听其所答而自为案断。有时宜分别咨讯,有时宜合诸臣以论议,务使得尽其言。其未经咨讯者,发言勿听,既决则勿复犹豫,否则为佞臣所惑。人君优柔寡断,或朝令夕改者,必为臣下所轻。设有一事,人主之无阅历者,则不能博采众论而独断之,于是诸臣各徇其私,而人主不能窥见其隐。凡臣下无不怀奸者,无以制之,则不能使其效忠也。

### 第二十四章　意大利诸侯失国之因

凡新得国者能行前列诸章法术,则其国奠定,尤胜于旧国也。凡人多顾目前,不思既往,新君较世袭者尤为人注目,苟能以良好法律军备缔交善邻,以整饰太平,保持治安,则能倍享荣名。兹就近今意大利诸王侯之失国者,如那不勒斯王,米兰公等而论,一由于军备之不精,二由于民心之不附。或民心已附矣,而不能羁縻贵族。即使平民贵族未尽归附,而有精兵以镇之,则尚不至于失国也。国君平时姑息苟安,尽无防备,一旦有事,或逃走,或举手而让他人,委为运命,非愚则妄也。亦有逃国让国之后,希冀人民之怨新主骄蹇,起而复辟者。若保国诸策,皆不足以救亡,则赖人民之悔祸,起而复辟,亦未尝不可。但世界必无甘心失国而徒望人复辟之国君也,即使万一能成,亦绝无可以侥幸永久之理。凡以一己之勇力而得者可久,因人成事者则否。

## 第二十五章　命　运

世人多信命运而不信人事,观世事之变迁莫测,予以为半由命运,半由人事。如大河之怒决,凡堤防庐舍同归于尽,猝不及防,其势不可遏,此命运也。及水势既退,不能不尽人事以增筑堤防,疏浚河道,再遇大水,则保存者多。意大利四战之国也,而不为守备,招异族侵犯,则不得不归咎于人事之未尽矣。

国君之失国,由于徒信命运,而不尽人事;既如是矣,其有不随世界潮流而为转移者,亦必失败。人之得富贵者,亦多术矣:有谨慎以得之者,有躁进以得之者,有用力者,有用术者,有由忍耐者,有不由忍耐者,往往殊途同归,亦有同一小心谨慎而或得或失者,此则随时势转移与否之故也。国事亦然,不可不察也。教王朱理亚第二时,强敌环伺,而处置裕如,所向皆利,此则以猛进得之,使其过于审慎,则一事无成矣。愚意以为对待时机,如对待妇人,勇敢冒险者得之,妇人爱少午,少年勇敢而无顾虑,故能服妇人。

## 第二十六章　多难兴邦

今日之意大利破碎分裂,非有智勇兼备才德兼优之人,不能维新统一,今日奋发有为之时机已至矣。昔者以色列人降为奴隶,而后显摩西中兴之才;波斯为米狄士所压制,而后显居鲁士之伟业;雅典人失国散亡,而后显狄西亚之能力。今者意大利之堕落已至极点,为人牛马,惨过昔日之以色列;受人压制酷于波斯;分崩离散,过于雅典。今日意大利群龙无首,无秩序,屡为异族所败,财产丧失,室家流离,遍遭蹂躏,此非多难兴邦之时乎。近日亦有投袂振臂而起者矣,无如天未悔过,功败垂成。今日意大利死期已迫,急待解悬之人,国人愤怨已极,有举旗号召,众必乐从,而为之死,以时局论,惟殿下之族最称勇敢,情势顺利,实为天与人归,应为群龙之首。殿下惟追踪古之伟人,如上文所述者,则成功亦何难之有。上述诸人可谓奇伟矣,然彼亦人也,殿下亦人也,其所遇之机会并不良于今日,其所遇之艰险,与师出有名,并不异于今日也。天意之助彼,殊不能过于今日之助殿下也。凡非出师不可或非出师则无望者,则师出为有名,国人既乐从,祥瑞又屡现,天人既已如此,其余皆殿下所应建立之功业也。前此既无其人,战争频年,不能立功,一若意大利人不复能战,非不能战也,实旧制不复能用,又无人知改革创行新制耳。今日之人,勇于私斗,怯于公战,又无良将以驾驭之,故其害如此。殿下诚能收为己用,必能拒异裔之侵犯,光复旧业。意大利受祸已深矣,同仇敌忾,必能痛哭流涕,誓死以听殿下指挥。谁不开户欢迎,谁不俯首听命,谁敢嫉忌阻挠,谁不归命致敬哉。拯民于水火,为意大利争光荣,此机不可失也,望殿下图之。

[据《霸术》,意大利马加维理著,伍光建译,上海商务印书馆,1925 年11 月初版]

# 伍光建译事年表<sup>①</sup>

**1867 年**

2 月 4 日,伍光建为广东新会麦园村(今江门市江海区东南村)人,原名光鉴,字昭宸,谱名于晋,笔名君朔,英文名 Woo(Wu) Kwang Kien;因平生最爱石榴花,室名"爱榴居"。

**1902 年(36 岁)**

6 月,与李维格编译的法国包尔培与英国莫尔显合著的《格致读本》由南洋公学译书院出版。2 卷,铅印本,140 页。

8 月,与李维格合译的美国韦尔生(Woodrow Wilson)的《政群源流考》(*The State : Elements of Historical and Practical Politics*)由南洋公学译书院出版。2 卷,铅印本,140 页。

**1904 年(38 岁)**

9 月,教材《力学》由商务印书馆出版,题"最新中学教科书",封内题"*A Treatise on Physics*. For the use of Colleges and Schools. Parts I &

---

① 本表参考了邓世还的《伍光建生平及主要译著年表》(2010)、邹振环的《提供英文之钥:伍光建及其编纂的英语读本》(2014)、汪杨文的《〈伍光建生平及主要译著年表〉修正与补遗》(2019)等文章。——编者注

II. Mechanics",署"Compiled By Wu Kwang Kien",为物理教科书第 1、2 卷。1906 年再版。2 卷,190 页,32 开,共 20 章,书后附课题。伍光建一共编(译)中学教材 9 本。同年出版的教材还有《热学》。

## 1905 年(39 岁)

4 月 20 日,教材《磁学》由商务印书馆出版,题"最新中学教科书",封内题 "*Elementary Treaties on Physics*. For the Use of Colleges and Schools. Part VIII. Magnetism",署"Compiled by Wu Kwang Kien",为物理教科书第 8 卷。版权页题"编辑者:新会伍光建"。86 页,有图,32 开,共 6 章,89 节,书后附课题、勘误表。

7 月,教材《静电学》由商务印书馆出版,题"最新中学教科书",封内题 "*A Treatise on Physics*. For the Use of Colleges and Schools. Part VII. Static Electricity",署"Compiled by Wu Kwang Kien",为物理教科书第 7 卷。版权页题"原译者:新会伍光建"。163 页,有图,32 开,共 11 章,166 节,书后附课题、勘误表。

## 1906 年(40 岁)

3 月,教材《声学》由商务印书馆出版,题"最新中学教科书",封内题 "*Elementary Treatise on Physics*. For the use of Colleges and Schools. Part V. Sound",署"Compiled by Wu Kwang Kien",为物理教科书第 5 卷。版权页题"编译者:新会伍光建"。117 页,有图,32 开,共 7 章,97 节,书后附课题。

4 月,教材《动电学》由商务印书馆出版,题"最新中学教科书",封内题 "*Elementary Treatise on Physics*. For the Use of Colleges and Schools. Part X. Current Electricity",署"Compiled by Wu Kwang Kien",为物理教科书第 10 卷。版权页题"编辑者:新会伍光建"。266 页,有图,32 开,共 14 章,216 节,书后附课题。

是年,教材《水学》《气学》由商务印书馆出版。

正月,编著《帝国英文读本》(*Empire English Readers*)一卷由商务印书馆出版。1906 年至 1907 年,出完 5 卷本,系学部审定本,内封题"Woo Kwang Kien 编辑者新会伍光建"。第 1 卷书前有英文 Preface 和 Directions to the Teacher。民国元年改名《中国英文读本》(*The Republican English Readers*)",以修订本续印,1913 年 4 月 20 版。

## 1907 年(41 岁)

2 月 16—23 日,翻译的英国弗劳德(James Anthony Froude)的《母猫访道》("The Cat's Pilgrimage",选自 *Short Studies on Great Subjects*)一文发表于《中外日报》,署"君朔译"。

2 月 24 日至 3 月 7 日,翻译的《瓶里小鬼》一文连载于《中外日报》,署"君朔译"。

3 月 8 日至 3 月 14 日,翻译的《打皮球》一文连载于《中外日报》,署"君朔译"。

7 月 5 日,翻译的法国大仲马(Alexandre Dumas)的《侠隐记》(*The Three Musketeers*,今译《三剑客》或《三个火枪手》,英译本转译),由商务印书馆出版,列入"欧美名家小说",署"君朔译述"。1915 年 10 月 19 日 3 版,收入"说部丛书"2 集第 48 编,以"义侠小说"刊行,全书共 4 册,588 页,32 开,书前有作者自序,摘译英国安德朗序。1923 年 4 月,沈德鸿(即茅盾)标点和校注的《侠隐记》出版,署"伍光建译述 沈德鸿校注",2 册,[24 页+]562 页,冠大仲马像,32 开,书前有作者自序和沈德鸿撰写的《大仲马评传》,收入"中学国语文科补充读本"第 1 集,1930 年 4 月版收入"万有文库"第 1 集第 871 种,列入"汉译世界名著"。1932 年 10 月国难后第 1

版①。1947 年 3 月 5 版,收入"新中学文库"。1957 年 3 月,伍译《侠隐记》由伍蠡甫和伍孟纯改写为普及本《三个火枪手》,由少年儿童出版社出版,1957 年 7 月,该普及版由香港中流出版社出版。

11 月 6 日,翻译的法国大仲马的《续侠隐记》(*Vingt ans après*,今译《二十年后》,英译本转译),由商务印书馆出版,署"君朔译述"。1915 年 10 月再版,列入"说部丛书"2 集第 49 编,以"义侠小说"刊行,全书共 4 册,813 页,32 开。1926 年 1 月,沈雁冰(即茅盾)标点和校注的《续侠隐记》出版,署"伍光建译述 沈雁冰校注",2 册,420 页 + 341 页,32 开,列入"新学制中学国语文科补充读本"。1927 年 3 月再版。这两本校注版 1950 年再版,1982 年至 1984 年,湖南人民出版社再版。

## 1908 年(42 岁)

4 月,翻译的法国大仲马的《法宫秘史前编》(*Le Vicomte de Bragelome*,今译《小侠隐记》或《布拉日罗纳子爵》,英译本转译),由商务印书馆出版列入"欧美名家小说",署"君朔译述"。1915 年 9 月再版,列入"说部丛书"2 集第 83 编,以"历史小说"刊行,全书共 2 册,204 页 + 218 页,32 开。

4 月,翻译的法国大仲马的《法宫秘史后编》(*Le Vicomte de Bragelome*,今译《小侠隐记》或《布拉日罗纳子爵》,英译本转译),由商务印书馆出版列入"欧美名家小说",署"君朔译述"。1915 年 9 月再版,列入"说部丛书"2 集第 84 编,以"历史小说"刊行,全书共 2 册,236 页 + 205 页,32 开。

---

① "国难版"是商务印书馆特别发行的图书版本。"九·一八"事变(1931 年)为国难。1932 年,"一·二八"事变的第二天,入侵上海的日本空军将商务印书馆总馆、总厂、东方图书馆炸成焦土。商务印书馆董事会主席张元济立即组织复兴委员会,提出"为国难而牺牲,为文化而奋斗"的爱国敬业口号,在重庆等地继续出版事业。商务印书馆复业后出版的书籍,版权页上都印有"国难版"字样,以示不忘国耻,同仇敌忾。——编者注

4 月,编著的《英文范纲要》(*Outlines of English Grammar for the Use of Chinese Students of That Language*),由商务印书馆出版,封内题"Woo Kwang Kien　编纂者伍光建"。书前有序(署"戊申年三月新会伍光建")、例言,共 4 部分 46 章,详细解说文法和分析句法,第一部分为"The Parts of Speech",第二部分为"Subdivision of the Parts of Speech",第三部分为"Inflection",第四部分为"The Analysis of Sentences"。1923 年发行至 9 版。1933 年 4 月国难后第 1 版。1934 年 9 月国难后第 2 版。1916 年,该书又连载于《英文杂志》附录,有时与合作改订者沈柏甫或蒋正谊同署。

是年,教材《光学》由商务印书馆出版。

## 1909 年(43 岁)

1 月,编著的《英文范详解》(*Higher English Grammar for the Use of Chinese Students of That Languge*),由商务印书馆出版,封内题"Woo Kwang Kien　著作者新会伍光建"。书前有序(署"光绪三十四年小春新会伍光建")、例言、导言,分 4 部分 37 章,第一部分为"Orthography",第二部分为"Etymology",第三部分为"Syntax",第四部分为"Exercises"。本书系《英文范纲要》配套语法书。1916 年 11 月出版第 5 版。1915 年至 1916 年间,分别刊于《英文杂志》及附录。

## 1910 年(44 岁)

11 月,编译的《西史纪要》(*Outlines of General History*)第 1 编,由商务印书馆出版,封内题"新会伍光建编",版权页题"编辑者新会伍光建 校订者宁乡傅运森"。1913 年 7 月再版。书前有"西史纪要序"(署"宣统二年九月新会伍光建序")、凡例、引用书目、中西名称表,全书共 2 册,有图,[13 页 +]217 页[ + 17 页],25 开,精装。第 1 编内分 6 卷,从古代东方社会叙至公元 476 年西罗马帝国灭亡。

## 1913 年 ( 47 岁 )

9 月,编撰的《中学物理教科书》,由商务印书馆出版。4 册,1650 页,有图,大 32 开,精装。

## 1914 年 ( 48 岁 )

3 月,上海基督教青年会编著《耶稣事略》。内页题"A Life Sketch of Jesus by a Chinese Non-Christian Scholar, Being an Extract from *Outlines of General History* by Wu Kuang Chien, Edited and Annoted by H. L. Zia",版权页署"撰著者新会伍光建 校订者古越谢洪赉"。该文出自伍光建所译《西史纪要》,经商务印书馆许可,谢洪赉详加按语,由中华基督教青年会组合刊行。1914 年 8 月再版。书前有谢洪赉所撰《耶稣事略序》,附《花拉氏论》《莱能氏论》《西利氏论》,共 26 页。

## 1917 年 ( 51 岁 )

1 月,编著的《英汉双解英文成语辞典》( *Glossary of English Phrases with Chinese Translation* ),由商务印书馆出版,封内题"Woo Kwang Kien",版权页署"编纂者新会伍光建"。1917 年 5 月再版,1923 年 5 月 6 版,1923 年 11 月 7 版,1926 年 6 月 9 版。1933 年 12 月国难后第 1 版,1940 年 5 月国难后第 6 版。书前有序、例言,623 页,16 开,精装,定价大洋 1 元 5 角。

## 1918( 52 岁 )

3 月,编译的《西史纪要》( *Outlines of General History* )第 2 编,由商务印书馆出版,封内题"新会伍光建编",版权页题"编辑者新会伍光建 校订者宁乡傅运森"。1919 年再版。全书共 2 册,有图,[16 页 + ]370 页 [ + 23 页],25 开,精装。第 1 编内分 14 卷,从西罗马帝国灭亡叙至公元 1453 年的罗马帝国灭亡。

4 月,李玉汶编、伍光建等 10 人校订的《汉英新辞典》( *A New*

*Chinese-English Dictionary*)由商务印书馆出版。1927 年 8 月再版。1933
年 9 月缩本初版。伍光建作序一(署"民国七年四月新会伍光建")。

**1925(59 岁)**

11 月,翻译的意大利马加维理(Niccolò Machiavelli,今译马基雅维
利)的《霸术》(*The Prince*,今译《君主论》),由商务印书馆出版。1927 年 1
月再版。1935 年 3 月国难后第 1 版。64 页,32 开。全书 26 章,有君朔序
(署"民国十四年四月十日君朔序")。

**1926 年(60 岁)**

8 月,翻译的德国歌德(Johann Wolfgang von Goethe)的《狐之神通》
(*Reynard the Fox*,据英国 Thomas James Arnold 英译本转译)由商务印
书馆出版,署"君朔译"。180 页,有插图,32 开。1933 年 12 月,另版收入
"小学生文库"第 1 集("童话类")。1934 年 10 月再版。167 页,有插图,
32 开。卷首有译者序。

12 月,翻译的英国斐尔丁(Henry Fielding,今译菲尔丁)的《大伟人威
立特传》(*History of the Life of the Late Mr. Jonathan Wild the Great*),
由商务印书馆出版,收入"世界文学名著"。1933 年 5 月国难后第 1 版。
192 页,32 开,卷首有译者序(署"民国十四年立冬君朔序")。

12 月,翻译的英国迭更斯(Charles Dickens,今译狄更斯)《劳苦世界》
(*Hard Times*,今译《艰难时世》),由商务印书馆出版,校对者周颐甫,收入
"世界文学名著"。1933 年 11 月国难后第 1 版,1935 年 6 月国难后第 2
版。286 页,32 开,书前有译者序(署"民国十四年秋分君朔序")。同年,
该小说连载于《民众文学》。

**1927 年(61 岁)**

3 月,翻译的英国格士克夫人(Mrs. Elizabeth Gaskell,今译盖斯凯尔
夫人)的《克兰弗》(*Cranford*,又译《克兰福德》),由商务印书馆出版,收入

"世界文学名著"。1933 年 9 月国难后第 1 版。285 页,32 开。有译者眉批。卷首有译者序(署"民国十五年丙寅小满新会伍光建序")。

### 1928 年(62 岁)

4 月,翻译的英国斐尔丁(Henry Fielding)的《约瑟·安特路传》(*Joseph Andrews*),由商务印书馆出版,收入"世界文学名著",1933 年 4 月国难后第 1 版。353 页,32 开。卷首有原序(节译)和译者序(署"民国十五年谷雨君朔序")。

5 月,翻译的无名氏的《杜巴利伯爵夫人外传》(*Life of Madame du Barry*),由商务印书馆出版,收入"世界文学名著"。1933 年 1 月国难后第 1 版。151 页,32 开。白话译文,圈点。书前有序(署"民国十五年立春君朔序")。

12 月,翻译的法国马德楞(Louis Madelin)的《法国大革命史》(*The French Revolution*,据英国 Bodley 英译本转译),由商务印书馆出版,1933 年 2 月国难后第 1 版。[26 页 + ]658 页,23 开,精装。1936 年 3 月,另版 8 册,858 页,32 开,收入"万有文库"第 2 集第 667 种,列入"汉译世界名著"。内收 4 卷,共 49 章。卷首有作者原序和译者序(署"民国十六年五月伍光建序")。

### 1929 年(63 岁)

7 月,翻译的英国马尔文(Francis Sydney Marvin)的《泰西进步概论》(*The Living Past*)由商务印书馆出版,列入"历史丛书"。1933 年国难后第 1 版。293 页[ + 17 页],22 开,精装。全书共 12 章,书前有作者原序 4 篇,书后附参考书目。

8 月,翻译的爱尔兰谢立敦(Richard Brinsley Sheridan,今译谢里丹)的《造谣学校》(*The School for Scandal*),由上海新月书店出版,梁实秋校并序。[9 页 + ]183 页,32 开。该剧为五幕喜剧。

9 月,译文集《旧欢》由上海黎明书局出版,为"黎明文艺丛书"之一,封内题"伍光建译,黄维荣序,伍范作画"。内收 5 篇《旧欢》《离婚》(译自 *Queer Stories from Truth*),《心狱》《夺夫》(原作者英国 Thomas Hardy),《圣水》(原作者美国 Nathaniel Hawthorne)。[5 页 + ]151 页,32 开。1933 年 10 月,更名以《夺夫及其他》再版。

10 月,翻译的荷兰斯宾挪莎(Benedict de Spinoza,今译斯宾诺莎)的《伦理学》(*The Ethics*,原著全称《用几何学方法作论证的伦理学》),由商务印书馆出版,全 3 册,422 页,32 开,收入"万有文库"第 1 集。1933 年 6 月,精装合订本出版,[49 页 + ]131 页 + 96 页 + 139 页,有图解,收入"汉译世界名著"。全书共有 5 卷,从英国 William Hale White 英译本转译,并参照了波义尔的英译本。

11 月,翻译的英国高尔斯密士(Oliver Goldsmith,今译哥德史密斯)的《诡姻缘》(*She Stoops to Conquer：Or the Mistakes of a Night*)由上海新月书店出版,叶公超校并序。[18 页 + ]146 页,32 开,该剧为五幕喜剧。

### 1930 年(64 岁)

1 月,翻译的苏联阿戚巴瑟夫(Michael Artzibashef,今译阿尔志跋绥夫)的《山宁》(*Sanine*,据 Percy Pinkerton 英译本转译),由上海华通书局出版。1930 年 8 月再版。544 页,32 开,精、平装。书前有康纳安(G. Cannan)序。

4 月,翻译的英国休谟(David Hume)的《人之悟性论》(*An Essay Concerning Human Understanding*,今译《人类理解力研究》),由商务印书馆出版,收入"万有文库"第 1 集第 99 种。3 册,107 页 + 92 页 + 85 页,32 开。1933 年 10 月,精装本收入"汉译世界名著",17 页 + 199 页 + 85 页,32 开。全书有 12 章,附有补编,选录《人性论》有关章节。书前有译者序、出版人序、休谟自传。

6 月,翻译的奥匈帝国孚勒普·密勒(René Fülöp-Miller)的《列宁与甘地》(*Lenin and Gandhi*,据 F. S. Flint 和 O. F. Tait 的英译本转译)由上海华通书局出版,1931 年 6 月再版。1932 年 7 月 3 版。[10 页 + ]

183 页,有伍光建译序手稿照片 2 页,24 开。卷首有译者序(署"民国十九年五月伍光建序")和著者的"介绍文"。

10 月,翻译的英国厄密力·布纶忒(Emily Brontë,今译艾米莉·勃朗特)的《狭路冤家》(*Wuthering Heights*,今译《呼啸山庄》),由上海华通书局出版。562 页,有伍光建译序手稿照片 2 页,32 开,平、精装。卷首有译序(署"民国十九年庚午白露后一日伍光建序")。

10 月,译文集《秘密结婚及其他:短篇实事小说七篇》,由上海金马书堂出版。138 页,32 开,原作者不详,译自英国出版的 *Queer Stories from Truth*,内收《馋嘴妇人》《黑金刚钻》《某宫秘史》《议员调情之结果》《疑狱》《大出殡》《秘密结婚》。书前有编者序。1937 年 6 月,由华南出版社再次出版。

### 1931 年(65 岁)

4 月,翻译的英国歌士米(Oliver Goldsmith,今译哥德史密斯)的《维克斐牧师传》(*The Vicar of Wakefield*),由商务印书馆出版,收入"万有文库"第 1 集,243 页,36 开。1935 年 7 月另版收入"世界文学名著";1947 年 3 月再版,241 页,32 开。书前有自序、译者序(署"民国十四年大暑新会伍光建序"),译文中夹有评注。

4 月,翻译的德国卢特维喜(Emil Ludwig,今译路德维希)的《俾斯麦》(*Bismarck*,英译本转译)由商务印书馆出版。1933 年 3 月国难后第 1 版。[10 页 +]682 页,有俾斯麦照片,精装。1936 年 3 月,另版收入"万有文库"第 2 集第 632 种,列"汉译世界名著"。全 10 册,[13 页 +]916 页,36 开。卷首有著者序和俾斯麦年谱(1771—1898)。

7 月,翻译的英国摩特蓝(Ralph Hale Mottram)的《债票投机史》(*A History of Financial Speculation*),由神州国光出版社出版。310 页,32 开。原著共 6 章,该译本仅译出后 4 章。卷首有原著者序、提要。

10 月,翻译的法国拿破仑(Napoleon Bonaparte)的《拿破仑日记》(*The Corsican:A Diary of Napoleon's Life in His Own Words*,据美国

R. M. Johnston 英译本转译），由商务印书馆出版。1934 年 5 月国难后第 1 版。1937 年 8 月国难后第 3 版。450 页。本书包括拿破仑 1769 年 8 月至 1821 年 5 月期间所写的日记。卷首有译者序（署"民国十七年戊辰大暑新会伍光建序　于北平东城之爱榴居"）和钟斯通序。

10 月，翻译的英国萨克莱（William Makepeace Thackeray，今译萨克雷）原著，Max J. Hergberg 节选的《浮华世界》（*Vanity Fair*，今译《名利场》），由商务印书馆出版。1932 年 11 月国难后第 1 版。收入"世界文学名著"，440 页，32 开。1935 年 9 月，另版收入"万有文库"第 2 集。440 页，36 开。据节译本译出，原著共 67 回，节本 33 回。书前有作者自序。

11 月，翻译的英国木尔兹（John Theodore Merz，今译梅尔茨）的《十九世纪欧洲思想史》（*History of European Thought in the Nineteenth Century*）第 1 编，由商务印书馆出版，收入"历史丛书"。2 册，[27 页 +]673 页，568 页[+ 11 页]，25 开，精装。全书有介绍文及第一、二编两部分。第一编为科学思想，第二编为宗教思想，介绍文有 3 章。上册书前有第 1 册原序、译者序（署"民国十五年小雪日新会伍光建序"）、著者介绍文，下册书前有第 2 册原序；书后有译者跋。

## 1932 年（66 岁）

1 月，翻译的英国若特（Cyril Joad）和斯特拉琪（John Strachey）的《饭后哲学》（*After Dinner Philosophy*）由商务印书馆出版。1933 年 1 月国难后第 1 版。[18 页] + 99 页，32 开。本书为两位作者之间的一组哲学问答。书前有译者序（署"民国十七年戊辰夏至后六日新会伍光建序"）、作者撰"注意"、原序。

1 月，义章《十九世纪欧洲思想史第一篇的译序》刊登于《中国新书月报》第 2 卷第 1 号。

11 月，翻译的法国福耳（Elie Faure，今译福尔）的《拿破仑论》（*Napole'on*，据美国 J. E. Jeffery 英译本转译），由商务印书馆出版。1933 年 8 月，出精装版。201 页，23 开。卷首有译者序（署"民国十七年戊辰秋分新会伍光建序")。

11 月,翻译的英国夏罗德·布纶忒(Charlotte Brontë,今译夏洛蒂·勃朗特)的《洛雪小姐游学记》(*Villette*),由商务印书馆出版,收入"世界文学名著"。1933 年 7 月再版。2 册,281 页 + 300 页,32 开。卷首有译者序(署"民国十五年夏至日新会伍光建序")。

### 1933 年(67 岁)

6 月,翻译的法国嚣俄(Victor Hugo,今译雨果)的《悲惨世界》(*The Miserables*)由上海黎明书局出版,收入武蠡甫主编的"英汉对照西洋文学名著译丛"第 2 部。1935 年 3 月再版,书前有武蠡甫的介绍文《关于悲惨世界》,[22 页 + ]51 页,32 开。选译部分章节,英汉对照,内收四章:《船犯希昂发尔乡》("Jean Valjean, Galley-slave")、《老伯伯马得莱恩》("Father Madeleine")、《一个被追逐者》("A Hunted Man")、《超过义务的东西》("Something Higher than Duty")。伍蠡甫在封底广告词中称"本丛书精选西洋文学杰作,由海内名译家分别担任,每种除英汉对照外,并将作家思想、时代背景、全书涵义等,撰为长序,作极为深刻之剖解。读者手此一编,即可增加阅读英文之能力,又可养成文学之嗜好"。该丛书前三部为伍氏父子的译作(第 1 部为伍蠡甫所译《新哀绿绮思》,第 3 部为伍蠡甫所译《威廉的修业年代》)。

### 1934 年(68 岁)

5 月,翻译的美国沁克雷(Upton Sinclair,今译辛克莱)的《财阀》(*The Moneychangers*)由商务印书馆出版。104 页,32 开,封面题"伍光建选译"。节译部分章节,书前有作者传略(署"伍光建记")。该书版权页有题"英汉对照名家小说选",校对者钱兆骙、王重庆。商务印书馆对丛书"英汉对照名家小说选"的宣传称共有 20 册。实际上这第 1 编有 21 册,《财阀》未出现在这 20 册的目录中。

5 月,翻译的英国迭更士(Charles Dickens,今译狄更斯)的《二京记》

（*A Tale of Two Cities*，今译《双城记》）由商务印书馆出版，校对者钱兆骙、王重庆，收入"英汉对照名家小说选"。1934 年 6 月再版。90 页，32 开，选译部分章节，书前有作者传略（署"民国二十二年癸酉霜降日伍光建记"）。

5 月，翻译的英国士维甫特（Jonathan Swift，今译斯威夫特）的《伽利华游记》（*Gulliver's Travels*，今译《格列佛游记》）由商务印书馆出版，校对者程选公、范平镐，收入"英汉对照名家小说选"。1934 年 6 月再版。100 页，32 开，长篇小说节译本，书前有作者传略（署"民国二十二年癸酉大暑日新会伍光建记"）。

5 月，翻译的美国库柏（J. Fenimore Copper）的《末了的摩希干人》（*The Last of the Mohicans*，今译《最后的莫希干人》）由商务印书馆出版，校对者钱兆骙、范平镐，收入"英汉对照名家小说选"。1934 年 6 月再版。104 页，32 开，选译部分章节，书前有作者传略（署"民国二十二年癸酉处暑日伍光建记"）。

6 月，翻译的英国司各脱（Walter Scott，今译司各特）的《坠楼记》（*Kenilworth*，今译《肯纳尔沃思堡》）由商务印书馆出版，校对者杜其垚、钱兆骙，收入"英汉对照名家小说选"。90 页，32 开，选译部分章节，书前有作者传略（署"民国二十二年癸酉秋分日伍光建记"）。

6 月，翻译的美国克勒门兹（Samuel Langhorne Clemens，今译克莱门斯，即马克·吐温）的《妥木琐耶尔的冒险事》（*The Adventures of Tom Sawyer*，今译《汤姆·索亚历险记》）由商务印书馆出版，校对者程选公、刘绍勋，收入"英汉对照名家小说选"。98 页，32 开，节译本，书前有作者传略（署"伍光建记"）。

6 月，翻译的英国爱略脱（George Eliot，今译爱略特）的《阿当贝特》（*Adam Bede*，今译《亚当·比德》）由商务印书馆出版，校对者钱兆骙、王重庆，收入"英汉对照名家小说选"。1934 年 8 月再版。1934 年 10 月 3 版。88 页，32 开。节译本，书前有作者传略（署"民国二十二年癸酉处暑日伍光建记"）。

7月1日,译文《情痴》(*Saint and Sinner*,译自 *Queer Stories from the Truth* 第9集)发表于《文学》第3卷第1期。

7月,翻译的英国斐勒丁(Henry Fielding,今译菲尔丁)的《妥木宗斯》(*The History of Tom Jones*,今译《汤姆·琼斯》)由商务印书馆出版,校对者钱兆骙、冯宝武,收入"英汉对照名家小说选"。1934年8月再版。1934年10月3版。92页,32开,节译本,书前有作者传略(署"中华民国二十二年癸酉大暑日伍光建记")。

7月,翻译的英国李敦(Lord Lytton,今译李顿)的《罗马英雄里因济》(*Rienzi:The Lion of Basalt*)由商务印书馆出版,校对者钱兆骙、冯宝武,收入"英汉对照名家小说选"。1934年8月再版。1934年10月第3版。94页,32开,选译部分章节,书前有作者传略(署"伍光建记")。

7月,翻译的英国萨可莱(W. M. Thackeray,今译萨克雷)的《显理埃斯曼特》(*The History of Henry Esmond*,今译《亨利·埃斯蒙德》)由商务印书馆出版,校对者程选公、王重庆,收入"英汉对照名家小说选"。1934年8月再版。1934年10月3版。94页,32开,选译部分章节,书前有作者传略(署"民国二十二年冬至日伍光建记")。

7月,翻译的英国威尔士(Herbert George Wells,今译威尔斯)的《安维洛尼伽》(*Ann Veronica*,今译《安·维罗尼卡》)由商务印书馆出版,校对者钱兆骙、冯宝武,收入"英汉对照名家小说选"。1934年8月再版。1934年10月第3版。100页,32开,选译部分章节,书前有作者传略(署"伍光建记")。

7月,翻译的美国普(Edgar Allan Poe,今译埃德加·爱伦·坡)的《普的短篇小说》(*Tales by Edgar Allan Poe*,今译《爱伦·坡的短篇小说》)由商务印书馆出版,校对者钱兆骙、刘绍勋,内收《会揭露秘密的心脏》《深坑与钟摆》《失窃的信》,收入"英汉对照名家小说选"。1934年8月再版。1934年11月3版。98页,32开,书前有作者传略(署"民国二十二年癸酉霜降日伍光建记")。

8月,翻译的美国留伊斯(Sinclair Lewis,今译刘易斯)的《大街》

(*Main Street*)由商务印书馆出版,校对者冯宝武,收入"英汉对照名家小说选"。1934 年 9 月再版。94 页,32 开,选译部分章节,书前有作者传略(署"民国二十三年清明日伍光建记")。

8 月,翻译的美国奥显理(O. Henry,今译亨利)的《白菜与帝王》(*Cabbages and Kings*)由商务印书馆出版,校对者冯宝武、朱公垂,收入"英汉对照名家小说选"。1934 年 9 月再版。1934 年 10 月 3 版。92 页,32 开,选译部分章节,书前有作者传略(署"民国二十三年谷雨日伍光建记")。

8 月,翻译的英国伽尔和提(John Galsworthy,今译高尔斯华绥)的《置产人》(*The Man of Property*,今译《有产业的人》)由商务印书馆出版,校对者吴麟璋、汤荫人,收入"英汉对照名家小说选"。1934 年 9 月再版。1934 年 10 月 3 版。1934 年 11 月 4 版。94 页,32 开,选译部分章节,书前有作者传略(署"民国二十三年八月伍光建记")。

8 月,翻译的英国史蒂文森(Robert Louis Stevenson)的《费利沙海滩》(*The Beach of Falesá*)由商务印书馆出版,校对者程选公、刘绍勋,收入"英汉对照名家小说选"。1934 年 11 月再版。96 页,32 开,选译部分章节,书前有作者传略(署"民国二十二年癸酉冬至日伍光建记")。

9 月,翻译英国金斯黎(Charles Kingsley,今译金斯利)的《希尔和特》(*Hereward the Wake*,今译《觉醒者赫里沃德》)由商务印书馆出版,校对者冯宝武,收入"英汉对照名家小说选"。1934 年 9 月再版。88 页,32 开,选译部分章节,书前有作者传略(署"民国廿三年雨水日伍光建记")。

9 月,翻译的英国祁贝林(Rudyard Kipling,今译吉卜林)的《野兽世界第二集》(*The Second Jungle Book*)由商务印书馆出版,校对者吴麟璋、朱公垂,内收《害怕是怎样来的》《普朗巴伽特的奇迹》《国王的珠宝镶嵌的刺棍》,收入"英汉对照名家小说选"。1934 年 9 月再版。1934 年 11 月 3 版。94 页,32 开,书前有作者传略(署"二十三年八月二十四日伍光建记")。

9 月,翻译的美国伊尔文(Washington Irving,今译欧文)的《旅客所

说的故事》(*Tales of a Traveller*)由商务印书馆出版,校对者吴麟璋、王重
庆,收入"英汉对照名家小说选"。1934 年 10 月再版。100 页,32 开,选译
部分章节,书前有作者传略(署"伍光建记")。

9 月,翻译的美国何桑(Nathaniel Hawthorne,今译霍桑)的《红字记》
(*The Scarlet Letter*,今译《红字》)由商务印书馆出版,校对者吴麟璋、汤荫
人,收入"英汉对照名家小说选"。1934 年 10 月再版。90 页,32 开,选译
部分章节,书前有作者传略(署"民国二十三年雨水月伍光建记")。

9 月,翻译的美国米勒维(Herman Melville,今译梅尔维尔)的《泰丕》
(*Typee*)由商务印书馆出版,校对者冯宝武,收入"英汉对照名家小说选"。
1934 年 10 月再版。110 页,32 开,长篇小说节译,书前有作者传略(署"民
国二十三年夏至日伍光建记")。

10 月,译文《审天帝》("Zeus Cross-examined",原作者古罗马
Lucian)和《鬼话第十章》("Dialogue of the Dead,X",原作者古罗马
Lucian)发表于《世界文学》第 1 卷第 1 期。

## 1935 年(69 岁)

2 月,译文《母子之间》("The Son's Veto",原作者英国 Thomas
Hardy)发表于《世界文学》第 1 卷第 3 期。

4 月,译文《故事两则》(《两个问题》和《阿立比》,原作者俄国 Leo
Tolstoy)发表于《世界文学》第 1 卷第 4 期。

7 月,译文《村学究所说的故事》("Told by the School Master",原作
者英国 John Galsworthy)发表于《经理月刊》第 1 卷第 1 期。

9 月,译文《大鼓》("The Big Drum",原作者 M. Gerhandi)发表于
《经理月刊》年第 1 卷第 1 期。

9 月,译文《庇得和坎宁》("Pitt and Canning",选自 *Imaginary
Conversations*,原作者英国 Savage Landor)发表于《世界文学》第 1 卷第 6
期。

9 月,翻译的英国夏罗德·布纶忒(Charlotte Brontë,今译夏洛特·

勃朗特)的《孤女飘零记》(*Jane Eyre*,今译《简·爱》)由商务印书馆出版,收入"万有文库"第2集第553种。1936年2月再版。1948年6月,另版收入"汉译世界名著"。2册,690页,32开。

10月,翻译的英国木尔兹《十九世纪欧洲思想史》第2编(*History of European Thought in the Nineteenth Century*),由商务印书馆出版。2册,[32页+]785页+760页,25开。上册有1、2卷,下册有1、2卷。第2编书前有第二册原序及译者序。

12月,翻译的法国大仲马的《蒙提喀列斯突伯爵》(*The Count of Monte Cristo*,今译《基度山伯爵》)由商务印书馆出版,校对者吴麟璋、朱仁宝,收入"英汉对照名家小说选第二集"。1936年1月再版。102页,32开,选译部分章节,书前有作者传略(署"民国廿四年十月伍光建记")。与第一集不同,第二集封面均有题"英汉对照名家小说选第二集"。

12月,翻译的法国福耳特耳(Voltaire,今译伏尔泰)的《甘地特》(*Candide*,又译《憨第德》,今译《老实人》)由商务印书馆出版,校对者郭浩如、冯宝武,收"英汉对照名家小说选第二集"。108页,32开,选译部分章节,书前有作者传略(署"民国二十三年甲戌寒露日伍光建记")。

12月,翻译的德国阿诺·斯维治(Arnold Zweig)的《克罗狄阿》(*Claudia*)由商务印书馆出版,校对者郭浩如、董文渊,收入"英汉对照名家小说选第二集"。1936年1月再版。102页,32开,节译本,书前有作者传略(署"民国二十四年十一月伍光建记")。

12月,翻译的俄国杜退夫斯基(Fyodor Dostoevsky,今译陀思妥耶夫斯基)的《罪恶与刑罚》(*Crime and Punishment*,今译《罪与罚》)由商务印书馆出版,校对者翁际云、王重庆,收入"英汉对照名家小说选第二集"。1936年1月再版。106页,32开,选译部分章节,书前有作者传略(署"民国二十四年伍光建记")。

12月,翻译的法国嚣俄的《海上的劳工》(*The Toilers of the Sea*)由商务印书馆出版,校对者郭浩如、印颂文,收入"英汉对照名家小说选第二集"。1936年1月再版。112页,32开,选译部分章节,书前有作者传略

（署"民国二十三年甲戌秋分日伍光建记"）。

**1936 年（70 岁）**

1 月,翻译的德国哥德(Johann Wolfgang von Goethe,今译歌德)的《维廉·迈斯特》(*Wilhelm Meister*,据英国 Carlyle 英译本转译)由商务印书馆出版,校对者朱仁宝,收入"英汉对照名家小说选第二集"。102 页,32开,选译原书第 6 卷"一个女圣贤的自状",书前有作者传略(署"民国二十四年十一月伍光建记")。

1 月,翻译的西班牙伊巴尼斯(Vincente Blasco Ibanez)的《启示录的四骑士》(*The Four Horsemen of the Apocalypse*,今译《天启四骑士》)由商务印书馆出版,校对者李家超,收入"英汉对照名家小说选第二集"。110页,32 开,节译本,书前有作者传略(署"民国二十三年伍光建记")。

1 月,翻译的德国奥尔巴哈(Berthold Auerbach)的《在山上》(*On the Heights*)由商务印书馆出版,校对者喻飞生,收入"英汉对照名家小说选第二集"。112 页,32 开,节译本,书前有作者传略(署"民国二十四年乙亥伍光建记")。

1 月,翻译的法国法兰西(Anatole France)的《红百合花》(*The Red Lily*)由商务印书馆出版,校对者朱仁宝,收入"英汉对照名家小说选第二集"。106 页,32 开,选译部分章节,书前有作者传略(署"民国二十三年甲戌立秋日伍光建记")。

1 月,翻译的挪威安赛特(Sigrid Undset)的《金奈》(*Jenney*)由商务印书馆出版,校对者李家超,收入"英汉对照名家小说选第二集"。104 页,32开,选译部分章节,书前有作者传略(署"民国二十四年乙亥日伍光建记")。

1 月,翻译的西班牙施尔万提(Cervantes,今译塞万提斯)的《疯侠》(*Don Quixote*,今译《唐·吉诃德》,据 Ozell 校定的 Motteux 英译本转译)由商务印书馆出版,校对者陈忠杰,收入"英汉对照名家小说选第二集"。108 页,32 开,选译部分章节,书前有作者传略(署"民国二十四年十一月伍光建记")。

1月,翻译的意大利卜克吉奥(Giovanni Boccaccio,今译薄伽丘)的《十日谈》(*The Decameron*)由商务印书馆出版,校对者喻飞生,收入"英汉对照名家小说选第二集"。1936年2月再版。86页,32开,短篇小说选译,内收《三枚戒指》《慕名的恋爱》《犯奸律》《报施》《善忍的吉利赛达》,书前有作者传略(署"民国二十三年甲戌大雪前三日伍光建记")、作者的介绍文。

2月,翻译的俄国吉柯甫(Anton Pavlovich Chekhov,今译契诃夫)《洛士柴尔特的提琴》(*Rothschild's Fiddle*)由商务印书馆出版,校对者何德明,内收《洛士柴尔特的提琴》《一个放荡的女子》《老年》,收入"英汉对照名家小说选第二集"。100页,32开,书前有作者传略(署"民国二十五年一月伍光建记")。

2月,翻译的法国巴尔沙克(Honoré de Balzac,今译巴尔扎克)的《巴尔沙克的短篇小说》(*Short Stories by Balzac*)由商务印书馆出版,校对者沈鸿俊、喻飞生,内收《玛当狄第最后一次的聚会》《罚他独生》《不信教的人听教士念经》,收入"英汉对照名家小说选第二集"。100页,32开,书前有作者传略(署"二十五年二月伍光建记")。

2月,翻译的俄国阿戚巴瑟夫(Michael Artzibashef)的《革命故事》(*Tales of the Revolution*)由商务印书馆出版,校对者陈敬衡,内为《晨影》《医师》两篇小说部分章节的选译,收入"英汉对照名家小说选第二集"。114页,32开,书前有作者传略(署"民国二十三年甲戌处暑日伍光建记")。

3月,翻译的英国木尔兹的《十九世纪欧洲思想史》(*History of European Thought in the Nineteenth Century*)由商务印书馆出版,收入"万有文库"第2集588种,列"汉译世界名著",共16册,760页,32开。

3月,翻译的意大利但农吉奥(Gabriele D'Annuzio,今译邓南遮)的《死的得胜》(*The Triumph of Death*,今译《死亡的胜利》)由商务印书馆出版,校对者张叔介,收入"英汉对照名家小说选第二集"。106页,32开,选译部分章节,书前有作者传略(署"民国二十三年甲戌白露日伍光建记")。

3月,翻译的瑞典斯特林堡(August Strindberg)的《结了婚》(*Married*,今译《结婚集》)由商务印书馆出版,校对者陈忠杰,内收《恋爱与面包》《不自然的选择》《多子》《决斗》,收入"英汉对照名家小说选第二集"。118页,32开,书前有作者传略(署"民国二十四年伍光建记")。

3月,翻译的瑞士迈尔(Conrad Ferdinand Meyer,今译迈耶)的《甘特巴尔利的圣妥玛》(*The Saint*,今译《圣徒》)由商务印书馆出版,校对者林嘉深,收入"英汉对照名家小说选第二集"。108页,32开,选译部分章节,书前有作者传略(署"民国二十四年甲戌[乙亥]小寒日伍光建记")。

3月,翻译的丹麦雅各生(Jens Peter Jacobsen,今译雅各布森)的《尼勒斯莱尼》(*Niels Lyhne*,今译《尼尔·律内》)由商务印书馆出版,校对者陈敬衡,收入"英汉对照名家小说选第二集"。98页,32开,选译部分章节,书前有作者传略(署"民国二十四年乙亥月伍光建记")。

3月,翻译的俄国托尔斯泰(Leo Tolstoy)的《托尔斯泰短篇小说》(*L. Tolstoy's Short Tales*)由商务印书馆出版,校对者李家超,内收《冤狱》《在高加索的一个俘虏》《小鬼和干面包皮》《工作、死亡与疾病》等,收入"英汉对照名家小说选第二集"。114页,32开,书前有作者传略(署"民国二十三年日伍光建记")。

## 1937年(71岁)

抗战爆发,上海沦陷后译述作品有:

《英国第二次革命史》《拿坡仑》《一六四〇年的英国革命史》《俄皇大彼得本纪》《英法两宫艳史》《约瑟伏西》《第一次欧战的起源》《一个王后的秘密》《古希腊英雄记》《近代政治学说》《洛约翰传》《尼姑从军记》《侯爵夫人》《失落的密码》《破尔西的制时钟工人》《钢球》《包办税款》《东方旦卜禄》《伊西安登天》《维提克尔归隐》《买旧书》《一个舍不得死的国王》《梦魇》《素不相识的人》《点头》《伯爵夫人的马车》《一只小猎狗》《阿不大拉的国》《伯林之围》《当金刚钻》《素弟的新娘子》《一个公主的宗教》《好贵的一

吻》《中国人致英国人书》《同母异父兄弟》《野天鹅》《影子》《灰袍将军》《大红宝石》《停妻》《蒙面牧师》《梦外缘》《新年旧年》《红十字》《奇梦》《买党奇闻》《弃儿》《朱理罗曼》《怀特查普尔》《不祥的马夫》《第十一号房》《有利可图的事》《暴发户》《瞎子》《义子》《隐士》《弃儿》《冒充医生》《苏联文明》《罗马帝国衰亡史》《西史纪要(第三编)》《英国地方自治纪略》《英伦银行纪略》(《丹巴尔银行志》)《荷法美英德银行志(附《钞业实解》)》)。

## 1980 年

3 月,译文集《伍光建翻译遗稿》由人民文学出版社出版,内收短、中篇小说 19 篇:《尼姑从军记》《同母异父兄弟》《买旧书》《维提克尔归隐》《素第的新娘子》《好贵的一吻》《当金刚钻》《一个舍不得死的国王》《隐士》《暴发户》《瞎子》《有利可图的事》《不祥的马夫》《点头》《野天鹅》《影子》《蒙面牧师》《新年旧年》《梦外缘》。书内有伍蠡甫的长篇《前记》(1979 年 5 月 4 日)。该序改名《伍光建的翻译观点——〈伍光建翻译遗稿〉的〈前言〉》,收入刘靖之主编的《翻译论集》(1981,三联书店);改名《伍光建的翻译——〈伍光建翻译遗稿〉前记》,收入罗新璋主编的《翻译论集》(1984,商务印书馆)。

## 2018 年

上海三联书店"民国世界文学经典译著·文献版"第三辑《伍光建译著》出版,该套选集为繁体中文影印版,计有长篇小说 8 部:《浮华世界》《克兰弗》《洛雪小姐游学记》《侠隐记》《狭路冤家》《孤女飘零记》《大伟人威立特传》《维克斐牧师传》。

# 中華譯學館 · 中华翻译家代表性译文库

许　钧　郭国良／总主编

| 第一辑 | 第二辑 |
| --- | --- |

**图书在版编目(CIP)数据**

中华翻译家代表性译文库. 伍光建卷 / 张旭,肖志
兵编. —杭州：浙江大学出版社,2021.5
ISBN 978-7-308-20841-3

Ⅰ.①中… Ⅱ.①张…②肖… Ⅲ.①伍光建
(1867－1943)－译文－文集 Ⅳ.①I11

中国版本图书馆 CIP 数据核字(2020)第 237728 号

中華譯學館題言真

**中华翻译家代表性译文库·伍光建卷**

张 旭 肖志兵 编

| | |
|---|---|
| 出 品 人 | 褚超孚 |
| 总 编 辑 | 袁亚春 |
| 丛书策划 | 张 琛 包灵灵 |
| 责任编辑 | 田 慧 |
| 责任校对 | 杨利军 |
| 封面设计 | 闰江文化 |
| 出版发行 | 浙江大学出版社 |
| | (杭州市天目山路 148 号 邮政编码 310007) |
| | (网址：http://www.zjupress.com) |
| 排 版 | 浙江时代出版服务有限公司 |
| 印 刷 | 浙江新华数码印务有限公司 |
| 开 本 | 710mm×1000mm 1/16 |
| 印 张 | 28.5 |
| 宁 数 | 410 千 |
| 版 印 次 | 2021 年 5 月第 1 版 2021 年 5 月第 1 次印刷 |
| 书 号 | ISBN 978-7-308-20841-3 |
| 定 价 | 88.00 元 |